GÜNTER DE BRUYN

ZWISCHENBILANZ

EINE JUGEND IN BERLIN

S. FISCHER

2. Aufl., 31.-50. Tsd.

Umschlaggestaltung: Buchholz/Hinsch/Walch
Satz: Wagner, Nördlingen
Druck und Einband: Clausen & Bosse, Leck
Printed in Germany
ISBN 3-10-009609-6

ZWISCHENBILANZ

GESCHICHTSQUELLEN

Mit achtzig gedenke ich, Bilanz über mein Leben zu ziehen; die Zwischenbilanz, die ich mit sechzig beginne, soll eine Vorübung sein: ein Training im Ich-Sagen, im Auskunftgeben ohne Verhüllung durch Fiktion. Nachdem ich in Romanen und Erzählungen lange um mein Leben herumgeschrieben habe, versuche ich jetzt, es direkt darzustellen, unverschönt, unüberhöht, unmaskiert. Der berufsmäßige Lügner übt, die Wahrheit zu sagen. Er verspricht, was er sagt, ehrlich zu sagen; alles zu sagen, verspricht er nicht.

Bevor ich zu mir komme, ist die Frühgeschichte meiner Familie dran. Sie ist mir vor allem durch meine Mutter bekannt. Ihren Erzählungen fehlten zwar Chronologie und Zusammenhang, doch da ihre Erinnerungsbilder detailreich und farbig waren und wir sie wieder und wieder erzählt bekamen, stellte sich doch eine Familiengeschichte in Umrissen her. Sie begann im Jahre 1911 mit dem Januarabend, an dem der junge Mann, der später mein Vater wurde, auf dem Ball des Postgesangvereins in der Friedrichstraße seine Fähigkeit im Flirt und seine Unfähigkeit im Walzertanzen bewiesen hatte, setzte sich fort mit der Frage des Briefträgers Hilgert: Und wovon, Herr de Bruyn, wollen Sie meine Tochter ernähren? – und wechselte dann mehrmals den Schauplatz. Groß-Wasserburg im Unterspreewald, wohin die Verlobten ihre erste Reise unternommen hatten, wurde mit seinen Booten und Kanälen wie Venedig beschrieben; von Odessa war nur, neben der Erkenntnis, daß die Russen arme, kinderliebe Leute seien, die Erinnerung an Winterabende bei einer Konsulin geblieben; und von dem Eisenbahnzug des Roten Kreuzes, der sie und ihren vier Wochen alten Sohn (meinen Bruder Karlheinz) im Januar 1915 über Rumänien nach Berlin zurückgebracht hatte, wußte sie nur zu berichten, daß dort eine junge Mutter aus Wien genug Milch gehabt hatte, um den Karlheinz mitzuernähren, der bei ihr selbst nicht satt geworden war.

Diese Erinnerungen an die Erinnerungen meiner Mutter sind natürlich eine fragwürdige Geschichtsquelle. Die grobe Periodisierung: vor dem Krieg, im Krieg, nach dem Krieg, ersetzte die Jahreszahlen, und mit wachsendem Lebensalter wuchs bei der Erzählerin auch die Vergoldungstendenz. Trotzdem läßt sich auf diese Überlieferung bauen; denn nie widerspricht sie dem Dokument, das ich über diese Frühzeit besitze: dem Familienstammbuch, das am Hochzeitstag, dem 18. Oktober 1911, ausgestellt wurde, und das mir, da mein Vater neben Geburt und Tod auch andere Familienereignisse dort notiert hatte, ein zuverlässiges Gerüst von Daten und Fakten gibt. Bis 1915 ist es die einzige Quelle; über die Jahre danach berichtet ein seltsamer Briefwechsel, der 1919 endet, wenn das ersehnte Familienleben beginnt.

Das folgende Jahrzehnt ist arm an Briefen, aber nicht an Bildern. Denn mein Vater fotografierte, und die Fotos, die häufig betrachtet und den Jüngeren erläutert wurden, festigten unsere familienhistorische Kenntnis. Sie irritieren aber auch mein Erinnern. Lange habe ich eine Fahrt im Kindersportwagen, den meine Schwester schiebt, für meine früheste Erinnerung gehalten, bis nach Jahrzehnten ein entsprechendes Foto Zweifel in mir erweckte, ob mein Gedächtnis nicht vielleicht das Abbild für die Wirklichkeit nimmt. An eine narzißtische Phase, in der ich lange und wonnevoll Bilder von mir zu betrachten liebte, erinnere ich mich genau.

Mit Beginn der dreißiger Jahre, als meine Geschwister sich selbständig machten und ich mein bewußtes Leben begann, setzte eine Flut von Geschriebenem ein. Erinnerungssüchtige, also auch Archivierer, waren wohl alle Familienmitglieder; und da sich die Nachlässe aus Rußland und Österreich, aus München und Stuttgart am Ende bei mir in Berlin konzentrierten, fühle ich die Verpflichtung, hier nicht nur Selbstbeschauer, sondern auch Familienchronist zu sein. Besser zu einem solchen geeignet wäre freilich mein ältester Bruder gewesen. An entsprechender Stelle werde ich erzählen, warum.

SCHREIBEN ALS LEBENSERSATZ

Im Erzählrepertoire meiner Mutter fehlte seltsamerweise die Hochzeitsfeier, erwähnt wurde aber die Tatsache, daß weder ihr Vater, der Briefträger, noch ihr Schwiegervater, ein Schauspieler, mit der Heirat zufrieden gewesen war. Dem preußischen Postbeamten war ein bayerischer, katholischer, ungedienter und auswanderungswilliger Schwiegersohn unerträglich; dem Schauspieler dagegen, der aus einstmals vornehmer Familie stammte, war die Schwiegertochter nicht schön, nicht reich und nicht gebildet genug. Die Hochzeit wurde also im stillen gefeiert, vielleicht des fehlenden Segens der Väter wegen, vielleicht aber auch aus anderen Gründen, über die das Stammbuch keine präzise Auskunft gibt. Die erste nichtamtliche Eintragung besagt nämlich, daß am 19. Januar 1912, also drei Monate nach der Hochzeit, Jenny (so hieß meine Mutter) »wegen Fehlgeburt« in eine Privatklinik gebracht werden mußte; es fehlt aber die Angabe, in welchem Schwangerschaftsmonat dieses geschah.

Über die ersten zwei Ehejahre, die in den Erinnerungen meiner Mutter ausgespart wurden, berichten die Stammbuch-Notizen von Vaters Hand: *»15. Septbr. 1912: Endlich hat sich Papa mit unserer Heirat ausgesöhnt. – 20. November 1912: Heute trat Jenny zum katholischen Glauben über. Zeugen: Herr Kaplan Kresse, der Küster von St. Bonifatius und ich. Deo gratias. – Sonntag, d. 15. Dezbr. 1912: Der Herr hat's gegeben, der Herr hat's genommen, des Herrn Name sei gelobt! Geb. 5 Uhr 45 N. ISOLDE! Gest. 6 Uhr 15*

N. Gott sei deiner armen Seele gnädig! – 5. März 1914: Heute fuhr ich allein nach Odessa (Südrußld.), um dort mein Glück zu versuchen. – 15. Juli 1914: fuhr Jenny mir nach Odessa nach. – 31. Juli 1914: Ausbruch des Krieges. – 4. Novbr. 1914: wurde ich aus Odessa ausgewiesen und nach Krassny-Jar, Gouv. Astrachan, verschickt; Jenny bleibt allein zurück. – 14. Dezbr. 1914: wurde in meiner Abwesenheit Karlheinz, abends 8 1/2 h geboren. – 28. Februar 1915: fuhr m. Frau von Odessa über Rumänien und Österreich zu ihren Eltern nach Berlin, wo sie nach 12-tägiger Fahrt mit dem kaum noch lebenden Kinde ankam.«

Zwischen dieser Notiz und der nächsten, die die Heimkehr aus Rußland meldet, liegt der erwähnte Briefwechsel, zu dem auch Fotos in Postkartengröße gehören, die auf den Rückseiten mit Adressen und Stempeln versehen sind. Sie zeigen meine Mutter, 1915, 1916, 1917, in weißer Bluse, im schwarzen Kleid, im eleganten Kostüm, das Kind immer dabei, im Steckkissen erst, dann auf einem Gartentisch vor einer Parkkulisse sitzend, und schließlich, mitleiderregend o-beinig, auf einem Stuhl stehend, daneben das gerahmte Postkartenbild seines Vaters – dessen Original mir noch immer erhalten ist: ein ernster, verkommen aussehender, vollbärtiger Mann, mit Hut und Krawatte, aber ohne Jackett, das Hemd, nach russischer Art über die Hosen fallend, mit einem Strick in der Hüfte gegürtet, die Hände auf den Rücken gelegt. Als dieses Bild kam (so mußte meine Mutter jedesmal, wenn wir es sahen, wieder erzählen), habe ihr Vater sie schon die Frau eines Krüppels genannt; denn daß die Russen oder Kirgisen ihrem Mann die Hände abgehackt hätten, sei doch deutlich zu sehen; und daß er noch schreibe, besage gar nichts, denn das lerne man in der Not spielend, mit Fuß oder Mund.

Bei der Gefangenenpost, die über das Dänische Rote Kreuz befördert wurde, waren im Monatsabstand offene Karten erlaubt, die nur eine Seite zur Mitteilung ließen; denn die andere wurde für die Adresse in russischer und französischer Sprache, für Zensurvermerke und Poststempel gebraucht. Außer der Tatsache, daß man noch lebe, gesund sei und auf ein baldiges Ende der Trennung hoffe, erfährt man durch sie, daß das Geld knapp sei, aber immer noch reiche, daß Jenny in der Kreuzberger Nostitzstraße bei ihren Eltern lebe, sich von Näharbeiten und dem Beackern eines Gemüsebeetes auf dem Tempelhofer Feld ernähre, und daß Carl (das ist mein Vater) als Bäcker arbeite, sich mit eigner und fremder Literatur beschäftige und für Kopekenbeträge Sprachunterricht gebe: deutschen für Russen, russischen für Deutsche, und englischen und französischen auch.

Mehr als die Karten, die zur Hälfte die üblichen Floskeln bedecken, bietet ein 20-Seiten-Brief aus Odessa, in dem meine Mutter erzählt, was sie ißt, trinkt und näht, und wie sie den Jungen zur Welt bringt, den sie nicht stillen kann. Es ist ein Brief, der atemlos wirkt, obwohl er in Abständen von Tagen geschrieben wurde. Absatzlos werden Details aneinandergereiht, die erschüttern, während jeder Versuch, von Liebe zu reden, in Formeln erstarrt. Leichter als auf den Fotos aus jener Zeit kann ich in diesem Brief meine Mutter wiedererkennen: in ihrem Sinn fürs Praktische (der sie dazu treibt, die Herstellung der Babynahrung haargenau zu erklären), in ihrer Unsentimentalität (die sie die Sätze schreiben läßt: »*Weihnachten habe ich diesmal ganz gestrichen. Wenn man daran denkt, ist man nur traurig. Friede auf Erden ist ja doch nicht.*«), in ihrem Lebensmut, in ihrem Optimismus und in ihrem Drang zum Wohlanständigen, Besseren, Höheren, zu dem sie sich durch ihren Mann verpflichtet glaubte – und der mich später manchmal wütend machen, andere Leute aber amüsieren wird. Denn diesem Anspruch war sie nicht gewachsen. Die Sensibilität, die sie, um ihrem Mann zu gleichen, ständig zeigte, fehlte ihr in solchem Maße, daß sie das Unglaubwürdige daran, das jeder spürte, nie empfand.

Da sie den Vorsatz hat, mit ihrem Mann gemeinsam

Fremdsprachen zu lernen, versucht sie in diesem Brief die lateinische Schrift zu benutzen, fällt aber immer wieder in die deutsche Steilschrift zurück. Die Gesetze der Sprache sind nicht ihre Stärke. 1914 hat sie die Hoffnung, ihrem Carl bald »das Kindchen im Arm legen« zu können, und das Foto von 1917 kommt »von Deiner Dir stets vertrauende Frau«.

Des Kindchens wegen schlägt sie die Möglichkeit aus, ihrem Mann in das Malaria-Klima der Wolga-Mündung zu folgen, und kehrt an den Kreuzberg zurück. Carl ist enttäuscht, und Mißtrauen quält ihn, doch als am Kaspischen Meer Flecktyphus ausbricht, billigt er nachträglich die Entscheidung der Frau. Zuviel schon habe sie in Rußland erleiden müssen, schreibt er im März 1915, »was Dich aber, wie ich zu hoffen wage, nicht hindern wird, später wieder mit mir hinauszuziehen in ein fremdes Land«.

Das steht nicht auf den Karten, die Berlin nach etwa 14 Tagen erreichten, sondern in Briefen, deren Beförderung nicht zulässig war. Fünf Oktavhefte wurden so vollgeschrieben, eine Art Tagebuch für die Geliebte, das dieser bis an ihr Lebensende die liebste Lektüre blieb. Liebesbeteuerungen, die auf Dritte stets komisch wirken und nur von der, an die sie sich richten, in die Sprache wahren Gefühls zurückübersetzt werden können, wechseln mit Erlebnisberichten; Mutmaßungen werden ausgesprochen, als sei mit ihrer Bestätigung oder Widerlegung zu rechnen; Fragen werden gestellt, als wäre die Hoffnung auf Antwort da. Jeder Brief klingt, als wäre er wirklich einer, so daß ich bei erster Durchsicht vermuten konnte, hier hätte mein Vater Briefe, die tatsächlich versandt worden waren, kopiert.

Im Vordergrund der Berichte stehen Geld-, Nahrungs- und Wohnungssorgen. Die Internierten dürfen das Städtchen, das 4000 Einwohner hat, nicht verlassen; sie dürfen kein Arbeitsverhältnis eingehen und müssen sich täglich auf der Polizeistation melden; sonst aber kümmert sich niemand um sie. Wer Geld hat, leidet nur unter Heimweh und Langeweile, wer keins hat, dem geht es schlecht. Carl erhält 15 Rubel im Monat von seiner Odessaer Firma. Anfangs reicht das zu einem kärglichen Leben, dann setzt mit einer Teuerungswelle die Hungerzeit für ihn ein. Als Aushilfe in der Backstube und beim Sprachunterricht kann er nur Kopeken verdienen. Die elenden Zimmer, die er bei Fischern und Arbeitern mietet, muß er alle paar Monate wechseln, weil sich die Miete, die anfangs fünf Rubel beträgt, immer weiter erhöht. Zeitweilig hat er nur selbstgeangelte Fische zu essen. Der Läuse und Ratten muß er sich ständig erwehren. Die feuchte Hitze der Wolgamündung versetzt ihn im Sommer in völlige Apathie. 1916 befällt ihn Malaria. Zu deren Bekämpfung muß er Chinin und Salzsäure schlucken, von denen sein Magen sich nie mehr erholt.

Gegen das, was er die »russische Krankheit« nennt und als grund- und ziellose Trauer erklärt, geht er mit Schreiben an. Neben dem Brief-Tagebuch und epigonalen Gedichten, in denen die stümperhaft imitierte klassische Form jeden eigenen Gedanken erstickt, verfaßt er Märchen, kurze Prosa und einen von sexuellen Nöten diktierten Roman.

Auch in den Briefen kommt Sexuelles häufig, aber immer gebändigt vor. Da werden Ehekrisen seiner russischen Wirtsleute erörtert, über seelische und sinnliche Liebe wird ausdauernd geredet, und die »teuflische Onanie« wird beklagt. Gedankliche Untreue (die immer Angst um die Treue der Frau erzeugt) wird gestanden, der Plan, ein russisches Dekamerone zu schreiben, wird flüchtig erwogen, und lustig wird vom Versuch eines Fehltritts berichtet, der vor der Tür einer als käuflich verrufenen Frau scheitert, weil ein Bekannter auftaucht, der nicht weniger verlegen ist.

Der Roman, in dem die unbefriedigten Triebe dann ausgelebt wurden, führte den Titel *Gefangenenliebe*, war also von der Situation seiner Entstehung durchaus inspiriert. Der Mann, der keine Frau hatte, erträumte sich eine Unzahl von ihnen, indem er sich zum Gefangenen von Amazonen machte, die ihre verschiedenartigen Begierden von ihm gestillt haben wollten – was ihm natürlich, da seine Potenz nie versiegte, auch glänzend gelang. So eindeutig diese Paarungsvisionen auch waren, der Wortschatz, mit dem sie beschrieben wurden, war vorwiegend der Pflanzen- und Tierwelt entnommen, blieb also wohlanständig und wurde niemals vulgär.

Um das Andenken ihres verstorbenen Mannes zu schützen, hat meine Mutter den Roman später vernichtet. Doch ich hatte ihn als Siebzehnjähriger schon gelesen und war schockiert. Die Liebe der Eltern und die ganze Familie schien mir auf Lügen gegründet. Auch meine Mutter, die mit diesem Mann hatte leben können, wurde mir widerwärtig. Die heile Kindheitswelt brach mir entzwei.

Später gelang es mir, den Romanschreiber vom Vater zu trennen. Heute, da ich in einem Alter bin, das er nicht erreichte, kann ich die beiden wieder zusammendenken: den Internierten, der nur schreibend lebte, und den Vater meiner Erinnerungen, den schweigsamen Dauerleser, der uns den Rücken zukehrte, den geduldigen Kranken, der, mit den Händen den schmerzenden Magen pressend, nachts durch die Wohnung wandert, den gütigen, hilflosen Mann, dem alles, außer der Liebe, mißlang.

DIE GOLDENE ZEIT DER NOT

Hätte ich meinen Vater in den zwanziger Jahren erleben können, wäre mein Bild von ihm sicher anders geworden; denn das war seine beste und glücklichste Zeit. Sie begann für ihn mit zwei Revolutionen: mit der russischen, der er seine Heimkehr verdankte, und mit der deutschen, die ihn davor bewahrte, noch in den Krieg zu ziehen. Leider bieten die fünf Hefte der Brief-Tagebücher nichts über die russischen

Vorgänge; die wurden im sechsten behandelt, das später vernichtet wurde; Gründe dafür gab es genug. Auf den Postkarten an seine Frau steht nur Beruhigendes: Sorgen um ihn brauche sie nicht zu haben, mehr als den Kanonendonner aus Astrachan hätten sie von den Unruhen nicht gehört. Monatelang kommt danach keine Nachricht, bald aber kommt er selbst. Am 3. März 1918 wird in Brest-Litowsk der Friedensvertrag unterzeichnet; am 25. April kann der »deutsche Reichsangehörige Carl de Bruyn«, mit einem »Schutzbrief« des Königlichen Schwedischen Generalkonsulats in der Tasche, die Wolgamündung verlassen, verschiedene Fronten durchqueren, am 15. Juni Berlin erreichen und dort drei Monate als freier Mann leben, dann kommt der Gestellungsbefehl. Wie zwei Jahrzehnte danach seine Söhne, hat sich der Vater mit einem Persilkarton in der Hand an einem Berliner Bahnhof zu melden, um in Waggons gesperrt und abgefahren zu werden, in neue Gefangenschaft.

Wieder geht es nach Osten, aber nur bis zur Warthe. Am Stadtrand von Landsberg (doch nicht in der großen Kaserne, in der im folgenden Krieg Gottfried Benn stumpfsinnige Jahre verbrachte) soll er zum Kanonier gemacht und an die Westfront verfrachtet werden, aber er zeigt wenig Neigung dazu. Er reicht Entlassungsgesuche ein, bemüht sich, als Dolmetscher verwendet zu werden, sucht Ärzte auf – und schreibt jeden Tag seiner Frau einen Brief. Der schönste und längste entsteht Ende September. Jenny wird einunddreißig, und er gratuliert ihr. Die Angst vor dem Tod und der endgültigen Trennung gibt ihm den Mut, sich ihr ganz zu öffnen und eine uns heute barock anmutende Frömmigkeit zu enthüllen – die er später an seine Kinder weiterzugeben versucht. Ich habe die Echtheit seiner religiösen Gefühle früher manchmal bezweifelt; seit ich diesen Brief kenne, bin ich von ihr überzeugt.

Sein kranker Magen beschäftigt den Oktober hindurch die Ärzte. Die aber halten ihn für kriegstauglich. Mitte November soll seine Truppe nach Frankreich verladen werden. Jenny will ihn noch einmal besuchen. Er kann mit Mühe ein Gasthauszimmer für sie reservieren. Doch kurz vor dem vereinbarten Wochenende kommt eine Karte von ihm, die ihr rät, zu Hause zu bleiben, die Eisenbahnen seien gestört. Am Sonntag, dem 10. November, gibt er schriftlich Bericht darüber, wie die Revolution im 3. Rekruten-Depot in Landsberg verlief:

»Am Abend beim Essenholen merkte man schon an der allgemeinen Stimmung, daß sich etwas vorbereitete; die Nudeln, sonst das reine Wasser, waren dicker geworden, und als sich viele zur zweiten Portion sammelten, ließ der Offizier vom Küchendienst noch extra einen Kessel voll kochen, um die hungrigen Mäuler zu stopfen. Abends kurz vor 9 h traf das Extrablatt vom Sieg der Revolution in Berlin ein. Wir legten uns schlafen wie immer, nur daß wir noch längere Zeit über einige unserer Vorgesetzten schimpften. Um 3/4 12 h wurden wir von einem großen Radau geweckt, und siehe da, unsere Kameraden waren eifrig damit beschäftigt, von allen Mützen die preußischen Kokarden abzureißen. Sie erzählten uns, daß sich ein Arbeiter- und Soldatenrat gebildet habe, daß alle Offiziere entwaffnet seien, die Mannschaften ohne Seitengewehr und Karabiner auf der Straße gingen und alle Posten abgelöst seien. Unter großem Hallo setzten sich einige hin und spielten bis zum Morgen Karten, so daß an ein Schlafen nicht zu denken war. – Heute morgen um 6 h stand alles auf, Kaffee wurde geholt wie immer, und dabei wurde auch festgestellt, daß drei unserer Leute getürmt waren. Um 9 h war Versammlung. Unser Feldwebel hielt eine schöne Rede, in der er zur Wahl 1 Unteroffiziers, 1 Gefreiten und 1 Mannes zum Soldatenrat aufforderte. Dann kam der Offiz.-Stellvertreter Gottschalk, der schön angeschmiert wurde. Wir gaben ihm deutlich genug zu verstehen, daß er verschwinden solle. Er konnte gar nicht begreifen, daß er uns so tief beleidigt haben solle, bat direkt um Verzeihung, erhielt sie aber nicht. Mit dem Oberleutnant und dem Feldwebel dagegen erklärten wir uns zufrieden. Zu Mittag gab es wie immer Pellkartoffeln und Gulasch, aber nicht doppelte Portion, wie uns versprochen worden war. Um 2 h war großer Umzug, bei dem ich allerdings nicht mitmachte. Sonst ist alles wie immer, nur daß man die Vorgesetzten nicht grüßt.«

Von Revolution ist später so wenig die Rede wie vom Krieg, der verloren wurde. Der Briefschreiber denkt nur an Heimkehr. Die Demobilisierung geht ihm zu langsam. Als auch die Hoffnung schwindet, als Bayer eher als die Preußen von den »Preußen« loszukommen, nimmt er sich vor, heimlich zu Fuß nach Hause zu wandern, führt aber, da er ohne Entlassungsschein keine Lebensmittelkarten erhalten würde, den Vorsatz nicht aus. Er sitzt in der Schreibstube und registriert Frontheimkehrer, schreibt abends, wie immer, seine Briefe an Jenny, freut sich über die Entlassungsuniform und die neuen Stiefel – und ist Ende November wieder ein freier Mann.

Im Sommer schon hatte man eine Ein-Zimmer-und-Küche-Hinterhauswohnung am Kreuzberg gemietet. Für Carl beginnt nun die Arbeitssuche; Jenny verdient mit Näharbeiten die Miete. Im Krieg hat sie auf ihrer schwarzen Singer-Nähmaschine Wach- und Reitmäntel gefertigt, jetzt ändert sie Uniformen, näht Kindermäntel, ist gegen Butter und Eier für ihre ländliche Verwandtschaft tätig, während die Mark verfällt und aus der dreiköpfigen Familie eine fünfköpfige wird. Das Existenzminimum ist durch die Singer gesichert. Mehr will und braucht man nicht, da die Freuden, die man genießt, keine käuflichen sind.

Der Beruf meines Vaters war, laut Heiratsurkunde, Handlungsgehilfe, und als solcher trat er im Mai 1919 eine Stellung am Dönhoff-Platz an. Sechs Jahre später verließ er sie freiwillig wieder, um selbständig zu werden, doch worauf diese Selbständigkeit sich gründen sollte, war aus meiner Mutter nicht herauszubekommen; sie hatte die unsicheren Zeiten, die um das Jahr meiner Geburt lagen, weitgehend verdrängt. An Hand eines Fotos, das ihren Mann in einer Ladentür zeigte, glaubte sie sich an die kurzfristige Pachtung einer Bäckerei erinnern zu können; und ein zufällig erhalten gebliebener Briefkopf: Carl de Bruyn, Versandhandlung, Berlin SW 19, Fidizinstraße 41, sagte ihr nichts. Sie bestand darauf, daß ihr Mann versucht hatte, als freier Schriftsteller zu leben; doch was er, außer den Weihnachtsgedichten und -märchen für seine Kinder, in diesen Jahren geschrieben hatte, wußte sie nicht. Geschrieben hat er doch immer, wenn er nicht mit euch spielte, sagte sie ungeduldig; und als ich ihr eine Zeitungsannonce zeigte, in der Carl de Bruyn das Angebot machte, preiswert englische, französische und russische Texte zu übersetzen, meinte sie achselzuckend: Vielleicht war es auch das.

Lange hat wohl die Arbeitslosigkeit nicht gedauert. Zwar gehört zum Erinnerungsbild meiner glücklichen Frühzeit ein Vater, der Zeit und Lust hat, mit den Kindern zu spielen, doch kann dieses Bild auch zu späteren Zeiten gehören, als ihn die Kirche mit Heimarbeiten versorgte, sich die Kirchensteuerbescheide zu Bergen türmten und meine älteren Geschwister zählten, falzten und klebten, während ich am Boden hockte, Kartenhäuser baute und die freundliche Betriebsamkeit um mich herum genoß.

Die Kirchensteuerbehörde, die auf den seltsamen Namen *Gesamtverband (der katholischen Kirchengemeinden Groß-Berlins* nämlich) hörte, wurde für meinen Vater dann zur ständigen Arbeitsstelle, bei der er bis zu seinem Tod blieb. Nach seinen Versuchen, ein abenteuerliches Leben zu führen, hat er das lange als Niederlage und Versagen empfunden, es 1933 aber begrüßt. Denn im Raum der Kirche lebte er unbehelligt; niemand verlangte von ihm Bekenntnisse, die er nicht ablegen konnte; seine Weigerung, sich der Gewalt anzupassen, wurde ernsthaft nie auf die Probe gestellt. Er lebte in den Enklaven Familie und Kirche, das feindliche Umfeld wurde nur zweimal täglich flüchtig passiert.

Obgleich er sich für Politik nicht sonderlich interessierte, wäre es falsch, ihn unpolitisch zu nennen. Er wählte das Zentrum, dessen Zeitungen er auch abonnierte; alles, was er für preußisch hielt, war ihm zuwider; und das Übernationale am Katholizismus imponierte ihm. Gern betonte er die Verflochtenheit unserer Familie mit halb Europa. Die de Bruyns kamen aus Holland, die Hilgerts, falls an der Sage was dran war, aus Frankreich, er selbst war in der Schweiz, sein ältester Sohn in Rußland geboren und mit österreichischer Muttermilch am Leben gehalten worden, während sein Vater, der Schauspieler, bei den Tschechen begraben war.

Ernst war es ihm mit dem Hinweis, daß wir alle die bayerische Staatsangehörigkeit hätten, uns in Zeiten der Not also dorthin wenden sollten – eine Mahnung, die ich glücklicherweise niemals beherzigt habe; denn der »Heimatschein des Freistaates Bayern«, den ich noch heute besitze, trägt zwar die Namen meiner älteren Geschwister, aber den meinen nicht mehr. Mein Heimatrecht einzuklagen, hätte mir auch moralisch nicht zugestanden; denn in der Nord-Süd-Diskussion, die uns ständig bewegte, stand ich auf mütterlich-preußischer Seite, hauptsächlich deswegen, weil ich kein Mehlspeisen-, sondern ein Kartoffelfreund war.

Als bayerischer Patriot mißtraute mein Vater dem Nationalstaatsgedanken; Reichseinheit war ihm Reichseinerlei. Der Zentralismus hatte seiner Meinung nach die alten Mannigfaltigkeiten eingeebnet und den Deutschen eine Tugend ausgetrieben, die ihnen durch die Unterschiede, die von Ort zu Ort bestanden hatten, einmal anerzogen worden war: die Toleranz. Die lebt vom Wissen um die Unterschiede, Intoleranz dagegen ist beschränkt.

Die Toleranz innerhalb unserer Familie wurde ermöglicht durch ein Gewebe traditioneller Regeln. Vom täglichen Morgen- und Abendgebet über die Gestaltung der Sonntage bis hin zum Höhepunkt des Familienjahres, der Weihnachtsfeier, waren wir in Rituale eingebettet, die nicht als Zwänge empfunden wurden, sondern als Sicherheit. Sie bildeten den festen Rahmen, in dem die Individualitäten sich entwickeln konnten, relativ frei, wenn auch durch ein Gesetzsystem gebunden, das dafür sorgte, daß die Eigenart des andern auch geachtet wurde und der Stärkere dem Schwächeren nicht den Lebensraum beschnitt.

Dieses leicht verletzliche Tolerierungssystem zu beachten, fiel besonders meiner Mutter schwer. Sie konnte nur das ihr Vertraute für normal und richtig halten, neigte also dazu, die Kinder nach ihrem Bilde formen zu wollen, und da ihre Erziehung vor allem Gehorsamseinübung bedeutete, geriet die befehlsgewaltige Mutter in ihr mit der gehorsamen Gattin, die dem toleranten Mann alles recht machen wollte, oft in Konflikt. Nicht Liebe, die hatte sie reichlich, wohl aber Güte, Geduld und Sanftmut mußten ihr oktroyiert werden; doch da sie sich, um die Autorität des Vaters zu stärken, gern als gehorsame Frau zeigte, gelang das ganz gut.

Dieses in Vater und Mutter verkörperte Widerspiel von Liberalem und Autoritärem wurde in der Familie als Sinnbild für preußisch-protestantisches und süddeutsch-katholisches Wesen genommen, es war aber wohl eher sozial bedingt. Während die Mutter, eine Soldaten- und Beamtentochter, mit dem Glauben an die Allmacht des Vaters und des Staates und des Kaisers aufgewachsen war und unter Glück die Sicherheit in Lohn und Brot, wenn möglich mit Pensionsberechtigung, verstanden hatte, war mein Vater in sozial, politisch, geographisch nicht recht festgelegten Verhältnissen groß geworden, wo Erfahrungsvielfalt Toleranz zur Folge hatte und, außer dem Katholischsein, sich nichts von selbst verstand. Seine Eltern, die beide Schauspieler waren, hatten, der wechselnden Engagements wegen, nie seßhaft werden können, und in die Städte ihres Wirkens hatten sie von ihren sieben Kindern immer nur die jeweils kleinsten mitgenommen; die anderen blieben irgendwo bei Pfarrern, Lehrern oder mittellosen Witwen in Pension. Auf einem Foto von 1890 etwa ziehen alle sieben in phantastischen Kostümen einen Blumenwagen; auf einem andern, späteren, steht der etwa dreizehnjährige, blonde Carl, der älteste von ihnen, mit ernstem, wissendem Gesicht, im schwarzen Anzug, weißem Hemd mit Schleife, vor einer Palmen- und Schlingpflanzen-Kulisse, in der Hand den Hut, am Arm den Bruder Franz, der kleiner ist, doch unerschrockener aussieht (und der 15 Jahre später an der Westfront sterben wird). Das erste Foto ist in einem Augsburger Lichtbildatelier gemacht, das zweite beim Königlichen Hof-Photographen J. W. Hornung, Uhlandstraße 11 in Tübingen, wo die Brüder als Pensionäre vier Jahre wohnten und das Gymnasium besuchten, bis Carl, einer Zirkustänzerin wegen, floh. Ob es Riga oder nur Riesa gewesen war, bis wohin er die Truppe begleitet hatte, wußte meine Mutter, die geographische Vorstellungen mit keinem der Orte verband, nicht zu sagen, wohl aber daß sein Vater ihn aufgegriffen und in ein Kontor nach Hamburg verbannt hatte, wo seine Mutter Souffleuse am St.-Pauli-Theater geworden war. So kam es, daß mein Vater, dessen Geschwister alle Schauspieler oder Musiker wurden, als einziger der Familie einen bürgerlichen Beruf ergriff. Glücklich in ihm wurde er nicht. Die Sehnsucht nach künstlerischer Betätigung blieb, wie auch die Reiselust.

1914 hatte sie ihn über Odessa nach Afghanistan führen sollen. Später opferte er sie der Familie auf. Schwacher Ersatz wurden seine Einzelwanderungen, die er sich auch als kranker Mann nicht nehmen ließ. Einmal im Jahr, im Herbst, fuhr er mit einem Rucksack und mit wenig Geld nach Schlesien, in den Harz, in die Alpen, die Karpaten, später auch nach Norwegen und Dalmatien, wanderte wochenlang allein, schrieb manchmal Liebesbriefe, auch gereimte, an die Frau und Ansichtskarten an die Kinder, die sich wenig für den Großen Arber oder den Jablunka-Paß interessierten, sehr dagegen für den Tag, an dem der Vater wiederkam. Er fehlte ihnen: als Richter bei den Streitereien mit der Mutter, als Begleiter, der den langen Weg zur Kirche sonntags mit Geschichten kürzte, und als Initiator all der Würfel, Karten-, Brett- und Sprach- und Ratespiele, die ohne ihn an Qualität verloren, da seine Phantasie, noch ehe Langeweile merkbar wurde, immer neue Spielvarianten schuf.

Von den Erlebnissen seiner Reisen erzählte mein Vater so wenig wie auch sonst von sich selbst. Vielleicht tat er das abends seiner Frau gegenüber, wenn die Kinder, relativ früh, ins Bett geschickt wurden; aber ich glaube es nicht. Verschlossen war er bis dorthinaus, pflegte meine Mutter später, aber bewundernd, zu sagen, und ich muß es ihr glauben, weil es meiner Erinnerung entspricht.

Viel sagt das freilich nicht; denn ich, als der Jüngste und nicht der Klügste, war nie ein Gesprächspartner für ihn. Als ich zur Schule kam, quälte die Krankheit ihn schon; ehe ich 15 wurde, war er schon tot. Sein Interesse an der Familie hatte er lange vorher verloren. Seine letzte Eintragung auf den Gedenkblättern des Stammbuches ist bezeichnenderweise die Mitteilung meiner Geburt: *»1. Novbr. 1926 ist abends 9 1/2 h ein 8 1/2 Pfund schwerer Junge, Günter Martin, geboren. Die Wehen dauerten von morgens 3 h an. Günter hat sich dabei einen Schlüsselbeinbruch auf der rechten Seite zugezogen. Möge er groß und gut werden!«*

CLIQUEN UND FAHNEN

Historische Details, die dem Zeitgenossen unerheblich erscheinen, können dem Nachgeborenen symptomatisch sein; das kommende große Unheil kündigt sich durch Kleinigkeiten schon an. Die Chronik meines Geburtsjahres ist voll davon, und auch der Tag meiner Geburt zeigt in zwei Ereignissen schon die Katastrophentendenz: Goebbels wird zum Gauleiter der NSDAP in Berlin ernannt, und Reichsbahn und Reichspost führen um Mitternacht die 24-Stunden-Zählung ein. Einen Zusammenhang bekommt das in der Rückschau erst: Wahn- und Präzisionsdenken schreiten gleichzeitig voran; während die Ethik verfällt, wird die Technik verfeinert; die Modernisierung, für die das Jahr 1933 keine Zäsur bedeutet, wird die Perfektionierung des Mordens ermöglichen, in Auschwitz, in Coventry, an der Front.

In beide Richtungen werden 1926 immerfort die Weichen gestellt. Während der Volksentscheid über die entschädigungslose Fürstenenteignung scheitert, wird im Reichstag entschieden, daß neben den Farben der Republik auch das Schwarz-Weiß-Rot des alten Reichs amtlich ist. Die Feier des Rückzugs der Besatzungstruppen aus Köln und Bonn wird mit nationalistischem Pathos begangen und auch im Rundfunk übertragen, der schon mehr als eine Million Empfänger hat. Im Geheimen wird aufgerüstet, und das künftige Autostraßennetz wird entworfen. Der *Gloria-Film-Palast* am Kurfürstendamm wird eröffnet und der erste Tonfilmversuch vorgeführt. Die Reichspost kreiert die Schmuckblatt-Telegramme, und in Berliner Straßen leuchten die ersten Verkehrsampeln auf.

Stärker als an diesen zentralen Ereignissen waren meine Eltern, die noch immer in einem Zimmer mit Küche am Kreuzberg wohnten, wahrscheinlich an einem peripheren interessiert: an der Bautätigkeit in Berlin-Britz. Dort nämlich hatten sie eine Wohnung in Aussicht, die zwar kaum größer als die alte, aber mehrräumiger, heller und komfortabler war. Statt Gasbeleuchtung gab es dort Elektrizität; ein Bad war da, und wenn man aus dem Fenster blickte, sah man nicht Hinterhöfe, sondern Parks und Wiesengrün.

Sechs Jahre vorher hatte das Dorf Britz noch zum Kreis Teltow gehört. Zwar war es um die Jahrhundertwende schon an die Stadt Rixdorf, die später Neukölln hieß, mit einer locker bebauten Straße herangewachsen, doch hatte es seinen dörflichen Charakter, mit Kirche, Dorfteich, Schloß und Schule in der Mitte, noch bewahrt. Der abseits zwischen Feldern und Wiesen gelegene Buschkrug, der seit dem 14. Jahrhundert schon den Reisenden zwischen Berlin und der Lausitz als Raststätte gedient hatte, war zum beliebten Ausflugslokal geworden. Die Nähe der Großstadt hatte Gärtnereien entstehen lassen, die Berlin mit Rosen versorgten und Jahr für Jahr das *Britzer Rosenfest* arrangierten; kurz nach dem Krieg war nordwestlich des Dorfes eine Fleischwarenfabrik hinzugekommen; und nun wurde die östliche Feldmark, in Richtung Johannisthal und Baumschulenweg, für den sozialen Wohnungsbau genutzt. Unter der Leitung von Bruno Taut und Fritz Wagner entstand hier, erstmalig in rationeller Typenbauweise errichtet, die erste Großsiedlung Deutschlands (mit 1000 Wohnungen), die bis heute dem modernen Bauen in sozialer und ästhetischer Hinsicht ein Vorbild ist. Östlich an diese sogenannte Hufeisensiedlung anschließend, wurde zu gleicher Zeit eine zweite, mehr romantisierende Siedlung gebaut. Hier, in der Rudower Allee 8, zwei Treppen rechts, wurde ich kurz nach Fertigstellung des Baus geboren. Hier habe ich 17 Jahre und einen Monat gewohnt. Dann hat eine Luftmine das Haus zerstört.

Groß war die Wohnung nicht. Neben Küche und Bad gab es zweieinhalb Zimmer: für sechs Personen nicht viel. Mein ältester Bruder Karlheinz bewohnte die nicht heizbare Kammer; die siebenjährige Gisela mußte im Wohnzimmer, ich Kleinkind bei den Eltern schlafen, und für den fünfjährigen Wolfgang wurde abends in der Küche ein Ziehharmonikabett aufgestellt. Bewußt aber war mir die Enge nie. Der vermutliche Zusammenhang, der zwischen ihr und dem Drang der Geschwister bestand, das Elternhaus bald zu verlassen, wurde mir erst nachträglich klar.

Im Gegensatz zu Bruno Tauts Siedlung mit ihren kubischen Formen und satten Farben setzte die unsere mit Satteldächern, Erkern, Fensterläden und spitzbogigen Balkonen den sogenannten Heimatstil fort. Einfamilienreihenhäuser mit Gärten bildeten zum Teil gewundene Straßen, die eine Kleinstadtatmosphäre schufen, und eine Mauer aus dreigeschossigen Häusern schirmte die großen Innenhöfe gegen die verkehrsreiche Rudower Allee (heute Buschkrugallee) ab. Lag ich abends im Bett, ohne einschlafen zu können, ließen die Autos, die ab und zu kamen, Lichtflecke über die Zimmerdecke wandern, und da Platanen die Straße flankierten, wurden phantastische Formen daraus. Die Straßenbahnen (Elektrische genannt) ratterten vorbei (die 21 in 15-, die 47 in 30-Minuten-Abständen), und gegen Morgen war Pferdegetrappel zu hören; der Bierwagen kam oder der Kohlenhändler oder der Einspänner vom Gut, dessen Kutscher die Hausfrauen laut klingelnd zu einem Tauschgeschäft einlud: Brennholz für Kartoffelschalen!

Nach vorn raus konnte man, da die östliche Seite der Allee nicht bebaut war, über die Britzer Wiesen hinweg bis nach Johannisthal sehen, nach hinten raus aber sah man den Hof, wo sich zwischen terrassenförmig ansteigenden Rasenflächen die Müllkästen und Teppichklopfstangen hinter Hekken und Baumgruppen versteckten, während die Buddelkästen offen dalagen, damit die Mütter beim Waschen und Kochen ihre Kleinsten beobachten und notfalls vom Küchenfenster her auch eingreifen konnten, wenn Zank die Sandkastenharmonie unterbrach.

Meine ersten Erfahrungen mit der Welt außerhalb der Familie stammten von diesem Hof. Unfrieden und Ungerechtigkeit, Entwürdigung und Zerstörungslust habe ich da erlebt, Angst und getäuschtes Vertrauen kennengelernt, aber die Liebe auch: eine Woche, einen Monat, einen Sommer lang kannte der Vier- oder Fünfjährige keine größere Wonne, als eine Dreijährige zu beschützen und ihr beim Sandkuchenbacken behilflich zu sein. Warum es unter den vielen Mädchen, die es dort gab, gerade dieses und nur dieses war, beschäftigte den Vierjährigen lange, aber auch der Sechzigjährige weiß noch keine Antwort darauf; er hat nur gelernt, sich nicht mehr darüber zu wundern.

Auch Schauplatz meiner ersten (wie schon gesagt durch ein Foto fragwürdig gemachten) Erinnerung war dieser Hof, und zwar sein südlichstes Ende, an dem ich vorher nie war. Hier fuhr mich meine Schwester im Sportwagen umher und erteilte mir eine Geschichtslektion: Als unsere Häuser schon standen, waren hier noch Baugruben und Lehmberge zu sehen, und die Havermannstraße, die jetzt auf die Freitreppe zuführte, war nichts als ein sandiger Weg. Seltsamerweise erfüllte mich diese Mitteilung mit Angst und mit Trauer; die Veränderbarkeit meiner Welt kam mir unheimlich vor.

Meine ganze Kindheit über ging mir das so: Neuerungen erzeugten Unbehagen in mir, jeder Wechsel wurde als schmerzlicher Abschied empfunden, durch Änderungen wurde die Wirklichkeit, wie in Alpträumen, in furchteinflößender Weise verzerrt. Als die Allee, die erst einbahnig war, auf zwei Bahnen verbreitert wurde, rief das zum erstenmal das scheußliche Gefühl ohnmächtiger Wut hervor, und als dann auch noch die Wiesen eingezäunt wurden, forderte diese Freiheitsbeschneidung kindlichen Widerstandswillen heraus. Die Straßenbauer fanden morgens ihre Laufbretter und Karren nicht mehr; die Kabeltrommeln waren in die Gräben gerollt, der Drahtzaun durchlöchert und untergraben, und in der Laubenkolonie, die sich auf unseren Wiesen breitmachte, waren die jungen Obstbäume ausgerissen und die Fenster entzwei. Aber aufzuhalten war damit die Einkreisung nicht. In das letzte Stück Wildnis am Parkrand wurde ein Kriegerdenkmal gesetzt. Das Stoppelfeld, auf dem man im Herbst den Drachen hatte steigen lassen, war im Frühjahr zu Bauland geworden. Kaum hatte man an etwas sein Herz gehängt, war es schon wieder verloren. Da ständig etwas geschah, auf das man keinen Einfluß hatte, wurde man früh auf das Ertragen des Ohnmachtsgefühls gedrillt. Und auch die Problematik jeden Widerstandes wurde klar: man trifft immer den Falschen, den ebenfalls Ohnmächtigen nämlich, weil man den Mächtigen, dem die Wut eigentlich zu gelten hätte, nie zu sehen bekommt.

So groß mein Beitrag zur späteren Legendenbildung über den Krieg mit den Parkwächtern, Straßenarbeitern und Polizisten auch war, so unbedeutend war meine Rolle in den Freiheitskämpfen selbst. Ich war der kleinste Mitläufer der Clique (ein Wort, das ich lange noch Klicke schrieb und nie mit der ihm zustehenden negativen Bedeutung belegen konnte) und wurde in ihr nur geduldet, weil Wolfgang, mein Bruder, ihr Anführer war. Seines Schutzes gewiß und dennoch von Angst gepeinigt, machte ich alle Abenteuer in Höfen und Parks, auf Straßen und Wiesen mit und lernte dabei nicht nur die weitere Umgebung kennen, sondern auch meine Unfähigkeit zum Leben im Kollektiv. Jeder Junge (Wolfgang nicht ausgenommen), den ich als Einzelperson kannte, wurde mir, wenn er Mitglied der Gruppe war, fremd; er verwandelte sich. Aus einem Kind, das sich normal bewegte und zu Gesprächen fähig war, wurde ein alberner Schreihals und Prahlhans, der den Mut von Zehnen in sich spürte und keines vernünftigen Gedankens mehr fähig war. Ich aber blieb, auch wenn ich aus Opportunismus mitjohlte, immer derselbe; das völlige Eintauchen in den Gemeinschaftsgeist war mir verwehrt.

Die Clique, die viel anarchistischen Freiheitsdrang, aber keine feste Spielideologie hatte, sich mal als Schillsches Freikorps, mal als Indianerstamm, als Räuberbande oder Landsknechtshaufen verstand, duldete im allgemeinen Mädchen nicht in ihren Reihen, doch an dem Frühlingstag, an dem die kollektive Prahlerei in kollektive Quälerei sich wandelte, war meine Schwester Gisela, zwei Jahre älter als mein Bruder Wolfgang, auch dabei. Nach Rebhuhnjagden, die wie stets erfolglos geblieben waren, ruhten wir uns an einem der stinkenden Gräben, die die Wiesen netzartig überzogen, im Sonnenschein aus. Die Wasserratte, die von Wolfgang gesichtet wurde, hatte bei zehn Verfolgern, die mit Stöcken, Bogen und Katapulten bewaffnet waren, keine Chance zu entkommen; sie flog an das Ufer, wurde in eine Sandkuhle getrieben und mußte jeden Versuch, den Kreis, den ihre Peiniger um sie gebildet hatten, zu verlassen, mit Stockhieben bezahlen, die immer von der Mahnung begleitet wurden: Schlagt sie nicht tot! Der Unglückliche, der versehentlich den Todesschlag führte, wurde beschimpft und bedroht und schließlich dazu verurteilt, der Ratte den Kopf abzubeißen, also den anderen ein neues Objekt ihrer Lust zu sein. Stumm umgaben sie ihn, sahen, mit Ekel gemischte Spannung in den Gesichtern, zu, wie er den nassen, blutigen Leichnam ergriff und zum Munde führte. Da sprang meine Schwester, die mich bei Beginn der Rattenjagd schon beiseite gezogen hatte, mit hysterischem Kreischen auf Wolfgang zu, warf ihn, der sich nicht wehrte, ins Gras, zerrte an seinen Haaren und schrie: »Hört auf! Hört endlich auf!« Niemand vergriff sich an ihr, niemand kam Wolfgang zu Hilfe. Der Verurteilte, ein schmächtiger Langer, dessen Namen ich nicht mehr weiß, da alle ihn Neuerte (das ist: der Neue) nannten, sah, daß der Wahn zerstört, das grausame Spiel zu Ende war, warf die Ratte ins Wasser, säuberte sich im Gras die Hände und lief vorsichtshalber davon. Langsam, ohne den Vorfall zu kommentieren, gingen die anderen. Nur Gisela lag noch lange und weinte.

Zu den Sagen aus Heldenzeiten, die ich in den Jahren danach meinem Freund Hannes erzählte, gehörte diese Geschichte nicht. Auch meine Geschwister erwähnten sie nie, und mir gelang zeitweise, sie zu vergessen; doch wenn in den nächsten Jahrzehnten Erlebnisse ähnlicher Art mich verstörten, brach die Erinnerung daran wieder auf.

Wolfgangs Nachfolger wurde ich nicht. Als ihn die Mädchen mehr als die Abenteuer zu locken begannen, löste seine Clique sich auf, und ich hatte weder die Kraft noch den Drang, sie wieder zu gründen. Ich erzählte nur gerne von ihr –

und ich lernte dabei, daß man Wirklichkeit durch Erzählen nur schattenhaft wiederbelebt, wenn die Fähigkeit fehlt, sie um Mögliches, das wie Wirkliches wirkt, zu ergänzen. Tatsachenberichte einfallslos aneinandergereiht, ergeben nur blasse Geschichten; erst die Erfindung verleiht ihnen Kontur. Also kam zu den Rebhuhnjagden endlich die Beute hinzu; die den Straßenarbeitern entwendeten Karren wurden zu Kleinlokomotiven und Loren; und wenn wir auf trockenen Wiesen ein Feuer entfachten, das außer Kontrolle geriet, liefen wir nicht, wie wirklich geschehen, erschrocken davon, sondern alarmierten die Feuerwehr, halfen beim Löschen und wurden für selbstlose Hilfsbereitschaft geehrt.

Ein schlechtes Gewissen, das mich bei jeder Gelegenheitslüge plagte, hatte ich beim Erzählen nie. Vielleicht war das Glück, beim Zuhörer Spannung erzeugen zu können, zu groß, um andere Gefühle dagegen aufkommen zu lassen, vielleicht glaubte ich meinen Erfindungen selbst, vielleicht ahnte ich etwas vom Verwirrspiel der Kunst. Hannes, mein Publikum, wollte ja keine exakte Geschichtsschreibung, sondern Geschichten; und die Voraussetzung dafür, daß er diese genießen konnte, war die Aufrechterhaltung der Illusion.

Einen besseren Zuhörer als Hannes, der ein Jahr jünger als ich, aber größer und stärker war, hatte ich später nie mehr. Da er phantasielos war und stotterte, fehlte ihm das Bedürfnis zu reden, und er machte mir als Erzähler nie Konkurrenz. Wenn er, was häufig geschah, einen Zusammenhang nicht begriff, fragte er: Wa?; wenn er etwas nicht glaubte, stieß er ein kurzes, tief in der Kehle sitzendes: Ö! hervor, und wenn er doch mal versuchte, Geschichten zum besten zu geben, waren es biblische, die er in einer Art Kirche, die Stadtmission hieß, gehört, aber halb nur verstanden und davon die Hälfte wieder vergessen hatte; und ich konnte ihm auch nicht helfen, denn meine Kenntnis der Bibel war, wie bei Katholiken üblich, gering.

Da Hannes aus seiner Fähigkeit, mich auf der Straße beschützen zu können, nie Führungsansprüche ableitete, hielt unsere Freundschaft die Kindheitszeit über an. Da er Spielideen kaum hatte, war er für meine stets dankbar, und wenn man von Kurzzeitbeschäftigungen, wie es das Messen von Länge und Schwellkraft unseres kaum erst entwickelten männlichen Gliedes war, absieht, lag die Gestaltung der Straßenstunden ausschließlich bei mir. Wenn mir im Frühling nach Trieseln zumute war, wurde getrieselt, war ich auf Murmeln, auf Hopse, auf Fußball aus, war er dabei. Seine Leidenschaft fürs Zigarettenbildersammeln begann und endete mit meiner, und wenn ich unabkömmlich oder krank war, verbrachte er die langen Stunden oder Tage mürrisch und gelangweilt auf den Stufen vor der Haustür; denn mit anderen Kindern, die ihn seines Stotterns wegen hätten hänseln können, spielte oder sprach er nicht. Erstaunlich war, daß er, der später mit Lesen und Schreiben immer Schwierigkeiten haben sollte, eher als ich zählen konnte und mir im Rechnen überlegen war. Das Glück, das er empfand, als er mir Zählen beibringen konnte, gehört zum Schönsten, das ich noch aus dieser frühen Freundschaft weiß. Wir zählten alles, was sich uns nur bot: die Stufen, Fenster, Mieter unseres Hauses, Kinder in der Schlange vor der Kino-Kasse, die Marschierer in den SA- und den RFB-Kolonnen und die Krähen, die an den Winterabenden im Akazienwäldchen auf den alten Bäumen saßen. Wir schrieben Autonummern auf, die nach dem Herkunftsort (I, das war Preußen, IA Berlin, IE die Mark) geordnet wurden, und als die Straßenbahner streikten, war uns die Zahl der Wagen, die ihre Strecke (manchmal mit eingeschlagenen Fensterscheiben) dennoch fuhren, interessant. Am spannendsten aber, weil es auch Erwachsene interessierte, war die Fahnenzählerei.

Vor Reichstagswahlen, die in diesen Jahren häufig waren, gaben viele Leute dem Bedürfnis nach, Gesinnungen öffentlich bekanntzumachen, ließen deshalb vor dem Küchenfenster oder dem Balkon die Fahne flattern und nahmen damit, wohl der Propagandawirkung wegen, ihre Wahl vorweg. Die ockerfarbene Wand des Wohnblocks war dann bunt betupft; die kleinen, mittelgroßen, riesenhaften Rechtecktücher, seltener Dreieckswimpel, trugen die verschiedensten Farben und Symbole; und jede Sorte hatte auf den Schreibheftseiten, die wir vorbereitet hatten, ihre eigene Rubrik. Die roten Fahnen (sieht man von Unikaten, wie der einen schwarzen, der schwarz-weißen oder der mit dem Berliner Bären ab) waren in der Minderzahl; die schwarz-weiß-roten und die nazifarbenen hielten sich die Waage; doch an der Spitze lag das Schwarz-Rot-Gold. Das kleinste Tuch, das in Schwarz-Weiß, zeigte das alte Fräulein von Hildebrandt, in unserem Hause, rechts, parterre, das größte ein Herr Mägerlein aus Nummer 5. Es hing vom ersten Stock herunter bis zur Weißdornhecke, die den Rasen vor dem Haus begrenzte, und war geziert mit weißem Rund und Hakenkreuz.

Die gleiche Fahne, aber im Normalformat, hing auch an unserem Hause, links, parterre, wo Hannes wohnte; und an seiner Wohnungstür klebte ein rundes Schild, das, unverständlich abgekürzt, zu wissen gab, daß hier ein Mitglied des Reichsbundes für Kinderreiche wohnte – was mir logisch schien, da Hannes zwar, wie ich, das Jüngste, aber nicht von vier, sondern von sieben Kindern war.

MUTTERSPRACHE

Die Familiensage der Hilgerts, die meine Mutter gern erzählte, wußte von einem französischen Grenadier dieses Namens zu berichten, der mit der Armee Napoleons zusammen erst Preußen erobert hatte, dann aber, als Besatzungssoldat in der Mark, von einem preußischen Mädchen erobert wurde, das ihn, als sein Kaiser geschlagen war, in einem Backofen versteckte – bis die Kuchen für die Siegesfeier hinein mußten und die Hochzeitskuchen auch. Falls an dieser Desertions-Geschichte Wahres wäre, müßte sie sich in Schulzendorf im Ruppinschen ereignet haben; aber leider waren die Hilgerts, wie die Kirchenbücher ausweisen, schon im 18. Jahrhundert dort ansässig, allesamt arme Leute, deren Berufsbezeichnungen zwischen Knecht, Tagelöhner und Arbeitsmann wechselten, weshalb es ihnen später auch leichtfiel, in die Stadt umzusiedeln, erst nach Lindow und dann nach Berlin. Um die Sage von der französischen Herkunft dennoch zu retten, könnte man sie auf den Vater meiner Schulzendorfer Ururgroßmutter, einer geborenen Longwiel, übertragen, doch war die eine Reformierte, was eher hugenottische Abstammung verrät.

Mein Großvater, der Briefträger, stammte also aus der nördlichen Mark, die Familie meiner Großmutter aber, einer geborenen Stöpper, aus der südlichen, aus dem beeskowstorkowschen und dem teltowschen Kreis. Kamen in der hilgertschen Linie Ortsnamen wie Perleberg, wo der Großvater bei den gelben Ulanen gedient hatte, wie Lindow, Gransee und Rheinsberg vor, so waren die stöpperschen Tagelöhner und Arbeitsmänner im Kolonistendorf Friedrichhof und in den Dahme-Dörfern Kablow und Prieros zu Hause, und einer von ihnen erheiratete sich in Klein-Kienitz bei Mittenwalde ein Gasthaus mit Bauernhof. Da meine Mutter neben drei Schwestern, die auch verheiratet waren, noch eine Stiefmutter, mit Anhang in Pommern, hatte, war ihre Verwandtschaft schwer überschaubar; wir hörten weg, wenn sie uns erklärt werden sollte, denn all die Hilgerts und Stöppers, die Rosins und Käferts interessierten uns nicht. In der Ablehnung unserer preußischen Verwandtschaft waren wir mit unserem bayerischen Vater einig, doch gelang nie ganz, sie von uns fernzuhalten, was besonders von den Schwestern meiner Mutter, Else, Frieda, Grete, galt. Nachmittags, wenn der Vater nicht da war, kamen sie manchmal und wurden dabei sehr laut. Sie lachten viel, wenn sie von ihrer Kindheit in der

Friedrichstraße und am Kreuzberg erzählten, fielen sich gegenseitig ins Wort, nippten an süßen Likören, und schließlich wurde das Grammophon aufgezogen und Walzer getanzt. Um fünf, wenn mein Vater erwartet wurde, war der Spuk schon vorbei. Die vor Lachen kreischende Jenny, die ordinäre Wörter benutzte, wurde wieder zu unserer korrekten Mutter; mein Gefühl, verraten zu werden, das sich in Heulen und Maulen, wie meine Mutter das nannte, Luft gemacht hatte, legte sich wieder, Liebkosungen (Schmuserei genannt) besänftigten mich; die schöne Normalität, die jeder Mensch, der von außen kam, mir verdarb, kehrte zurück. Heute frage ich mich, ob diese zwei, drei Stunden im Monat, in denen meine Mutter die Frau-de-Bruyn-Rolle vergessen und sich loslassen konnte, nicht vielleicht die schönsten für sie waren und die ihres sonstigen Lebens ein ständiger innerer Zwang. Daß ihre Sprache im hohen Alter, als ihre Familienaufgaben nicht nur hinter ihr lagen, sondern fast auch vergessen waren, zu dem Jargon ihrer Kindheit zurückfand, spricht sehr dafür.

Das Deutsch, das meine Mutter sprach, war schon für meine älteren Geschwister (Wolfgang ausgenommen) ständig Anlaß zur Kritik, und ich, kaum daß ich selber sprechen konnte, machte es ihnen, obwohl sich mein Vater darüber empörte, in unangenehmster Weise nach. Dabei wußte ich schon früh, wie ihre Art zu reden mal entstanden war. Ihr Vater, Julius Hilgert aus Lindow, hatte in seiner Kindheit noch Platt gesprochen und erst als Soldat und Beamter sich an hochdeutsche Verständigungsformen gewöhnt. Im Gegensatz zu seiner stillen Frau, der Gastwirtstochter aus Klein-Kienitz, die ihm die vier Töchter schenkte, sprach er viel und laut, er sang auch viel und trank sehr viel, und da er gerne ausging, häufig Gäste hatte und bei den Töchtern Wert auf hübsche Kleidung legte, reichte sein Gehalt als Postzusteller oft nicht aus, um sechs Personen satt zu machen, obwohl Kartoffeln und Pökelfleisch aus Kienitz geliefert wurden. Jenny, die Älteste, mußte als Vierzehnjährige dazuverdienen. Sie hatte in der Schule, Lindenstraße, nicht viel mehr gelernt als ihre steile, schräge deutsche Schrift. Jetzt in der Druckerei, Gitschiner Straße, wo sie tagein, tagaus Pakete packte, mit Proletariermädchen, die ihr an Frechheit und Lebenskenntnis überlegen waren, umgehen mußte und sich der Kutscher und der Boten zu erwehren hatte, lernte sie hochnäsig auszusehen. Die Unterlegenheit, die sie bedrückte, formte sich in ihr um zu Trotz. Sie wurde arrogant, weil sie so hilflos war, und bildete sich ein, die Isoliertheit selbst zu wollen. Durch Kleidung und Frisur betonte sie das Bessere, das sie war, und ihre Art zu sprechen paßte sich ihrer Vorstellung von einer Beamtentochter an. In dieser Zeit (es waren nur zwei Jahre, da die Mutter starb und Jenny sie zu Haus ersetzen mußte) gewöhnte sie sich das Berlinern ab, und zwar so radikal, daß sie bis kurz vor ihrem Lebensende ein angestrengtes, fast korrektes, durch wenige Fehler aber doch entstelltes Hochdeutsch sprach.

Mir war diese Mischung aus sprachlicher Gehobenheit und Fehlerhaftigkeit ein Greuel, auch weil ich darin jede Konsequenz vermißte. Ich fand es unerklärlich, wie ein Mensch, der sonst doch richtig sprechen konnte, beispielsweise immer sagte: Du liegst ja noch ins Bett! Warum, so wollte ich von meiner Mutter wissen, müsse sie, die Zug, Zigarre und Zitrone richtig sprechen konnte, das Z, wenn es im Wort Zivil vorkam, und nirgends sonst, zu einem S entstellen, warum das Wörtchen eben zu einem *Ebent* machen und jede Pluralform von Messer mit einem N verzieren?

Von Kindheitsprägung weiß ein Kind noch nichts; es bildete sich noch ein, daß jeder jedes lernen kann, und läßt deshalb historische Milieuerklärung als Entschuldigung nicht gelten. Damals ärgerte ich mich über meine Mutter, über ihre Unbelehrbarkeit; heute neige ich dazu, sie ihrer Selbsterziehung wegen zu bewundern. Hatte sie doch ihr sprachliches Familienerbe, ein berlinisch-niederdeutsches

Dialektgemisch, sehr fremdwortreich, durchsetzt von Post- und Militärjargon, das unartikuliert gesprochen wurde und das Grammatikregeln unterlag, die undurchschaubar, weil systemlos, waren, aus eigenen Kräften abgeworfen – bis eben auf den Rest, der blieb: Die Fehler, die sie auch noch später machte, waren die, die sich durch häufigen Gebrauch fest eingefressen hatten, wie das *Sivil* gesprochene Zivil, das nirgendwo so häufig hörbar wird wie da, wo Uniformen üblich sind: bei Post und Militär. Nicht daß sie das Wort Zivil falsch sprach, ist meiner heutigen Meinung nach erwähnenswert, sondern die Tatsache, daß sie es wertneutral benutzen konnte, ohne den abfälligen Ton, der bei ihrem Vater immer mitgeschwungen hatte. Dem hatte als ein richtiger Mann nur der in Uniform gegolten, und wenn er keine trug, so mußte er sie doch getragen haben, und zwar gern. Ein Zivilist aus Überzeugung, wie mein Vater, war in seinen Augen nur ein Hampelmann gewesen; seine Tochter Jenny aber liebte den.

Daß ich der Sprache meiner Mutter, so gestelzt und fehlerhaft sie war, viel verdanke, wurde mir erst später klar. So künstlich sie in Artikulation und Syntax war, so reich an Bildern, Redensarten, alten, kaum noch benutzten Wörtern war sie auch. Das Hauptstädtische, das sie formal verleugnete, war inhaltlich in vollem Maße da. Fühlte meine Mutter sich verpflichtet, über Dinge, die sie für die höheren hielt, zu reden (über Opern beispielsweise, über ihre Ehe, über Gott), war ihre Sprache farblos, matt und leer, begann sie aber ihre Alltagssorgen auszubreiten oder über das, was früher war, zu reden (übers Tempelhofer Feld zum Beispiel, die Paraden dort, die bunten Uniformen der Dragoner und Ulanen, den Wagen der Prinzessin sechselang), dann wurde auch ihr Wortschatz bunt, sie konnte witzig werden; es war eine Lust, ihr zuzuhören – vorausgesetzt, man hatte die Geschichte nicht schon zwanzigmal gehört.

Glücklicherweise machte sich unsere Mutter aus den

Quengeleien über ihre Sprechgewohnheiten nichts. Sie hörte selten hin, wenn sie verbessert wurde, fand den sprachlehrerhaften Eifer ihrer Kinder komisch und beschränkte ihre Meinung zu dem Thema Sprache auf die Worte: Ihr versteht mich doch, was will man mehr!

SONNTAGE

Die Sicherheit, der ich das Glück meiner frühen Kindheit verdanke, basierte neben der Liebe der Eltern zu uns und zueinander auch auf einem Familien-Katholizismus, der unser Leben in die festen Regeln von Tisch- und Abendgebet, von sonntäglichem Kirchenbesuch und fleischlosen Freitagen zwängte, sonst aber von Person zu Person individuell gefärbt war. Meinem Vater, der diese Rituale überliefert hatte, waren sie zu selbstverständlich, als daß er viel Wesens von ihnen gemacht hätte; er befolgte sie, ohne Eifer dabei zu zeigen, und war sich immer im klaren darüber, daß die Kirche (im Gegensatz zu den Preußen, die alles perfekt haben wollten) zwar Gehorsam verlangt, aber die Unvollkommenheit von Sündern mit einkalkuliert. Er gab mir den Schutzengel mit, der mich auf der Straße und im Dunkeln behütete und der Angst vor der Zukunft zu wachsen verbot. Er machte das Weihnachtsfest zum Höhepunkt des Jahres und jeden Sonntag zum Festtag, dessen einziger Fehler war, daß in ihm die Zeit schneller als sonst verging. Kaum hatte man in dem Bewußtsein, einen langen Freudentag vor sich zu haben, den Sonntagsstaat angezogen, mußte er schon wieder abgelegt werden, weil Schlafenszeit war.

Jeder Sonntag fing mit dem Kirchgang an, meist ohne die Mutter, die im Interesse der Festmahlbereitung schon zur Frühmesse gegangen war. Da die Britzer Kirche, die mir später zum Alpdruck wurde, noch nicht existierte, mußten wir nach Neukölln, der Straßenbahnfahrpreisersparnis wegen zu Fuß. Bis zum Buschkrug wurde über den Weg diskutiert. Den drei Kanalbrücken entsprechend, gab es drei mögliche Wege, die als oben, unten und in der Mitte bezeichnet wurden, und da es auch drei Meinungen dazu gab, wurde abgestimmt. Ich wählte den oberen, der mir, weil er der interessantere war, auch der kürzere schien. Er begann im Akazienwäldchen, wo ich (soviel Zeit war immer) den ersten Schnee zusammenkratzen, süßen Saft aus weißen Blüten saugen oder mit den Füßen im trockenen Laub rascheln konnte, und führte dann in die Chausseestraße, wo ein Fahrradgeschäft zu bewundern war. Ein Steinmetz hatte seiner Ausstellungsfläche ein schloßparkähnliches Aussehen gegeben. Am Kanalufer brummten die Treidelbahnen; auf den an Drahtseilen gezogenen Lastkähnen schien immer Waschtag zu sein. Hinter dem Kanal lag eine eingezäunte Wildnis, die den unpassenden Namen Rosenterrassen führte. Hier war im Bau-Rausch der Rixdorfer Gründerjahre eine Kiesgrube gegraben worden, die sich mit Wasser gefüllt hatte, worauf der Besitzer Karpfen eingesetzt, die Ufer mit Rosen bepflanzt und eine Badeanstalt errichtet hatte, bis 1906 der Teltow-Kanal gegraben wurde, in dessen tieferes Bett das Seewasser abgeflossen war. Dem bankrotten Badeanstaltsbesitzer war nur ein Schlammloch mit verendenden Karpfen zurückgeblieben, das im Lauf der Jahrzehnte zum mit Müll verunzierten Urwald geworden war.

Aus den Gründerjahren stammte auch unsere Kirche, ein neugotischer Bau mit Nebenaltären und Seitenschiffen, der sonntags dem Ansturm der Gläubigen kaum gewachsen war. Berlin, die Diaspora-Stadt, die in diesen Jahren Bischofsstadt wurde, hatte etwa zehn Prozent Katholiken, und denen war Kirchgang Pflicht. Da es schwer war, im Gedränge noch Platz zu finden, konnten wir fünf selten nebeneinander sitzen, so daß ich mir meist selbst überlassen war. Andacht gelang mir nur selten, nie aber plagte mich Langeweile. Zu sehr mußte ich darauf achten, beim Aufstehen und Setzen, beim Knien und Kreuzschlagen, Beten und Singen alles richtig zu machen; zu spannend war es, der Liturgie in ihrem Ablauf zu folgen und die vielen fremden Gesichter zu sehen. Statt frommer Gefühle beschäftigte mich die Frage, ob wirklich, wie Vater behauptete, kein Menschengesicht dem anderen gleicht; statt zu beten, nährte ich Mißtrauen gegen nach außen gekehrte Frömmigkeit oder Zerknirschung, oder ich teilte alle Gesichter in ehrliche und falsche, in sympathische und unsympathische ein. Daß die sympathischen Gesichter meist weibliche waren, fiel mir erst später auf. Sie verloren übrigens oft, wenn sie zu reden begannen; die Worte brauchte ich dabei gar nicht zu hören; die Bewegung der Lippen reichte zur Illusionszerstörung schon aus.

Diese Gefahr bestand nicht bei den Madonnen und Engeln. Die sah ich so gern wie den segnenden oder auferstehenden Heiland. Die Heiligen dagegen, in denen Schwerter und Pfeile steckten, entsetzen mich wie die Kruzifixe. Ich mußte wegsehen, um nicht die Nägel zu spüren, die meine Hände und Füße durchbohrten; ich hörte die Hammerschläge. Das geht mir noch heute so.

An Predigten kann ich mich nicht mehr erinnern, wohl aber an die Prediger, die überraschenderweise ohne ihr prächtiges Obergewand auf der Kanzel erschienen, und wenn ich die später gehörten Predigten bedenke, kann ich mir das verzeihen. Predigten waren für mich liturgische Pausenfüller, in denen man ausruhen konnte, ehe die heilige Handlung sich fortsetzte und bald ihr Ende fand. Die letzten jubelnden Orgelklänge waren immer mit Hungergefühlen verbunden, sie waren schon Auftakt zum Mittagessen, das nicht nur weniger bescheiden war als an Wochentagen, sondern auch festlicher und kurzweiliger, weil an ihm alle Familienmitglieder vereint waren und dem Freudengipfel entgegen fieberten: dem gemeinsamen Spiel.

Das Spielen war die Sonntagsschule der Familie, die jeder,

ich als letzter, mit Erfolg durchlief. Mein Vater aber war der schöpferische Spielmeister, der das nur sein konnte, weil er die Freuden, die er damit verbreitete, selber empfand. Zählen, Farbenunterscheiden und Vorausberechnen lernte man dabei; man übte sich in Fairneß und Geduld, und man begriff, daß dieser Spaß, auf den man sich die ganze Woche freute, nur durch andere, die auch Spaß dran haben mußten, möglich war. Von der Mensch-ärgere-dich-nicht-Klasse arbeitete man sich ohne Mühe zu der Mühle-Dame-Stufe hoch; vom Schwarzen-Peter-Spieler wurde man zum Bimbo-Könner und qualifizierte sich dann schließlich auch zu Salta, Schach und Go.

Besondere Bedeutung für mich aber erlangte ein Spiel, das mich schon mit Begeisterung erfüllte, bevor ich an ihm teilnehmen konnte: ein Zitaten-Quartett. Am Abend, wenn ich ins Bett geschickt wurde (und über den so schnell verflossenen Sonntag Tränen vergoß), vertieften sich die Großen in ihr Bildungsspiel. Hast du, Papa, vielleicht: Es liebt die Welt, das Strahlende zu schwärzen und das Erhabene in den Staub zu ziehn? – Nein, leider nicht, doch möchte ich von Wolfgang gerne haben: Herr, dunkel war der Rede Sinn.

Die Frage-Antwort-Melodie verfolgte mich noch in den Schlaf, und die Zitate, die ich bald den Dichterbildern zuzuordnen lernte, flossen unbemerkt in meinen kleinen Sprachschatz ein. Als Vierjähriger konnte ich, wie oft erzählt wurde, dem Zwang zum Zähneputzen mit Lessings: Kein Mensch muß müssen! widerstehen, und wenn ich Hilfe in der Badewanne nicht mehr wollte, mit Schiller (Quartett 3, Aus späten Dramen) sagen: Der Starke ist am mächtigsten allein.

Mit Goethe aber, von dem es ebenfalls drei Quartette gab (Aus Faust, Aus den Gedichten, Aus Iphigenie und Torquato Tasso), habe ich mich später, mit dreizehn oder vierzehn Jahren, sehr blamiert. Ein Lehrer, vor dem ich als Kenner glänzen wollte, benutzte das Zitat: Es bildet ein Talent sich in der Stille, sich ein Charakter in dem Strom der Welt, und fragte, als wollte er mir zum Triumph verhelfen, von welchem Dichter und aus welchem Werk das wäre – worauf ich blitzschnell rufen konnte: Von Goethe, aus Iphigenie und Torquato Tasso, die ich für ein Tragödienpaar wie Romeo und Julia hielt.

KONVERTITEN-EIFER

Ein Jahr nach ihrer Hochzeit bereits war meine Mutter katholisch geworden, doch wurde sie eine Unsicherheit, die sich hinter Eifer versteckte, nie los. Kaplan Kresse von St. Bonifatius, der sie im Jahre 1912 in Glaubensfragen unterrichtet hatte, galt ihr auch 20 Jahre später noch als unfehlbare Autorität. Auf ihn und seinen Grundsatz: lauer Glaube sei nicht weniger schlimm als Heidentum, berief sie sich, wenn ihre Kinder ihre Glaubensstrenge kritisierten, und ging auf diese Weise Diskussionen aus dem Weg. Von den Glaubensinhalten wußte sie wenig, sie kannte nur deren Form, wie Händefalten und Kreuzschlagen, und schrieb ihnen magische Bedeutung zu.

Dem Kaplan, so nehme ich an, war verborgen geblieben, daß die junge Frau, die soviel Sehnsucht nach dem neuen Glauben zeigte, den alten zwar ererbt, doch nicht besessen hatte, genau besehen also keine Christin war. Sie war getauft und konfirmiert, das schon, doch war das alles; begriffen oder gar behalten hatte sie von dem in Schule und Kirche Gelernten nichts. Bei Hilgerts hielt man nichts von diesen Dingen. Gott, das war der, dem man den Kaiser verdankte; dem Deutschen war der Altar heilig, weil er dem Throne nahestand; die Pfarrer gab es, weil getauft, getraut und auch begraben werden mußte; und Kirchgang war, der Stimmung wegen, einmal im Jahr zur Weihnachtszeit. Das Fundament, auf dem der Kaplan zu bauen glaubte, existierte also nicht.

Was er da mit katholischem Zierat schmückte, war nur der Wille der Konvertitin, ihrem Mann auch religiös nahe zu sein. Als ihre Lehrzeit endete, wußte sie zwar über die fünf Gebote der Kirche, nicht aber über die zehn der Bibel Bescheid.

Da ihre protestantische Nüchternheit der Expressivität der katholischen Gebärdensprache entgegenstand, fehlte ihren Glaubensäußerungen Selbstverständlichkeit. Die Mühe, die es machte, so zu leben, wie die Kirche wollte, merkte man ihr an. Schlug sie das Kreuz (was ich schon mit drei Jahren elegant und lässig machte), schien jedesmal in ihr die Frage wieder aufzutauchen, ob man die Hand erst an die linke und dann an die rechte Schulter führte oder umgekehrt. Und wenn sie zum Gebet die Hände aneinander legte (ganz so wie beim Kaplan gelernt: in Busenhöhe, die Fingerspitzen himmelwärts gerichtet), preßte sie sich das Blut aus den Fingern, so daß danach verstohlen Handgymnastik nötig war.

Geringe Mühe machte es ihr dagegen, sich in die Kirchenhierarchie hineinzudenken; denn deren Formen waren ihr vertraut. Sie war mit der Vorstellung aufgewachsen, daß die Deutschen alle anderen Erdbewohner durch Kraft und innere Werte überragten, weshalb ihr Kaiser auch der beste und der größte aller Herrscher war. Gleich unter ihm, von seinem Glanz bestrahlt, stand die Armee, dann die Beamtenschaft, die eine gottgewollte Ordnung aufrechterhielt und auch genoß. Denn Pflichterfüllung garantierte Sicherheit, in der man sich geborgen fühlen konnte, solange man auf Posten blieb. Sie aber hatte sich durch Heirat aus dem Seelen-Reichsverband gelöst. Die Kirche mit ihren festen Denk- und Lebensregeln bot ihr nun die Möglichkeit, sich wieder einzuordnen. Der Papst ersetzte ihr die alte Majestät, Soutanen wurden ihr zu Uniformen, Klöster zu Kasernen, und Pflichterfüllung um des Höheren willen wurde auch verlangt. Die Kirche als Organisation war ihr heilig und über jede Kritik erhaben. Kinder durften sich nicht über Priester beschweren, religiöser Kitsch durfte nicht als solcher bezeichnet werden, und eine Predigt nicht gutzufinden, grenzte an Blasphemie. Gegen den Jugendbund ihres ältesten Sohnes hegte sie Vorurteile, weil der die Liturgie (von der sie nichts verstand) reformieren wollte und die Mode der kurzen Hosen mitmachte, die sie unmoralisch, unschön und ungesund fand. Angeblich hatte der Herr Kaplan auch zu ihr gesagt: Nur wer am Althergebrachten nichts ändern wolle, dürfe behaupten, katholisch zu sein.

JUGENDBEWEGTES

Das aufeinandergelegte XP, das Christusmonogramm, sechseckig gerahmt, hatte mein ältester Bruder zu seinem Zeichen gemacht. In die wertvollsten Bücher (den *Sonnengesang* des Franziskus, in die Platon-Ausgabe, in Guardinis *Geist der Liturgie*, in Rilkes Gedichte) war es als Exlibris geklebt, in den Hals der Gitarre, Klampfe genannt, war es geschnitzt, und als Anstecknadel war es am Kragen der Kletterweste befestigt. Auch das Liederbuch, das *Jung-Volker* hieß, fast täglich benutzt wurde und deshalb starke Gebrauchsspuren aufwies, trug das Emblem auf dem Titelblatt. Zwischen die Arme des X waren hier noch zwei Buchstaben gesetzt: links ein N (das aber nicht, wie man nach NSDAP und DNVP hätte vermuten können, Nationales bedeutete, sondern nur: neu) und auf der rechten Seite ein D.

Die katholische Jugendorganisation, der Karlheinz seit Ende der zwanziger Jahre mit wachsender Intensität angehörte, wurde *Neudeutschland* genannt und war kein Verein, wie meine Mutter oft sagte, sondern ein Bund. Denn Vereine wurden für Angler und Kegler, für Fußballspieler oder auch Steuerzahler gegründet, Bünde dagegen zur Durchsetzung einer Idee. Teilaspekten des Daseins also hatte, nach Karlheinz, die banale Organisationsform zu dienen, die edlere aber einer schwer definierbaren, weil umfassenden und bis in die Tiefen des Unsagbaren reichenden Totalität.

Neudeutschland war (wie auch Quickborn, die St.-Georgs-Pfadfinder und andere) eine Antwort des Katholizismus auf die seit der Jahrhundertwende in den Großstädten aufblühende (und die Großstädte fliehende) Jugendbewegung. Statt diese weiterhin abzulehnen, versuchte man, wie auch die Parteien es taten, ihre Ideale in die eigne Weltanschauung zu integrieren, ihre Formen zu imitieren, also auch auf romantische Art anti-bürgerlich, anti-zivilisatorisch, anti-alkoholisch, asketisch und männlich-edel zu sein. Die Neudeutschen gingen, wie die anderen Jugendbünde auch, auf Fahrt; sie trugen eine Uniform, die Tracht oder Kluft genannt wurde und aus grünem Hemd, dem Fahrtenhemd, und kurzer grauer Hose bestand; sie führten Wimpel und Fahnen mit; sie sangen Volks- und Landsknechtslieder; sie grüßten mit: Heil und Sieg! sie teilten Deutschland in vier Marken und diese wiederum in Gaue auf und nannten ihre Jüngsten Knappen, die man bei Bewährung dann zu Rittern schlug. Wie überhaupt das Rittertum als Vorbild galt, das Ordensrittertum vor allem, das Kraft und Mut und Zucht mit Keuschheit und mit Frömmigkeit verband und sich als die Elite eines Reiches fühlte, das man so recht nicht definieren konnte, das aber, als Christkönigsreich, mit Sicherheit nicht das bestehende, mit seinem allgemeinen Wahlrecht, mit seinem Heer von Arbeitslosen, seinem lauten Parlament und den schnell wechselnden Regierungskabinetten war. Wenn überhaupt politische Vorstellungen die Neudeutschen bewegten, dann die von einem neu-mittelalterlichen Ständestaat. Die Ritter und Knappen sprachen genauso dafür wie die Aufnahmebedingungen: man mußte nicht nur katholisch und männlichen Geschlechts, sondern auch Schüler einer höheren Schule sein.

Der Stadt Berlin, die dem klugen Knaben durch Zahlung

eines Stipendiums den Besuch einer Aufbau-Schule ermöglichte, hatte Karlheinz also indirekt die Ehre zu verdanken, Neudeutscher zu sein. Dem weniger klugen Knaben Wolfgang zahlte keiner was; für den war an die Oberschule, was ihm recht war, nicht zu denken, weshalb ihm auch der Jugendbund, was ihn zu Wutausbrüchen trieb, verschlossen war. Karlheinz konnte ihm noch so oft erklären, daß ihm ohne das Latinum das Neudeutschtum gar nicht faßbar wäre, weil er den exercitia spiritualia nicht folgen, in den Sinn der Liturgie, die es zu reformieren galt, nicht dringen könnte: Wolfgang sah nur den Reiz des Fahrten- und des Lagerlebens, der Wanderlieder und der Hordentöpfe, nicht die Pflichten, wie das Ave täglich und den häufigen Gang zur Kommunion. Er beklagte laut die Ungerechtigkeit des ständischen Prinzips, und als er drohte, in den Jungstahlhelm, die Rote Jungfront, die Freischar Schill, die Scharnhorst- oder gar die Hitlerjugend einzutreten, erwirkte Ritter Karlheinz für ihn die Ausnahme von der Regel: er durfte nun auch das sechseckige Zeichen an der Jacke tragen, sich graugrün gekleidet die Füße wundlaufen – und mir anschließend davon erzählen: Von den Fern-Fahrten zu zweit oder zu dritt, die, auf eignem Fahrrad oder in fremden Autos, das katholische Rheinland oder das katholische Bayern zum Ziele hatten, von den Zeltlagern an märkischen Seen oder pommerschen Küsten und von den Kurzfahrten in größeren Gruppen am Wochenende, die ohne einen Pfennig zu Fuß unternommen wurden und über Eberswalde oder Trebbin, wo man am Sonntagmorgen die Messe hörte, zum Kloster Chorin oder zu den Nuthe-Burgen führten, den historischen Resten aus vorreformatorischer Zeit.

Im Gleichschritt wurde bei *Neudeutschland* nicht marschiert. Das Ideal des Frontsoldaten mit den energiegeladenen Backenknochen und dem Eisenblick, das als Symbol für Macht und Ordnung in diesen Jahren modisch wurde, pflegten, gottseidank, die jungen Jesuiten-Patres und Kapläne, die den Bund führten, nicht. Ihnen schwebten tatenfrohe Denker, die auch gute Beter waren, Mystiker, jedoch im Leben stehend, vor. Sie sollten würdig, ernst und sportlich, abstinent und christlich-fröhlich sein. Sie sollten in der Mutter Kirche sich geborgen und zum Kampf für sie verpflichtet fühlen – mit einem Wort: sie sollten wie mein Bruder sein.

Karlheinz, der, meiner Erinnerung nach, niemals Launen hatte, niemals ratlos oder albern war, stellte für mich das unerreichbare Vorbild dar. Über ihn gelangten die aus Religiosität, Intellekt und Pfadfindertum gemischten Ideale, die teils zum Mönchstum, teils zum Vagantentum tendierten, auch zu mir. Sie blieben mir, da ich im Erstlesealter die alten Jahrgänge der neudeutschen Zeitschriften *Die Burg* und *Der Leuchtturm* mit Inbrunst las, wie eine unausgelebte Liebe lange Zeit erhalten; denn ein schneller Tod durch Wirklichkeitsberührung war ihnen nicht vergönnt. Um mittelalterliche Minne-Vorstellungen erweitert (das männerbündische *Neudeutschland* kannte nur Marien-Minne), reichten mir diese Träume von einem lebenswerten Leben (in denen übrigens Christus König war, der arme Jesus aber ganz fehlte) für die Vorpubertätsjahre aus. Ohne etwas von deutscher Romantik zu wissen, lebte ich geistig vom *Heinrich von Ofterdingen* oder vom *Sternbald*, vom Protest gegen das Industrie- und Massenzeitalter also, in das ich hineinwuchs. Ehe ich lesen lernte, konnte ich von der blauen Blume singen, die nur ein Wandervogel finden kann. Die geeignete Vorbereitung auf das Leben, das mir bevorstand, war das wohl nicht. Aber wie hätte es anders auch sein sollen: Lebten doch, während die Flugzeuge schneller und die Waffen mörderischer wurden, auch die meisten Erwachsenen geistig im 19. Jahrhundert, ob nun Wagner-, Nietzsche-, Bismarck-Verehrung oder ein monarchistischer, nationalistischer oder sozialistischer Traum ihnen die Augen verschloß.

Technisch begabt war keiner von uns, unser Vater aber war an Technik interessiert. Er konnte Automarken unterscheiden, wußte D-Zug-Stundenkilometer-Zahlen und entwikkelte seine Fotoplatten, später die Filme, selbst. Ein Detektor, dessen Bedienung Fingerspitzengefühl und Geduld erforderte, machte ihn zum frühen Rundfunkhörer, und schon vor meiner Geburt brachte er ein altgekauftes Grammophon ins Haus: ein stabiles, gut furniertes Möbel in Kommodenhöhe, das nach Technik nicht mehr aussah, wenn man den barock-geschweiften Deckel, schloß. Da zu meiner Zeit die Federsperre nicht mehr funktionierte, der Plattenteller also nur rotierte, wenn man ständig die Kurbel drehte, hielt meine Freude an dem Wunderwerk nicht lange an. Auch waren von den leichtzerbrechlichen Platten nur zwei noch da: der *Frühlingsstimmenwalzer* und das *Frühlingsrauschen* (zu deren Klängen einmal im Monat die Tanten Frieda, Else, Grete tanzten) und ein Weihnachtsliederpotpourri Teil 1 und 2.

Mit seiner Freude an der Haushaltstechnik stand der Vater ganz allein. Denn meine Mutter hielt nicht viel von Neuerungen und begegnete dem Vorwurf: in ihrer Küche gehe es noch wie im vorigen Jahrhundert zu, mit der Bemerkung: Was gewohnt ist, ist gewohnt! Bremsen konnte sie den Fortschrittswillen ihres Mannes dadurch nicht. Zu gern blieb er bei Straßenhändlern, die laut und schnell und witzig reden konnten, stehen und ließ sich von der Unentbehrlichkeit von Zwiebelhackern oder Eierschneidern überzeugen oder doch zumindest zu der Meinung bringen, daß Erfindergeist zu unterstützen sei. Stolz führte er zu Hause dann die Energiespartöpfe oder Kartoffelschälmaschinen vor und bildete sich ein, daß Praxis alle Skepsis überwinden würde, doch er täuschte sich. Ein paar Tage stand das blitzende Gerät zur Ansicht da, dann wanderte es kommentarlos in die Schränke, und zwar in deren unterste, entlegenste Region.

Mehr Resonanz fand seine Kinofreude, wenigstens bei Mutter, Wolfgang und mir. Gisela und Karlheinz opponierten, und ihre Argumentation war stark neudeutsch geprägt. Das Kino war in bündischem Verständnis nur für Ofenhokker, Spießer, Modegecken und Poussierer gut, ein Lebens-Surrogat für innerlich verkalkte, ausgehöhlte Existenzen, auf das ein Echt-Lebendiger verzichten konnte, wie auf Alkohol und Nikotin. Film bot Zerstreuung, wo doch Sammlung not tat; Analphabeten mochten sich an seiner Flachheit wohl ergötzen, wer aber mehr als niedrigstes Vergnügen wollte, griff zum Buch.

Für mich und Wolfgang war die Entscheidung: Kino oder nicht? in erster Linie ein Finanzproblem und auch in zweiter noch kein kulturelles, sondern eins von Erlaubnis und Verbot. Nicht nur Behörden, die vor allem die Erotik für verderblich hielten, legten fest, zu welchen Filmen Kinder Zutritt hatten, auch unser Vater, der uns vor Krieg und Grausamkeiten schützen wollte, übte hier Zensur, und zwar nach eignen, die amtlich-vaterländischen Tendenzen meist durchkreuzenden Kriterien, so daß sich als Ergebnis ein Verbotsnetzwerk ergab, durch das nicht viele Filme fielen – aber auch für diese war das Eintrittsgeld von raren 30 Pfennigen meist nicht da.

Während ich in finanziellen Nöten zu Fatalismus neigte oder in der Familie auch schon gelernt hatte, daß Zeit zu kostbar ist, um sie dem Geldverdienen zu opfern, wurde Wolfgang, dessen pädagogische Provinz die Straße war, aktiv. Er drängte sich den Frauen aus der Nachbarschaft als Einkäufer auf; er schleppte Mülleimer und Wäschekörbe, führte Hunde aus und holte in Syphons Bier. Bezahlung forderte er nie, vermied auch jede Geste, die vermuten lassen konnte, daß er auf sie hoffte, und wenn sie kam, das war fast immer, machte er den Geber, falls der Geld gab, froh, indem er seine Freude deutlich zeigte. Enttäuschung aber prägte seine Züge, wurde er in Sachwerten entlohnt. Da man für Bonbons oder Schokolade keine Kinokarten kaufen konnte, versuchte er, mit Hilfe eines Magneten aus vergitterten Kellerlöchern und Gullys verlorene Münzen zu angeln oder mit zu Boden gerichteten Blicken durch Parks, Kneipen und Kaffeegärten zu streifen, in der Hoffnung, ein Geldstück zwischen Laub und Zigarettenkippen glitzern zu sehen. Der Buschkrug (eine Ortsbezeichnung, die nicht nur das Wirtshaus, sondern auch die Straßenkreuzung und die Straßenbahnstation meinte) bot auf jeder Ecke für ihn finanzielle Möglichkeiten, wenn auch nicht in jedem Fall legale. Der Tankwart schätzte es, in kundenarmen Stunden mit der Toilettenfrau, die an der Rückwand seines Häuschens ihre Arbeitsstelle hatte, auf einer Bank am Parkeingang zu plaudern und hatte also einen Wächter nötig, der ihm, wenn ein Auto Treibstoff brauchte, Zeichen gab. Der Kohlenhändler, an der Lauben-Seite, hatte im Winter oft Bedarf an Arbeitskräften, die Briketts in Tragekästen stapeln mußten, pro Kasten 96 Stück. Leute, die sich ihre Kohlen zentnerweise selbst nach Hause holten, waren über einen Jungen, der den Wagen ziehen half, erfreut und meist nicht geizig; doch das Risiko, allein mit Dankesworten abgespeist zu werden, ging man ein. Tariflich festgelegt dagegen war der Flaschenhandel, den Wolfgang mit Herrn Wentorff führte, und mit etwas Mut und Tatkraft ergab er doppelten und dreifachen Gewinn. Wentorffs Stehbierhalle, die nichts weiter als ein Kiosk war, dessen vorgezogenes Dach die Trinker vor Sonne und Regen schützte, stand an der unbebauten Ecke, an die ein eingezäuntes Kiesgrubengelände stieß. Dort, hinter seinem Bretterhäuschen, das in den Zaun hineingebaut war, legte Wentorff zwischen Kiefern und Gesträuch die leeren Flaschen ab. Da weiter westlich, fast am Krankenhaus, Zaunschäden einen Einstieg in die Wildnis möglich machten, war es leicht, im Schutz der Büsche bis zu Wentorffs Bude vorzudringen und die Flaschen, die man vorne angeboten hatte, hinten wieder mitzunehmen.

Nicht immer aber waren solche Finanzierungsunternehmen nötig; denn manchmal lud uns Vater auch ins Kino ein – natürlich nicht zu *Morgenrot*, dem U-Boot-Helden-Film oder zum *Choral von Leuthen*, sondern zu Chaplin oder Pat und Patachon. Ein Fest, das vorher und danach beredet wurde, waren diese Filmbesuche immer, doch hob sich einer, *Emil und die Detektive*, aus verschiedenen Gründen von den andern ab. Der Wintertag, an dessen Ende ich den beiden Großen, die nicht mitgegangen waren, von Emil, Pony Hütchen, Gustav mit der Hupe und dem Mann im steifen Hut erzählte, ging in meine Lebenschronik und (wenn mein Gedächtnis mich nicht täuscht) auch in die Weltgeschichte ein.

Unter den vier Kinos, die zu Fuß erreichbar waren, wählten wir meist das BK, die *Britzer Kammerspiele*, aus. Verglichen mit dem *Filmeck*, dem *Apollo* und der *Schauburg* war es dort schäbig, eng und muffig, aber es lag am nächsten, und man sparte dort pro Person 10 Pfennig. Da Wolfgang und ich von der Angst besessen waren, das Vergnügen könnte an einem Zettel mit der Aufschrift: Ausverkauft! noch scheitern, fanden wir uns, trotz der Kälte, lange vor der Kassenöffnung dort ein und reihten uns in die bereits vorhandene Schlange. Cliquen-Freunde wurden laut begrüßt, und mit den Feinden aus den Nachbarstraßen konnte man hier unbefangen reden: Kino war neutraler Grund. Jungen, die den Film zum zweitenmal schon sahen, kommentierten ausgehängte Fotos, Zigarettenbildersammler machten Tauschgeschäfte, und da auch Mädchen in der Reihe standen, war alles lauter und aufgeregter als sonst. Die Kneipe nebenan, von der das Kino, in dem ehemaligen Tanzsaal, nur ein Anhang war, lud dazu ein, sich unerlaubt ein paar Minuten aufzuwärmen, bis der Wirt mit einer Handbewegung uns Schmarotzer wieder auf die Straße trieb. Daß er das schweigend machte, hatte seinen Grund. Durchs Radio nämlich wurden Reden übertragen, und alle Gäste starrten stumm, die Hand am Bierglas, auf den Apparat und hörten konzentriert dem Krächzen zu.

Als unsere Eltern endlich kamen, wurde das Kino unter Beifallsrufen gerade aufgemacht. Schiebend und stoßend strömte nun die Menge, zu vier Fünfteln Kinder, in den Vorraum, wo sie dichtgedrängt noch warten mußte, denn die letzte Tür zum Paradies war schmal. Zwei Männer in Livree bewachten sie; sie prüften streng die Gültigkeit der Eintrittskarten, rissen die perforierte Ecke ab und gaben dann den Ungeduldigen den Weg erst frei. Nun fing das Rennen nach den Mittelplätzen an; denn saß man zu weit vorn, bekam man vom Emporsehen Nackensteife; saß man am Rande, zogen sich alle Leinwandhelden in lächerliche Längen, und Kopf und Ball und Rad sah man zum Ei verzerrt. Die Sieger im Drängeln und Laufen hielten für Geschwister, Eltern, Freunde Plätze frei. Besetzt von hier bis dort! schrie man, saß, drohend um sich blickend, in der Mitte und deutete mit ausgestreckten Armen rechts und links die Grenzen der besetzten Zone an. Solange es noch freie Plätze gab, wurden die Besitzansprüche respektiert, doch mit der Fülle wuchs die Aggressivität der Plätzesucher, und wenn das Licht vermindert wurde und die Platzanweiserinnen nach den letzten freien Sitzen forschten, war es um jedes Reservierungsrecht geschehen.

Wolfgang, der als bester Kenner außerhäuslicher Verhältnisse bei allen Exkursionen in die Welt die Führung übernahm, bewährte sich auch hier. Kaum hatte er die kostbaren Billetts verteilt, verschwand er im Gedränge und hatte bald die Tür passiert. Furchtlos verteidigte er die okkupierten Plätze und wies erst mir und Mutter, dann dem Vater, der nicht drängeln konnte, durch Geschrei und Gestikulation den Weg. Die verklebte Rolle saurer Drops, die er in der Hosentasche lange schon für diese Glücksminute aufgehoben hatte, wurde nun verteilt, und lutschend sahen wir zu, wie sich die erste Reihe mit Zuspätgekommenen füllte und der Kontrolleur die Eingangspforte schloß.

Ein Freudenschrei ertönte, als das Licht erlosch, auf Getöse folgte Stille, aber diese hielt nicht lange an. Denn als der Vorhang aufging, war nur Schrift zu sehen: Die Leitung des Theaters wies die werten Gäste darauf hin, daß in der Pause Erfrischungen geboten würden, daß das Rauchen aber streng verboten sei. Dann wurde, ebenfalls noch stumm, in Schrift und Bild die Drogerie Conrad in der Teterower Straße angepriesen, und die Filiale des Beamtenwirtschaftsvereins am Buschkrug stellte sich als billige Einkaufsquelle vor. Jetzt erst begann, sehr heiser, die Musik, und die bisher nur starren Bilder wurden nun lebendig; Milchflaschen tanzten zu dem Text: Wir sind die Bolle-Kinder! einen Ringelreihen und brachten das bisher gelangweilte Parkett zum Lachen. Man lachte auch noch in der kurzen Pause, die nun folgte, und machte während des gefürchteten Kulturfilms (der vielleicht *Zum Wein am Rhein* hieß) zum Zeitvertreib die Bolle-Flaschenkinder nach.

Daß außer mir im Saal noch andere Kinoungewohnte saßen, wurde bei dem nächsten Wechsel klar. Verärgerung wurde laut, als vor dem eigentlichen Film auch noch die Wochenschau ertragen werden mußte; doch fand, verglichen mit der trockenen Reise an den Rhein, ihr Sammelsurium doch einiges Interesse. Da trat das Vorbereitungskomitee der Olympischen Spiele in Berlin zusammen und zeigte das gerade erst entworfene Emblem: die fünf Ringe und die Glocke, die verkündete: Ich rufe die Jugend der Welt! Da wurde Lilian Harvey als der Star des Jahres ausgewählt; der schnellste D-Zug, *Fliegender Hamburger* genannt, war zu bewundern; Reichskanzler Schleicher sprach beim Reichspräsidenten vor und bat um die Erlaubnis, den Reichstag wieder einmal aufzulösen. Da siegte Carraciola irgendwo im Orient, der Schwergewichtler Max Schmeling boxte unter Beifallsrufen in der achten Runde Mickey Walker nieder, und zum Schluß war was zum Lachen dran: ein Schimpanse in gestreifter Hose tanzte Foxtrott und zog zur Verabschiedung des Publikums den Hut.

Die Pause, die noch überstanden werden mußte, war nicht lang. Die Platzanweiserinnen, die sich weiße Schürzchen umgebunden hatten, boten aus umgehängten Kästen Eis-am-Stiel und Süßigkeiten an; der Kontrolleur versprühte luftverbessernde Essenzen, während ich in der stinkenden Toilette Schlange stand.

Nach kurzem, viel zu langem, Vorspann setzte das Glück des Selbstvergessens endlich ein. Das bewegte Bild, das vorgab, Wirklichkeit zu zeigen, zog mich rasch aus meiner eignen fort; ich ließ mich von ihm aus der Gegenwart in eine andere Gegenwart entführen, aus dem Berlin, in dem ich saß, in eins, das interessanter, bunter, besser war. Freiwillig begab ich mich der eignen Existenz, reiste als Emil Tischbein nach Berlin, war leichtsinnig und mutig, traurig und lustig und ging am Ende aus der bösen Geschichte als Sieger hervor.

Zum erstenmal erlebte ich es hier, daß mich Kunst in eine Welt der Ideale führte, die, anders als im Märchen, meiner Umwelt täuschend ähnlich war und also als real vorhanden denkbar blieb: in eine Welt der Solidarität, der Güte und der hilfsbereiten Menge, die das Böse durch Vereinigung der vielen schwachen Einzelnen zur Strecke bringt. Das Bild der Kinderscharen, die sich um den Schuft mit der Melone drängen, ihn am Fliehen hindern und damit zu beweisen scheinen, daß geballte Güte stärker sein kann als Gewalt, blieb mir als Bild der Sehnsucht stets erhalten, doch als Symbol getäuschter Hoffnung auch. So stark war dieser Eindruck mit sechs Jahren, daß ich mit zwanzig noch, als Dorfschullehrer, meiner Klasse die gesamte Handlung nacherzählen konnte, obwohl das Buch von Kästner mir erst später in die Hände kam.

Den Jubel, der das Happy-End begleitete, machte ich nicht mit. Ich spürte, daß ein Traum zu Ende ging, und hatte Angst vor dem Erwachen. Als sich der Vorhang schloß, die Menge, die es plötzlich eilig hatte, in Bewegung kam und Licht aufflammte, weinte ich. Meine Mutter, die der Meinung war, daß Jungen gar nicht weinen sollten, schob es auf die Müdigkeit: Es war zu viel für ihn! Mein Vater aber schlug mir vor, die Trauer deshalb zu empfinden, weil ich Pony Hütchen niemals wiedersah; das akzeptierte ich.

Die Weltgeschichte aber trat an diesem Abend, oder an einem ähnlichen, am Buschkrug in Erscheinung, und zwar in Gestalt von Herrn Mägerlein aus Nummer 5. Der nämlich kam, als wir die Kreuzung überquerten, angetrunken und in bester Laune aus der Kneipe, schloß sich uns an und redete davon, daß es nach all den bösen Jahren nun mit Deutschland wieder aufwärts gehe, denn endlich sei, seit vormittag 11 Uhr, der Adolf dran.

PERSIL BLEIBT PERSIL

In einer bedrohten Welt hat das Gefühl des Geborgenseins oft etwas mit Informationsdefiziten zu tun. Die Seelenruhe meiner frühen Kindheit beruhte zum Teil auf Unwissenheit. Durch Verschweigen glaubten meine Eltern bei Hitlers Machtantritt die heile Welt des Sechsjährigen erhalten zu können. Sie verschonten mich also mit den Berichten von Verhaftungen und Morden, die meinen Vater an seiner Arbeitsstelle, dem Bischöflichen Ordinariat, erreichten; doch hatte das nur zur Folge, daß Politisches tabuisiert wurde, ich meine Angst vor der Zukunft für mich zu behalten lernte und so der Bereich des Nicht-Sagbaren in der Familie wuchs.

Die SA-Kolonnen, die in Köpenick und in Neukölln Arbeiterviertel terrorisierten, störten die Stille unserer Höfe und Straßen nicht; kein Bewohner unseres Hauses hatte unter den Gewalttätigkeiten zu leiden, und außer Herrn Mägerlein aus Nummer 5, der abends manchmal in brauner Uniform und blankgeputzten Stiefeln auf der Straße vorbeistolzierte, spielte sich niemand als Sieger auf. Trotzdem waren die Veränderungen, auch für ein Kind, unübersehbar, von der plötzlichen Einheitlichkeit der Fahnen, die nun bei jeder Gelegenheit vor den Fenstern hingen, bis zur inflationären Verwendung des Wortes Verbot.

Verboten war jetzt diese und jene Zeitung, das Betteln und Hausieren, die Nationalsozialisten Nazis zu nennen, zu Hitler *der* Hitler oder *Herr* Hitler zu sagen, eine Marschkolonne mit Fahne nicht zu grüßen oder aber weiterzusagen, was mir mein Freund Hannes erzählte: daß nämlich in der Dörchläuchtingstraße ein Mann, der Gedichte machte (heute weiß ich: es war Erich Mühsam), nachts aus dem Bett geholt, in ein Auto gezerrt und niemals wiedergesehen wurde; er saß, hieß es geheimnisvoll-drohend, in einem KZ. Verboten war auch, darüber zu reden, daß Gewerkschafter, Sozialdemokraten und Kommunisten aus Einfamilienhäusern der Hufeisensiedlung vertrieben wurden, um Leuten von Partei und SS Platz zu machen – darunter, wie ich später erfuhr, einem der entsetzlichsten Männer des Dritten Reiches, Adolf Eichmann, der ab 1935 in der Onkel-Herse-Straße 34 wohnte, nur wenige Wohnblocks von uns entfernt.

Teilweise verboten, in amtlichen Bereichen nämlich, war es, in gewohnter Art mit Guten Morgen oder Guten Tag zu grüßen; man mußte dort den neuen, sogenannten Deutschen Gruß gebrauchen, bei dem man, möglichst laut, Heil Hitler sagte und dabei die flache Hand am ausgestreckten Arm in Mützenhöhe hob. Das gab dem Grußakt keinen, wie man wünschte, heldenhaften, sondern eher einen turnerischen Anstrich. Turner aber ist nicht jeder, und so entstanden manchmal, wenn zum Beispiel zwei ergraute Lehrer sich begrüßten, Clownerien, die ich später in der Schule oft genoß. Im Gegensatz zu Knicks und Diener bei den Kindern, die als veraltet galten (und nie wiederkamen), wurde der Handschlag, als echt deutsch und männlich, durch die neuen Sitten nicht berührt; nur hatte man versäumt, die Reihenfolge dabei festzulegen, was manchmal, da die beiden Grußgebärden mit der rechten Hand vollzogen werden mußten, zum Begrüßungswirrwarr Anlaß gab. Da man nicht wußte: wird die Hand erst hochgerissen oder erst gedrückt, kam es bei Leuten, die den Hitlergruß für den wichtigeren hielten, zur Verdopplung der Leibesübung: einmal vor dem Handschlag und zum zweitenmal danach.

Die Tücke dieser Grußgebärde, die sich bald auch in private Sphären drängte, war, daß jeder menschliche Kontakt durch Politik vergiftet wurde, Nachlässige und Lasche sich verdächtig machten und der Grußverweigerer schon als Staatsfeind galt. Daß andererseits die Nazis sich als solche zu erkennen gaben, war bequem. Man wußte gleich, um wen man besser einen Bogen machte, und Karlheinz erklärte, man erkenne daran auch das geistige Niveau. Denn um dem Gruß durch Körperhaltung, Stimme, Blick und Mimik die erwünschte ernste, aber kampfesfrohe Zuversicht zu geben, war nicht nur Hitlergläubigkeit vonnöten, sondern Einfalt auch. Man mußte dumm sein, um die Albernheit der Pose übersehen zu können, um aus Überzeugung stramm zu sein.

Der Möglichkeiten, den befohlenen Gruß zu bieten und sich doch zu distanzieren, gab es viele, vom unverständlichen Gemurmel bis zur Handerhebung, die nur angedeutet war. Meine erste Lehrerin, ein älteres Fräulein, dessen Namen ich vergessen habe, eröffnete den Schultag immer wieder mit den Worten: Erst müssen wir Heil Hitler sagen, dann aber falten wir ganz schnell die Hände zum Gebet, und Dr. Neumann, von dem ich später mehr erzählen werde, brachte seine Hand nur bis in Kragennähe und sagte, wie man Hallo sagt, zu seinen Schülern: Heil! Mein Vater aber konnte nicht mal das. Das einzige Zugeständnis, das er machte, war, da wo das Deutsche Grüßen vorgeschrieben war, es ganz zu unterlassen, niemand also durch ein ziviles Guten Morgen! zu provozieren oder in Verlegenheit zu bringen und, als Grußersatz, ein wenig mit dem Kopf zu nicken, so als deutete er eine Verbeugung an. Er kann nicht anders, sagte meine Mutter, er sagt es, und ich muß es glauben; er kann es wirklich nicht; er kann's so wenig, wie ich pfeifen kann.

Verboten wurde bald auch das Zentrums-Blatt *Märkische Volkszeitung*, das meine frühe Kindheit begleitet hatte, und es wurde durch keine andere Tageszeitung ersetzt. Die lügen das Blaue vom Himmel herunter, sagte dazu meine Mutter; sie warnte mich also vor den Einflüssen der Propaganda, hütete sich aber vor direkteren Aussagen, deren kindliches Nachplappern uns alle hätte gefährden können. Und so eindeutig war die Ablehnung der neuen Machthaber vielleicht auch nicht. Eine starke Regierung war sicher nötig; der Reichskanzler war legal an die Macht gekommen; das Zentrum hatte selbst seine Auflösung beschlossen; und die Kirche, die einerseits antirassistisch und universalistisch dachte, andererseits aber den Anti-Kommunismus und einen undemokratischen Führungsstil mit den Nazis gemeinsam hatte, gab weder ein Beispiel noch klare Verhaltensregeln; sie nahm die Erklärung, daß Nazi-Sein und Katholisch-Sein unvereinbar seien, nach kirchenfreundlichen Reden des Reichskanzlers wieder zurück; sie opferte ihre politischen Kräfte, um das Konkordat, von dem sie sich Schutz erhoffte, zum Abschluß bringen zu können; und als dieser Vertrag von Hitler ausgehöhlt und gebrochen wurde, machte sie, indem sie nur intern protestierte, meinen Eltern die Unsicherheit und die Ausflucht ins Schweigen vor.

Weniger um meine Gemütsharmonie besorgt, und also beredter, war mein ältester Bruder, weshalb er für meine

Entwicklung in den kommenden Jahren auch wichtiger wurde als meine schweigenden Eltern. Über ihn, dessen Neudeutschland in das neue Deutschland nicht paßte, erlebte ich mit, was man Gleichschaltung nannte, was nur ein anderes Wort für die Unterdrückung Andersdenkender war. Dabei lernte ich, daß die Mächtigen zwar zu fürchten, aber auch zu verachten waren, daß man sich den Starken und Dummen äußerlich unterwerfen und doch triumphieren konnte, weil man sie innerlich überwand. War am Ende der Bund auch zerschlagen, so lebte, glaubte man Karlheinz, sein Glaubens- und Wissensadel doch weiter und wirkte unsichtbar fort.

Die Evangelische Jugend ließ sich per Dekret in die HJ überführen, die katholische versuchte zu überleben, war aber überhaupt nicht gerüstet zum Widerstand. *Neudeutschland*, eine relativ kleine Gruppe (sie hatte im ganzen Reich knapp 22 000 Mitglieder), hatte sich immer als unpolitisch empfunden, sich mehr für Liturgie als für Demokratie interessiert. Ihre Ziele waren nach innen gerichtet: auf Vervollkommnung einer christlich-jugendbewegten Ethik und einer katholischen Spiritualität.

Anfangs machte man, wie die Kirche, Anbiederungsversuche. Alles für Deutschland, Deutschland für Christus! wurde die Losung, doch das schützte so wenig wie der Abschluß des Konkordats. Zwar wurde Neudeutschland erst 1939 offiziell verboten, aber da war es schon lange durch kleine, aber wirksame Schritte zugrunde gerichtet worden. Erst wurde es von der HJ mit Gewalt aus der Öffentlichkeit vertrieben und in die kirchlichen Räume verwiesen, dann wurde alles verboten, was die Jungen lockte: das Wandern und die Zeltlager, die Fahnen und Abzeichen, der Sport und die Kluft.

Ritter Karlheinz steckte also sein Abzeichen unter den Kragen; die grüne Kluft wurde beim Verlassen des Hauses unterm Mantel verborgen; gemeinsame Fahrten wurden zu konspirativen Treffs. Einzeln verließ man die Stadt und durfte sich in der Bahn nicht kennen; erst an der Löcknitz oder am Uckley-See traf man zusammen. Verboten waren auch die Tornister; man wußte sich mit tarnenden Seifenkartons zu behelfen, deren Reklame-Aufschrift: Persil bleibt Persil! im stillen bedeuten sollte: ND bleibt ND! Noch mehr Spaß bereiteten mir die Umdichtungen von Liedern, die ich ja alle kannte und bis zur letzten Strophe hin auswendig wußte: Wir traben in die Weite, das Fähnlein steht im Spind, viel Tausend uns zur Seite, die auch verboten sind.

Auch für mich Kleinen, der zu Hause nur die Berichte hörte, waren es abenteuerliche Zeiten, die aber nicht lange währten. Denn weil Verhaftungen, Verhöre und Hausdurchsuchungen vorkamen, die Eltern um die Berufschancen der Jungen fürchten mußten und die Hitlerjugend, die die Fahrtenmesser, Uniformen und Tornister tragen durfte, immer anziehender wurde, verloren sich die vielen Tausende bald. Die illegalen Kreise wurden kleiner, die Treffen seltener, mein Bruder verschwiegener, und Mitte der dreißiger Jahre verließ er Berlin. 1933 hatte er sein Abitur mit Glanz bestanden und ein Studium aufgenommen; nun wechselte er die heimische Universität mit der von Innsbruck und der von München, weil es ihn in katholische Gegenden zog.

In diesen Jahren spielte in den Gesprächen der Älteren die *Junge Front* eine große Rolle, eine katholische Wochenzeitung, die eines der mutigsten und geschicktesten Oppositionsblätter war. Sie wurde mehrmals zeitweilig verboten, konnte nach jedem Verbot ihre Auflage steigern, mußte ihren Titel in *Michael* ändern und stellte auf Anweisung von Goebbels 1935 ihr Erscheinen endgültig ein. Durch sie lernte ich, ehe ich richtig lesen konnte, schon Begriffe wie Zensur, Zwischen-den-Zeilen-Lesen und Totalitätsanspruch kennen. Die Zeitung versuchte, den Anspruch auf den ganzen Menschen, den der neue Weltanschauungsstaat erhob, zurückzuweisen und christliche Moral der Vergötzung von Rasse und Blut entgegenzusetzen. Ihre Taktik war dabei, die Grenze dessen, was man sagen durfte, zu erreichen, aber nicht zu überschreiten und es den Lesern zu überlassen, die vorgegebenen Schlüsse selbst zu ziehen.

Zu den Kleinvertreibern der Zeitung, die *Frontposten* hießen, pro verkauftem Exemplar 4 Pfennige verdienten und von der HJ oft in Prügeleien verwickelt wurden, gehörte zeitweilig auch mein Bruder Wolfgang, der sowohl abenteuerlustig als auch finanzinteressiert war. Am Sonntagmorgen, wenn die Gläubigen aus der Kirche kamen, hatte er die größten Verkaufserfolge, danach aber oft auch Gefahren zu überstehen. Daß diese zu Hause von ihm übertrieben wurden, ist anzunehmen, doch fand er bei der Mutter und bei mir stets Resonanz. Ich bewunderte den mutigen Streiter Christi, doch vor allem beförderten seine Erzählungen meine Angstvisionen. Seine Schilderungen von Gewalttätigkeiten gingen in meine Alpträume ein.

Für mich Leseanfänger war die *Junge Front* natürlich noch keine Lektüre. Ich mußte mich an die Jahrgänge der neudeutschen Jugend-Zeitschriften halten. Einsam am Ofen sitzend, begeisterte ich mich, als Zuspätgekommener, für das Fahrten- und Glaubensleben dieser Spätwandervögel. In der Nachkriegszeit wiederholte ich diese Lektüre und erschrak über das pathetische Deutschnationale und die Sehnsucht nach einem heiligen Reich. Dem Reich Hitlers war dieses Traumreich zwar wenig ähnlich, gar nicht aber einem demokratischen Staatswesen. Vielleicht ist es bezeichnend, daß sowohl Hitlers erfolgreicher Jagdflieger Mölders als auch Willi Graf, der von Hitler hingerichtete Widerstandskämpfer, ein ehemaliger Neudeutscher war.

In einem Jahrgang des *Leuchtturm* entdeckte ich ein Briefkonzept meines ältesten Bruders, in dem er einem Freund seinen (nie ausgeführten) Entschluß, Jesuit zu werden, verkündet. Später wurde er von einer Adels-Manie befallen. Beide Entwicklungen führen möglicherweise auf Einflüsse Neudeutschlands zurück.

Meines Bruders Interesse an der Familiengeschichte war ausdauernd und leidenschaftlich. Es begann mit einem Sofakissen, führte ihn in Archive und Bibliotheken, in den Bayerischen Wald, nach Passau, Cleve und Xanten und hatte einen Vater-Sohn-Konflikt zur Folge, in dem der Junge dem Alten seine Verschwiegenheit vorwarf, der Alte dem Jungen aber, daß er das heilsame Schweigen brach. Ich erfuhr von der Sache erst später durch Vaters Schwester, doch meine Mutter, deren Altersgedächtnis nur Positives bewahrte, stritt mit der Bemerkung, Vater und Karlheinz seien immer ein Herz und eine Seele gewesen, das Ganze, einschließlich des dokumentarisch Beweisbaren, rundheraus ab.

Das Sofakissen, das 1943 mit einer kompletten Biedermeiereinrichtung zusammen ein Opfer der Bomben wurde, gehörte einer alten, wohlbeleibten Dame, die bei uns nur die Tante oder die Tante aus München hieß. In Wirklichkeit war sie eine Großtante. Ursprünglich waren es zwei gewesen, Therese und Ida, zwei Fräulein de Bruyn, die ihr langes Leben hindurch zusammen gewohnt und sich immer gezankt hatten; doch zu meiner Zeit war Ida schon tot, und Therese war mir nur durch Fotos bekannt. Eins zeigte sie im Zoo mit einem kleinen Löwen, ein anderes in ihrer Wohnung mit einem riesenhaften Pater der Augustiner und ein drittes mit anderen dicken Damen in Bad Mergentheim. Sie sprach, wie Karlheinz zu berichten wußte, ein Bayerisch, das unsereins nicht zu verstehen vermochte, war Anhängerin jenes Finanz-Katholizismus, der sich durch Ablaß-Kauf jenseitiges Seelenheil sichert, und trank zu jeder Mahlzeit, auch schon zum Frühstück, viel Bier. Montags wurde ihr das von einer Brauerei ins Haus geliefert, angeblich als eine Art Pension.

Sie war reich für unsere Verhältnisse, konnte jedem von uns zum Weihnachtsfest und zum Namenstag vier Mark neunzig senden – ein Groschen für die Postanweisung ging von der ursprünglich runden Summe ab. Da sie Wert auf Danksagungen legte, befand man sich zweimal im Jahr in brieflichen Nöten; denn einer uralten Großtante, die man nicht kennt, zu schreiben, ist wirklich nicht leicht.

Tante Therese also besaß ein von ihren Passauer Großeltern ererbtes Sofakissen, das in kunstvoller Stickarbeit ein adliges Wappen schmückte, das Karlheinz, seitdem er auf einer Radtour die Tante besucht hatte, keine Ruhe mehr ließ. Das Wappengetier waren drei schwarze Vögel, die über und unter dem roten Querbalken stolzierten, ein vierter saß obenauf, über Krone und Helm. Ob das Wappen den de Bruyns zugehörte oder die Großmutter, eine geborene von Rüdt, es mitgebracht hatte, wußte die Tante nicht.

Mit dieser für ihn so schwerwiegenden Frage war Karlheinz etwa zwei Jahre beschäftigt; zehn Jahre lang aber bemühte er sich dann zu erfahren, ob die Familie, die im 15. Jahrhundert Holland verlassen, in Cleve und Köln gewohnt und gegen Ende des 18. Jahrhunderts in Bayern ihr Glück versucht hatte, tatsächlich adlig gewesen war. Siebmachers Werk über den *Blühenden Adel Preußens* (Nürnberg 1878) behauptete zwar im Teil III, 2, Seite 101, daß diese »in der Rheinprovinz ansässige immatrikulierte Familie« 1659 ihre Adelsbestätigung erhalten habe, gab aber nicht an von wem. Auch gilt dieses Werk als unzuverlässig, und da andere Adelslexika auch nicht genauer wurden oder aber den Namen vermissen ließen, mußte in Geldern und Jülich, in Uerdingen und Xanten weitergeforscht werden. Der Briefwechsel mit dem Algemeen Rijksarchief in Den Haag, dem Bayerischen Kriegsarchiv und den Staatsarchiven in Koblenz und Düsseldorf, in Wien und Berlin füllte bald einen Aktenordner. Fotos von Wappen-Varianten, Grabstätten und Porträts wurden angefertigt, die Frage, ob der Kölner Maler Bartholomeo Bruyn zur Familie gehörte, wurde aufgeworfen und wieder fallengelassen. Die Revolutionskriege wurden bedeutsam, weil durch sie in Cleve, Jülich und Berg Epitaphe zerstört worden waren; und ein bayerischer Oberst in Napoleons Diensten wurde an Hand von Regimentsgeschichten und Karten bis an die Beresina verfolgt. Ahnentafeln wurden geschrieben, Stammbäume gemalt und in biblischer Manier die Geschlechterfolge beschrieben: Und Cornelius zeugte Leopold, und Leopold zeugte Peter, und Peter zeugte Eduard – aber der Lücken gab es zu viele. Und je näher man der Gegenwart kam, desto uninteressanter wurde für Karlheinz die Geschichte. Denn der Sohn des Beresina-Obersten heiratete keine von Rüdt, von Gleissenthal oder von Wolfswiesen, sondern er nahm eine Gastwirtstochter, wurde im Bayerischen Wald Förster und zeugte einen Sohn, unsern Großvater, der die Familie an das Theater verriet.

Am liebsten hätte Karlheinz den Stammbaum mit dem Passauer Stadt- und Festungskommandanten enden lassen, doch war inzwischen sein Privatvergnügen in Deutschland zur Pflicht geworden; für sein Staatsexamen verlangte man den Nachweis seiner Deutschblütigkeit. Er mußte nun auch die von ihm bisher mißachteten Geburts- und Heiratsdaten der Eltern und Großeltern sammeln und wandte sich deshalb an den Vater, der den Ahnen-Eifer mit schweigender Mißbilligung betrachtet hatte, wahrscheinlich weil er darin eine Mode der Nazis sah. Widerstrebend gab er die Geburts- und Sterbescheine seiner Eltern, nicht aber die Heiratsurkunde, die er angeblich nicht hatte. Auch wo und wann seine Eltern, die Komödianten, geheiratet hatten, wußte er, wie er behauptete, nicht.

Wie aus dem Nachlaß meines Bruders ersichtlich, waren ihm einige Lücken in der Geburtsbescheinigung meines Vaters verdächtig. Er reiste also an dessen Geburtsort Rüti, Kanton Zürich, und fand dort im Geburtsregister des Jahres 1888 statt des Carl de Bruyn einen Carl Wühr verzeichnet, unehelichen Sohn der ledigen Maria Rosa Wühr, Schauspielerin. Ein zusätzlicher Legitimationsbescheid von 1893 verwies ihn nach Stuttgart. Dort hatte er bald den Beleg dafür in den Händen, daß seine Abkunft von der wappentragenden Familie, wenn auch nicht unwahrscheinlich, so doch fraglich war.

Eine Fotokopie der Stuttgarter Heiratsurkunde, die das sorgsam gehütete Familiengeheimnis enthüllte und Karlheinz in Schrecken versetzte, ihn aber nicht daran hinderte, später das Wappen im Briefkopf zu führen, liegt vor mir. Ich drucke sie, der Kuriosität wegen, vollständig ab:

»Stuttgart, am 6. Juli tausend acht hundert neunzig und drei. Vor dem unterzeichneten Standesbeamten erschienen heute zum Zwecke der Eheschließung 1. der Schauspieler Kaspar Eduard de Bruyn, der Persönlichkeit nach durch die Heiratspapiere und die beiden Zeugen anerkannt, katholischer Religion, geboren am neunzehnten Januar des Jahres tausend acht hundert fünfzig und vier in Landshut, Bayern, wohnhaft zu Stuttgart zur Zeit, Becherstraße 6., Sohn des verstorbenen Oberförsters Eduard de Bruyn, zuletzt zu Viechtach, Bayern, und dessen verstorbener Ehefrau, Katharina, geborene Oetzinger, zuletzt wohnhaft in Landshut, 2. die Maria Rosa Wühr, der Persönlichkeit nach wie oben anerkannt, katholischer Religion, geboren den dreizehnten Mai des Jahres tausend acht hundert sechzig und sechs zu Ellwangen, wohnhaft zu Stuttgart zur Zeit wie oben, Tochter des Kommissionärs Josef Wühr zu Passau und dessen verstorbener Ehefrau Thekla, geborene Gebrath, zuletzt wohnhaft in Richterswyl, Schweiz. An Zeugen waren zugezogen und erschienen 3. der Schauspieler Gustav Adolf Nadler aus Czernowitz, der Persönlichkeit nach durch Reisepaß, ausgestellt vom Landespräsidenten daselbst, anerkannt, neunundfünfzig Jahre alt, wohnhaft zu Stuttgart zur Zeit, Leonhardplatz 19 A, 4. die ledige Schauspielerin Charlotte Müller aus Hanau, der Persönlichkeit nach durch Reisepaß, ausgestellt vom Landratsamt Hanau, anerkannt, fünfundvierzig Jahre alt, wohnhaft zu Stuttgart, Becherstraße 6. In Gegenwart der Zeugen richtete der Standesbeamte an die Verlobten einzeln und nacheinander die Frage: ob sie erklären, daß sie die Ehe mit einander eingehen wollen. Die Verlobten beantworteten die Frage bejahend und erfolgte hierauf der Ausspruch des Standesbeamten, daß er sie nunmehr kraft des Gesetzes für rechtmäßig verbundene Eheleute erkläre. Zugleich erkennen die Eheleute folgende Kinder als miteinander erzeugt an: 1. Carl, geboren 5. Mai 1888 zu Rüti, Kanton Zürich, Schweiz; 2. Franz, geboren 11. September 1889 zu Gmünd; 3. Martha Katharina, geboren 20. November 1890 zu Lahr; 4. Pauline Victoria, geboren 13. November 1891 in Lindau, mit dem Antrag, die Legitimation dieser Kinder in den betreffenden Standesregistern vorzumerken. Vorgelesen, genehmigt und unterschrieben. Eduard de Bruyn, Schauspieler, Maria de Bruyn, geborene Wühr; Gustav Adolf Nadler; Charlotte Müller. Der Standesbeamte: A. Lagenmann.«

EXEKUTIONEN

Die zwei Klassenzimmer der katholischen Grundschule, an der ich Lesen, Schreiben, Rechnen und Beichten lernte, befanden sich in einem barackenähnlichen Anbau der Britzer Kirche, die Heiliger Schutzengel hieß. Die Lehrer, deren Namen ich nicht mehr weiß, sehe ich deutlich noch vor mir: den alten Herrn mit weißem Hemd und Krawatte, den kein Getöse der Klasse am Einschlafen zu hindern vermochte, das ältliche Fräulein mit warziger Nase, das bis heute durch meine Angstträume geistert, und den Leiter der Schule, einen zur Korpulenz neigenden Pfarrer, der in seiner neben den Klassenräumen befindlichen Wohnung Religions-, Erstkommunions- und Ministrantenunterricht gab. Sie waren keine

Hitleranhänger, sonst ist aber nichts Gutes von ihnen zu sagen, am wenigsten auf pädagogischem Gebiet. Der Alte tötete jedes Interesse durch Langeweile, der Pfarrer, bei dem man nur den Katechismus auswendig lernte, erzog uns durch Androhung von Fegefeuer- und Höllenstrafen, und das Fräulein verteidigte seine Autorität durch den Stock. Auch im religiösen Bereich lebte die kleine Schule, die nur die ersten vier Jahrgänge betreute, noch im vorigen Jahrhundert, so daß mein Bruder Karlheinz, der am meisten in die Kirche integriert war und sich deshalb auch den meisten Spott erlauben durfte, über meine Lehrer sagte: am Busen unser aller Mutter, der alleinseligmachenden Kirche, nähren sich die seltsamsten Geschöpfe, deren Glaube dem unseren nur von außen und von ferne ähnlich sieht.

Der Pfarrer, der vom Land kam, aus dem katholischen Westfalenlande, sah sich in der Diaspora, wo seiner Meinung nach auch Katholiken halbe Ketzer waren, als Missionar. Den Sündenpfuhl der Großstadt hatte er sich vorgenommen auszutrocknen, und da er in dem stillen Vorort Sündiges nicht sehen konnte, roch er es überall. Ihm galt vor allem sündhaft, was er fleischlich nannte, und dem spürte er in Kirche, Schule und verborgenen Seelenwinkeln nach. Die Gebote reduzierte er fast auf das sechste, und sein Warnen vor den diesbezüglichen Vergehen ließ vermuten, daß ihm die verdammenswerter schienen als der Krieg. War ihm doch wichtig, daß das fünfte Gebot, das den Mord verbot, im Katechismus durch einen kleingedruckten Satz, den Schutz des Vaterlandes betreffend, für Soldaten aufgehoben wurde, während das folgende uneingeschränkt galt. Wenn Hitler, so etwa sagte Karlheinz, bei diesem Pfarrer beichten ginge, würden den die toten Schleicher, Röhm und Klausener wenig interessieren, jene leichtgeschürzten Maiden, die sich unter Blicken von Parteigenossen beingespreizt im Rhönrad drehten, aber sehr. Die Jugendbewegung, auch die katholische, war dem Pfarrer der nackten Knie wegen zuwider, und wir Schulanfänger, die wir alle alltags kurze Hosen trugen, mußten sonntags, um in die Kirche zu dürfen, lange Hosen, die ich nicht hatte, oder, was mir ein Greuel war, lange Strümpfe anziehen.

Des Pfarrers pädagogische Methode war, die fettgedruckten Katechismus-Texte erst allein und dann im Chor so oft zu wiederholen, daß sie auch der schwächste Kopf, zwar nicht begriff, doch nie vergaß. Ausdrücke, die uns dunkel blieben, pflegte er durch Heiligenlegenden zu erläutern, die Keuschheit beispielsweise, die der keusche Katechismus nur durch Fehlen ihres Gegenteils, der Unkeuschheit, erklären konnte, durch die vom Heiligen Aloysius. Der hatte schon im neunten Lebensjahr gelobt, für immer keusch zu bleiben, und dies dadurch erreicht, daß er von früh bis spät den Blick zu Boden senkte und so zwar ständig sich verirrte, doch niemals ein verführerisches Frauenantlitz sah. Ich schloß daraus, daß Sehen sündig sei, erntete, als ich danach fragte, bei den Mitschülern Spott, beim Pfarrer aber, der mir meine Ahnungslosigkeit nicht glaubte, eine Zornespredigt, in der von Sünde oder reinem Herzen, Ehre oder Schande und sogar von Leben oder Tod die Rede war. Keusch und gesund, erfuhr ich, war der Frühaufsteher, der Gebet und harte Arbeit liebte, der Tunichtgut dagegen, der sich morgens lange noch im Bette wälzte, kaltes Wasser scheute und sich dem Müßiggang ergab, bereitete damit schon Krankheit, vorzugsweise Rükkenmarkserweichung, frühes Sterben und natürlich Höllenstrafen vor. Was Frauenantlitze mit diesem Problemkreis zu tun hatten, sagte der Pfarrer nicht, und ich wagte nicht, danach zu fragen. Mir schienen weibliche Geschöpfe nicht nur schöner, sondern auch besser zu sein, und bessernd auf mein Befinden in der Schule wirkte ihr Anblick. Das Mädchengesicht, an das ich dabei besonders dachte, war von dunklen Zöpfen gerahmt und gehörte nach rechts in die erste Reihe; mein Wunschtraum, daß es sich, während im Chor O O O Oma am Ofen gelesen wurde, mir zukehren und mich anlächeln würde, erfüllte sich nie. Auf dem Foto der 1. Klasse (die damals die 8. hieß) strahlt es in die Kamera, und ich kann meine Abc-Schützen-Träume noch immer verstehen.

In der kleinen Schutzengel-Kirche (die nach dem Krieg, als die Britzer Wiesen und Felder mit Hochhäusern zugebaut wurden, einer größeren weichen mußte) fand meine erste Beichte statt. Als ich sie hinter mir hatte, rannte ich, halblaut singend, durch Rosen- und Akazienblütendüfte nach Hause, froh, das hinter mir zu haben und von Sünden frei zu sein. Denn daß ich in der Beichtstuhldunkelheit erneut, wenn auch nicht vorsätzlich, gesündigt hatte, wußte ich noch nicht. Der Pfarrer hatte mich beim Thema Unkeuschheit gefragt, ob diese mich befriedigt hätte, und ich hatte, da mir das unbekannte Wort was Positives zu bedeuten schien, nach kurzem Zögern ja gesagt. An Glücksgefühle bei der ersten Kommunion am nächsten Tag erinnere ich mich nicht. Ich weiß nur noch, wie häßlich mir die langen schwarzen Strümpfe, die ich tragen mußte, schienen und wie schön die Morgensonne war, die durch das gelbverglaste Kreuz im Chor auf Kelch, Monstranz und Stola fiel.

Angenehmer als Kirche und Schule war der Weg dorthin. Abseits von der Neubausiedlung führte er durch den Park am Buschkrug, durchs Akazienwäldchen, an der Rosengärtnerei vorbei bis an den Kern des alten Dorfes, doch machte seine Schönheit die Häßlichkeit des Ziels nicht wett. Erfreuliche Details, wie Blütendüfte, Eicheln, Amseln, Schnee und Pusteblumen, vermochten auf dem Heimweg mittags zwar das düstere Gemüt ein wenig aufzuhellen, am Morgen aber, wenn die Stunden angsterfüllter Langeweile vor mir lagen, bemerkte ich sie nie. Denn mit Beginn des Schulzwangs hatte ich die Fähigkeit, nach Kinderart dem Augenblick zu leben, eingebüßt. Nur mit den Füßen sozusagen stand ich in der Gegenwart, mein Herz war mit Vergoldung der noch winzigen Vergangenheit beschäftigt, und mit dem Kopf bereitete ich mich auf die dunkle Zukunft vor. Ich malte mir im voraus schon die Qual des Eingesperrtseins aus; ich nahm mir vor, in diesem Falle dies, in jenem das zu sagen; und Gefahren, die mir drohten, übertrieb ich, um auf Schlimmeres gefaßt zu sein. Ich übte mich in Angst, um die tatsächliche bestehen zu können. Denn daß mit wachsendem Alter auch die Bedrohungen wachsen würden, ahnte ich.

Der Ursprung alles Schlimmen in der Schule war der Zwang; aus dem entstand die Langeweile, und aus dieser entstanden Unvorsichtigkeiten, die zu Strafen führten, also zu Entwürdigung und Schmerz. Zu Hause hatte ich mich nie gelangweilt, auch beim Nichtstun nicht. Jetzt sperrte man mich drei, vier Stunden täglich ein, zwang mich dazu, in unbequemen Bänken stillzusitzen, die Hände auf dem Tisch, und mich ein Jahr lang mit der Fibel abzugeben, die Lesestoff für höchstens eine Woche bot. Da die Mädchen auf der anderen Seite des Mittelgangs saßen und ich zu Mitgefangenen männlichen Geschlechts keinen Kontakt unterhielt, war nie unerlaubtes Sprechen Grund für meine Strafen, sondern, unter der Bezeichnung Unaufmerksamkeit, geistige Beweglichkeit, die sich auf Fibeltexte nicht fixieren ließ. Das Fräulein fällte das Urteil sofort, schob aber, damit dem Missetäter Zeit zur Reue blieb, die Strafvollstreckung bis zur Pause auf.

Exekutionsort war der schwach erhellte Flur, der von den Klassenzimmern zur Pfarrerswohnung führte, weshalb auch Weinen oder Schreien, das den Pfarrer hätte stören können, nicht gestattet war. Wer sich gehorsam zeigte, indem er nur verhalten stöhnte oder seine Tränen ohne Schluchzen laufen ließ, erhielt ein Lob dafür. Die Hand, die eben noch den Stock geschwungen hatte, streichelte dann des Sträflings Haar, und das Fräulein sagte anerkennend: Brav, mein Kind!

In jeder Pause, wenn die Klasse im Hof die vorgeschriebenen Kreise um den alten Birnbaum drehte, standen drei, vier Jungen, seltener Mädchen, stumm vor Angst, oft schon in

Tränen, auf dem Flur. Wenn das Fräulein, das sich gerne Zeit ließ, endlich kam, mußte die Bereitschaft, die verdiente Strafe anzunehmen, durch die vorgestreckte flache Hand bewiesen werden; doch den Rohrstockschlägen auf die weiche Innenfläche ging ein Frage-Antwort-Ritual voraus: Wofür? – Für Unaufmerksamkeit (beziehungsweise Schwatzen, Frechheit, Faulheit usw.) – Und wieviel? – Nur einen (oder zwei, in schweren Fällen fünf). Dann kam der Schlag erst und der Schmerz, falls nicht die Hand zurückgezogen wurde und der Stock ins Leere traf. Dann sagte das Fräulein ruhig: Tut mir leid, was soviel hieß wie: Du weißt ja, daß das doppelt zählt.

Meine Lautlosigkeit wurde mehrmals mit Streicheln belohnt. Denn heulen und jammern konnte ich nicht vor meiner Peinigerin. Ich wirkte furchtlos, war jedoch vor Furcht fast denkunfähig, und mein Sieg am Ende war kein Überlegungs-, sondern ein Angstprodukt. Die Hand, die wieder einmal einen Schlag empfangen sollte, kündigte mir den Gehorsam auf; sie rettete sich durch Zurückziehen wider meinen Willen, und aus dem angedrohten einen Hieb wurden nun zwei. Das Fräulein sprach mir sein Mitleid aus und ließ zum zweitenmal vergeblich seinen Rohrstock sausen. Nun waren es schon vier. Als wir bei 16 waren und das Fräulein ungewohnterweise nach der Hand des Delinquenten faßte, um sie festzuhalten, wurde meine Angst so übermächtig, daß ich floh. Ich lief den Gang hinunter, schulterte im leeren Klassenzimmer meine Mappe und verschwand. Zu Hause stellte ich mich krank und war beruhigt, als ich es (mit hohem Fieber, das der Arzt sich nicht erklären konnte) wirklich wurde. Doch der gefürchtete Hausbesuch des Fräuleins fand nicht statt, genau so wenig ein Gericht bei meiner Rückkehr in die Schule. Das Fräulein erwähnte diesen Vorfall nie und machte mich nie mehr zum Opfer ihrer Straflust.

Warum ich Eltern und Geschwistern nichts davon erzählte, mache ich mir erst heute klar. Nicht Angst vor Strafe oder Schelte war es, sondern die Beachtung eines ungeschriebenen und unausgesprochenen Gesetzes, das da hätte lauten können: Du sollst immer würdig und gelassen bleiben, auf daß Mutter, Vater, Schwester, Bruder keinen Grund zur Sorge um dich habe und dich achten könne. Anders gesagt: Ich hatte nicht gelernt, über die Brutalität der Welt, die als selbstverständlich galt, zu klagen, da niemand in der Familie, aus Angst, den anderen damit zu belasten, das tat. So morastig die Wege draußen auch waren, schrieb man nach Hause nur von trockenen Straßen; mit den Wunden, die einem geschlagen wurden, hatte man selber fertig zu werden; zu Hause war man lieb zueinander, aber nicht plump vertraut; auf jede Hilfe konnte man hoffen, ohne viel erklären zu müssen; man achtete immer einander und war allein.

TAUSENDBLÜTENDUFT

Bald nachdem Hitler zur Macht und ich zur Schule gekommen war, verließen meine Geschwister nacheinander das Haus. Karlheinz studierte in Innsbruck und München; Gisela quartierte sich in dem Internat eines Kindergärtnerinnen-Seminars in Niederschönhausen ein; Wolfgang, der froh war, acht Volksschulklassen, ohne sitzenzubleiben, überstanden zu haben, absolvierte ein sogenanntes Landjahr in Ostpreußen und begann eine Gärtner-Lehre in der Mark. Unsere Kammer, halbes Zimmer genannt, die das jeweils älteste der daheimgebliebenen Kinder zu beanspruchen hatte, wäre nun mir zugefallen, doch kam Tante Friedel als Dauergast und richtete sich, mit großem Spiegel und Telefon, darin ein.

Von den Geschwistern meines Vaters, die alle Schauspieler gewesen waren, kannte ich nur sie. Franz war schon im Weltkrieg, der damals noch unnumeriert war, gefallen; Paula, die schönste und begabteste von ihnen, war in den zwanziger Jahren als Hofschauspielerin in Braunschweig an Tuberkulose gestorben; Ernst hatte sich, wie meine Mutter vorwurfsvoll sagte, totgesoffen; und Minna, die in Wiesbaden lebte, kam nie nach Berlin. Friedel aber, die überall und nirgends wohnte und Verwandtschaft liebte, fühlte sich in unserer bürgerlichen Regelmäßigkeit und Ordnung wohl.

Ich bin die Friedel, stellte sie sich mir, der ich sie wissentlich noch nicht gesehen hatte, vor; und ich befreite mich aus der Umarmung, die mir zwar angenehm, doch peinlich war, und sagte: Ja, das merkt man: am Geruch.

Gemeint war das Parfüm, das ich von Briefen und Paketen her schon kannte und das dem Backwerk, das sie uns zu allen Weihnachtsfesten schickte, eine ganz besondere Note gab. Jetzt zeigte sich, daß Friedel selbst und ihr Besitz, den sie in Hutschachteln und Koffern mit sich führte, noch intensiver diesen süßen Duft verströmte; doch wurde das nicht lange zum Problem. Der Tausendblütenhauch (so übersetzte sie ihre Lieblingsmarke: Eau de mille fleur) erfüllte bald nach ihrer Ankunft schon die ganze Wohnung und machte alle gegen den Geruch immun.

Die Schrullen, die sie sonst noch hatte, ohne Groll zu tolerieren, fiel nicht schwer, weil sie von ihnen wußte und darüber reden konnte; übers Schminken beispielsweise, das ihr, wie das bitterkalte Brausebad am Morgen und am Abend, ein Bedürfnis war. Kaum merkte sie, daß jemand ihre neue Lippenfarbe registrierte und sich verbot, dort länger, als es sich gehörte, hinzusehen, begann sie schon vom neuesten Mundbemalungsstil zu schwärmen und das Bekenntnis abzulegen, daß sie diesem letzten Schrei, wie schon dem vor- und vorvorletzten, auf den ersten Blick erlegen sei. Die Kunst, den Mund, die Haut, die Augen aus dem Naturzustand in einen höheren zu versetzen, führte sie mir gerne vor. Wenn sie die Lippen aufeinanderpreßte, sie wie zum Singen öffnete und sanft, als schmerzten sie beim Aufeinandertreffen, wieder schloß, die Augen aufriß, Fingerspitzen über Backenknochen, Kinn und Nasenrücken führte und dabei konzentriert nichts als ihr Bild im Spiegel sah, ergriff auch mich der Ernst, der sie beseelte, und ich hielt Spott und Kritik zurück. Ergriffen war ich auch von ihren Reden, die sie zur Verteidigung des Schönheitskultes führte; denn daß Praxis immer erst die Theorie hervorbringt, die ihr die Rechtfertigung ihres Daseins liefert, wußte ich damals noch nicht. Wer das eigene Äußere verachte, sagte sie, sei asozial; wer christlichem Gebot der Liebe folge, mute seinem Nächsten den unvollkommenen Naturzustand nicht zu; was wie Gefallsucht bei ihr scheine, sei in Wirklichkeit Sozialempfinden, daneben aber Scham und Schutz; nackt käme sie sich vor, wenn dem Gesicht Bemalung fehle, und sie fröre ohne Puder wie ein frischgeschorenes Lamm.

Meiner Mutter wurde unbehaglich, wenn sie solches hörte. Die Erörterung der Frage, was die Natur Friedels Nase, Augen oder Händen vorenthalten habe, hörte sie sich noch geduldig an; ging aber dann die Fehlersuche auch auf Arme, Beine, Bauch und Busen über, schritt sie mit weisen Sprüchen, wie: Wer liebt lacht doch! Des einen Uhl ist, gottseidank, des andern Nachtigall! dagegen ein. Daß sie im Grunde Lippenstift und Puder für verwerflich hielt, gestand sie nie. Das klang nur an, wenn sie die Schwägerin, die niemand angriff, zu verteidigen versuchte: Schauspielerinnen, sagte sie verzeihend, seien nun mal so, das Aus-dem-Rahmen-Fallen und Verrückt-Sein sei berufsbedingt.

Wirklich verrückt an Friedel war, daß sie *so* gar nicht hieß. Ihr Künstlername war Annemarie; getauft war sie (wie aus der oben abgedruckten Heiratsurkunde ihrer Eltern ersichtlich) auf die Namen Martha Katharina; als Kind war sie Käthe gerufen worden, bis sie sich, weil sie lieber ein Junge gewesen wäre, für den neuen Namen, der ihr geschlechtsneutral vorkam, entschieden hatte. Fragte man sie, wie sie richtig und eigentlich heiße, sagte sie: Friedel natürlich, denn nur der Name, den man sich selber wählt, sei Ausdruck von Autonomie. Sollte die Polizei sie doch amtlich bezeichnen und das Publikum, wie es seinem schlechten Geschmack entsprach; für die Familie, für Freunde und Liebste aber wollte sie Friedel heißen; so wie sie sei. Auch die eignen Kinder (die sie bestimmt gehabt hätte, wenn ihr Verlobter, dessen Ring sie noch immer trug, nicht 1918 gefallen wäre) hätten sie mit Friedel anreden müssen; denn das Mama fand sie (Entschuldige, Jenny!) entpersönlichend, also fad.

Aus ihren wechselnden Engagements in Nord und Süd hatte sich Friedel, die normalerweise Hochdeutsch sprach, doch jede Mundart sprechen konnte, Dialektausdrücke mitgebracht. Vermischt mit antiquierten Wörtern und geschmückt mit Poesie, verwendete sie diese gerne und fügte meinem Wortschatz so viel Ungewohntes bei. Ich amüsierte mich, wenn sie beim Anblick einer frischen Schrippe ihr Rezent! ausrief, ich fand ihr Kabinett (so nannte sie das halbe Zimmer) wirklich ständig möhlig, wußte, was sie meinte, wenn sie von Tadzio oder Walter als von ihrem Gschpusi sprach, und verstand auch bald, daß heuer dieses Jahr bedeutet und das erst rätselhafte Eh soviel wie sowieso. Friedel parodierend, lebte ich mich nach und nach in ihre Redeweise ein. Ich konnte das eingestreute Halt (anstelle des Ebent meiner Mutter) schon geschickt gebrauchen und verzierte Fragen mit dem aus Gera eingeführten Gell? Aus Tomaten konnte ich die zierlichen Paradeiser, aus dem Handfeger die Eule machen, und war von der Kartoffel die Rede, wurde so oft »Pasteten hin, Pasteten her«, zitiert, daß nicht nur der Erdapfel, sondern auch das Magenpflaster als Benennung in Frage kam.

Daß dieses Spielen mit der Sprache auf andere nicht reizvoll, sondern albern wirkte, wurde mir an meiner Mutter klar; daß es auch zu Verständnisschwierigkeiten führen konnte, an meinem Freund aus dem Parterre. Der war gelangweilt, als ich meinen neuen Wortschatz an ihm ausprobierte, und sagte schließlich ärgerlich, er heiße Hannes und nicht Gell.

So redselig wie Friedel war keiner in der Familie, aber niemand nahm ihr das übel, selbst dann nicht, wenn sie Themen berührte, über die man sonst schwieg. Verboten war es ja nicht, über Politik oder Intimitäten zu reden; wir konnten es nicht, weil uns die Übung fehlte und kein Bedürfnis danach in uns geweckt worden war. Die Lockerheit, die Friedel in dieser Hinsicht bewies, war mehr kurios als beneidenswert, regte aber zur Nachahmung nicht an. Sie hatte immer schnelle Urteile zur Hand, aber die überzeugten nicht, und wenn sie lustige Geschichten erzählte, konnte man die nie weitererzählen, weil ihre Komik nicht im Inhalt, sondern im Vortrag bestand. Schauspielerische Talente aber hatten wir alle nicht.

Neben den Gerüchten über Goebbels, den Mephistopheles, der den Schmierenkomödianten Hitler an Intelligenz bei weitem überragte, gehörten die alten Tanten in München, bei denen sie lange gewohnt hatte, zu den Hauptthemen von Friedels Geschichten. Der Bierverbrauch, die Augustinermönche und die Biedermeiermöbel, die die Kirche erben sollte, spielten dabei eine Rolle, und in gutturalem Bayerisch erläuterte durch Friedels Mund die alte Tante den Familienfluch: Daß alle weiblichen de Bruyns jungfräulich, oder doch ehelos, zu bleiben hatten, war, wie die Geschichte klar erwiesen hatte, ein Gesetz.

Ob Friedel, die von dem Verhängnis immer so erzählte, daß man Tränen lachen mußte, daran glaubte, blieb mir ungewiß. Ihr Verlobter jedenfalls hatte des Familienfluches wegen sterben müssen, und die Gschpusis taten nichts, um das Verhängnis von ihr abzuwenden: Tadzio, Walter oder Herbert kamen kaum für die Ehe in Betracht. Der eine war schon Ehemann, der andere wollte keiner werden, weil er Frauen eigentlich nicht mochte, denn er war (Ich weiß nicht, ob du das verstehst) ein Schwuler, und der dritte schwatzte nur von

Gott, nie von der Liebe, denn er war ein aggressiver, nur auf dessen Leugnung eingeschworener Atheist.

Friedel aber war auf ihre individuelle Art katholisch. Sie machte alles Äußerliche, ohne nach dem Sinn zu fragen, mit und hatte, um mit ihr zu reden, das Fiduz: es ist bewährt, es wird schon helfen. Die Messe sah sie mehr ästhetisch als liturgisch an; sie liebte Weihrauch, Chöre, Farben, Ministrantenscharen und bezeichnete den Priester, war er gut gewachsen, als superb. Sie ging nicht regelmäßig in die Kirche, am liebsten in ein Hochamt mit viel Pomp. Gern trat sie in Gemeinschaft auf; je mehr wir waren, desto besser. Festlich geschminkt, geschmückt mit einem Florentiner, eröffnete sie mit ihrer Schwägerin am Arm den Zug. Bis zur Kirchenpforte folgten wir ihr willig; wenn sie dann aber Anstalt machte, vor den Augen der Gemeinde feierlich den Mittelgang in seiner ganzen Länge abzuschreiten, um die ersten Bänke zu erreichen, wurde uns der Auftritt peinlich; wir verloren uns in Seitenschiffen und auf Hinterbänken und ließen die Frauen allein.

Seltsamerweise war es gar nicht peinlich, wenn das sonst gemiedene Thema Beichte durch Friedel zur Sprache kam. Von allem Guten, das die Kirche hatte, war die Beichte das Beste, weil sie zeigte: Engelsgleichheit wurde nicht vorausgesetzt. So lästig das Katholischsein auch war, in dieser Hinsicht war's ein Segen: kam zu der Freude an der Sünde doch die Freude an der Sündentilgung noch hinzu. Man durfte nur nichts übertreiben. Die Gschpusis waren deshalb auch nicht neben-, sondern nacheinander dran; es gab nur eine kurzgehaltene Überlappung.

Da Friedel die Möglichkeit der Priesterauswahl in der Großstadt nutzte, war sie über alle klerikalen Personalien von St. Eduard und Schutzengel, von Richard, Michael und Bonifatius glänzend informiert. Sie ließ sich nämlich, wollte man ihr glauben, auf einseitigen Informationsfluß nicht ein; sie bestand auf Tausch. Das Vater-Kind-Verhältnis wandelte sie um in eins von Gleich zu Gleich. Bei älteren Priestern gelang das besser als bei blutjungen Kaplänen, die verlegen wurden oder glaubten, sie sei der Versucher in Person. Ihre Methode, Gesprächsbereitschaft zu erzeugen, bestand darin, statt Sünden aufzuzählen, anzufragen, ob denn dieses oder jenes Sünde sei. Eins ihrer Beispiele ist mir in Erinnerung: Ob Eitelkeit denn immer, auch wenn der Beruf sie fordere, Sünde wäre, wollte sie wissen, konnte zu diesem Punkt große Kolleginnen der Vergangenheit anführen, und wenn sie mit der Neuberin, der Duse und der Unzelmann (die in Berlin in Modefragen fast allein regierte und darin sogar die Königin beriet) zu Ende war, die Zeit nicht drängte und ihr moralischer Berater aufgeschlossen war, konnte das Gespräch auch mit dem Eingeständnis ihres Gegenüber enden, daß ein guter Prediger manchmal auch die Grenzen zwischen Eitelkeit und Pflichterfüllung nicht klar sieht.

Sich in der Beichte auch politisch Rat zu holen lehnte Friedel ab. Die Pfarrer, die früher ganz aufs Zentrum eingeschworen waren, hatten jetzt nur Angst; sie sagten keinen Mucks, nicht in der Beichte und noch weniger in der Predigt; sie taten so, als ginge sie Politisches nichts an. Nur einen nahm sie von der Schelte aus: den Dompropst von St. Hedwig, Bernhard Lichtenberg. Der Name dieses Priesters, von dessen Leidensweg ich nach dem Kriege erst erfuhr, blieb bei mir haften, weil auch in Gesprächen zwischen Karlheinz und meinem Vater oft von ihm die Rede war. Friedel bewunderte seinen Mut, doch reizte sie sein lautes, überzogenes Pathos, das sie komisch imitieren mußte: eine Verbindung von Spott und Verehrung, die mir unangenehm war. Ich verlangte von Gefühlen Eindeutigkeit, begriff nur ein Entweder-Oder, nicht ein Sowohl-Als-auch.

Ähnliches Unverständnis rief bei mir auch Friedels parodistische Schilderung eines Staatsempfangs bei Goebbels hervor, auf den sie durch einen ihrer Verehrer geraten war. Über die Dummheit, Eitelkeit und Verlogenheit dieser

Mächtigen lachte ich zwar, mußte mich aber gleichzeitig fragen: Warum geht sie, wenn sie die Leute verachtet, dorthin?

Der Grund war wahrscheinlich, daß sie Beziehungen knüpfen wollte. Sie war zu uns gekommen, weil sie mittel- und arbeitslos war. Bei uns konnte sie mietfrei wohnen, und wenn auch die Hoffnung, an einem der vielen Theater der Stadt engagiert zu werden, sich ihr nicht erfüllte, so gelang es ihr doch, bei der UFA in Babelsberg anzukommen, zum Ende ihrer Berliner Zeit sogar in einer größeren Rolle, in einem Filmlustspiel. Sie war schon Mitte vierzig damals, und da sie bereits als junges Mädchen, wie sie oft erzählte, besser die Marthe Schwerdtlein als das Gretchen gespielt hatte, war ihr Fach das der komischen Alten, und so wurde sie im Film auch gebraucht. Sie hatte ein ältliches Dienstmädchen vom Lande zu spielen, das Dutt und Brille trug, nicht singen und nicht Hochdeutsch sprechen konnte und das in komischer Verkennung ihrer Lage den jugendlichen Helden liebte, um dann am guten Ende dessen alten Diener abzukriegen, der so gut zu leiden und so trottelig war wie sie. Der große Liebeskummer-Monolog am Bügelbrett, der mit dem falsch gesungenen Titelschlager *Du kannst nicht treu sein!* schloß, wurde mir zu Hause probeweise in schlesischer und schwäbischer Version geboten; doch als ich ihn im Jahr darauf, mit Mutter und Vater in den Britzer Kammerlichtspielen sitzend, auf der Leinwand sah, war er viel kürzer und in Sächsisch, und ich war enttäuscht.

Als wir den Film sahen, war die duftende Tante (und mit ihr das Telefon) schon nicht mehr da. Als einziger Sportinteressierter in der Familie hatte sie sich noch an der Olympiade delektiert und die Triumphe des schwarzen Amerikaners Jesse Owens als Widerlegung der Rassentheorien begrüßt, dann war sie mit ihren Hutschachteln und Koffern abgezogen, weil das Staatstheater in Stuttgart sie haben wollte, wo sie bis an ihr Lebensende blieb.

Ich vermißte sie, doch die Freude, endlich das halbe Zimmer beziehen zu können, tröstete mich über die Abschiedsschmerzen hinweg. Die schmale, unbeheizbare Kammer, in der man keinen Schritt tun konnte, ohne an Bett, Vertiko oder Tisch zu stoßen, wurde fortan Grundbedingung glücklichen Daseins für mich. Wenn ich später irgendwo Heimweh hatte, galt das weniger der Familie als dem eignen Zimmer, vor allem der Tür, die ich hinter mir schließen konnte. Auf die Güte und Größe des Raums kam es nicht an.

HANNE NÜTE I.

Dr. Jakoby, der immer den Grundsatz befolgte, daß ein Kranker nicht in die Arztpraxis, sondern ins Bett gehöre, war unser Hausarzt im besten, altertümlichen Sinn. Sein erster Dienst an unserer Familie war es gewesen, mir auf die Welt zu verhelfen, dann saß er bei uns immer wieder an Krankenbetten, gutgelaunt, aber nicht sorglos, ein seriös wirkender Herr, der nie ohne Hut, Mantel und Regenschirm kam. Die beste Medizin, die er hatte, war die Geduld, mit der er zuhören konnte; und die Zuversicht, die er immer zeigte, begründete er mit dem Satz: Die Natur hilft sich selbst. Von Chemie hielt er wenig, viel aber von alten Hausmitteln, so daß wir Zuckerwasser als Schlafmittel tranken und alle Gebrechen mit Umschlägen heilten, mal trocken, mal feucht, mal heiß, mal eiskalt.

Zeit für uns hatte er immer. Er legte ab nach der Begrüßung und untersuchte so gründlich, daß die Diagnose allein schon heilende Wirkung hatte. Er begutachtete die zur Behandlung notwendigen Leinenstreifen und wollenen Tücher, die Leinsamen, Kamillenblüten und Salbeiblätter, lobte meine Mutter für ihre Sammlung getrockneter Beeren und schlug eine Einladung zum Tee selten ab. Er war der einzige

Fremde, bei dem mein schweigsamer Vater relativ redselig wurde, obgleich er selten mit dem Arzt einer Meinung war.

Denn Dr. Jakoby gehörte zu den Berlin-Enthusiasten, die jedes nur denkbare Gesprächsthema zu einem berlinischen machen; doch dozierte er nicht, sondern trat als ein Lernender auf. Er fragte beispielsweise meine Mutter nach der alten Uniform der Postbeamten, wollte von Wolfgang und mir Abzählverse und Namenneckreime hören, amüsierte sich über: Hedwig, Hedwig, deine Nähmaschine geht nich! oder: Lene, Lene, du hast krumme Beene! und ließ sich mit meinem Vater auf Architektur-Diskussionen ein. Rühmte er die Schönheit des Gendarmenmarktes, nannte mein Vater den Platz fragmentarisch; lobte er die Pracht der Linden, ließ mein Vater nur das Zeughaus gelten; und den preußischen Klassizismus, den Dr. Jakoby so liebte, bezeichnete er als abweisend und kalt; seine Säulen erinnerten an Kanonenrohre, und statt Schönheit bot er steingewordene Disziplin. Dr. Jakoby lachte, wenn er das hörte. Für ihn war das keine ästhetische, sondern eine Dazugehörigkeits-Frage. Er würde, sagte er, auch Neuschwanstein oder den Kreml lieben, stünden die in Berlin.

So etwa gingen die Gespräche, die meist länger als die medizinische Betreuung währten. Für mich waren sie insofern wichtig, als sie in mir den Ehrgeiz weckten, die Bauten, Straßen und Plätze endlich einmal selbst zu sehen. Denn ich kannte die Innenstadt wenig. Erst mit dreizehn oder vierzehn Jahren begann ich sie mir auf eigne Faust zu erobern – kurz bevor sie in Trümmer fiel.

Weit war es nicht zu Dr. Jakoby. Das Einfamilien-Reihenhaus, in dem er wohnte, stand in der nächsten Parallelstraße, die nach Fritz Reuters Romangestalt Hanne Nüte heißt. Sein Garten hinter dem Haus erstreckte sich zu den Trauerweiden des Enten- oder auch Eier-Teichs hinunter. Trat man nach vorn auf die Straße, sah man links die weißen, roten und blauen Kuben der Hufeisenbebauung; nach rechts gehend erreichte man in wenigen Minuten auf einem der sogenannten Wirtschaftswege unseren Hof. Offensichtlich war die Hanne-Nüte-Straße im bewußten Gegensatz zur strengen Geometrie der Taut-Siedlung entworfen worden. Mit ihrer unregelmäßigen Straßenführung, mit ihren Satteldächern und Vorgärten verkörperte sie am vollkommensten den Frieden der Vorstadtidylle – die aber trügerisch war.

Da martialische Gesten sich nur vor Zuschauern lohnen, standen die beiden SA-Männer in der menschenleeren Straße nicht stramm oder breitbeinig da; sie lehnten am Vorgartenzaun und redeten miteinander, waren sogar freundlich zu mir, als sie mir den Zutritt verwehrten, und zeigten mir, wo Dr. Lange wohnte, ein »deutscher Arzt«. Der Griff, mit dem sie mich packten, war fest, aber nicht schmerzend; sie sagten, ich sei doch ein deutscher Junge; und als ich darauf bestand, von Dr. Jakoby behandelt zu werden, wollten sie meinen Namen wissen; da riß ich mich los und lief, ohne zu antworten, davon.

An diesen Herbsttag des Jahres 1933, 34 oder 35 erinnert mich noch heut eine Narbe. Beim Versuch, eine Kastanie zu teilen, war mir das Messer abgeglitten und hatte meine Zeigefingerkuppe zerschnitten. Mit einem Notverband war ich zum Arzt geschickt worden. Als ich zum zweitenmal den kurzen Weg machte, hatte ich Friedel zur Seite, die schon von weitem die Braunhemden bedrohte: Wenn das Kind hier verblute, bringe sie sie auf die Anklagebank! Als einzige in der Familie konnte Friedel sichtbaren Zorn entwickeln; sie konnte auch Schimpfwörter gebrauchen, die zwar nur zur Hälfte verstanden wurden, da sie teils antiquiert, teils mundartlich waren, aber doch Wirkung hatten, weil die sie begleitende Mimik und Gestik eindeutig war.

Die Uniformierten machten keinen Versuch, uns aufzuhalten, sagten zwar wieder etwas von Deutschen und Juden, sahen dabei aber kleinlaut aus. Friedel sagte: Nur ein depperter Deutscher gehe zu schlechten Ärzten. Und während wir vor der verschlossenen Haustür noch warten mußten, gab sie mir einen jener trefflichen Ratschläge fürs Leben, die man sich merkt, um sie nie anwenden zu können: Immer wenn ich mit Uniformierten zu tun bekäme, sollte ich sie nach dem Namen fragen, damit sie an ihre Verantwortlichkeit als Einzelwesen erinnert würden; denn die Anonymität einer gleichförmigen Masse erzeuge Gewissenlosigkeit und Brutalität.

Mit dem Eintritt in Dr. Jakobys Behandlungszimmer versagt mein Erinnern. War es bei diesem Besuch, daß der Arzt mir riet, bei Schmerzen an Schönes zu denken, an Reni zum Beispiel, die auch in der Hanne Nüte wohnte? Stand an diesem Tag oder später die Sprechstundenhilfe (oder war es Frau Jakoby?) weinend am Fenster, während ich das Haus durch die hintere Gartenpforte verlassen mußte? Irgendwann war auch von der üppigen Berolina die Rede, die nun wieder auf dem Alexanderplatz thronte, Dr. Goebbels sei Dank!

Gott sei Dank haben Dr. Jakobys Berlin-Gefühle ihn nicht vom Verlassen der Stadt abgehalten. Als ich 1937 ins Krankenhaus mußte, wurde das schon von Dr. Lange, den ich nicht leiden konnte, veranlaßt. Bei der 700-Jahr-Feier Berlins war von Dr. Jakoby noch häufig die Rede, und als einige Jahre später deutsche Bomben auf England fielen, pflegte meine Mutter manchmal zu sagen: Hoffen wir nur, unserm Doktor geht's gut. Mich hat seine Vertreibung sicher nicht nachhaltig erschüttert, aber doch meine Zukunftsängste verstärkt.

HANNE NÜTE II.

Mein Werben um Reni dauerte etwa acht Jahre, von meiner Einschulung bis zu ihrer Konfirmation; und ein zusätzliches Jahr brauchte ich noch, um es mir abzugewöhnen – was mir aber durch den Beginn einer anderen unglücklichen Liebe glänzend gelang. Diese beschäftigte mich dann länger als sie währte. Sehnsüchte, die unerfüllt blieben, können langlebig sein.

Als Zehnjähriger von meinem Freund Hannes nach den Zielen meiner Werbung befragt, gab ich ehrlichen Herzens zu, daß die kurzgesteckt waren. Weiter als bis zum Ja auf die Frage, ob Reni meine Freundin sein wollte, reichten sie nicht – und blieben doch unerreichbar, da ich die tausendmal vorformulierte Frage zu stellen nicht in der Lage war. Meine Angst vor dem Ende der Illusion war zu groß. Ich ahnte, daß ich chancenlos war und scheute mich davor, es zu wissen. Der Rest von Hoffnung, den die Ungewißheit mir ließ, genügte, um meine Träume zu nähren. Und die schienen mir das Sicherere und Beständigere zu sein.

Meine Chancen standen schon deshalb schlecht, weil mir das Selbstwertgefühl fehlte, das für zielstrebiges Handeln erforderlich ist. Reni war gleichaltrig mit mir, also älter, und ihre frühe Reife degradierte mich zum Kind. Eigne Vorzüge wußte ich mir, außer meiner Beständigkeit, keine zu nennen; und da Reni eine dunkelhaarige Schönheit war, die Aufsehen erregte, gab es genug wechselnde Mitbewerber, die alle den Vorzug hatten, erwachsener als ich zu sein. Hinzu kam, daß Reni aus einer für meine Begriffe reichen Familie stammte, was sich schon daran zeigte, daß diese kinderarm war. Die armen Köslings, bei uns im Parterre, mußten außer Hannes noch sechs Geschwister ernähren; in der Familie der Angebeteten dagegen gab es nur zwei: neben Reni nur Rita, die immer ihrer Blondheit entsprechend gekleidet wurde und nie das Abgelegte der Älteren trug. Die Mutter war jung und schön, nach der Mode frisiert und gekleidet und ihren Töchtern nicht nur Erzieherin und Ernährerin, sondern auch Spielkamerad. Vom Gartenzaun aus konnten Hannes und ich ein perfektes Familienidyll bewundern, das dem einer heutigen Werbefernsehfamilie entsprach. Krocket wurde gespielt, und Kindertennisschläger wurden geschwungen; bunte Bälle und Rollschuhe waren da; unterm Sonnenschirm wurde Kaffee getrunken; und bei sommerlichen Familienfesten strahlten am Abend die Lampions. Mein Bemühen um Reni konnte also als Drang nach Aufstieg in bessere Kreise mißdeutet werden, und deshalb nahm ich mir die Ablehnung jeder Einladung zum Krocket vor. Auf die Probe gestellt wurde die Festigkeit des Vorsatzes nicht. Einmal nur konnten Hannes und ich den Garten betreten, um Renis Mutter Blumenkübel tragen zu helfen. Anschließend aß Hannes Berge von Kuchen und stotterte mitleiderregend; ich saß verkrampft an der Kaffeetafel, bekam keinen Satz heraus und keinen Bissen herunter und wagte Reni nicht anzusehen. Vielleicht fürchtete ich, daß der Glanz der Schönheit mich hätte blenden können, vielleicht aber scheute ich nur die Nähe der Realität. Tatsache ist, daß in all den Jahren die überaus seltenen Annäherungen eine Dämpfung des Feuers zur Folge hatten, während Entfernung (durch Urlaubsreisen, Verschickungen, Krankheiten) die Flamme hoch auflodern ließ.

Heute will es mir scheinen, als hätte ich damals ein Ziel nur erfunden, um den Weg sinnvoll zu machen; denn auf diesen allein wohl kam es mir an. Es ging mir ums Lieben, nicht ums Geliebtwerden. Ich hätte Reni auch sagen können: Mach dir nichts draus, es geht dich nichts an. Eine Tarnkappe wünschte ich mir, um Reni, ohne ihr lästig zu werden, sehen zu können. Als Unsichtbarer wäre der Platz am Gartenzaun der richtige für mich gewesen; als sichtbarer Knabe war er qualvoll, weil ich wußte, mein Hinstarren störte; es war eine Sucht, gegen die es kein Mittel gab.

Zu Aktivitäten trieb es mich nicht; die diktierte mir nur meine männliche Rolle, und außerdem verlangte Hannes nach ihnen, den ich gezwungen hatte, Rita zu lieben, und der, um aushalten zu können, Erfolge brauchte. Er wurde ungeduldig, in höherem Alter sogar rebellisch, wenn er stundenlang mit mir darauf warten mußte, daß sich im Haus der Schwestern was regte und uns Hoffnung machte, daß die Mädchen bald das Haus verlassen würden, um im Garten zu spielen oder einkaufen zu gehen.

Unser Warteplatz, eine in der Straßenbiegung etwas zurückversetzte Litfaßsäule, war die einzige Stelle, von der aus sowohl die Gartenpforte als auch die straßenseitige Haustür beobachtet werden konnte. In Frost und Hitze harrten wir dort oft aus ohne Ergebnis, und nur das Aufflammen des Lichts beim Dunkelwerden war uns Hoffnungsstrahl für den nächsten Tag. Hatte unser Warten aber Erfolg, stritten wir über die Strategie, die befolgt werden sollte. Aus Angst vorm Lächerlich- oder Lästigwerden plädierte ich für ein Sehen ohne gesehen zu werden, Hannes dagegen für offensive Konfrontation. Gingen die Schwestern zum Beispiel, vom Garten kommend, über den Hof zum Buschkrug, war ich dafür, ihnen unauffällig zu folgen, um nicht eine Sekunde den Blick auf sie zu versäumen; Hannes aber wollte in Eile den Hof umrunden, sie an der Straßenbahnhaltestelle erwarten oder ihnen wie zufällig entgegengehen. Die Schwestern, die ihre Rolle schon gut beherrschten, blieben scheinbar von jeder dieser Varianten gleich unberührt. Sie taten, als merkten sie nichts von der Verfolgung, und wenn sie an uns vorübergehen mußten, hüteten sie sich vor jeder positiven oder negativen Reaktion. Waren wir blind für sie, waren sie es für uns; grüßten wir höflich, grüßten sie, eine Spur kühler, zurück. Nie zeigten sie, ob wir lästig oder willkommen waren. Alles blieb in der Waage und konnte deshalb auch dauern. Reni war stolz darauf, wie sie mir vierzig Jahre später erzählte, einen so treuen Verehrer zu haben, sonst aber unberührt. Ich aber wurde von Sehnsucht verzehrt – die ich ihrer Unregierbarkeit wegen fürchtete und verfluchte, aber auch genoß. Waren die Bäume des Hofes kahl, konnte ich von der Kammer aus Renis erleuchtete Fenster sehen. Blinkten an Sommerabenden die Lampions durch die Blätter, war mein Erlebnis am Fenster sicher viel reiner und reicher als das aller Teilnehmer am Fest. Die Bestätigung, die mir mein Werben versagte, fand ich in der Heftigkeit meiner Gefühle. Im Leben und Lieben, sagte ich mir, war ich zwar ein Versager, aber wer konnte so leiden wie ich.

Später, mit zwölf Jahren etwa, sprachen wir auch miteinander, meist morgens, zehn Minuten nach sieben, wenn Reni, um Schrippen zu holen, zum Bäcker ging. Ich lief eher los, als es mein Schulweg erforderte, traf sie an der Buschkrugecke und begleitete sie über den Hof zurück. Die Banalität unserer Gespräche machte mein Verhältnis zu ihr alltäglicher, und die Gefühlsspannungen lockerten sich. Die reale Reni, die von Kleidern schwärmte und um Schulzensuren bangte, zerstörte in aller Unschuld das Traumbild, das ich von ihr hatte, und förderte so durch Annäherung den Ablösungsprozeß. Hätte sie mir gefallen wollen, wäre sie wegen der unbesiegbaren Rivalität eines Phantasiegebildes zu bedauern gewesen; da ich ihr gleichgültig war, merkte sie von den Demolierungen, die sie anrichtete, nichts.

Die Ernüchterung, die ich nicht wahrhaben wollte, brauchte zu ihrer Reife noch Jahre, und obwohl es schon Kriegsjahre waren, wurden meine Gefühle in erster Linie durch diese Höhen und Tiefen bestimmt. Eine gemeinsame Radtour nach Grünau enttäuschte, weil die Schwestern meinen einsamen Badeplatz im Wald verschmähten und zu Musik und Eis-am-Stiel ins Strandbad drängten, wo der neue Badeanzug vorzuführen war. Das Schlittschuhlaufen auf dem Britzer Dorfteich zwischen Schloß und Kirche wurde für mich quälend, weil die hübschen Schwestern auf ihren Kunstlaufschlittschuhen Pirouetten drehten, während meine Eislaufkunst auf rostigen Kufen höchst bescheiden war. Im Ostseebad Misdroy, wo die Familie Sommerurlaub machte, erschienen eines Abends Hannes und ich als ungebetene Gäste. Da wir die Strecke in zweitägiger Fahrt mit dem Fahrrad zurückgelegt hatten, waren wir uns sicher, Bewunderung zu erregen, erzeugten aber bei den Eltern nichts als Sorgen und bei den Mädchen, die mit jungen Männern flirteten, Verlegenheit. Scham und Enttäuschung schmerzten so sehr, daß ich in dieser Nacht, die wir in einem kalten, schmutzigen Schuppen verbrachten, den Schwur ablegte, von Stund an stolz und abweisend zu sein. Wir brachen am frühen Morgen auch auf, ohne Abschied zu nehmen, doch schrieb ich am Mittag schon in Stettin eine Karte, auf der ich für die unliebsame Überraschung um Verzeihung bat.

Im Jahr meiner Kinderlandverschickung nährten ein Brief von Reni und die weite Entfernung wieder die große Erwartung, doch verging die wieder, als ich bei der Rückkehr statt des Kindes eine junge Dame traf. Die Straßenbahnschaffner und die Verkäufer sagten nun Sie und Fräulein, und ein Bruder von Hannes, der das silberne Verwundetenabzeichen und nur noch ein Bein hatte, erklärte bewundernd: die habe eine tolle Figur.

Die Kinderjahre über hatte ich sie nie weiter als vom Bäkker nach Hause begleitet, jetzt, da sie mir fremd geworden war, begleitete ich sie auf der langen Straßenbahnfahrt in die Stadt. Die 47 brauchte bis zum Hackeschen Markt eine Stunde, aber schon als wir nach 15 Minuten am Hermannplatz waren, war mein Gesprächsstoff erschöpft. Am Kottbusser Tor fiel mir ein, sie nach ihrer Schwester zu fragen; am Moritzplatz fragte sie mich, ob meine Mutter mich nicht vermissen würde; am Spittelmarkt gab sie die Hoffnung, von mir unterhalten zu werden, ganz auf. Stumm gingen wir die Große Hamburger Straße hinunter, sie feingemacht, mit Spitzenkragen und auffallendem Gürtel, ich im vielfach gestopften Pullover und kurzer Hose. In den Augen der Männer, die alle die Schöne begutachten mußten, war ich der kleine Bruder, der die Schwester bewacht. Der Abschied am Koppenplatz war erleichternd für beide, obwohl nicht gesagt wurde, daß er endgültig war.

In Renis Gegenwart war ich für die Straße wie blind gewesen; erst auf dem Rückweg bemerkte ich die ärmlich gekleideten Passanten, die gelbe Sterne auf Jacken und Mänteln trugen, und einen bleichen Jungen meines Alters, der an einem Parterrefenster stand. Auch er trug den Stern; sein Hemd war schmutzig; und da ihm eine Zigarette zwischen den Lippen klebte, sah er weniger mitleiderregend als unheimlich aus. Ich fürchtete, daß die Gezeichneten einen Normalen wie mich als Feind ansehen müßten, war deshalb froh, als ich den Hackeschen Markt wieder erreichte und mich in der Elektrischen meinem Schmerz widmen konnte, der im Tagebuch von 1941 Abschied von der Kindheit hieß.

Erst Jahre danach, als ich in dieser Gegend wohnte, erfuhr ich, daß ab 1942 die Berliner Juden in der Großen Hamburger Straße gesammelt und in den Osten abtransportiert worden waren, in ihren sicheren Tod.

HOHENFRIEDBERG UND GROSSBEEREN

Von den Zwangsmaßnahmen, die man Erziehung nennt, sind bei mir ohne Zweifel die familiären und kirchlichen früh von Einfluß gewesen; später wirkte, in geringerem Maße, die Schule, die HJ nie. Wohl war ich dort zeitweilig Mitglied, machte davon aber keinen Gebrauch.

Kurz bevor 1938 die Mitgliedschaft in der Hitlerjugend obligatorisch wurde, geriet ich durch meinen Freund Hannes hinein. Er war in seiner Volksschule geworben worden, und da er sich im Umgang mit anderen Leuten auf meine zwar bescheidene, aber doch stotterfreie Wortgewandtheit verlassen konnte, nahm er mich zu seinem ersten Heimabend mit. Der Keller mit Kerzenbeleuchtung hatte außer gekreuzten Reitersäbeln nichts Preußisches, obwohl der »Stamm« nach Friedrich dem Großen hieß. Das »Fähnlein« hieß Leuthen, Hohenfriedberg oder dergleichen, aber niemand erklärte, warum. An diesem Abend wurden Volks- und Wanderlieder gesungen und eine Wochenendfahrt vorbereitet, die nach Großbeeren führen sollte, mit Abkochen in Hordentöpfen und Übernachtung im Zelt. Ich glänzte durch Lieder-Kenntnisse und Fähigkeiten im Kartenlesen, und da die Anerkennung, die mir zuteil wurde, mich korrumpierte und die so nahe Erfüllung meiner Fahrten-Träume mich reizte, überraschte ich meine Mutter mit einer Eintrittserklärung, die sie nach längerem Widerstand unterschrieb. Sie drohte, mich mit den Problemen, die ich mir damit auflud, allein zu lassen, und sparte auch in der Folgezeit nicht mit Vorwürfen. Mein Vater mißbilligte zwar meine Entscheidung, schritt aber, seinen Prinzipien folgend, dagegen nicht ein.

Ursache meiner Dummheit war auch die Überzeugung, in der Familie benachteiligt zu werden. Meine Geschwister waren, als sie noch bei uns lebten, häufig auf Fahrt gewesen; jetzt durften sie in der Fremde wohnen, und auch mein Vater zog einmal im Jahr mit dem Rucksack los. Nur ich, so war mein ständiger Jammer, mußte immer am Ofen hocken und meiner Mutter Gesellschaft leisten, der das Zu-Hause-Bleiben Pflicht und, wie ich annahm, auch Freude war. Der Gedanke, mit den Eltern zusammen Reisen zu machen, lag außerhalb aller Möglichkeiten; und wäre ein solcher Vorschlag von ihnen gekommen, wäre er bei mir auf empörte Ablehnung gestoßen. Reisen war das Synonym für unabhängiges Leben, Reisen mit den Eltern also Paradoxie. Der Welt wollte ich als Einzelner gegenübertreten, als gehorsames Kind sollte mich niemand sehen.

Wenn ich als Zehnjähriger darüber klagte, daß ich Berlin nicht verlassen dürfte, unterschlug ich Zernsdorf, das märkische Klein-Kienitz und das pommersche Barth. Denn in Zernsdorf, wo wir seit 1934 ein Wochenendgrundstück hatten, war ich unter ständiger Aufsicht der Eltern; in Klein-Kienitz, wo Mutters Verwandte eine Land- und Gastwirtschaft hatten, lebte ich im Arbeitsrhythmus von Familie und

Gesinde; und in Barth, bei der Stiefmutter meiner Mutter, wurde mir das winzige Haus am Wall mit seinen dunklen Stuben zum Gefängnis, weil ich keinen Schritt allein tun durfte und Tag und Nacht in der Gesellschaft dreier depressiver alter Leute war. Am Bahnhof Britz in die Neukölln-Mittenwalder Kleinbahn oder am Stettiner Bahnhof in den D-Zug gesetzt und in Brusendorf oder Stralsund in Empfang genommen zu werden – das war es nicht, was ich unter Reisen verstand.

Früh hatte ich gelernt radzufahren, auf einem Vorkriegsmodell mit hohen Rädern, schmalen Reifen und Karbidlaterne, das ich nur auf den Pedalen stehend bewegen konnte, da der Sattel zu hoch für mich war. Für ein eignes Rad hatte ich lange sparen müssen. Die vier Mark neunzig der Münchner Tante waren der Grundstock gewesen; an meinem zehnten Geburtstag wurde der Rest dazugelegt. Nun konnte ich mir in der Chausseestraße für 86 Mark ein jahrelang bewundertes Tourenrad mit Ballonreifen kaufen, das mich in die Welt tragen sollte, und da ich allein noch nicht fahren durfte, erbarmte Wolfgang sich meiner und lud mich zu einer Radfahrt ein. Sein damaliger Wohnort, Königsberg in der Neumark, war mit einiger Mühe an einem Tag zu erreichen. Von dort aus brachen wir, mit zwei Zeltbahnen und zwei Decken versehen, nach Rügen auf. Leider kamen wir dort nie an, weil Manöver, die die Wälder durchtobten, uns nach Osten abdrängten und in einem Dorf am Stettiner Haff, wo wir in der Scheune schliefen, ein plattdeutsch redendes und schielendes Bauernmädchen Wolfgang zum Bleiben nötigte und mich als überflüssig empfand. Zwei Tage konnte ich diese Zurücksetzung ertragen, dann ließ ich mir vom Bruder das nötige Geld geben und fuhr mit der Bahn nach Haus.

Ähnlich erging es mir auf der Radfahrt mit Hannes. Eine seiner zahlreichen Schwestern, die in Heringsdorf als Kellnerin arbeitete, konnte uns nach der mißglückten Visite bei Reni Nachtlager, kostenlose Verpflegung und sogar einen

Strandkorb bieten, worauf Hannes meine asketische Wandervogelmentalität, die nach Unterwegssein drängte, für Blödsinn erklärte, nur am Strand liegen und Eis essen wollte und mich die geplante Tour allein fahren ließ. Obwohl ich das Geld für die Eisenbahnrückfahrt im Brustbeutel hatte, mich einsam fühlte und abends, bevor ich ein Nachtlager fand, ängstlich wurde, verfolgte ich verzweifelt, oft weinend, die vorgesehene Route, wehrte mich gegen den Gedanken, daß die Strapazen, da sie mir keinerlei Freude machten, doch sinnlos waren, und erfüllte die mir selbst auferlegte Pflicht. Aus diesen Erfahrungen Schlüsse zu ziehen, war mir vorläufig nicht möglich. Stets wiederholte sich die Enttäuschung darüber, daß andere, deren Gemeinschaft ich suchte, den Ernst und die Konsequenz, die ich verlangte, vermissen ließen; und wenn mir jemand die Wahrheit verkündet hätte, daß jede Gemeinsamkeit Kompromisse erfordert, hätte ich den einen Spießer genannt.

Die Enttäuschung, die ich mit dem Fähnlein Leuthen, Torgau oder Liegnitz erlebte, war anders und schlimmer. Der Anekdote nach, die meine Mutter später häufig erzählte, hatte meine Desertion aus Großbeeren und meine Aversion gegen die Pimpfe den Grund, daß man mich zum Kochkesseltragen verurteilt hatte. Doch traf das nur die Oberfläche der Sache, nur das, was ich zu Hause hatte erzählen können. Denn um das Entsetzen, das mich gepackt hatte, schildern zu können, waren die Worte nicht da.

Mit meinen Träumen vom Fahrtenleben hatte die Wochenendfahrt des Fähnleins mit dem friderizianischen Schlachtennamen überhaupt nichts zu tun. Es war keine Wanderung, sondern ein Marsch ins Manöver; nicht Vagantentum wurde gespielt, sondern Kasernenhof und Gefecht. Durch die Dörfer mußte im Gleichschritt marschiert werden; dauernd waren Kommandos zu hören; mal kamen imaginäre Panzer von vorn oder Flugzeuge von hinten, und man mußte sich in die Chausseegräben werfen; mal wurde ein Hügel erstürmt oder eine feindliche Stellung umgangen, und sogar nachts gab es Alarm. Verblüfft und erschreckt war ich darüber, daß die Befehle der wenigen Führer von den vielen Jungen auch ausgeführt wurden und daß keiner die Schimpfworte, mit denen er dauernd bedacht wurde, übelnahm. Ich wurde schon bei der Ankunft gedemütigt, als die zivile Redefloskel: Entschuldige bitte! Anstoß erregte und ein Führer, der mich nach dem Namen fragte, mir seinen nicht sagte, sondern erklärte: er sei nichts als der Jungenschaftsführer für mich. Den Kochkessel mußte ich stundenlang tragen, weil ich den Gleichschritt nicht halten konnte. Ich hüpfte angeblich, statt zu marschieren, mußte vor der gesamten Mannschaft, die lachen durfte, eine Sondervorführung meiner Unfähigkeit geben und kam dabei, obwohl ich mir Mühe gab, es richtig zu machen, und der Führer immer lauter sein: Links, zwei drei! brüllte, doch aus dem Takt. Mir fehlte der Ehrgeiz, dieser Art Anforderung zu genügen, und ich sträubte mich auch dagegen, ihn in mir aufkommen zu lassen, um mir nicht fremd zu werden und mich meiner schämen zu müssen. Ich durfte also nicht, wie der Führer befahl, mich in den Schmutz werfen und Liegestütze ausführen. Zwar hatte ich Angst, den Befehl zu verweigern; aber ich konnte einfach nicht anders handeln; die Grenze der Unterordnungsmöglichkeit war erreicht. Später nahm mich einer der verständigeren Führer beiseite und versuchte, mich von der Macht der Gewöhnung zu überzeugen; was ich vorgäbe, nicht zu können, könne doch jeder; jeder habe Einordnungs- und Anpassungsfähigkeit. Aber das beeindruckte mich wenig. Ich war nicht jeder. Und unter den vielen, die sich einordnen konnten, waren nicht die, die ich suchte und brauchte. Und deshalb gehörte ich dort nicht hin.

Der flexible Hannes hatte wenig Verständnis für meine Verzweiflung. Sie tun dir doch nichts, sie brüllen doch nur, sagte er stotternd, war aber bereit, meinem phantastischen Fluchtplan zu folgen, falls ich den sprachlichen Teil davon übernahm. Daß mir meine Lügengeschichte geglaubt wurde, ist unwahrscheinlich; da ich sie aber im Morgengrauen, als die Nachtübung zu Ende war, vorbrachte, waren die Führer zu müde, um nachzudenken, und ließen uns anstandslos ziehen. Hannes, so ging meine Geschichte, habe durch Boten von der achten Niederkunft seiner Mutter erfahren, und da sie in Lebensgefahr schwebe, müsse er schleunigst nach Hause, um sie noch einmal lebend zu sehen; meine Pflicht sei es, ihn zu begleiten, denn ihn habe die Angst, wie sein Stottern schon zeige, total verstört.

Dieser Abschied in Großbeeren war endgültig. Das Deutsche Jungvolk sah mich nie wieder, bedrohte mich aber noch jahrelang. Jungen in Uniform brachten »Befehle«, am Mittwoch zum »Dienst« zu kommen, und meine Mutter, die öffnen mußte, ließ den Führern Grüße bestellen und ausrichten, daß ihr Sohn leider nicht auf dem Posten oder verreist oder schulisch verhindert sei. Ich saß in der Kammer und wußte, daß zu der Angst anschließend die Vorwürfe kamen, die nicht geringer, sondern massiver wurden, als die HJ-Mitgliedschaft obligatorisch war. Statt von der Suppe, die ich mir eingebrockt hatte und allein auslöffeln sollte, war nun von Pflichtversäumnis die Rede. Denn eine Pflicht, die für alle galt, galt auch für mich. Die Drohung, mich mit diesem Problem allein zu lassen, hörte ich täglich; doch als ein amtlicher Brief mich in das Bannführerbüro bestellte, galt meiner Mutter erster Gedanke Dr. Jakoby, der, wenn er noch da wäre, helfen könnte; dann wandte sie sich, da der kranke Vater damit nicht belästigt werden durfte, um Hilfe an Karlheinz. Mein Bruder kannte aus dem katholischen Bildungszirkel, den er mit Freunden zusammen illegal aufgebaut hatte, eine Medizinstudentin, die im Praktikum Zugang zu ärztlichen Formularen und Stempeln hatte. Das Dienst-Untauglichkeits-Attest trug er selbst zum Bannführer. Ich mußte ihn nur begleiten, um meine immer vorhandene Magerkeit und Blässe zu zeigen; dann war ich für eine Ewigkeit, für ein Jahr nämlich, von dem Alpdruck befreit. Aber auch danach hörte ich nichts mehr vom Stamm oder Fähnlein. An die ruhende Mitgliedschaft wurde ich nur manchmal in der Schule erinnert, wenn die HJ-Zugehörigkeit registriert werden mußte und ich weder Bezeichnung noch Nummer der Organisation wußte, deren Mitglied ich angeblich war. Aber das waren nur Augenblicks-Peinlichkeiten; denn die Lehrer hatten andere Sorgen als diese, und bald verlor die HJ des Wohnorts sowieso an Bedeutung, weil die über die Schule laufende Organisierung und Kasernierung in Kinderlandverschickungslagern und Ernte- und Kriegseinsätzen begann.

WINNETOUS ERBEN

Meine erste Lektüre, an die ich mich erinnere, war eine gereimte Bildergeschichte, in der die Verse vorkamen: Doch im Walde da sind Wurzeln, worüber nun die beiden purzeln. Wenn mein Gedächtnis mich nicht täuscht, waren die beiden ein Page und eine Prinzessin, die sich in einem von Menschenfressern bewohnten Wald verlaufen. Neben den Grimmschen Märchen las meine Schwester mir auch idyllische von Matthiessen vor. Der Band hieß *Das alte Haus*, war auf rauhem, dickem Papier gedruckt und mit Zeichnungen versehen, die ich bunt auszumalen versuchte. Die Zwerge, Riesen, Kartoffelkönige, Uhrenmännchen und Hexen waren gutartig und freundlich, und es floß kein Tropfen Blut. Tränen dagegen flossen bei mir reichlich über die wechselnden Schicksale eines deutschen Pinocchio, der *Das hölzerne Bengele* hieß. Das erste Stück großer Literatur, das ich an jedem 24. Dezember hörte, die Geschichte von Christi Geburt aus dem Lukas-Evangelium, übte einen Zauber eigner Art auf mich aus, der nie verging, da sich von Jahr zu Jahr mehr von dem enthüllte, was erst dunkel geblieben war. Das Glück aber, in Literatur eigne Umwelt, eigne Innenwelt, sich selbst also wiederzufinden, begegnete mir zum erstenmal in einem Stück Prosa, das im Schullesebuch meiner Schwester stand. Da wurde von einem Wintermorgen erzählt, an dem ein Ich, ein Kind, durch ein Guckloch, das es in die Eisblumen der Fensterscheibe gehaucht hat, die von Schnee veränderte Umgebung beobachtet: schlitternde Nachbarskinder, schneefegende Straßenkehrer, die vermummte Milchfrau, die weißen Atemwolken der Pferde – reine Beschreibung also, die aber im Leser wunderbarerweise Gefühle weckt, von denen im Text nicht die Rede ist. Das Lesestück stand rechts oben und war etwa eine dreiviertel Seite lang.

In meinem ersten Schuljahr muß das gewesen sein. Im selben Jahr noch verfiel ich vollständig einem Autor, der sich mit so kurzen Stücken nicht abgab, einem Lang- und Vielschreiber, dessen noch immer anhaltende Wirkung auch seinen Verächtern ein Rätsel ist. Von 1933 bis in die ersten Kriegsjahre hinein lebte ich lesend in einer Welt, die den Vorzug hatte, meiner in keiner Weise zu gleichen, in einer Welt der Freiheit, die Schul- und Uniformzwang nicht kannte, die geographisch vielgestaltig und moralisch eindeutig war, in der den Schurken das Böse vom Gesicht abgelesen werden konnte und das Gute stets siegreich blieb. Es war die Welt Karl Mays.

Die Ausgabe des Karl-May-Verlages in Radebeul (nur diese kannte ich) hatte 65 Bände, und es trieb mich dazu, sie alle zu lesen, was mit Hilfe einer privaten Leihbücherei in der Britzer Hannemannstraße leicht möglich war. So süchtig war ich danach, daß ich schon auf dem Heimweg, an der langen Krankenhausmauer vorbei, zu lesen begann, mich im Akazienwäldchen auf eine Parkbank setzte und erst in der Dämmerung wieder zu Hause war, wo meine Mutter, der Lesen als Luxus galt, mich mit Aufträgen wie Kohlen-aus-dem-Keller-Holen oder Mülleimer-Runtertragen störte und mir immer wieder die quälende Frage stellte, ob ich mit den

Schularbeiten schon fertig sei. Frühes Zu-Bett-Gehen war also, wenn ein neuer Band in meiner Hand war, eine Freude für mich; und wenn die Lampe gelöscht werden mußte, las ich unter der Decke weiter, bei Taschenlampenlicht.

Jeder der grünen Halbleinenbände mit farbigem Deckelbild hatte etwa 400 Seiten. Mehr als 25 000 May-Seiten habe ich also, wiederholte Lektüre nicht gerechnet, damals gelesen, darunter für mich so langweilige wie die Gedichte, das verlogene *Ich* und die mir unverständlichen symbolistischen Romane, mit denen der Autor in die Weltliteratur einzugehen gehofft hatte: eine kindliche Leistung, die mich mit Schauder erfüllt, wenn ich bedenke, daß eigentlich ein Buch es nur war, das ich wirklich liebte und wieder und wieder las: *Winnetou* 1. Band, eine Art Bildungsroman, den man auch als eine Parodie auf einen solchen lesen könnte, da der zu Bildende die Bildner in jeder Hinsicht übertrifft.

Die Omnipotenz der Ich-Gestalt, mit der der asoziale Kleinbürger May seine Komplexe abreagierte, hatte es mir, der ich mit ohnmächtiger Angst einer dunklen Zukunft entgegensah, sicher in erster Linie angetan. Der sächsische Märchenerzähler suggerierte die Kraft, jeder Gefahr trotzen zu können, und nährte den Glauben, daß letztendlich Gerechtigkeit triumphiert. Er half mir, die Isolierung, in der ich lebte, zu ertragen, trug aber auch dazu bei, mich tiefer in diese zu führen. Denn nie konnte ich meine ausschließliche Liebe zu ihm mit jemandem teilen. Er galt auch damals schon weithin als unzeitgemäß und altmodisch; seine Landschaftsschilderungen langweilten, sein christliches Moralisieren wirkte lächerlich. Man las Rolf Torring, Billy Jenkins, William Tex oder Kriegsbücher über Kampfflieger und U-Boot-Fahrer. Von denen blieb ich weitgehend verschont.

Das Rätsel, das Literaturwirkung aufgibt, wird mir beim Rückblick auf meinen Karl-May-Enthusiasmus noch rätselhafter. Nachhaltigen Einfluß scheinen die vielen tausend Seiten nicht ausgeübt zu haben. Was da an kleinbürgerlichem

Ressentiment, an kuriosen Rassenvorurteilen und bismarckdeutschem Nationalismus auch drinstecken mag: es scheint mich nicht infiziert, eher immunisiert zu haben gegen großdeutschen Nationalismus und brutalen Rassismus. Sollte die, nach Arno Schmidt, das gesamte Werk latent durchsetzende Homosexualität ihre Samen in mich geworfen haben: aufgegangen sind sie nicht. Von ihrer Flucht- und Schutzfunktion abgesehen, wäre diese enorme Leseanstrengung gänzlich wirkungslos geblieben, wenn sie nicht ihren Wert in sich selbst gehabt hätte, als Übung und als Erlebnis der Vervielfältigung des Ich, das nach Wiederholung drängte, auch als Karl May längst abgetan war.

An diesem Sonderfall der deutschen Literatur, an diesem Prototyp eines Literaten, der viele Züge eines solchen als Zerrbild zeigt, habe ich lesen gelernt, im schulmäßigen und im literarischen Sinn. Die ersten Seiten im *Winnetou* waren die ersten Buchseiten, die ich allein las. Mit vielen Fremdwörtern, fremden Namen und Begriffen war das der richtige Stoff für Lernanfänger nicht; aber literarisch war es eine gute Schule, eben weil sie Schwierigkeiten bot. Ich lernte, daß Lesen nicht so einfach ist wie Kuchenessen und daß Vergnügen sich dabei erst einstellt, wenn man sich darum bemüht. Die wichtigste Erkenntnis aber war, daß den Göttern, die wir uns zum Anbeten erschaffen, die Zeit bemessen ist, daß sie, wie alles, altern und vergehen und deshalb Wachsamkeit und Skepsis nötig sind.

Die Mehrzahl meiner Karl-May-Jahre waren solche mühsamer Abwehr der Kritik an ihm, aus der langsam kritische Abkehr wurde. Als ich auf dem Höhepunkt der Verehrung erfuhr, daß sein Selbsterlebtes in Wahrheit Erlogenes war, entsetzte mich das, sofort aber pries ich die Stärke seiner Phantasie. Im inneren Kampf gegen die Argumente seiner Verleumder entdeckte ich den Nutzen von Sekundärliteratur. Um Mittel zu seiner Verteidigung zu finden, prüfte ich seine geographisch-historischen Angaben nach, behauptete, meine Erdkunde- und Geschichtskenntnisse vorwiegend von ihm zu haben und rühmte mein Wissen über die Wüsten und Flüsse Neu-Mexikos, über Juarez und Maximilian, den Alten Dessauer oder die heiligen Stätten des Islam. Schon fand ich es lächerlich, daß sich fast jeder seiner Helden als Deutscher, meist sogar Sachse, entpuppte; schon las ich Cooper und glaubte feststellen zu können, daß May ihn ausgeschlachtet hatte; schon ärgerte ich mich über die Unfehlbarkeit des Helden, verfluchte ständige Wiederholungen, fand aber immer ein Trotzdem – bis eines Tages auch das wegfiel und die Schule der Kritik am Ende war. Ein Idol war gestürzt; seine Trümmer blieben als Mahnmale erhalten – und begannen erst Jahrzehnte später wieder mich zu interessieren, nicht als Reminiszenz einer Jugendbegeisterung, sondern als literatursoziologisches Phänomen.

Mein Verhältnis zur fiktiven Literatur blieb damals eine Weile gestört. Ich versuchte noch, Karl May über seinen Tod in mir hinaus die Treue zu halten, indem ich mich mit Kultur und Geschichte der nordamerikanischen Indianer beschäftigte, wobei mein erstes schriftstellerisches Produkt entstand: die Beschreibung der Indianerschlacht bei Tippecanoe im Jahre 1811. Dann aber war auch dieses Interesse erloschen, die 15 bis 20 May-Bände, die ich besaß, wurden zu den Kinderbüchern in die hintere Regalreihe verbannt, und die hölzernen Tomahawks und Kalumets endeten in der Spielzeugkiste im Keller. Ich wollte sie aus den Augen haben, um nicht ständig an die letzte Kindheitsenttäuschung erinnert zu werden: an das Ende einer Blutsbrüderschaft.

Den *Winnetou* hatte ich nämlich nicht nur wieder und wieder gelesen, ich hatte ihn auch in endloser Wiederholung gespielt. Ich *war* der edle Apache mit dem leichten Bronzehauch auf der Haut, *mir* fiel das blauschwarz glänzende Haar über die Schultern, ich spürte sein schnelles Pferd unter mir, wenn ich über Prärien jagte; und Hannes, der kein Buch las, aber ein aufmerksamer Zuhörer war, mußte, so gut er es konnte, Old Shatterhand sein. Um ihn zu motivieren, wurden ihm erst Abenteuer ausführlich und möglichst spannend erzählt, ihm die Requisiten, wie Lassos, Friedenspfeifen und Medizinbeutel, erläutert und ihn dann, was mir das wichtigste war, die Dialoge gelehrt. Wenn wir bei Regenwetter auf den Stufen vor der Haustür saßen oder unsere stundenlangen Stadtwanderungen zum Hermannplatz unternahmen, wo Rolltreppenfahren bei Karstadt unser Vergnügen war, wurde die Anrede in der dritten Person geübt, unsere Jagdgründe wurden mit sprechenden Ortsnamen ausgestattet und bildliche Zeitbestimmungen entworfen, so daß Hannes sagen konnte: Old Shatterhand erwartet seinen roten Bruder im Tal des Todes, wenn die Schatten der Akazien auf dem Pfad des Feuerrosses liegen – wobei mit letzterem die Straßenbahnschienen gemeint waren, auf denen die 6 ihren Südring fuhr.

Unsere Jagdgründe befanden sich am nördlichen Rand des Akazienwäldchens, dem Krankenhaus gegenüber, da wo heute die zweite Fahrbahn der Silbersteinstraße (des früheren Stubenrauchrings) verläuft. Des künftigen Straßenbaus wegen hatte man hier einen Streifen Wald in den Park nicht miteinbezogen, so daß eine Wildnis entstanden war, die unsere heiligen Handlungen vor entweihenden Blicken verbarg. Mit echtem Blut, das mit Hilfe einer Stecknadel aus den Fingern gepreßt worden war, hatten wir hier unsere Blutsbrüderschaft besiegelt, sonst aber ging es bei unseren Nachschöpfungen mehr symbolisch als realistisch zu. Requisiten waren nur wenige nötig, die wurden durch Gesten ersetzt. Die Hand, die ihn hält, bezeichnet den Zügel; das Lasso ist da, wenn man es schwingt; der Feind liegt am Boden, wenn man ihn auffordert, sich zu erheben, und die eignen Schritte treiben die Pferde vom Trab zum Galopp.

Die Ritte und Kämpfe, die Gefangenenbefreiungen und das Gefangenwerden waren aber nur dazu da, um Hannes bei Laune zu halten; mir waren sie nur Anlaß für das darauf folgende Ritual: das würdevolle Schreiten zum Beratungsfeuer, das Aufrechtsitzen mit gekreuzten Beinen, das lange Schweigen, der Rauch der Friedenspfeife, der feierlich in die vier Himmelsrichtungen geblasen wurde, und dann die Reden, die immer mit Erinnerungen an die Zeit begannen, da die Büffel noch in riesigen Herden über die Prärie zogen und die ersten Bleichgesichter, die krank und hungrig übers große Wasser kamen, von den Söhnen Manitous bewirtet wurden. Auch Hannes alias Old Shatterhand, ein Bleichgesicht und trotzdem Freund des Roten Mannes, mußte reden; der jeweils Nichtredende mußte das erstaunte Uff! Uff! und das zustimmende Howg! des indianischen Volkes intonieren; und alles mußte ganz ernst geschehen; denn mit der leisesten Heiterkeit oder gar Albernheit war der Zauber dahin. Das Stottern des Freundes (das übrigens, wenn er in seiner Rolle ganz aufging, sich besserte) störte mich wenig, viel mehr dagegen seine Unbeherrschtheit und mangelnde Konzentration. Er brachte es fertig, mich am Lagerfeuer mit du anzureden, sich seiner sauren Drops zu erinnern oder in Panik zu geraten, weil er zwischen Ameisen saß. Obwohl er wußte, daß er mich damit kränkte und zum Abbruch des Spiels provozierte, passierte ihm solche Fehlleistung immer wieder, mit wachsendem Alter häufiger; und als er es nicht mehr für nötig hielt, Abbitte dafür zu leisten, ahnte ich kommenden Verrat.

Wir waren seit unserer frühesten Kindheit befreundet gewesen. Trennungen hatte es zwei gegeben. Mit 12 Jahren war Hannes auf die Napola nach Neuzelle geschickt worden, aber nach wenigen Monaten wiedergekommen: sie wollten ihn nicht, seines Stotterns wegen. Ich war für ein Jahr zur Kinderlandverschickung gefahren. Danach hatten wir schnell wieder zueinander gefunden, obwohl manches verändert war. Unsere Wild-West-Wildnis zwischen Park und Straßenbahnschienen hatte sich in dem Jahr meiner Abwesenheit, wie mir schien, verkleinert; das Gesicht meines Freundes war picklig, seine Gestalt kräftig, seine Stimme brüchig geworden, und sein Stottern hatte sich etwas gelegt. Das Indianerspiel fand er unserm Alter nicht mehr entsprechend. Auch für mich hatte es an Zauber verloren, aber ich konnte von der Flucht in die Verwandlung nicht lassen und brachte auch Hannes dazu, wieder mein weißer Bruder zu sein.

Die Katastrophe kam unverhofft. Nach unkonzentriertem Spiel durch meine Ermahnung gereizt, erklärte er plötzlich: er habe es satt, nur gegen nicht-existierende Feinde zu kämpfen; nun sei er der Apache und ich der Komantschenhäuptling Stinkende Socke, den er zum Zweikampf fordere. Und ehe ich protestieren konnte, drang er schon auf mich ein. Ich spürte, daß das kein Spiel mehr war, und mußte mich wehren. Lange rangen wir miteinander, und als ich unter ihm auf dem Boden lag, schlug er in wortloser Wut auf mich ein, als wollte er meine zehnjährige Herrschaft über ihn rächen. Die Furcht, die ich vor ihm hatte, wich der Trauer, als er mir anschließend den Sand von den Hosen klopfte und mir sein Taschentuch reichte, mit dem ich mir das Blut von den Lippen wischte. Ich ahnte, daß er diese Entladung gebraucht hatte, und konnte ihm den unkontrollierten Brutalitätsausbruch vergeben, nicht aber die Stinkende Socke, die eine bewußte Tabuverletzung gewesen war.

Mit unserer Freundschaft war es damit vorbei. Trafen wir uns auf der Straße, redeten wir zwar miteinander, aber so wie zwei Leute, die sich ihrer gemeinsamen Vergangenheit schämen. Zum letztenmal sahen wir uns bei seiner Konfirmation. Er trank Bier und erzählte, daß er als Schiffsjunge zur Handelsmarine ginge. 1944, als unser Haus schon in Trümmern lag, erschien er eines Abends bei meiner Mutter, um nach dem Verbleib seiner Eltern zu fragen. Im Morgengrauen ging er, den großen Seesack geschultert, zur Bahn. Er mußte nach Kiel. Freiwillig hatte er sich zur Kriegsmarine gemeldet. Ich habe ihn nie wieder gesehen.

NON SCHOLAE, SED MORTI DISCIMUS

Die Nachricht vom Kriegsbeginn, die meine Mutter beim Verlassen des Reformhauses aus dem Munde einer Frau Knautschke hörte, löste in ihr verschiedenartige Reaktionen aus. Sie sagte zu mir, während sie mich heftig umarmte: Gottseidank bist du noch klein; du wenigstens bleibst mir erhalten; dann aber ließ sie mich stehen und lief in den Laden zurück, um neben größeren Mengen von Heilerde, die meines Vaters Magen kurieren sollte, noch soviel Eß- und Trinkbares wie möglich zu kaufen. Es ist ja kein Hamstern, sagte sie auf dem Heimweg, wenn man für seine Familie sorgt! Ihre Kriegserfahrung lag schließlich erst 20 Jahre zurück.

Ich hatte genug vom Kriege gehört, um die Tragweite der Nachricht begreifen zu können, blieb aber unberührt. Ich wartete darauf, daß die Angst meiner Mutter auch mich erreichte, und wunderte mich darüber, daß gar nichts verändert war. In Polen wurde zerstört und getötet, hier aber kreischte die Straßenbahn wie eh und je in der Kurve; vor Wentorffs Trinkhalle zeichneten Mädchen mit Kreide Hopsefelder aufs Pflaster; und der Kohlenhändler auf der anderen Ecke setzte seine selbstkonstruierte Holzhack-Maschine in Gang, ein gefährliches Fallbeil, dem schon mancher Finger zum Opfer gefallen war. Niemand jubelte oder schwenkte Fahnen, niemand ließ Zorn oder Verzweiflung sichtbar werden; der Krieg, der im Radio stattfand, schien unser Alltagsleben nicht zu berühren. Statt der Angst empfand ich eine leise Enttäuschung: nicht einmal die Schule fiel aus.

Da der Übergang zur Mühsal des Kriegsalltags psychologisch und praktisch schon vorbereitet war und allmählich erfolgte, fiel er nicht sonderlich schwer. Die Verdunklung der Wohnräume, die schon oft geübt worden war (im September 1937 hatte Berlin schon eine Woche lang probeweise im Dunkeln gelegen), wurde bald zur Routine, und auch an die unbeleuchteten Straßen am Abend gewöhnte man sich. Daß der private Autoverkehr aufhörte, war für Nicht-Autobesitzer eher ein Grund zur Freude; auf meinen Radfahrten hatte ich nun die Landstraßen und auch die Autobahnen für mich. Die Luftschutzkeller waren im Zuge der Kriegsvorbereitungen schon lange fertiggestellt worden, und auf den entrümpelten Hausböden standen Feuerpatschen und Sandsäcke bereit. Die Rationierung von Lebensmitteln und Kohlen war schon vor Kriegsbeginn eingeführt worden. Butter, über deren gesundheitsmindernde Wirkung man laufend aufgeklärt wurde, war schon lange knapp gewesen; und da man das Viertelpfund Margarine pro Person und Woche und die 80 Gramm Butter zu unveränderten Preisen tatsächlich auch kaufen konnte, waren die Sorgen mit der Ernährung (besonders wenn man so sparsam und fleischarm wie wir gelebt hatte) vorläufig nicht groß. Südfrüchte und Schokolade, die völlig fehlten, hatten wir auch vorher kaum kaufen können; und ein Leben ohne Kaffee zu führen, fiel nur meiner Mutter schwer. Wichtiger als das Portemonnaie wurde beim Einkauf nun die Karten-Mappe mit der blauen Reichsfleisch-, der hellblauen Reichsmilch-, der gelben Reichsfett-, der roten Reichsbrot- und der braunen Reichsseifenkarte; und die Tauschgeschäfte, die man machte, weil man die volle Zucker- oder Seife-Ration gar nicht brauchte, nahm man in dieser Zeit nicht in Naturalien, sondern in Kartenabschnitten vor.

Während in Polen die ersten Massenerschießungen und Deportationen begannen, führte ich mein inneres Leben mit Reni und Winnetou weiter und war von der geringen Kriegseinwirkung auf meinen Alltag enttäuscht. Denn der Schulunterricht erlitt kaum Unterbrechungen, er wurde in der Folgezeit nur mehr und mehr reduziert. Erst wurde viel Zeit für Siegesfeiern und Führerreden benötigt; dann mußte der durch nächtliche Fliegeralarme versäumte Schlaf nachgeholt werden; und schließlich wurde das Lernen auf die Zeit nach dem Endsieg verschoben; die Schüler wurden anderweitig gebraucht. Die Schule mit ihren gefestigten Traditionen erwies sich als die beste Zwangsorganisation der Jugend. Wie vorher die Reichswehr über ihre Konkurrentin, die SA, siegte die Schule über die ihre, die Hitlerjugend; das heißt, sie übernahm deren Rolle mit. Daß sie sich teilweise in dem Bewußtsein mißbrauchen ließ, nicht Hitler, sondern Deutschland zu dienen, ändert an ihrer Mitschuld nichts. Die Mentalität mancher Lehrer fand ich später bei Offizieren der Wehrmacht wieder. Man hatte für die Partei nur abfällige Worte, hielt Hitler für einen Dilettanten, einen Hochstapler oder einen Esel und glaubte doch, ihm folgen zu müssen, weil mit ihm, dem legalen Staatsoberhaupt, die Existenz des Vaterlands stand oder fiel.

Zu Beginn der dreißiger Jahre hatte es in Neukölln drei Oberschulen gegeben, deren Programm ihren Namen entsprach: die linksorientierte *Karl-Marx-Schule*, die liberale *Walther-Rathenau-Schule* und die nach Albrecht Dürer benannte, die 1933 als einzige ihren Namen und ihren Lehrkörper hatte behalten können, da sie deutschnational orientiert war. Ich hatte nach der katholischen Volksschule zwei Jahre an der idyllisch an Dorfteich und -kirche gelegenen *Britzer Realschule* verbracht und war erst 1939 an die ADO genannte *Albrecht-Dürer-Schule* gekommen, die schon ein Jahr vor dem Kriege ein kriegsbedingtes Provisorium gewesen war. Ihr 1907, in ihrem Gründungsjahr, gebautes Haus in der Emser Straße hatte sie 1938 räumen müssen, da es Speers monumentaler Neuplanung Berlins im Wege gewesen war. Als es zu dieser nicht kam, war eine Luftschutzbehörde dort eingezogen, und die Schule hatte sich mit einem kleineren Gebäude am Richardplatz (der ehemaligen Böhmisch-Rixdorfer Dorfstraße) begnügen müssen – das 1944 den Bomben zum Opfer fiel. Die zu geringe Zahl der Klassenräume machte den Unterricht in zwei Schichten nötig, und da eine Aula fehlte, mußten die Siegesfeiern in der Turnhalle stattfinden, wo man in schlechter Luft dichtgedrängt stehen mußte, wenn mit erhobenem Arm die zwei Hymnen gesungen wurden und der ergraute Oberstudiendirektor Dr. Sachrow in strammer Haltung seine knappen vaterländischen Reden hielt. Da er Hitler und seine Partei dabei auszusparen liebte, werden seine patriotischen Appelle sich wohl kaum von denen unterschieden haben, die er seit Jahrzehnten schon in Feierstunden wie Armeebefehle ausgegeben hatte; sie waren aber nie so aktuell gewesen wie in diesen seinen letzten Jahren, in denen sich das süße, ehrenvolle Sterben am Altar des Vaterlandes für seine Schüler so leicht realisieren ließ. Der erste ADO-Heldentote wurde wie einer von Thermopylae gefeiert; die vielen weiteren mußten sich mit einem Platz auf der Ehrenliste begnügen, die Dr. Sachrow auf der Jahresfeier der Schule verlas.

Diese Schulfeier war überraschenderweise nicht Albrecht Dürer, sondern Schiller und Luther gewidmet und fand demzufolge am 10. November, an Schillers und Luthers Geburtstag statt. Die Arbeit von Chor und Orchester war das ganze Jahr auf diesen Tag ausgerichtet. *Ein feste Burg ist unser Gott* und *Wohl auf, Kameraden, aufs Pferd, aufs Pferd* wurden vielstimmig gesungen; die besten Rezitatoren der unteren Klassen konnten mit der *Bürgschaft* oder dem *Handschuh* glänzen; und die Älteren mußten die Kurzfassung eines Schillerschen Dramas aufführen, wobei es für die Darsteller der Weiblichkeiten den heftigsten Beifall gab. In der Festrede wurde immer wieder bewiesen, daß die Deutschen ihren Existenzkampf im Sinne dieser Geistesheroen führten; und zum Schluß wurde die Schulhymne gesungen, die der ADO-Marsch hieß. Er begann mit den Worten: Wir stehen fest und treu zusammen! und schloß jubelnd mit der sich auf froh reimenden Zeile: Wir alle von der ADO!

Dr. Sachrow, den wir als Lehrenden nur in Vertretungsstunden erlebten, hatte den Residenzstadt-Tick. Seine Lektionen, die Musterbeispiele methodischen Aufbaus waren, hatten immer Berlin zum Thema, aber nicht das gegenwärtige oder das der zwanziger Jahre, sondern das der hohenzollernschen Herrscher, die er alle mit Namen und Daten, mit Stärken und Schwächen im Kopfe hatte, was mich belustigte, mir aber auch imponierte, weshalb ich die wenigen Stunden bei ihm auch besser erinnere als die vielen der anderen Lehrer – von Ausnahmen abgesehen. Methodisch korrekt vom Vertrauten ausgehend (allerdings in dem Irrtum befangen, daß wir das uns Nahe auch sahen), begann er, unser Oberflächenwissen über das Böhmische Dorf, in dem wir saßen, oder über den Gensdarmenmarkt aus uns herauszufragen, kam von den Böhmischen Brüdern auf die Hussiten und die Reformation und auf Friedrich Wilhelm I., der nicht weit von der Schule sein Denkmal hatte, vom Regiment Gensdarm auf die friderizianischen Kriege, vom französischen Dom auf die Hugenotten und, über Achard, auf den Rübenzucker – und hatte am Ende, als Lektionsziel, bewiesen, daß Hohenzollern-Residenz zu sein immer bedeutet hatte, ökonomisch, sozial und militärisch an der Spitze zu sein. Da nach seiner Meinung Jahreszahlen das stützende Gerippe des Geschichtsbewußtseins waren, hatte er, etwas gewaltsam manchmal, Reihungen erfunden, die das Lernen leichter machen sollten, wie die Vierzigerreihe beispielsweise, die mit 1140, sprich: elf-vierzig (Albrecht der Bär), begann, sich etwas ungenau mit 1240 (erste Erwähnung Berlins), 1340 (Schwarzer Tod in Deutschland), 1440 (Friedrich der Eiserne) und 1540 (Reformation in der Mark) fortsetzte, mit den preußischen Thronbesteigungen von 1640, 1740, 1840 richtig in Gang kam, um dann überraschend, das Große unserer Zeit bekundend, mit 1940 zu schließen: Rache für Versailles.

Als echte Nazis, von denen man witzig sagte, daß sie auch am Nachthemd das Parteiabzeichen trügen, galt der Direktor-Stellvertreter, der mich, mit Recht, als faulen Hund beschimpfte, und der Musiklehrer, der mit uns *Deutschland, heiliges Wort* und *Morgensonne lächelt auf mein Land* einübte und mir den Lieblingskomponisten des Führers, Richard Wagner, für alle Zeiten verdarb. Kein Nazi war der Geschichtslehrer, der mindestens einmal in jeder Stunde einen Satz mit den Worten: »Als ich an der Spitze meiner Kompanie...« einleitete. Er gab sich so unpolitisch wie das Gros der Lehrer, was nicht ausschloß, daß sie alle die vorgeschriebene Rassenkunde lehrten, in Mathematik mit ballistischen Problemen und mit Truppenstärken operierten und auch in Diktaten die Soldaten durch die Stadt marschieren ließen. Erfrischend waren einige Außenseiter, der Papa genannte Herr Heine zum Beispiel, der gegen Konformität und Härte dadurch demonstrierte, daß er Strohhüte, breite Krawatten in schreienden Farben und weiße Jacketts mit Blumen im Knopfloch bevorzugte und nicht wie andere Lehrer Spaß am Schlagen oder Kneifen hatte, sondern eher etwas zärtlich war.

Ein kritischer Kopf war der Referendar oder Assessor Krättge, ein junger Mann mit starker Brille, hoher Stirn und wirren Haaren, der bei uns Deutschunterricht gab. Der war vielleicht ein schlechter Pädagoge, weil er oft satirisch wurde und allzu deutlich seinen Widerwillen gegen geistig träge Schüler zeigte, aber sein Literatur-Enthusiasmus riß die weniger Trägen mit. Paul Schulz prophezeite er ein schwieriges Leben, da die Normalen Genies nicht ertragen könnten; der lange Sturm bekam oft den klassischen Vers: »Hört ihr's wimmern hoch vom Turm ...« zu hören; wenn Kohlhaase rezitierte, malte Krättge eine große Null an die Tafel; und meine Faulheit wurde von ihm mit der Intimbemerkung geahndet: wer schon morgens um sieben beim Bäcker (über dem Krättge wohnte) dem schönsten Mädchen von Britz auflauere, dem bleibe natürlich für Geistiges keine Zeit.

Zwei Drittel der Klasse haßten und fürchteten Krättge; die

anderen liebten ihn nicht gerade, aber sie mochten, daß er sie forderte und keine Nachbeterei wollte. Bei ihm habe ich gelernt, über das Erzählen nachzudenken. Sein Grundsatz wurde mir wichtig, daß beim Nacherzählen von *Der Traum ein Leben* oder der *Jungfrau von Orleans* keine Boten vorkommen dürfen. Bei der detaillierten Beschreibung eines tropfenden Wasserhahns und bei einer Geschichte, zu der die *Brücke von Arles* eine Illustration hätte sein können, habe ich zum erstenmal schulischen Ehrgeiz entwickelt. Er ließ uns freie Aufsätze zu phantastischen Titeln schreiben, mitten im Kriege Meyers *Friede auf Erden* lernen, wobei der »ew'ge Glaube, daß der Schwache nicht zum Raube jeder frechen Mordgebärde werde fallen allezeit« im Mittelpunkt stand, und Krättge das kommende Reich der Gerechtigkeit, »das den Frieden sucht der Erde«, sehr deutlich gegen das momentane stellte, das immer neue Kriegsschauplätze suchte und fand. Dem *Tod im Ährenfeld*, wo ein Soldat »zwei Tage schon, zwei Nächte schon, mit schweren Wunden, unverbunden« liegt, nahm seine Interpretation alles Idyllische, und die Folter-Ballade *Die Füße im Feuer* gab ihm Anlaß, über die mörderische Verfolgung Andersdenkender so zu reden, als seien nicht nur die Hugenottenkriege gemeint. Sein Glanzstück aber war die wie improvisiert wirkende Lektion über das Hitler-Wort: Ihr seid die Garanten der Zukunft! – wir, die Jungen nämlich, die in dieser ganz auf Ironie gestellten Stunde viel zu lachen hatten, hauptsächlich auf Kosten des Führers, teilweise aber auch auf unsere. Denn eine Zukunft, die wir geistig Armen und Trüben garantierten, konnte auch nur arm und trübe sein. Bei ihm mußten wir noch 1942 den *Wilhelm Tell* mit verteilten Rollen lesen, obwohl dessen Behandlung in der Schule schon ein Jahr zuvor von Hitler untersagt worden war.

Im Herbst 1944 traf ich den noch sehschwächer gewordenen Assessor in einer Kaserne in Neuruppin wieder, in genauso schäbiges Grau gekleidet wie ich. Er duzte mich; ich sagte Herr Krättge zu ihm, was er nicht dulden wollte: Arme Schweine sind wir doch beide! Aber mir war die erzwungene Gleichheit so peinlich, daß ich seine Einladung in die Kantine ausschlug; und da ich am nächsten Tag schon weiterverfrachtet wurde, verpaßte ich die Gelegenheit, ihm zu sagen, was er bedeutet hatte für mich.

Noch wichtiger als Assessor Krättge wurde für mich ein Dr. Neumann; doch geschah das erst später und gehört in ein anderes Kapitel. Jetzt muß erst über das Jahr 1940 berichtet werden, in dem die Luftangriffe auf Berlin begannen und 135 Schüler der *Albrecht-Dürer-Oberrealschule* für Jungen in ein Kinderlandverschickungslager fuhren, das in einer luftverschmutzten Industriestadt lag. Sie fuhren nach Osten, wo in dieser Zeit die Vernichtungslager entstanden, eines davon, Auschwitz, nur eine Tagestour von dem Kinderlager entfernt. Sie blieben zehn Monate. Als sie wieder nach Hause kamen, wo jetzt erst die Luftangriffe gefährlich zu werden begannen, hatten sie zwar auch ein wenig Schulwissen, hauptsächlich aber Marschieren, Bettenbauen und Gehorchen gelernt. Sieht man vom Waffengebrauch ab, war ihre militärische Ausbildung fast schon perfekt.

ANPASSUNGSVERSUCHE

»Mittwoch, 27. 11. 1940: Um 8 Uhr 45 fuhren wir vom Görlitzer Bahnhof los. Die Fahrt war sehr gemütlich. Ein großes Erlebnis war es für uns, die erste unverdunkelte Stadt zu sehen. Die Leuchtreklamen und die hellen Straßenbeleuchtungen machten auf uns einen großen Eindruck. Auf dem Kattowitzer Hauptbahnhof wurden wir von der H.J. empfangen. In der Jugendherberge bekamen wir noch etwas zu essen. Dann gingen wir ins Bett.«

Mit dieser Eintragung in Sütterlinschrift beginnt ein Tagebuch, das drei Kladden füllt. Über jeden der 286 Tage der sogenannten Kinderlandverschickung (KLV) ist etwas vermerkt, und sei es der Verlegenheitssatz: *»Heute war nichts besonderes los.«* Ausgelassen sind nur sieben Tage im Februar. An dieser Stelle ist eine telegraphische Postanweisung eingeheftet, deren Text lautet: »PAPA TOT, KOMME SOFORT, D-ZUG. WOLFGANG.« Daß über den toten Vater im offenen Sarg, über die Begegnung mit den Geschwistern und die Verzweiflung der Mutter in der leergewordenen Wohnung kein Wort verlautet, macht deutlich, daß es sich hier um ein verordnetes Tagebuch handelt, das nur vom Lager berichten soll und das kontrolliert wird – wie alles, was dort geschieht. Bald nach der Ankunft wird von einer Pflichtbriefschreibestunde berichtet, zwei Tage darauf von der Notwendigkeit einer Postkontrolle, die mit dem Ergebnis einer Postkontrolle begründet wird, bei der sich herausgestellt habe, daß Lügen nach Hause geschrieben wurden, wie die: *»Schicke mir bitte das Grammophon, wir langweilen uns hier.«*

Der Tagebuchschreiber, in dem ich mich selbst kaum wiedererkenne, scheint damit genauso einverstanden zu sein wie mit der Kontrolle des Bettenbaus und der Schrankordnung, der Wäsche und der Füße, der Lektüre und des Ausgangs, der nur gruppenweise möglich ist. Eigne Meinungen scheint er nicht zu haben, denn mehr als leises Klagen über das Essen oder die Ungerechtigkeit eines Lagerführers kommt beim Beurteilen nicht heraus. Wenn anläßlich von Besichtigungen des Lagers durch örtliche Parteigewaltige festgestellt wird, daß die immer dasselbe sagen (nämlich: Ihr habt es gut hier und heute, früher mußten die Deutschen unter den Polen leiden!), so ist das schon der Höhepunkt der Kritik. Von Heimweh ist genauso wenig die Rede wie von Angst; aber auch die Begeisterung ist gedämpft und betrifft nur außerhalb des Lagers Liegendes, besonders die Natur. Zu dem Privaten, das ausgespart bleibt, gehört nicht nur die Familie, die Briefe an Reni und die eine abrupt endende Freundschaft, sondern auch die Lektüre; kein Buch wird erwähnt, wohl aber Filme (*Ohm Krüger*, *Bismarck*, *Friedrich Schiller*, *der Triumph eines Genies*), weil die in das Freizeitprogramm gehören. Obwohl die HJ ihre Führer mitgeschickt hat und spezielle KLV-Uniformen ausgeteilt werden, ist von Politik erstaunlich wenig die Rede, und nur einmal wird ein Kriegsereignis erwähnt. Am 208. Tag des Lagerdaseins, am 22. Juni 1941, lautet die Eintragung: *»Heute morgen kommt Meister zu uns rauf und ruft: Krieg mit Rußland! Wir wollten das zuerst gar nicht glauben. Aber es stimmte. Herr Hoernigk erzählte uns das alles noch genauer. Vom Verrat der Russen usw. Das gab natürlich Gesprächsstoff für den ganzen Tag. Herr Koch sprach dann noch zu der Lagermannschaft. Er sagte, wie wir uns im Falle eines Fliegerangriffs zu verhalten hätten.«* Das ist alles, und nie mehr kommt der Tagebuchschreiber auf dergleichen zurück. Nie ist von Polen oder Juden die Rede, aber auch nicht von Hitler. Und Baldur von Schirach wird nur einmal erwähnt, weil man eine Rede von ihm, die man hätte hören sollen, verpaßte. Da andere politische Meinungen als die herrschenden nicht vernehmbar werden, wird Politisches nie zum Problem.

Die 45 Jahre, die das Tagebuchschreiben vom Wiederlesen trennen, haben die Erinnerung an manche Ereignisse, die damals erwähnenswert schienen, getilgt; andere, die verschüttet waren, wurden durch das Lesen wieder freigelegt; und wieder andere, die nie vergessen waren, lassen deutlich werden, was der Chronist verschweigt oder entstellt. Ob das aus Vorsicht, aus Unfähigkeit oder in selbstbetrügerischer Absicht geschah, ist im Einzelfall nicht auszumachen, insgesamt herrscht aber der trübe Eindruck vor, daß dieser Knabe von 14 Jahren hier konformes Verhalten übt. Er gibt sich Mühe, so zu erscheinen, wie er die anderen sieht. Würde der Leser von heute den Schreiber von damals nicht so genau in Erinnerung haben, könnte er in ihm ein fröhliches, unbeschwertes Kind vermuten, das sich problemlos in die

Zwangsgemeinschaft fügt, die Lager- und Klassen-Hierarchien fraglos akzeptiert und allen Lehrern, Führern und Schülern mit der gleichen meinungslosen Sympathie begegnet – mit einer Ausnahme, die bezeichnend ist: Als der rebellische Karl-Heinz E. nicht nur einen Befehl verweigert, sondern dem Führer zur Bekräftigung seines Widerstandswillens auch noch den nackten Hintern zeigt, wird er im Tagebuch, das das unerhörte Ereignis ausführlich schildert, mit der Bemerkung gescholten: *»Frech ist jeder mal. Aber das geht zu weit!«* In Wirklichkeit wurde der Rebell damals von de Bruyn bewundert. Schriftlich aber schlug er sich auf die Seite der Mehrheit. Er bemühte sich um Anpassung und verbarg deren Ursache: seine ständige Angst.

Die Angst des Außenseiters, als solcher erkannt zu werden, war in diesem Winterhalbjahr so stark, daß mir der Versuch, das nicht-geheime Tagebuch auf den Kollektiv-Ton zu stimmen, verständlich erscheint. Da wird männlich, schnoddrig und schneidig getan, Interesse an Sport geheuchelt und jede Krankheit, die in Wahrheit ein Glück war, beklagt. Herr Hoernigk, der Mathematik- und Klassenlehrer, der mich mit einem mir heute noch unverständlichen Haß verfolgte, wird mit der gleichen Objektivität betrachtet wie die Bösartigen und Starken unter den Kameraden, die noch gefährlicher als die Befehlshaber waren, weil sie in den ersten Monaten ihre Rangstreitigkeiten austrugen und zum Beweis ihrer Macht Opfer brauchten. Mancher Schwache, Komische oder Eigenwillige wurde unter dem Vorwand, er versäume das Waschen oder er petze oder er benehme sich weibisch, von Maskierten nachts aus dem Bett gezerrt, im Waschraum mit Schrubbern bearbeitet, mit kaltem Wasser begossen und geschlagen. Einmal traf es auch einen Jungen aus unserer Stube, und statt ihm zu helfen, stellten wir anderen uns schlafend, in der Hoffnung, wir blieben verschont. Aus dem Waschraum hörten wir Jammern und den Ruf: Mama, Mama!, der mit halblautem Gelächter beantwortet wurde. Ich zitterte vor Angst und konnte mehrere Nächte nicht schlafen, aber ins Tagebuch kam die Sache erst, als die Lehrer von ihr erfuhren und Strafpredigten hielten. Beschämenderweise richtete ich mich auch hier nach der herrschenden Meinung und stellte die Sache als harmlos dar. »Es war doch mehr ein Jux«, schrieb ich wider besseres Wissen, denn die Lust in den Augen derer, die später von dem Klatschen der Schläge auf dem nackten Hintern erzählten, hatte ich mit Entsetzen gesehen.

Eine Grausamkeit anderer Art, die schon deshalb nicht ins Tagebuch kam, weil mir dazu die Worte fehlten, sah ich im Krankenzimmer mit an. Einem Zehn- oder Elfjährigen, der auffallend onanierte, wurden Fausthandschuhe übergezogen und Arme und Beine ans Bett gefesselt. Der Kleine schluchzte die Nächte hindurch, bekam hohes Fieber und wurde ins Knappschaftskrankenhaus eingeliefert. Da ich kurz nach ihm ins Krankenhaus mußte, erlebte ich mit, wie der Verstörte noch tagelang weinte; und als am Heiligen Abend Kerzen und Tannenzweige den Krankensaal schmückten, weinten wir anderen mit.

Da die Schwestern miteinander Polnisch sprachen, wenn sie unbeobachtet waren, kam mir zum erstenmal der Gedanke, daß vielleicht nicht alle Oberschlesier über ihre Zugehörigkeit zu Deutschland glücklich waren. Der Tatsache, daß wir nie allein auf die Straße durften, hatte ich so wenig Bedeutung beigemessen wie der Feindseligkeit, der wir in Läden, Gaststätten und Kirchen begegneten und die wir für bloße Unfreundlichkeit hielten. Die Kattowitzer, sagten wir zueinander, seien noch größere Stiesel als die Berliner. Wir versuchten, die polnischen Flüche, die wir überall hörten, zu lernen, amüsierten uns über das gebrochene Deutsch, das unsere Küchenfrauen sprachen, und waren uns nicht klar darüber, daß wir Haß erregten, wenn wir als uniformierte Masse auftraten, an den Gruben und Fabriken vorbei singend zum Südpark marschierten, schneebedeckte Halden erstürmten oder in den elenden Vorstädten Limonade trinkend die Kneipen füllten, während die Arbeiter vor ihrem Bier saßen, finster und stumm. Auch als wir in schneidender Kälte für das sogenannte Winterhilfswerk auf den Straßen Geld sammeln mußten und den Zorn der Passanten dadurch erregten, daß wir die Straße sperrten und nur den durchließen, der bereit war, eine Münze in die Blechbüchse zu werfen, kam uns nicht der Gedanke, die Erregung der Menge politisch zu deuten; wir suchten den Grund für die bösen Reaktionen auf unseren lustigen Einfall in der Unerzogenheit und Humorlosigkeit der Industriearbeiter oder in der oberschlesischen Mentalität.

Die im Tagebuch nicht erwähnten Gespräche darüber sind mir gut in Erinnerung geblieben, weil ich sie vorwiegend mit Helmut Pruß führte, dessen jäh aufflammende und jäh erlöschende Liebe zu mir in diese Zeit fiel. Ich sah mehr das Nützliche in dieser Beziehung. Als sein Schützling war ich vor Grobheiten sicher; denn er war der Längste, Breiteste und Stärkste des Lagers, der beim Boxen, beim Ringen und bei anderen Wettkämpfen alle Schüler, Führer und Lehrer besiegte, dabei aber nicht machtbesessen, sondern gutartig war. Durch die Unbestrittenheit seiner Sonderstellung brauchte er sich an Rangkämpfen nicht zu beteiligen; die von ihm nie mißbrauchte Monarchenwürde fiel ihm von Natur aus zu. Gefürchtet wurde er auch von den Lehrern. Der mich ständig schikanierende Hoernigk behandelte ihn mit einer an Hochachtung grenzenden Vorsicht. Man wagte den blonden Hünen, der als jähzornig galt, nicht zu reizen, auch dann nicht, als er sich als Rädelsführer eines Hungerstreiks bekannte, in dem es um die fünfmal in der Woche gereichte Blutwurst ging. Mit fürchterlichen Strafen sollte die Meuterei geahndet werden, doch gegen Pruß vorzugehen, wagte niemand. Übrigens blieb der Streik nicht ohne Wirkung: an Stelle der Blutwurst gab es nun fünfmal in der Woche das nicht weniger gefürchtete Lungenhaschee.

Die Freundschaft zwischen dem Mächtigen und dem

Schmächtigen begann beim Völkerballspielen. Ich, ein mittelmäßiger bis schlechter Sportler, der an Turngeräten fast ganz versagte, konnte mir bei diesem Spiel ein wenig Ruhm erwerben, weil ich ein geschickter Fänger war. Da auch meine Wurftechnik genügte, kam es manchmal zwischen Pruß und mir zu Einzelkämpfen, die mein Ansehen erhöhten, obwohl ich sie immer verlor. Während meine Kräfte mit jedem Wurf abnahmen, konnte Pruß die seinen bei Bedarf steigern; denn aus der berechtigten Furcht, den Getroffenen Verwundungen zuzufügen, setzte er normalerweise nur die halbe Kraft ein. Bei dem Wurf, der mich in der Herzgegend traf und ohnmächtig zu Boden streckte, hatte er wohl seine Kraftreduzierung nicht richtig berechnet. Ich erwachte erst wieder, als er mich ins Krankenrevier schleppte. Er entschuldigte sich bei mir und wich nicht eher von meinem Lager, als bis der Arzt ihm erklärt hatte, ich sei außer Gefahr.

Seit diesen Angstminuten suchte er von früh bis spät meine Nähe. Im Klassen- und im Speiseraum saßen wir nebeneinander, machten verbotenerweise zu zweit Spaziergänge und halfen uns bei den Schularbeiten, das heißt: ich entwarf und korrigierte seine Aufsätze, und er löste Mathematikaufgaben für mich. Er lehrte mich Schachspielen, ich erzählte ihm Bücher, und wir redeten uns (was ungewöhnlich war und deshalb intim wirkte) mit Vornamen an. »Mit Helmut, der jetzt mein Freund ist, ging ich nachmittags zum Hochhaus«, heißt es im Tagebuch, das später diese Freundschaft nie mehr erwähnt. Ein Foto zeigt uns nebeneinander stehend: der vierschrötige Athlet mit glatt nach hinten gekämmten Haaren ist doppelt so breit und einen Kopf größer als ich. Sein Anblick läßt nicht vermuten, wie leicht verletzbar er ist.

Das Ende unserer Beziehungen hatte mit seiner Herkunft zu tun. Sein Vater, in den Klassenlisten als Kaufmann bezeichnet, war in Wirklichkeit einer der letzten innerstädtischen Kuhstallbesitzer. Der Stall befand sich im Hinterhof einer Neuköllner Mietskaserne, und Mitschüler, die in dieser Gegend wohnten, wußten zu berichten, daß sie beim Milchholen morgens unsern Helmut beim Ausmisten gesehen hatten – was uns nur kurios, dem Betroffenen selber aber entehrend erschien. Es war bekannt in der Klasse, daß er bei jeder Erwähnung von Rindvieh, Milch oder Käse eine Anspielung heraushörte, die ihn jähzornig machen konnte; und man erzählte vom gebrochenen Nasenbein eines Primaners: der hatte Pruß einen Cowboy genannt.

In einem unserer ersten Gespräche, in dem ich ihn vorsichtig nach dem Grund seiner Abneigung gegen das Milchtrinken fragte, erklärte er mir, daß das seine Schwachstelle sei, an die ich nicht rühren dürfe. Da er das ernst und bestimmt sagte, hütete ich mich, das Tabu zu verletzen. Es regte sich aber auch die Versuchung, die Gültigkeit des Verbots auf die Probe zu stellen, doch erst Monate später gab ich ihr nach.

Der harte Winter mit viel Schnee und viel Ruß war schon zu Ende gegangen. Die großen Umschlagtücher der Küchenfrauen waren bunten Kopftüchern gewichen. Schon wußten wir, daß wir die schmutzige Stadt bald verlassen und in die Beskiden umziehen würden. Die militärische Strenge hatte sich etwas gelockert; zur Schule mußten wir nicht mehr marschieren, wir konnten zivil in lockeren Gruppen dorthin spazieren. Es hatte sich eingebürgert, daß Pruß morgens vor dem Portal auf mich wartete. Dort standen oft auch die blitzenden 20-Liter-Kannen, in denen die Milch geliefert wurde. Auf einer von ihnen saß er manchmal, und immer drängte es mich, etwas dazu zu sagen, aber ich schwieg vorläufig – und ich wünsche noch heute, immer geschwiegen zu haben. Denn als ich an einem Vorfrühlingstag, als das Schmelzwasser vom Dach tropfte, sagte: So mußt du dich doch wie zu Hause fühlen, verhärteten sich seine Züge, er stand auf und ging wortlos davon.

Danach wohnten wir den Sommer hindurch noch in den

Beskiden zusammen, saßen im nächsten Berliner Winter wieder in einer Klasse, verlebten gemeinsam Frühling, Sommer und Herbst auf einem Dörfchen in Hinterpommern und dienten ein Jahr lang in derselben Flakbatterie. Nie mehr aber hat Pruß in diesen drei Jahren mit mir gesprochen. Als wir uns im Februar 1944 endgültig trennten, weil er nach Dänemark, ich nach Ostpreußen mußte, machte ich den Versuch einer Versöhnung, aber er schlug, immer noch wortlos, mein Angebot aus. Später gab es keine Gelegenheit mehr, ihn um Verzeihung zu bitten, denn er fand bald darauf in Holland den Tod.

UND DEN MENSCHEN EIN WOHLGEFALLEN

Die Weihnachtsfreuden der Kindheit habe ich mit lebenslangen Weihnachtsleiden bezahlt. Jedes Jahr gab es Tränen, erst die des Glücks, dann die des Verlusts. Letztere wären vielleicht zu vermeiden gewesen, hätte ich Sinn und Freuden des Festes an die Kinder weiterzugeben vermocht. Aber auch mein Vater, dem das Weitergeben gelang, trauerte wohl einem Niewiederkehrenden nach.

Voraussetzung für das Gelingen dieses Hauptfestes der Familie war Vollzähligkeit. Wo auch immer die Geschwister sich gerade befanden: spätestens am Heiligen Abend reisten sie an. Nach dem Mittagessen, das karg war (Kartoffelsuppe zum Beispiel, oder Kartoffelsalat), wurden die Zimmer verriegelt, denn die Geheimhaltung war streng. Nicht einmal die kleine Fichte, die auf den Tisch gestellt wurde, bekamen wir vorher zu sehen. Während die Eltern die Stube umräumten, den Baum schmückten und die Geschenke aufbauten, übten wir in der Küche Gedichte und Lieder ein. Um die Zeit nicht zu lang werden zu lassen, wurde in der Dämmerung noch ein Spaziergang gemacht. Die Straßen und die

Straßenbahnen waren menschenleer; der Buschkrug, in dem um diese Zeit sonst Hochbetrieb herrschte, war geschlossen; in manchen Fenstern der Siedlung brannten schon Kerzen, und vom Dorf her hörten wir Glockenläuten, aber das galt uns nicht; denn die Dorfkirche war evangelisch, und wir würden erst um Mitternacht zur Christmette gehen.

Erst kurz vor der Bescherung kleideten wir uns festlich. Eine dunkelblaue Samthose mit weißem Hemd ist mir erinnerlich. Die Warteminuten, die Schwester Gisela mir mit Märchenerzählen zu kürzen versuchte, dehnten sich, bis endlich das dünne Scheppern des Glöckchens ertönte und wir vier aus der kalten Küche in die Wärme und den Duft und den Glanz eintreten durften, der Kleine voran. Unsere Mutter, von der ernsten Feierlichkeit überfordert, wirkte verlegen, während Vater, der Zeremonienmeister, ganz Herr der Lage war. Ein Weilchen ließ er uns stumm die Pracht bewundern, dann begann er zu singen, *Es ist ein Ros entsprungen*, und alle, einschließlich der Mutter, die mutig nur Mißtöne hervorbrachte, fielen ein. Der Baum war mit Lametta und Engelshaar, mit roten Äpfeln und bunten Kugeln, mit Zuckerbrezeln und einem von Jahr zu Jahr unansehnlicher werdenden Wachsengel geschmückt; darunter war die Krippe mit Ochs und Esel, mit Maria und Josef zu sehen, während der Gabentisch, den nicht der Weihnachtsmann, sondern das Christkind beladen hatte, sich noch unter einem Laken verbarg. Wir sangen stehend, und stehend hörten wir auch die Weihnachtsgeschichte an: »Es begab sich aber zu der Zeit, da ein Gebot vom Kaiser Augustus ausging...« Mein Vater las sicher und ruhig, ohne pathetisch zu werden, und das Würgen im Hals, das mich noch heute befällt, wenn ich den vertrauten Text höre, plagte ihn nicht. Der Tränendrang setzte bei ihm erst bei *Stille Nacht, heilige Nacht* ein, und der Mutter gingen die Augen über, wenn ich mit *Markt und Straßen stehn verlassen* oder *Von drauß vom Walde komm ich her* an der Reihe war. Das Schlußlied (beileibe nicht das letzte des Abends, wir sangen vielmehr später noch unser gesamtes Repertoire) leitete dann vom geistlichen zum weltlichen Teil der Feier über. Wir liefen hinaus, holten unsere kleinen Geschenke aus den Verstecken, und nach erneutem Ertönen des Glöckchens konnten wir, während uns die drei Strophen des *O du fröhliche* lang wurden, schon die von der Umhüllung befreiten Gaben (die Kindern von heute ärmlich vorkämen) übersehen.

Irgendwann an diesem schönsten und längsten Abend des Jahres wurde auch fotografiert. Das Blitzlicht stank und qualmte, so daß anschließend die Fenster geöffnet werden mußten. Die Aufnahmen (durch das Heranwachsen der Kinder leicht zu datieren) sind noch vorhanden und bieten, fast lückenlos, eine Foto-Chronologie. Die Korbsessel, in denen Mutter und Vater sitzen, bleiben die gleichen, aber Kleidermoden und Frisuren ändern sich. Der anfangs behäbig wirkende Vater wird mit wachsendem Alter dünner. Gisela trägt das Haar mal kurz, mal in Zöpfen, bleibt aber, wie ihr kleinster Bruder, immer hellblond. Der ist als Baby, als Kleinkind mit Kragenschleife und im Rollkragenpullover zu sehen. Mit Wolfgang zusammen raucht er im Federschmuck die Friedenspfeife, während Karlheinz immer ernst und gesetzt in die Kamera sieht. Auf dem letzten Weihnachtsfoto trägt der Älteste schon Uniform: den streng geschlossenen Waffenrock mit Kragen- und Ärmelspiegeln, der im Laufe des Krieges dann unmodern wird.

1938 oder 39 muß das gewesen sein. Im Jahr darauf lag ich in Kattowitz im Krankenhaus. 1941 war unser Vater schon tot. In gewohnter Weise sollte dennoch gefeiert werden. Die Kindergärtnerin Gisela reiste aus Schwaben an, der Leutnant Karlheinz aus Wien. Ob der Kradschütze Wolfgang würde kommen können, war ungewiß. Seit August war er in Rußland an der vordersten Front, und wenn auch im Dezember niemand mehr auf ein baldiges Ende des Feldzuges hoffte, so hofften wir doch auf Wolfgangs Geschicklichkeit und sein

Glück, vor allem die Mutter, die von ihm sagte: Wenn keiner es schafft, Weihnachtsurlaub zu kriegen, er schafft es bestimmt! Vorgenommen hatte er es sich. Oft war davon in seinen Briefen die Rede gewesen; doch als der Winter kam, blieben sie aus. Er kommt selbst, sagte unsere Mutter und verwies auf die Ordensverleihung, die auch Sonderurlaub bedeuten konnte. Ihr sollt sehen: Heiligabend, wenn es dunkel wird, steht er hier vor der Tür.

Als wir am 24. vormittags von einem Besuch am Grab unseres Vaters nach Hause kamen, war für Mutter ein Brief eingetroffen, der aber von Wolfgang nicht war. Es war kein Feldpostbrief, sondern einer auf Büttenpapier, und sein Absender, ein Oberleutnant mit schwer lesbarem Namen, war unbekannt. Gisela und ich saßen auf dem Sofa, Karlheinz wärmte sich die Hände am Kachelofen, unsere Mutter stand in der Tür, den Brief in der Hand, und erzählte uns lachend, von wem er, ihrer Vermutung nach, kam. Jetzt muß ich es euch ja beichten: eure Mama hat nämlich kürzlich eine Bekanntschaft gemacht.

Da nicht nur unser Vater, sondern auch die anderen Ehemänner über die monatlichen Schwesterntreffen von Jenny, Else, Frieda, Grete nicht beglückt gewesen waren, hatten die Schwestern ihre fröhlichen Zusammenkünfte in Lokale verlegt. Im Sommer trafen sie sich an der Kaffeetafel *In den Zelten*, im Winter im *Haus Vaterland*. Im November nun, erzählte uns die Mutter, hatten sich einige Soldaten in ihre Runde gedrängt. Einer davon war besonders auf sie scharf gewesen, aber ob der ein Offizier gewesen war, wußte sie nicht. Name und Adresse hatte sie ihm selbstverständlich nicht gegeben; doch konnte er die vielleicht von einer ihrer Schwestern bekommen haben; Else besonders war eine Quatschliese und hielt nie den Mund. Und während sie das erzählte, öffnete sie das Kuvert und begann zu lesen. Der Brief liegt vor mir. Ich schreibe ihn wörtlich ab.

»Im Felde, 9. XII. 41

Sehr verehrte Frau de Bruyn!

Zu dem Tode Ihres Sohnes Wolfgang spreche ich Ihnen zugleich im Namen der Kompanie mein tiefstempfundenes Beileid aus. In Ihrem Sohne verliert die Kompanie einen jungen, frischen und vorzüglichen Kameraden und Soldaten.

Als ich vor kurzer Zeit die Kompanie übernahm, war es mir noch vergönnt, ihm als ersten des damals zu uns gekommenen Ersatzes das Eiserne Kreuz zu überreichen. Er hat sich im Einsatz hervorragend bewährt als M. G.-Schütze 1. Er war durch seinen bedingungslosen Einsatz und seine Tapferkeit ein Vorbild für seine Kameraden. Seine Vorgesetzten wie seine Kameraden waren durch die Nachricht über seinen Tod schwer erschüttert.

Ihr Sohn wurde während einer Ablösung nachts gegen 24.00 Uhr durch Bauchschuß verwundet. Wir hofften alle, daß er uns erhalten bliebe. Aber das Schicksal hat es anders gewollt.

Ich hoffe, daß mein Brief nach der Benachrichtigung des Hauptverbandsplatzes eintrifft. Möge Ihnen das Bewußtsein, daß Ihr tapferer Sohn für die Größe und Zukunft unseres Vaterlandes im Kampf gegen unseren stärksten Feind gefallen ist, ein kleiner Trost in Ihrem schweren Leid sein.

In tiefempfundenem Mitgefühl verbleibe ich

Ihr ergebener

Abraham

Olt. u. Kp. Fü.«

Diszipliniert wie wir waren, fand die Feier unter dem Weihnachtsbaum trotzdem statt. Karlheinz, der nun an Vaters Stelle getreten war, las das vertraute zweite Lukas-Kapitel, und seine Stimme stockte auch bei dem »Friede auf Erden und den Menschen ein Wohlgefallen« nicht.

Wolfgangs letzte Briefe kamen erst nach den Feiertagen.

Er hatte zehn Mark beigelegt, für die Geschenke gekauft werden sollten. Von Urlaubshoffnungen war nicht mehr die Rede, viel aber von Kälte. Er bat um Strümpfe, Handschuhe und Ohrenschützer: *»Nur ein dünnes Halstuch haben wir als Winterausrüstung gekriegt.«*

FELDPOST

Von den zwanzig Jahren, die Wolfgang zu leben hatte, werden sechs durch Briefe erhellt. Es sind die Briefe eines unkomplizierten, fröhlichen Jungen, der sich im Hitlerreich wohl fühlt und bewährt. In seiner abenteuerlichen Rechtschreibung, die seine Unbekümmertheit zeigt, schreibt er fleißig an Bruder, Schwester und Tante, vor allem aber an unsere Mutter, deren erklärter Liebling er ist. Er ist anpassungsfähig wie sie, hat, wie sie, Vergnügen am Tanzen, und er vertraut ihr, was sie sehr liebt, auch Neuigkeiten über Freundinnen an. Auch praktisch ist er, wie sonst keiner von uns. Der Fünfzehnjährige weiß über Fleischpreise Bescheid, und er rechnet der Mutter vor, was sie sparen kann, wenn er ihr die Weihnachtsgans in Ostpreußen beim Bauern kauft. Auch seine Weihnachtswünsche sind immer praktischer Art: dicke Unterhosen, Arbeitshandschuhe und »gestrickte Handschuhe für gut«.

Der militärische Ton und Drill im Landjahr-Lager stört ihn nicht; die bäuerliche Arbeit gefällt ihm. Wenn es nach ihm ginge, würde er in Ostpreußen bleiben, bis er Soldat werden kann. »Mein Ziel ist die Reichswehr.« Aber da macht der Vater nicht mit; er besteht auf Berufsausbildung. 1936 fängt Wolfgang eine Lehre als Gärtner an. Die Briefe aus Jahnsfelde in der Mark schildern nun Bohnen- und Tomatenernten, das Pikieren und Kränzebinden und die um drei Uhr morgens beginnenden Fahrten mit dem Pferdewagen nach

Müncheberg auf den Markt, wo Karotten und Alpenveilchen, Ostersträuße und Adventskränze schnell Abnehmer finden. »Markttage sind immer schön.« Besonders wenn die Mädchen mitfahren: Waltraut und Irmingard.

Trautchen ist die Tochter des Chefs (er schreibt immer *Cheff*, wie er auch *Fingsten* und *nehmlich* schreibt), und da sie, als einziges Kind, die Gärtnerei einmal erben wird, käme der pflichttreue Wolfgang, der seine Gehilfenprüfung glänzend bestehen wird, als Schwiegersohn recht. Aber der stellt sich mit Trautchen nur gut, weil er deren Freundin, das Irmchen mag, das zwar in Berlin wohnt, aber die Wochenenden und Ferien in Jahnsfelde verbringt. Irmchen ist beim Osterwasserholen dabei und beim ersten Bad des Jahres im Woriner See; sie macht Radtouren in die Märkische Schweiz und nach Bad Freienwalde mit, und wenn das Dorf unter Anleitung von HJ und SA Erntedankfest feiert, ist sie als Laienspielerin und Volkstänzerin mit dabei. Unter ihrem Einfluß wird Wolfgang in der Hitlerjugend aktiv und schwärmt von Sonnenwendfeiern. Ihrem Beispiel folgend redet er unsere Mama plötzlich mit Mutti an, und Bemerkungen über Kirchenbesuche fehlen von nun an in seinen Briefen. Der erste Besuch bei Irmchen zu Hause aber ist ihm eine lange Schilderung wert. Sie feiert, was de Bruyns gar nicht kennen, in großer Gesellschaft Geburtstag; es gibt Kerzenbeleuchtung, Ananas-Torte und Ananas-Bowle, und getanzt wird auch. Wolfgang ist so begeistert von der kleinen Familie, daß er sie gern mit seiner großen bekanntmachen möchte. Denn sein Familiensinn erschöpft sich darin, die HJ-Uniform im Dorf zu lassen; dazu, uns Irmchen zu ersparen, reicht er nicht hin.

Es war ein Ostertag, an dem sie uns überfiel. Statt zum Mittagessen, kam sie schon morgens vor dem Kirchgang an. Die Klingel an der Wohnungstür betätigte sie ohne Unterbrechung, bis geöffnet wurde, und als sie sah, daß wir mit Anziehen noch nicht fertig waren, rief sie ihren Morgengruß in jeden Raum, sogar ins Badezimmer, wo unser Vater sich rasierte, was sie sehr zu interessieren schien. Sie nämlich hatte, wie wir bald erfuhren, keinen Vater mehr, nur eine Mutti und eine ältere Schwester, die so verschlafen waren wie wir. Sie selbst, das muntere Irmchen, hielt es an einem Sonnentag wie diesem in ihrem Neuköllner Mietshaus nicht aus; sie mußte raus aus grauer Städte Mauern, im Frühtau möglichst und zu Berge, vallera. Die Müggelberge, an die sie dabei dachte, sollten Schauplatz eines Ostereiersuchens werden, was ein alter Brauch war, wie sie uns erklärte, ein Frühlings- und ein Fruchtbarkeitssymbol. Gefärbte Eier hatte sie in einer Leinentasche mitgebracht, die am bestickten Band um ihre Schulter hing, quer über ihre große Brust hinweg.

Im Unterschied zu ihren Körperformen und zu ihrem Selbstbewußtsein, die offensichtlich in Beziehung zueinander standen, war ihre Sensibilität nur mangelhaft entwickelt, so daß sie nicht erkennen konnte, daß ihre Unbekümmertheit uns allen (Wolfgang und die Mutter ausgenommen) auf die Nerven ging. Das ungeschriebene Gesetz, nach dem vorm Frühstück nur das Nötigste geredet werden durfte und beim Anziehen jeder tat, als sei kein anderer da, verletzte sie, indem sie Hilfe anbot, Ratschläge erteilte und sogar zur Eile trieb. Gisela empfahl sie, sich das Haar zu ondulieren, während ihr meines, das sie als seidenweich bezeichnete und gern streichelte, gut gefiel. Das schenkst du mir, nicht wahr? rief sie, zog meinen Kopf an ihre Brüste, die mich an Luftballons erinnerten, und prophezeite mir: Du wirst ein echter Pimpf! Der Heilige Georg, den sie für Siegfried hielt, schien ihr »echt deutsch« zu sein, und dem Tischgebet beim Frühstück fügte sie einen Tischspruch an: Guten Hunger, guten Durst – haut ein! – tat dann aber nicht dergleichen, sondern aß nur wie ein Spatz. Vielfraße nämlich, so wurden wir von ihr belehrt, werden nicht geboren, sondern erst erzogen. Wer als Säugling knapp gehalten würde, wäre als Erwachsener ein so guter Kostverwerter wie sie und ihre Mutti, für die der Eintopfsonntag kein Problem darstelle; sie kämen mit zwei Scheiben Knäckebrot schon aus.

Da unser Vater hilflos und verdrossen schwieg, versuchte Karlheinz, dem Fräulein Irmingard klarzumachen, daß seit fast zweitausend Jahren Ostern nicht als Fruchtbarkeits-, sondern als Auferstehungsfest gefeiert werde und es deshalb die Familie in die Kirche ziehe und nicht in den Wald. Doch dämpfen konnte er damit die Fröhlichkeit des Mädchens nicht. Nachdem sie Karlheinz und alle andern aufgefordert hatte, doch das blöde Fräulein und das Sie zu lassen, legte sie mit heiligem Ernst, wie weltanschauliche Gespräche es erfordern, erst richtig los, erklärte, daß sie vor den Katholiken (schließlich sei doch auch der Führer einer) Achtung habe, einen Schöpfer auch verehre, aber nicht in dumpfen Kirchen, sondern in der freien Schöpfung selbst: ein Waldlauf sei ihr Gottesdienst; und was den Glauben an Unsterblichkeit beträfe, so glaube sie zu wissen, daß man in den Kindern, Enkeln, kurz im Volke weiterlebe, und in diesem Sinne sei auch Zeugung und Empfängnis Teil religiösen Lebens und die echte Fruchtbarkeitssymbolik vom Auferstehungsglauben gar nicht weit entfernt. Obwohl meiner Mutter diese Wendung ins Gewagte mißfiel und sie die Unterhaltung durch ein Händeklatschen, das zum Aufbruch in die Kirche mahnte, beendete, litt doch das Renommee des vitalen Mädchens bei ihr nicht. Auch deshalb nicht, weil Irmchen ihre Enttäuschung blitzschnell überwinden konnte, und ihr Elan, der vorher auf Natur gerichtet war, sich nun auf einen Vormittag mit Bettenmachen, Kochen, Braten orientierte, mit unserer Mutter allein. Die hatte ihre Kirchenpflicht im Morgengrauen schon erledigt und war nun über diese Hilfe froh. Bei unserer Rückkehr waren die beiden schon per du; sie führten, sich umarmend vor, wie vergnügt sie miteinander gewesen waren, und unsere Mutter erklärte: zu ihrer verschlossenen Gisela, von deren Erleben und Erleiden man kein Sterbenswort erfahre, habe sie nun eine offenherzige Tochter hinzugekriegt.

Von diesem Tage an taucht der Name Irmchen auch in Wolfgangs Briefen an den älteren Bruder auf, auch in dem längsten und aufschlußreichsten vom Februar 1940 aus Königsberg/Neumark, wohin inzwischen sein Betrieb verzogen ist. Die Gratulation zum bestandenen Staatsexamen des Bruders wird schnell zur Klage über eignes Versagen; denn Gärtner sei er nicht gerne; er sei es nur geworden, um der Familie zu beweisen, daß er auch etwas leisten könne. »Unter Euch kam ich mir immer wie ein Ausgestoßener vor.« Dabei habe er aber in seinem Wesen doch soviel von der Familie, daß er in der Fremde immer ein Fremder bleibe, ein Außenseiter, den niemand verstehe; immer sei er allein gewesen und habe deshalb auch nie dazulernen können – bis Irmchen gekommen sei, die ihn akzeptiere und fördere, denn sie sei »ihm weit über«, was ihm einerseits helfe, andererseits aber sei ihm das »sehr unangenehm«.

Seine Frage: »Aber wo bleibt das Lebensziel?« wird wenig später im alten Sinne entschieden: er will Berufssoldat werden, sich freiwillig melden, um so zu den Panzern zu kommen. Aber das redet ihm Karlheinz wieder aus. Dessen Absicht geht dahin, den Jüngeren so lange wie möglich vor der Front zu bewahren. Aber gegen Wolfgangs Ehrgeiz, sich auch als Soldat zu bewähren, richtet er nichts aus.

Nach der Arbeitsdienstzeit in Frankreich macht Wolfgang in Küstrin eine Infanterieausbildung durch. Karlheinz, der als Leutnant der Panzertruppen in Wien sitzt, rät ihm, sich nach beendeter Ausbildung zu den Panzertruppen zu melden, er, der Regimentsadjutant, wird ihn aus Wien anfordern lassen; ob der Plan gelingt, ist nicht sicher, doch möglich, denn er wird durch Bekannte von Karlheinz unterstützt. Aber der Jüngere macht nicht mit. Im Juli 1941 schreibt er an den Bruder: er habe auf das Gesuch verzichtet, weil man daraus hätte folgern können, daß es ihm bei der Infanterie nicht gefalle und es ihm an »Dienstfreudigkeit und Eifer« fehle. Und dann zeigt er dem Älteren, daß er dessen Winkelzüge verachtet. »Ich hätte auch als Ausbilder hierbleiben können, aber immer nur Kasernenhof gefällt mir nicht. Ich hätte auch nach Berlin zum Wachregiment gehen können, aber ich bin kein Paradesoldat. So wie es nun ist, ist es bestimmt am besten. Ich gehe mit dem Glauben an den Endsieg und mit der Überzeugung raus, daß dieser Kampf sein mußte und daß er uns eine bessere Zeit bringen muß.«

Will man die Aussagen der zwanzig Briefe, die in den folgenden Monaten aus Rußland kommen, für Wahrheit nehmen, hat Wolfgang sich diesen Glauben bis an sein Ende bewahrt. Trotzig setzt er der Familie, die ihn nicht anerkennt, seine Leistung entgegen: solche Strapazen, wie er sie erduldet, hat sonst niemand erdulden müssen, so todesmutig wie er ist keiner von uns. Besonders Karlheinz, der Etappensoldat, bekommt viel Kriegerisches zu lesen, einmal sogar mit einer Gefechts-Skizze versehen. Aber da das alles vielleicht noch nicht imponierend genug ist, fängt der Frontsoldat auch noch zu dichten an. Er reimt »Gefahr« auf »Feindesschar«, »Mägdelein« auf »allein«, »Wacht im Osten« auf »Waffen nie rosten« und unterzeichnet mit Datum und Ort: »Abwehrstellung bei Luga«, »Auf dem Vormarsch südlich des Ilmensees«, »Feldwache bei Nara-Forminsk«. Auch Weihnachten, das er nicht mehr erleben wird, bedichtet er schon; und da er das Erlebnisgedicht (»Wir saßen im Bunker zu zwei'n und zu drei'n«) an dem Fluß spielen läßt, an dem er Ende November im Erdloch sitzt, scheint er zu wissen, daß die Zeit der Siege vorüber ist. Auch fehlt den Briefen am Ende die Heldenpose, aber Zweifel kommen ihm dennoch nicht, nur mit den Hoffnungen ist es vorbei. Hatte er während der Offensiven noch schreiben können: »Wenn dieser Krieg hier nicht so grausam und mit allen Mitteln geführt würde, könnte ich richtige Freude daran finden,« so heißt es jetzt, Ende November: *»Was soll ich noch schreiben, soll ich jammern, wie schlecht es mir geht? Nein, dann lieber gar nichts.«* Das steht in seinem letzten Brief.

Die vom Kompanie-Chef angekündigte amtliche Mitteilung des Hauptverbandsplatzes traf übrigens nie bei uns ein. Zwei oder drei Monate später aber stand ein hinkender Soldat an unserer Wohnungstür, der sich als Frontkamerad von Wolfgang vorstellte. Meine Mutter setzte ihm etwas zu essen vor, und kauend, zwischendurch mit eignen Erlebnissen prahlend, erzählte der Überlebende, wie Wolfgang gestorben war. Wissen Sie, was ein Bauchschuß bedeutet? fragte er, und man sah, wie stolz er auf seine Kenntnisse war. Das Schlimmste, was einem passieren kann! Man brüllt vor Schmerz wie am Spieß. Als wir zum Verbandsplatz gefahren wurden, lag Ihr Sohn auf der Bahre über mir. Das Rütteln und Schütteln gab ihm den Rest. So ein Geschrei hab ich sonst nie gehört. Später hat er nur noch gestöhnt und wollte trinken, aber das gibt es beim Bauchschuß ja nicht. Gemacht haben die Ärzte nichts mehr mit ihm. Es lohnte sich nicht. Ein paar Stunden hat er sich noch gequält, aber mittags spätestens war er schon tot.

Von den Beileidsschreiben an meine Mutter ist eins nur erhalten. Es kam aus Königsberg/Neumark und schließt mit den Worten: »Tragen Sie den schweren Verlust wie eine *deutsche* Mutter. Fest drücke ich Ihnen in Gedanken die Hand.«

INTERNATIONALES HINTERPOMMERN

Jenes Pflichtbewußtsein, das uns auch in schlechten Lagen zum Aushalten zwang, haben wir wohl in erster Linie unserer preußischen Mutter zu verdanken, die ihre Grundsätze zwar nie klar formulierte, uns aber ein Beispiel gab. Was sein muß, muß sein! Jammern nützt nichts! oder Hilft ja nichts! Mehr als diese Redensarten bekamen wir von ihr darüber kaum zu hören, aber täglich lebte sie uns Klag- und Selbstlosigkeit vor. Pflichterfüllung, gleichgültig wo, wofür und warum, hatte ihren Wert in sich selbst; jedes Aufgeben war Niederlage, das die Selbstachtung kostete. Und deren Verlust war schlimmer als die Verachtung, die von anderen kam.

Da Mutter nie danach fragte, wer uns die Pflichten auferlegte, bestand für sie zwischen Schicksal und Pflicht wenig Unterschied. Was sein muß, muß sein, konnte sowohl Vaters schweigendes Ertragen der tödlichen Krankheit meinen, als auch Wolfgangs Disziplin als Soldat. Der protestantischen Preußin war auch die Obrigkeit Schicksal; ihr angeheiratetes Katholizismus änderte daran nichts; durch ihn wurden nur die Pflichten vermehrt. Das Leben außerhalb der Familie war hart, man mußte es zu ertragen lernen. Das Wort Würde benutzte sie nie; aber das meinte sie wohl, wenn sie von der Notwendigkeit sprach, sich nichts zu vergeben. »Was die Schickung schickt, ertrage. Wer ausharrt, wird gekrönt!« hieß es in unserm Zitaten-Quartett, und das war sicher nach ihrem Sinn.

Wir Kinder rebellierten manchmal gegen diese Maximen, richteten uns aber nach ihnen – mit Ausnahme von Karlheinz. Als wir im Februar 1941 unseren Vater in der Neuköllner Hermannstraße begraben hatten und ich in das Kinderlandverschickungslager, das mir nur acht Tage Urlaub gewährt hatte, zurückfahren sollte, vermied der zum Familienoberhaupt avancierte große Bruder alle Diskussionen mit mir über Durchhalten oder Kapitulieren und erklärte: ich sähe zu krank aus, als daß er mich ungeprüft diesen Strapazen aussetzen könne; eine Ärztin solle entscheiden, ob ich reisefähig sei. Ich zeigte mich unwillig, fügte mich aber. Ich begriff, was er vorhatte, und war in meiner Angst vor dem Lager bereit, mich betrügen zu lassen. Aber Zita, die Freundin aus dem katholischen Bildungszirkel, die mir schon die HJ-Untauglichkeit ärztlich bescheinigt hatte, war über das komplizierte Betrugs- und Selbstbetrugsmanöver nicht ausreichend informiert. Sie beging den Fehler, mir einleitend zu sagen, daß sich eine Krankheit gegen die weitere Kasernierung doch sicher finden ließe, und machte meinen Selbstbetrug damit zunichte. Zuzugeben, daß ich dieses Spiel mitspielte, war mir unmöglich; ich mußte Karlheinz des Verrats bezichtigen, das Attest über meine Blutarmut vernichten, vor Verzweiflung heulend in den D-Zug steigen, um in Oberschlesien noch ein halbes Jahr auszuharren: als Gefangener des eignen Zwangs.

Auch im Jahr darauf war ich dem noch ausgeliefert. Im Sommer 1942 (das Tagebuch, das ich vom Frühjahr an führte, sagt es genau: am 8. Juli, 6 Uhr, vom Stettiner Bahnhof) fuhr ich wieder in einem Massentransport, diesmal nach Pommern, um bei der Ernte zu helfen. 70 ADO-Schüler (drei Parallelklassen) waren wir bei der Hinfahrt, aber nur 21 von ihnen hielten die Verbannung aufs Land bis Anfang November durch. Obwohl ich es schlecht getroffen hatte, unter der schweren Arbeit, der Primitivität der Lebensumstände und der Abhängigkeit von primitiven Menschen litt, war ich einer der Unentwegten und so verzweifelt darüber wie stolz darauf. Ich hätte, um wegzukommen, nur entsprechend zu klagen brauchen, aber so sehr ich das wünschte, ich konnte es nicht. Ich lernte in dieser Zeit, mich meiner Haut zu erwehren, aber der Gewalt mit List zu begegnen, dem Druck von oben geschickt auszuweichen, das lernte ich nicht. Noch nicht.

Drosedow im Kreis Kolberg bestand aus einem Gut und mehreren Bauernwirtschaften, deren kleinste, von etwa 10 Hektar, der Witwe Lemke gehörte. Da sie im Dorf wenig galt, mußte Frau Lemke sich bei der Verteilung der neuen Arbeitskräfte mit dem schäbigen Rest, den niemand haben wollte, begnügen, nämlich mit mir. Kurz vor Mitternacht waren wir, 15 Fünfzehnjährige, auf einem von Pferden gezogenen Leiterwagen im Dorf eingetroffen, hatten uns, das Gepäck bei Fuß, im trüben Licht eines Tanzsaals in einer Linie aufstellen müssen und waren begutachtet und schließlich abgeführt worden; die bessere, will sagen kräftigere Hälfte gemeinsam aufs Gut, die andere vereinzelt auf die kleineren Höfe, die alle von Frauen und Greisen bewirtschaftet wurden, denn die Männer waren beim Militär.

Meine Chefin, die Alte genannt, war Mitte 40, sah aus wie 60, arbeitete wie eine von 20 und schimpfte von morgens bis abends wie ein Rekrutenausbilder, weil ihr alles zu langsam ging: das Arbeiten, das Essen und auch die Benutzung des Klos – eines Bretterhäuschens über der Jauchegrube, das ich nur selten aufsuchte, weil es einsturzgefährdet war. Herr Lemke war an der Schwindsucht gestorben; der Sohn war Soldat; die jüngere Tochter arbeitete als Köchin im Kolberger Kurhaus, und die ältere, Lene, ein stämmiges Mädchen von 25, rackerte mit uns auf dem Hof. Sie war beschränkt, aber gutmütig, konnte rechnen, aber ihren Namen kaum schreiben, hatte das Dorf nie verlassen und kannte kein schöneres Gesprächsthema als die Schamlosigkeit ihrer Schwester, die einen Badeanzug gekauft hatte und sich darin vor fremden Leuten am Kolberger Strand sehen ließ. Lene dagegen ging auch bei größter Hitze langärmlig und hochgeschlossen. Gebadet hatte sie nie, auch nicht in einer Wanne; sie würde sich, sagte sie, zu Tode schämen, ohne ein Hemd. Die Hauptarbeitskraft des Hofes, der kriegsgefangene Franzose, war ständiger Gegenstand ihres Interesses, aber der machte sich nichts aus ihr. Die Folge davon war, daß sie mir dauernd erzählte, er lauere ihr auf und versuche sie anzufassen, doch sie, als ein deutsches Mädel, gebe sich mit Feinden nicht ab.

Die Freundschaft zwischen dem Franzosen und mir war schnell geschlossen, als ich ihn mit seinem richtigen Namen nannte und damit seine Partei ergriff. Er hieß Marcel, war von der Alten aber Max getauft worden; denn auf deutschen Höfen wurde, wie sie sagte, Deutsch gesprochen und nicht Kauderwelsch. Als ich zum erstenmal Monsieur Marcel zu ihm sagte, reichte er mir mit großer Geste die Hand, und als ich ihm auf seine Bemerkung, er komme aus der Gegend von

Orleans, mit Jeanne d'Arc antworten konnte, lachte er glücklich und nannte mich Monsieur le Professeur. Gespräche mit ihm wurden zur einzigen Freude des Arbeitstages, und wenn auch die Sprachbarriere dem Austausch inhaltlich Grenzen setzte, so bot sie uns doch auch immer Stoff. Marcel hatte Freude daran, mich Französisch zu lehren und von mir im Englischen unterrichtet zu werden; denn über das Notwendigste hinaus Deutsch zu lernen, verbot ihm sein Stolz. Noch bevor wir zu pomme de terre und cheval kamen, mußte ich la guerre – grand malheur richtig aussprechen können, und seine politische Einstellung machte er mir mit den Worten deutlich: Hitler – misérable, Stalin – misérable, Churchill et Roosevelt – bon.

In der richtigen Erkenntnis, daß uns billigen Tagelöhnern (ich bekam pro Tag 50 Pfennig) der innere Antrieb zur Arbeit fehlte, vermied es die Alte möglichst, uns gemeinsame Arbeit zu geben, besonders wenn diese unbeaufsichtigt war. Sprachen wir in ihrer Gegenwart miteinander, fand sie, daß das Tempo der Arbeit darunter leide, und sagte böse: mit einem Franzosen mache sich kein Deutscher gemein. Einmal ging sie soweit, uns Gespräche ganz zu verbieten. Da setzte sich Marcel an den Feldrain, rauchte eine Zigarette, ich setzte mich zu ihm, und wir redeten weiter, während die Chefin schrie: sie wolle uns melden, dann aber ruhig wurde und schließlich in ihrem normalen Ton sagte: Nun aber wieder los!

Als Gefangener und als Mann genoß Marcel Privilegien, die er durch kurzfristige Streiks zu verteidigen wußte, und da die Chefin ihn brauchte, hatte er damit auch immer Erfolg. Morgens um sieben, wenn wir schon lange bei der Arbeit waren, kam er erst aus seinem Lager, sauber rasiert, nach parfümierter Seife duftend, die es bei uns lange schon nicht mehr gab. Wenn übers Rote Kreuz Pakete gekommen waren, rauchte er *Camel* und aß *Cadburry*-Schokolade. Oft reichte er Lene und mir ein Stück, übersah die Alte und warf Hasso, dem Hund, seinen Anteil zu. Abends, um 5 oder 6, wenn auf dem Gut, aber noch längst nicht bei uns, die Arbeitszeit endete, mußte Marcel schon am Hoftor stehen, um sich den anderen Gefangenen anschließen zu können, die ein alter Wachsoldat zu einem Lastwagen brachte, der sie ins Lager fuhr. Sonntags erschien er gar nicht zur Arbeit. Seine Pferde mußten dann von uns versorgt werden. Lene fütterte, ich mistete aus.

Mit den Pferden hingen Marcels männliche Privilegien zusammen. Wer sie unter sich hatte, war von niederer, das heißt von Frauen-Arbeit befreit. Marcel, der auch von Hause aus Bauer war, machte zwar Zugeständnisse, indem er sich manchmal beim Garbenbinden oder Flachsraufen beteiligte, aber die Zumutung, Rüben zu hacken oder den Hühnerstall auszumisten, ging ihm zu weit. Er trat in den Streik, und ich streikte mit für seine Belange, während er sich auch für die meinen einsetzte, für die Forderung zum Beispiel, meinen Schlafplatz auf dem Hausboden elektrisch zu beleuchten. Die nackte Glückbirne am Griff der Bodenluke, die mir an den länger werdenden Abenden das Lesen gestattete, war also Marcels Werk.

Die schöne Solidaritäts-Miniatur, die ich hier male, wird leider gestört durch den letzten Streit, den Marcel mit der Chefin hatte – eine heftige Auseinandersetzung um die Nichtigkeit einer Tischgemeinschaft und eine Illustration der bekannten Weisheit, daß Liebe zur Menschheit ein Kinderspiel ist gegen die zum Nächsten, den man sieht, hört und riecht.

Es war zur Zeit der Kartoffelernte, als die Mannschaft der Witwe Lemke Verstärkung erhielt. Nikolaj war Ukrainer, ein früh gealterter junger Mann, klein, aber kräftig, mit einem von Pockennarben entstellten Gesicht. Er kam in Lumpen, war unrasiert, halb verhungert und schmutzig, und er stank nach Urin. Drei Tage später war er zwar zweckmäßig gekleidet, aber an seine Körperpflege hatte er noch keine Minute verschwendet, und offensichtlich gedachte er das auch nicht zu tun. Daß er sich nach Tagen noch gierig aufs Essen stürzte, hätte sein Tischgenosse Marcel noch verzeihen können, daß er dabei aber schmatzte und schlürfte, war ihm zu viel. Wäre der Ukrainer krank, traurig oder verzweifelt gewesen, hätte der Franzose vielleicht Mitleid empfunden; da er aber nur dumpfen Gleichmut zeigte, widerspruchslos jede, auch die dreckigste Arbeit machte, in den Pausen schweigend auf den Fersen hockte und bei Kommunikationsversuchen ausdruckslos ins Leere starrte, wurde die Empörung über soviel Unerzogenheit durch keinen Gedanken an das traurige Schicksal des Zwangsverschleppten gebremst. Marcel fand seine französische Sicht Europas bestätigt, nach der hinter dem schon mangelhaft zivilisierten Deutschland die reine Barbarei beginne, und er kündigte jede Gemeinschaft mit diesem Kollegen auf. Da er in Nikolajs Gegenwart keinen Bissen herunterbrachte, drohte er mit Hungerstreik und Abkommandierung und brachte damit die Chefin in arge Verlegenheit. Denn eine Verordnung, die streng kontrolliert wurde, verbot das gemeinsame Essen von Deutschen und Ausländern. Die beiden Frauen hatten sich deshalb mit mir ins Wohnzimmer zurückgezogen, wo sie meinen Butter- und Sirupverbrauch überwachten und rügten. Marcel hatte den ursprünglichen Familieneßplatz in der Küche bekommen, den er nun mit seinem ungeliebten Alliierten teilen mußte – bis seine Forderung endlich erfüllt und Nikolaj in die Waschküche verbannt wurde, wo er auch schlief.

Auf die Frage, was ich damals über den Streit dachte, gibt das Tagebuch keine Antwort. Es zeigt aber, daß mich andere Fragen beschäftigten, denn jede Eintragung schließt mit Sätzen wie diesen: *»G. geht mir nicht aus dem Kopf.« »Viel an G. gedacht.« »Geschrieben hat G. noch immer nicht.«*

FORTSETZUNG DER POLITIK MIT ANDEREN MITTELN

Als Historiker meiner selbst halte ich heute andere Geschehnisse für wichtig als zu der Zeit, in der sie geschahen, und an die Übersichtlichkeit, die ich hier anstrebe, war damals nicht zu denken. Meine Jugend war wie ein chronisches Fieber, das das Bewußtsein trübt. Angst und Neugier, Vorfreude und Enttäuschung erzeugten eine nie abreißende Spannung und die täglich neu hinzukommenden Erkenntnisse eine Art Rausch. Da ich mich selbst erst entdecken mußte, wurde alles, was mit mir und um mich geschah, nur in bezug auf mich selbst registriert. Die eigne Verwobenheit ins Historische, die in der Rückschau interessiert, wurde nur am Rande bemerkt; der ausbleibende Brief der Geliebten konnte wichtiger sein als ein verlorener Krieg.

Die ganze Kriegszeit, das heißt die ganze Jugend hindurch war mein Aufnahmevermögen von Angst vernebelt und von den Folgen der Pubertät verwirrt. Aus dem Schutz der Familie entlassen, wurde überall Anpassung gefordert, die ich nur äußerlich leisten konnte; innerlich blieb ich der Fremde, der in ständiger Angst vor Entlarvung lebt. Die Todesangst dagegen blieb an akute Gefahren gebunden; das Wissen darum, daß man in der nächsten Nacht durch Bomben oder in absehbarer Zeit an der Front sterben könnte, wurde entweder verdrängt oder nur als Zukunfts- und Verantwortungslosigkeit wahrgenommen. Als 1942 mein Zeugnis zwei Fünfen (in Mathematik und Physik) und die Bemerkung: Versetzung gefährdet, aufwies, berührte mich das wenig. Schulsorgen wurden zu Lappalien, als Stalingrad nahte und ich 16 Jahre alt war.

Im Tagebuch 1942/43 kommen Politik und Krieg nicht

vor, die Schule selten, oft das Kino und die Literatur. Am meisten aber ist von jener G. die Rede, die aber in Person nur einmal auftritt, Anfang Juli 1942, als um El Alamein und Sewastopol gekämpft wurde und ich drei Tage später zur Erntehilfe nach Pommern fuhr. Sie kam am Sonnabendnachmittag, fuhr am Sonntagnachmittag wieder und ließ einen ihr gänzlich Verfallenen zurück. Die ungeschickt-euphorische Beschreibung dieser 24 Stunden füllt ein Schreibheft, ein zweites wurde später für die diversen Fortsetzungen angelegt. Die Chronik reicht, bei geringer werdender Ausführlichkeit und wachsendem Abstraktionsvermögen, bis Ende 1945, aber in Wirklichkeit endete die Geschichte noch nicht. Hat man Geduld genug, diese Herzensergießungen eines Liebenden, der nicht wiedergeliebt wird, zu Ende zu lesen, erkennt man die Spuren der preußisch-romantisch-katholischen Einflüsse wieder, von denen auf diesen Blättern schon oft die Rede war.

Wie ein Märchen fängt die Geschichte an: Er sieht ein Bild von ihr und glaubt in ihm das Traumbild erkennen zu können, nach dem er schon lange sucht. Daß ihr Vorname wie der seine mit G beginnt, scheint genau so mit Bedeutung geladen wie die Tatsache, daß sie einen Tag nach ihm geboren ist. Sie ist lang und dünn wie er, blond wie er, das jüngste von vier Geschwistern wie er, und in der Schule ist sie auch mehr an Sprache und Literatur interessiert als an Mathematik. Ein ihm verwandtes Wesen scheint sie zu sein, und in den Monaten, die noch vergehen, bis er sie leibhaftig sieht, kann er sie sich ganz nach seinem eignen Bild von sich formen. Als sie im Juli dann kommt, um mit ihm auf dem Zernsdorfer See zu paddeln, ist die Enttäuschung natürlich groß. Sie schwatzt unaufhörlich, gibt Plattheiten von sich, die sie für weise, abgegriffene Redensarten, die sie für witzig hält, und sie trällert sogar, was er besonders verachtet, die gängigen Schlager. Aber da ihr Äußeres dem Traumbild durchaus entspricht, hält er sich in ihrer Gegenwart daran schadlos, nennt in seinem schriftlichen Resümee ihr Gesicht entzückend, ihr Haar herrlich (»es hängt, zu Zöpfen geflochten, bis über die Brust herab«) und redet sich ein, daß der schlechte Eindruck, den sie auf ihn macht, trüge. Den einzigen hoffnungsvollen Hinweis auf ihr gutes Verhältnis zu ihm findet er in ihrer Frage, ob er ihr wohl aus Pommern mal schreiben werde. Das nimmt für ihn bald die Bedeutung eines Treueschwurs an, und da er ja gesagt hat, schreibt er ihr viele, bis zu sechs Seiten lange Briefe, wieder und wieder, bekommt aber erst im Herbst eine Antwort, die kurz und nichtssagend ist. Da Erfolglosigkeit für ihn kein Grund zum Aufgeben ist, benutzt er das nächste postlose Jahr dazu, seine Gedankenschöpfung, die er nach wie vor G. nennt, zu vervollkommnen. Andere Mädchen, die in seinen Gesichtskreis treten, können gegen dieses Ideal nicht bestehen.

Wenn die Zeit, die er später erste Eiszeit nennen wird, vorbei ist und sich die einzige Liebhaberqualität, die er hat, die Beständigkeit, auszahlt, ist er zufällig wieder in Pommern, wenn auch nur für zwei Wochen, auf dem Flakschießplatz Stolpmünde, also am Meer, im November, wo man das Glück, das einen zu überwältigen droht, in den Sturm hinausschreien kann. Sie hat ihm den ersten richtigen Brief geschrieben, dem in den nächsten Tagen und Wochen noch viele folgen werden, Reuebriefe erst, dann Liebesbriefe – die hier leider nur aus dem Gedächtnis zitiert werden können, da sie verloren sind. Er hat (das ist ein Gedanke aus späteren Jahren) seinen ersten schriftstellerischen Erfolg errungen: allein mit Briefen hat er Gleichgültigkeit in eine Zuneigung verwandelt, die sich von Brief zu Brief steigert, bis zu dem unverlangt abgegebenen und durch ein hehres Zitat verschönten Versprechen: so wie Marie von Brühl auf ihren im Felde stehenden Clausewitz gewartet hat, wird auch sie treu auf ihn warten, und sollten auch ihre Lebenstage darüber vergehen.

Der Vergleich mit Clausewitz kommt nicht von ungefähr.

In der Kleinstadt, in der sie lebt, wurde der allzeit Gerühmte geboren, und er wird auch vom BDM, in dem G. Führerin ist, hochverehrt. In Heimabenden führt sie ihren kleinen Mädchen (zu denen auch die spätere Schriftstellerin Brigitte Reimann gehört) Marie von Clausewitz als nachahmenswertes Beispiel deutscher Frauentreue vor, und ihrem beständigen Verehrer, der noch im November einen 4-Tage-Urlaub in ihrer elterlichen Wohnung verlebt, drückt sie als Bettlektüre die Brautbriefe des hohen Paares und ein in ihrer Kleinstadt verlegtes Büchlein in die Hand, das *Clausewitz und die vollkommenste der Frauen* heißt. Er liest es mit Andacht, aber auch mit Befremden; denn in die Rolle des patriotischen Militärtheoretikers gedrängt zu werden, behagt ihm wenig, und Worte der Liebe von anderen zu borgen, kommt ihm unstatthaft vor. G.s Briefe aber sind, wie er jetzt merkt, in ihren schönsten Teilen versteckte Zitate, woraus sich auch die Diskrepanz zwischen brieflichem und mündlichem Ausdruck erklärt. Im persönlichen Umgang sind G.s Stil und Wortwahl banal, und obwohl ihm, wenn es um Liebe geht, eine Gehobenheit der Sprache als angemessen erscheint, nimmt er sich Anpassung vor, um nicht zu verletzen; doch bietet sich leider dazu nie Gelegenheit.

Da er vormittags ankommt, während der Schulzeit, ist sie nicht an der Bahn; er fragt sich also zu ihrer Straße durch. Die große Wohnung, in einem Bau aus der Jahrhundertwende, zeigt mit schwarzen Eichenmöbeln, schweren Samtvorhängen, Teppichen und tuchverhangenen Lampen die verblichene Pracht aus Kaisers Zeiten; vom Vorderhaus erstreckt sie sich bis in den Seitenflügel, wo, im letzten von vier Durchgangszimmern, G. ihr Reich hat, das er nie zu sehen bekommt. Die sanfte Mutter ist zu ihm so herzlich, daß er schon ihretwegen die Tochter hätte lieben müssen; den Vater dagegen, einen knurrigen Volksschullehrer, scheint es zu stören, daß ein Fremder im Haus ist und drei Nächte auf der Couch im Herrenzimmer verbringt. Im Beisein der Mutter zwingt sich der Vater dazu, einen Gruß zu murmeln oder uninteressiert eine Frage zu stellen; trifft er den Besucher aber allein, gibt er ihm wortlos zu verstehen, wie lästig er ist.

Da G. nicht nur die Schule, sondern auch Chorstunden, Luftschutz-Übungen und BDM-Dienste besuchen muß, ist ihr Verehrer fast immer mit sich und der Mutter allein. Er hilft beim Kartoffelschälen, hört sich Geschichten aus G.s Kindheit und aus der ihrer Geschwister an, er muß Fotos betrachten, oder er durchstreift die Stadt. Meist aber zieht er sich ins ungeheizte Herrenzimmer zurück, um sich den Büchern zu widmen. Daß der Krieg die Fortsetzung der Politik mit anderen Mitteln ist, liest er hier zum erstenmal, denkt zum erstenmal den Gedanken, daß Wissenschaft in der Formulierung von Selbstverständlichkeiten besteht – (und jedesmal, wenn ihm Clausewitz später wieder vor Augen kommt, muß er an die Lampe mit grünem Schirm denken, die auf dem riesigen Schreibtisch stand). Im Bücherschrank und auf den Regalen ist aber vor allem Völkisches vertreten. Neben einer Spezialsammlung über die Auslandsdeutschen (G.s Vater ist örtlicher Leiter des Volksbundes für das Deutschtum im Ausland, VDA) gibt es Grundsätzliches von Jahn und Arndt über Chamberlain und Moeller van den Bruck bis zu Hitler, aber auch Flex, Kolbenheyer und Binding sind da. Das Novemberwetter und die abgestandene Herrenzimmeratmosphäre, Liebeskummer und Verzweiflung über den vertanen Urlaub fließen hier mit dem »Deutschen Volkstum« und der »Bauhütte« zu einer düsteren Erinnerung zusammen, die ihn nie verläßt.

Ein jeder Tag dieses Urlaubs ist nur in der Hoffnung auf den nächsten zu ertragen, und auch der letzte nährt noch die Erwartung auf ein klärendes Gespräch an der Bahn. G. bekommt er fast nur bei den Mahlzeiten zu sehen. Der einzige Spaziergang, den sie miteinander machen, führt sie in die Hauptstraße des Städtchens, auf den sogenannten Bummel, wo sich ihnen sofort Schulfreundinnen anschließen und an jeder Ecke ein Bekannter zu begrüßen ist. Abends, als sie vom Singen kommt, lauert er ihr im Korridor auf. Sie freut sich, ihn noch einmal zu sehen, legt aber den Finger auf die Lippen: Pst! Man könnte uns hören! und streckt ihm beide Hände entgegen, als wünsche sie endlich eine Umarmung, die er auch versuchen will. Doch merkt er, daß das Verlangen nach ihr ohne seinen Willen etwas an ihm verändert. Das erschreckt und beschämt ihn, denn sein Körper hat doch mit seiner Liebe zu ihr nichts zu tun. Auf keinen Fall darf sie von seinem Begehren, das er selbst nicht begreift, etwas merken. Er wendet sich also schnell ab und läßt sie, eine Entschuldigung murmelnd, gehen. Seine Hoffnungen aber läßt er nicht sinken; und wirklich bekommt er noch so etwas wie ein Geständnis mit auf den Weg. In der letzten Nacht ist bei einem harmlosen Fliegeralarm in Gegenwart der Eltern von Angst die Rede, und sie sagt: ihre sei geringer geworden, seit sie ihn an den Fliegerabwehrkanonen wisse; denn nun fühle sie sich zuverlässig beschützt.

Da die feindlichen Bomber von G.s Stadt aus noch mehr als 100 Kilometer nach Osten fliegen müssen, um in den Bereich der Berliner Abwehr zu geraten, kommt dem jugendlichen Vaterlandsverteidiger, der überdies inzwischen von der Ohnmacht seiner Waffe überzeugt ist, diese Erklärung so unsinnig vor, daß es ihm schwerfällt, nicht mit Spott zu erwidern. In der Bahn aber, zu der er allein gehen muß, da G. einen Erste-Hilfe-Kursus besucht, kann er den Wahrheitsgehalt dieser Worte verglichen mit der Absicht, in der sie gesprochen wurden, schon unwichtig nennen; und einen Tag später, wieder in der Baracke, wird eine versteckte Liebeserklärung daraus.

KUNSTHONIG

Am 3. Februar 1943 verkündete eine Sondermeldung in heroischen Tönen das Ende der Kämpfe um Stalingrad; am 18., dem Tag, an dem in München Hans und Sophie Scholl verhaftet wurden, hielt Goebbels seine Sportpalastrede, in der er den totalen Krieg ausrief, aus dem Untergang der 6. Armee schlußfolgerte, daß sich der Sieg nähere, und, frei nach Theodor Körner, mit den Worten schloß: »Nun, Volk steh auf, und Sturm brich los!«

Die Rundfunkübertragung dieser Rede hörte ich schon in einer der Wehrmachtsbaracken, die nun für mehr als zwei Jahre meine Unterkunft sein sollten. Da die Lautsprecher im Mittelflur des langgestreckten Holzbaus montiert waren, mußten wir die Rede bei geöffneten Türen in den Stuben anhören, wo Skat gespielt und gegessen wurde; denn das Interesse an politischen Verlautbarungen war gering. Niemand von uns begriff, daß der Krieg sich gewendet hatte und wir die Uniform der sieggewohnten Armee genau in dem Moment hatten anziehen müssen, von dem an es nur noch Rückzüge gab.

Am 15. Februar waren wir, drei sechste Klassen der Albrecht-Dürer-Schule, zum Dienst bei der Flugabwehr beordert worden, wo wir praktisch Soldaten, amtlich aber noch Schüler waren, die nicht vereidigt, sondern nur dienstverpflichtet wurden, weshalb der Einberufungsbefehl auch Heranziehungsbescheid hieß. Die gesetzliche Rechtfertigung dieses Militärdienstes für Kinder bot eine Notdienstverordnung von 1938, und wie immer bei unpopulären Maßnahmen versäumte man nicht zu betonen, daß »dies in anderen Ländern schon lange geschieht«. Der Obengenannte hat sich »um 9 Uhr in seiner Schule zu melden«, hieß es in dem vom

Polizeipräsidenten unterzeichneten Schreiben. »Der Einsatz erfolgt am Schulort oder in dessen unmittelbarer Umgebung. Die Schüler werden geschlossen der Einsatzstelle zugeführt.«

Ein Foto zeigt die Halbwüchsigen, noch in Zivil, an der Endhaltestelle der 64 in Berlin-Hohenschönhausen. Jeder trägt eine Tasche mit dem vom Heranziehungsbescheid vorgeschriebenen Inhalt, darunter »1 ESSBESTECK, 1 KAMM, 1 ZAHNBÜRSTE, 1 VORHÄNGESCHLOSS, 1 RASIERZEUG«, wobei letzteres den berechtigten Zusatz trug: »NACH BEDARF.« In Hut und Mantel steht ein Lehrer daneben, und ein Unteroffizier scheint sich zu fragen, was er mit diesen Kindern anfangen soll. Aus seinem Munde werden die Halbsoldaten das erste Kommando zum Antreten hören. Sie werden sich, was sie schon im Kinderlandverschickungslager gelernt haben, zur Marschkolonne formieren und auf der Chaussee über Felder marschieren, bis sie die trostlose Ansammlung von Baracken und Geschützwällen erreichen, die hier vor den Dörfern Falkenberg und Wartenberg liegt.

Das nächste Foto zeigt sie im Drillich beim Strafexerzieren. Die Militäralltagsöde, deren Ende nicht abzusehen ist, hat begonnen, allerdings noch mit Erleichterungen zum Eingewöhnen. Einmal in der Woche darf man nachmittags nach Hause fahren, und nach einem Ausbildungsmonat beginnt der Schulunterricht wieder, auf 18 Wochenstunden reduziert. Gelehrt werden nur Hauptfächer, und auch die werden nicht ernstgenommen; denn das »Luftwaffenhelferzeugnis« am Ende wird mit Sicherheit den Reifevermerk tragen, auch wenn es so schlecht ist wie meins.

Bei der Aushebung der Schüler- (später auch Lehrlings-) Soldaten, die amtlich Luftwaffenhelfer, volkstümlich Flakhelfer hießen, hatte neben dem Militär und der Schule auch die HJ Ansprüche angemeldet, doch blieben die auf eine Äußerlichkeit beschränkt: Zu der blaugrauen Ausgehuniform mit Luftwaffenadler mußte eine Hakenkreuzarmbinde getragen werden. Aber diese Vorschrift wurde weitgehend mißachtet; kaum war beim Verlassen der Stellung die Wache passiert, wurde die Armbinde abgestreift. Das sah nach Widerstands-Geste aus und wurde später auch oft so gedeutet; es war aber keine; die Motive waren mehr psychologischer als politischer Art. Der Halbstarke wollte als Mann, der Spätpubertierende als Erwachsener gelten; ein Erwachsener aber war Soldat und nicht Hitlerjunge. Und da man Soldatenpflichten erfüllte, empfand man das Hitlerjungenhafte als Degradierung und die Mißachtung der Vorschrift als Akt der Gerechtigkeit.

Die Mißachtung von Partei und Staatsjugend hatte eine starke Identifizierung mit der Wehrmacht zur Folge, so sehr man auch unter dem Militärdasein litt. Man war patriotisch oder auch nationalistisch, aber nicht national-sozialistisch. Verehrt wurden Ritterkreuz-, nicht Blutordensträger; Rommel und Prien waren Vorbild, nicht Goebbels, Rosenberg oder Ley. Um sich die Waffengattung aussuchen zu können, meldeten sich einige freiwillig zur Truppe; mancher wollte Offizier werden; aber nicht einer von den etwa 80 Flakhelfern unserer Schule meldete sich zur SS. Auch die HJ-Führer, von denen wir mehrere unter uns hatten, wurden schnell zu HJ-Verächtern; denn als Soldat war man erhaben über politische Kinderei. Verachtet wurden Parteibonzen, die als feige, korrupt und dumm galten, von Spott verschont aber blieb der Oberste Befehlshaber Hitler. Zwar war von Verehrung oder Begeisterung für ihn nichts zu spüren, aber die Notwendigkeit oder Rechtmäßigkeit seiner Macht wurde nicht angezweifelt. Nie habe ich in dem Jahr bei der Flak eine abfällige Äußerung über ihn gehört. So selbstverständlich war er wie Sonne und Regen, wie strenge Winter – und Krieg.

Natürlich waren wir alle, die wir 1933 Lesen und Schreiben gelernt hatten, von der herrschenden Ideologie infiziert worden, und zwar weniger vom Germanenkult und vom

Antisemitismus als von der schon seit wilhelminischen Zeiten tradierten »Deutschen Sendung« und dem »Soldatischen Geist«. Von der Welt isoliert, dumm gehalten und mit Vorurteilen beladen, waren wir als williges Kanonenfutter aufgewachsen; aber fanatische Nazis waren wir wider Erwarten nicht geworden. Was die älteren Jahrgänge betört und begeistert hatte: das Ordnungschaffen im Innern und das Kraftzeigen nach außen, die Sanierung der Wirtschaft und die Pracht der Fahnen und Aufmärsche, war uns selbstverständlich gewesen, das einst als erhebend empfundene Ritual lästige Pflicht. Die Kampflieder hatten das Kämpferische für uns verloren, und die Führerreden, die dauernd gehört werden mußten, ödeten uns an. Den Älteren war Hitler die Alternative zur Weltwirtschaftskrise und zu den Folgen des Versailler Vertrags gewesen; uns war er kein Retter mehr, sondern nur noch alltägliche Autorität. Die Aura, die ihn für die Masse der Deutschen umgeben hatte, begann zu verlöschen, als wir zu denken begannen. Grund zur Begeisterung waren für unsere Jahrgänge noch die militärischen Siege gewesen, die unser Denken mehr feldgrau als braun gefärbt hatten; die Niederlagen brachten Ernüchterung und Perspektivlosigkeit.

Die Einseitigkeit unserer Erziehung hatte uns zu politischen Analphabeten werden lassen. Man könnte auch sagen: wir waren unpolitisch, wenn man unter politischem Denken die Fähigkeit zur Entscheidung versteht. Der innere Widerstand, der sich da und dort, auch bei mir, regte, war weder politisch motiviert, noch wurde er so empfunden. Man fühlte sich unfähig zu dieser Art Leben; man lernte, sich zu entziehen; aber systemkritisch zu denken lernte man nicht – oder nur schwer, oder nur wenn ein Anstoß von außen kam.

Der einzige politisch Denkende, dem ich in diesem Jahr begegnete, war der Studienrat Dr. Neumann, ein altmodisch gekleideter Herr mit randloser Brille und dünner Stimme, der dem Pensionsalter schon nahe war. Er unterrichtete uns im Flak-Schuljahr in Deutsch und Geschichte, mißachtete dabei Methodik und Lehrplan und imponierte jedem, der ihm folgen wollte und konnte, durch Universalwissen und Mut. Ein Foto zeigt ihn, in sich zusammengesunken, auf einem Kasernenhocker sitzend, und wenn ich es sehe, höre ich wieder sein monotones Stimmchen, mit dem er, ohne ein Manuskript vor sich zu haben, Vorlesungen hielt.

Von der Ausbildungsstellung bei Wartenberg waren wir im März 1943 in eine Kampfbatterie versetzt worden, die auf den Hohenschönhausener Sportplätzen an der Berliner Straße lag. Eine Zeitlang waren wir dreimal in der Woche mit Straßen- und S-Bahn in unsere Neuköllner Schule gefahren; als aber die Luftangriffe häufiger wurden, kamen die Lehrer zu uns. Müde von den nächtlichen Alarmen, das Dröhnen der Abschüsse noch im Ohr, saßen wir dichtgedrängt in einer der Barackenstuben, im Winter möglichst in der Nähe des eisernen Ofens; im Sommer, wenn die Hitze unter den Pappdächern unerträglich wurde, im Freien. Im Drillichzeug fläzten wir uns auf den Wällen der Splittergräben; vor uns saß, kahlköpfig, das Kinn in die Hand gestützt, Dr. Neumann und teilte uns, abschweifungsreich, in gleichbleibendem Singsang, etwas von seinem literarischen und historischen Wissen mit.

Als er zum erstenmal in der Stellung erschienen war, die Hand bis in Kragenhöhe gehoben und sein »Heil, Luftwaffenhelfer« gemurmelt hatte, war die Klasse noch vollständig versammelt gewesen; später war nur noch ein Häuflein da. Höflich, als seien wir schon erwachsen, hatte er nämlich darum gebeten, daß nur Interessenten ihn anhören sollten; an Schläfern und Störern liege ihm nichts. Mancher, den Literatur und Geschichte nicht interessierte, kam der gelehrten Schnörkel und Witzchen wegen, die mal die Homosexualität der Griechen, mal die Prostitution oder die Parthenogenesis streifte – anläßlich letzterer das geflügelte Wort fiel: »Sie aber, meine Herren, können Ihren Penis noch so dick machen: Kinder bekommen Sie selbst nicht.«

Die fünf oder sechs von uns, die am eigentlichen Stoff seiner Vorträge Gefallen fanden, lernten bei ihm eine Vergangenheit kennen, die gar nicht vergangen war. Er aktualisierte Geschichte nicht, aber er erzählte sie so, daß sie Aktuelles streifte; er gab keine Nutzanwendung, aber seine Darstellung regte zur Anwendung an. Cäsars Sturz, Napoleons Fiasko in Rußland, Bismarcks Rückversicherungsvertrag oder die Leiden des jungen Schiller »in der Pflanzschule seines Landesherren und obersten Befehlshabers«, alles schnell, leise, leidenschaftslos und monoton vorgetragen, rührten an Gegenwärtiges und zwangen uns, genau hinzuhören, weil es uns selbst betraf.

Erst in den letzten Wochen des Jahres, als die Luftkriegslage gespannter, der Schulunterricht seltener wurde und unsere Flak-Zeit sich dem Ende näherte, kam Dr. Neumann auch stofflich der Gegenwart näher; er behandelte eine Zeit, die in unsere Lebenszeit schon hineinragte und uns doch dunkel geblieben war: die von Hitler immer Systemzeit genannte und heftig geschmähte Weimarer Republik. Über die Gewaltenteilung und die Wahlsysteme, über Volksentscheide und Ermächtigungsgesetze referierte er so wertungslos wie über sämtliche Parteiprogramme, nannte uns die Präsidenten, Kanzler und Koalitionen und stellte an den Wahlergebnissen den Verlauf des Republikuntergangs dar. Das Führerprinzip der Nazis war ihm nur eine politische Idee unter vielen; zu keiner davon wollte er uns bekehren; er stellte uns einseitig Erzogenen nur die Mannigfaltigkeit dar. Am Schluß seines Vortragszyklus stand die Weltwirtschaftskrise, und als er, pünktlich wie immer, endete, sagte er in unveränderter Stimmlage, auf den Brotaufstrich anspielend, den wir jeden Morgen an Stelle von Marmelade bekamen: Nun könnten wir heute zu Ehren des Mannes, der uns aus diesem Kunsthonig herausgeholt hat, einmal sagen: Heil Hitler, tun es aber nicht, da wir durch ihn in Kürze nicht mal diesen mehr haben werden. Er begann, wie Sie wissen, vor zehn Jahren das Dritte oder auch Tausendjährige Reich. Dieses behandeln wir, wenn wir einen geschlossenen Überblick haben. Pflicht für Sie ist, dazu erscheinen zu können. Auf Wiedersehen, Luftwaffenhelfer.

Da wir uns später diese Schlußsätze oft wiederholten, kann ich mich fast für deren Wortlaut, auf jeden Fall aber für deren Inhalt verbürgen. Wir wußten, wie gefährlich es war, so zu reden, und fürchteten um sein Leben. Es gab auch einige, die sich über ihn empörten; aber denunziert haben sie ihn nicht. Wenn ich richtig unterrichtet wurde, ist der kränkelnde alte Herr nach dem Krieg an Entkräftung gestorben. Geehrt für sein pädagogisches Verantwortungsbewußtsein hat ihn keiner, aber mancher hat noch lange in Ehrfurcht an ihn gedacht.

STREICHHOLZLÄNGE

Zum Reifeprozeß junger Menschen gehört das Erkunden fremder Sozialbereiche; das aber war uns Frühkasernierten verwehrt. Wir kannten nur Familie und Militär, Unterordnung und Abhängigkeiten; wir lernten weder, uns anderswo frei zu bewegen, noch uns zu entscheiden, blieben in dieser Hinsicht bis Kriegsende Kinder, wenn auch Entbehrungen und Gefahren uns frühreif machten und unsere Sprache und unser Gehaben das von erprobten Soldaten war. Wir blieben unerfahren im Umgang mit Frauen, lernten aber bis zum Überdruß Männer kennen; zwangsweise absolvierten wir Kurse in praktischer Männerpsychologie.

Individualitäten zeigen sich auch da, wo sie nichts gelten; auf gleiche Bedingungen für jedermann reagiert jeder Mann anders, so daß sich jedes Besondere besonders deutlich markiert. Meine Einteilung und Bewertung männlicher Charaktertypen entstand in diesen Extremsituationen, und die Erkenntnisse, die ich dabei sammelte, waren so prägend, daß mir noch heute Namen von damals als Klassifikationsmerkmale dienen und ich mich bei einer neuen männlichen Bekanntschaft oft frage: zu welcher Gruppe hätte der damals gehört?

Militärorganisatorisch waren die Luftwaffenhelfer, die nach einer kurzen Übergangsphase alle Mannschaftsposten der Batterie besetzt hatten, in die Geschütz- und die Meßstaffel geteilt; aber das war zufällig und besagte nicht viel. Manch mathematisch Begabter saß nicht am Funkmeßgerät (wie man das Radar damals nannte), sondern schleppte Granaten; und in keinem Bereich war Intelligenz tatsächlich vonnöten, höchstens Geschicklichkeit. Die militärische Funktion war es also nicht, die Gruppierungen schaffte, genau so wenig aber der Drang, sich hervorzutun. Für Luftwaffenhelfer nämlich gab es keine Möglichkeit zur Karriere. Jeder wurde nach einem dreiviertel Jahr (was nur lächerlich wirkte) Oberluftwaffenhelfer oder Luftwaffenoberhelfer, ohne daß auch nur der Sold sich erhöhte; von Anfang bis Ende der Dienstzeit gab es 50 Pfennig pro Tag. Die Unmöglichkeit aufzusteigen förderte (neben der wichtigen Tatsache, daß wir uns von Kindheit an kannten) den Zusammenhalt gegen Vorgesetzte. In keiner der anderen Zwangsgemeinschaften, denen ich später noch angehörte, habe ich solche Geschlossenheit im Widerstand gegen die Ansprüche der Hierarchie erlebt. Daß beim Strafexerzieren die beliebte Antreibemethode, dem Schnellsten die Befreiung davon zu versprechen, versagte, da alle sich gleichmäßig langsam bewegten und in wohlgeordneter Linie das Ziel erreichten, gehörte zu den erfreulichsten Momenten der Militärzeit für mich.

Obwohl die Politik mit hineinspielte, waren die Gruppierungen, die hier gemeint sind, auch nicht politischer Art. Auch Wissen und Bildung waren nicht unbedingt ausschlaggebend, wohl aber die Bereitschaft, sie erwerben zu wollen, beziehungsweise der Mangel daran. Wer die Sturheit des Dienstes zur eignen machte, Reden und Denken auf Essen, Appelle und Zoten beschränkte und als Freizeitbeschäftigung nur Blödeln und Skatspielen kannte, gehörte zur zahlreichsten Gruppe, die den größten Lärm machte, aus Mangel an Einfällen aber nicht tonangebend war. Während sie in sich einheitlich wirkte, war die kleinere Gruppe vielgestaltig und vielfach in sich zerstritten; denn die ausgeprägten Interessen der Untergruppen und Einzelgänger schufen Reibungsflächen, weil die eine Originalität der anderen gegenüber zwar so etwas wie Verwandtschaft spürte, ihr jedoch nicht immer mit Achtung begegnete, sondern manchmal auch mit Unverständnis, Spott oder Haß. Der Jazz-Enthusiast, der allem Komponieren vor den Bands in New Orleans Museumsreife attestierte, konnte zwar den Mathematiker, der sich mit Logarithmentafeln abmühte, gelten lassen, aber nicht den zukünftigen Pianisten, der auf Klassik schwor. Der dauerhaft Verliebte, der sich für einen Platoniker hielt, weil er reine Liebe, die seine, streng vom Sexuellen trennte, mußte vor dem frühreifen Casanova, der, durchaus glaubwürdig, mit einschlägigen Erfahrungen prahlte, neben Faszination auch Abscheu empfinden; und der Nietzsche-Leser hatte für den Eichendorff-Schwärmer nur Hohn parat. Man lernte voneinander, stritt sich, kränkte sich, ging sich auf die Nerven und aus dem Wege und gehörte doch zusammen, weil einem die kritiklose Selbstgenügsamkeit der Dauerskatspieler fehlte und man jederzeit wußte, daß das militärische Dasein nur ein erzwungenes, nicht-eigentliches war.

Es gab kuriose Typen darunter, wie einen Hartmut, der den Ehrgeiz hatte, sich das gesamte Reichsbahn-Kursbuch einzuprägen, einen Egon, der den *Faust* linkshändig abschrieb, um die rechte Gehirnhälfte zu üben, oder Long Pat, jenen schon erwähnten Sexualheroen, der oft und gern die Maße seines angeblich überlangen Phallus erwähnte und eine Vorliebe für sogenannte englische Reisekleidung hatte: für karierte Schirmmützen, Knickerbocker und lange Jacken, aus deren Taschen die Rennzeitung sah. Es gab die Selbstbewußten, die keinen Zweifel daran hatten, daß sie einmal Filmregisseure, Architekten oder Koryphäen der theoretischen Physik werden würden, den melancholischen Schweiger, der Gedichte las und lange Briefe verfaßte, von deren Empfänger man nichts wußte, und den Kunstpostkartensammler, der einem an Hand von Beispielen immer wieder beweisen wollte, daß die nationale Malerei nicht, wie behauptet wurde, nur nationalen, sondern auch internationalen Einflüssen unterlag.

Ob Paul Schultz, ein Schwarzhaariger mit wulstigen Lippen, den der Assessor Krättge, seiner Aufsätze wegen, genial genannt hatte, Dramatiker oder Theaterkritiker werden wollte, kann ich nicht sagen, da er nie über sich selbst sprach. Er mußte jede Aufführung des Schauspielhauses und des Deutschen Theaters gesehen haben; stundenlang, manchmal nächtelang, stand er an nach Karten, und in den Tagen nach einer Premiere jagte er allen Zeitungskritiken nach. Ich bewunderte ihn, wurde aber von ihm kaum beachtet, da meine Theaterkenntnisse kläglich waren. Man hatte auch nie den Eindruck, daß er Gesprächspartner brauchte. Er war mit allen gut Freund und doch immer allein. Den Krieg hat er nicht überlebt.

War Schultz ein intellektueller Theatermann, so Karl-Heinz E. ein emotionaler; was dort brennendes Interesse genannt werden konnte, war hier glühende Leidenschaft. Karl-Heinz wollte Schauspieler werden und bereitete sich in jeder freien Stunde auf die Prüfungen vor. Aus dem zur Korpulenz neigenden Knaben, der in Kattowitz seinen Widerstandswillen durch Zeigen des nackten Hinterns bekräftigt hatte, war ein korpulenter Jüngling geworden, der robust aussah, aber im höchsten Grade sensibel war. Wenn er beleidigt wurde oder sich durch harmlose Neckereien beleidigt fühlte, konnte er jähzornig werden, so daß man ihm lieber aus dem Wege ging. Jahrelang hatte er sich der Chemie ergeben und im Keller des Einfamilienhauses in der Britzer Lining- oder Miningstraße in gefährlicher Weise experimentiert; dann aber hatte ihn mit der gleichen Ausschließlichkeit die Schauspielleidenschaft ergriffen und ihn in alle Aufführungen getrieben, die Berlin bot. Er studierte die ihm auf den Leib geschriebenen Rollen, wie den Götz und den Richter Adam, und wählte sich, seiner Statur entsprechend, als Vorbilder Emil Jannings und Heinrich George aus. Zu den Attributen, die ihn als kommenden Mimen auswiesen, gehörte, neben der volltönenden Stimme und der heftigen Gestik, auch sein vorschriftswidrig langes Haar. Streng nach hinten gekämmt, reichte es bis in den Nacken, fiel aber, da es glatt lag, nicht sonderlich auf. Dem Befehl, es zu kürzen, war er monatelang nur symbolisch nachgekommen; in einer der zyklisch wiederkehrenden Krisen zwischen Oben und Unten aber, in denen irgendein Anlaß dazu benutzt wird, die gelokkerte Disziplin wieder zu straffen, wurde an ihm ein Exempel statuiert.

Den Anlaß dazu bot das Verhältnis der Luftwaffenhelfer zu den russischen Kriegsgefangenen, mit denen Kontakt aufzunehmen verboten war. Um im Lager nicht verhungern zu müssen, hatten die Russen, wie man erzählte, sich freiwillig zur Flak gemeldet, aber sie hatten nicht viel gewonnen dabei; denn unsere Verpflegung, die schlecht, aber reichlich war, bekamen sie nicht. Die Wassersuppen, von denen sie leben mußten, wären für uns unzumutbar gewesen; wir fragten uns, wie sie davon existieren, schwer arbeiten und sogar singen konnten. Die Antwort machten wir uns einfach: sie waren es nicht anders gewohnt. Am Rande des Sportplatzes, zwischen einer alten Brauerei und einem Friedhof, schliefen sie zusammengepfercht in runden Kleinstbaracken, sogenannten Finnenzelten, in denen man nicht aufrecht stehen konnte. Am Abend erklangen von dorther ihre traurigen Lieder, am Tage mußten sie Schanz- und Bauarbeiten verrichten, und bei nächtlichen Luftangriffen schleppten sie die Granaten herbei. Sie durften nicht mit uns reden und nicht unsere Baracken betreten; aber da wir nachts an den Kanonen mit ihnen zusammen waren, löste sich die graue Masse der kahlgeschorenen Elendsgestalten langsam in Individuen mit Namen auf. Man sprach, so gut es ging, ein paar Worte mit ihnen und gewöhnte sich an ihre Gesichter, wenn man sie angstverzerrt im Schein des Mündungsfeuers oder der Leuchtbomben sah. Wenn in den Feuerpausen Zigaretten herumgingen, wurden die Russen nicht ausgelassen; manchmal dachte man dran, ihnen Brot mitzubringen; aber von kameradschaftlichen Beziehungen zu sprechen, wäre trotzdem verfehlt. Mitleid und Überlegenheitsgefühle waren bei diesen freundlichen Gesten bestimmend, und manchmal entstanden zwischen einem sechzehnjährigen Flakhelfer und einem erwachsenen Gefangenen auch Herr-Diener-Verhältnisse, und zwar nicht nur, weil die Hungernden sich zum Schuheputzen und Ausfegen anboten, sondern auch weil es mancher Junge genoß, den Befehlsgeber und Gnadenverteiler zu spielen – was billig zu haben war, denn die Dienste wurden mit Resten vom Mittagessen und hartgewordenem Kommißbrot bezahlt. Wochenlang war das stillschweigend geduldet worden, dann wurde, auf Befehl höherer Stellen wahrscheinlich, das Verbot des Kontakts mit den Russen erneuert, und als wenig später Brot in den Finnenzelten gefunden wurde, war es Zeit für ein Strafgericht.

Ein Appell aller Luftwaffenhelfer, bei dem die Übeltäter, die das Brot an die Russen gegeben hatten, nicht zu ermitteln waren, leitete ein mörderisches Strafexerzieren ein. Gegen seine Gewohnheit war auch der Batteriechef dabei, ein Oberleutnant, der immer müde und uninteressiert wirkte und seiner Vorsicht bei Angriffen wegen als feige galt: er ließ nur auf abfliegende Flugzeugverbände schießen, die auf uns keine Bomben mehr werfen konnten – wofür ich ihm heute noch dankbar bin. Die zur Angsterzeugung notwendige Brüllerei überließ er den Unteroffizieren, hielt aber mit weicher Stimme eine drohende Rede, in der Mitleid mit dem Feind als Verrat an Deutschland bezeichnet und zum Schluß angekündigt wurde, daß von nun an nicht nur Russen-Kontakte, sondern auch alle anderen Disziplinarverstöße unnachsichtig geahndet würden, wie zum Beispiel Unpünktlichkeiten oder unmilitärisch langes Haar. Bei der Kontrolle, die sofort durchgeführt wurde, ermittelte man mehrere Sündenböcke, die den Befehl erhielten, sich beim nächsten Morgenappell mit vorschriftsmäßigem Haarschnitt zu melden, was auch geschah. Sie mußten vortreten und das Haar in die Stirn streichen. Es durfte nur bis zur Nasenwurzel reichen. Bei Karl-Heinz reichte es bis zum Kinn.

Der Friseur in der Berliner Straße, der fast ausschließlich für die Flakbatterie arbeitete, war in der Mittagspause gut zu erreichen, wenn man nicht zu lange aß. Karl-Heinz, der sich nachmittags vor Dienstbeginn auf der Schreibstube zu melden hatte, aß an diesem Tag gar nicht und war pünktlich beim Spieß. Während wir die Kanonen putzten, sahen wir ihn in Begleitung auf die Offiziersbaracke zugehen. Wenig später wurde zu einem Sonderappell gerufen. Der Batteriechef war, gegen seine Gewohnheit, sehr aufgeregt. Karl-Heinz mußte vor der Front Aufstellung nehmen und auf Befehl die Mütze abnehmen. Er tat es, zeigte uns seinen kahlen Schädel und schrie dazu: Befehl ausgeführt!

Der Friseur hatte sich anfangs den Wünschen seines Kunden verweigert, sich dann aber unter der Bedingung bereit gefunden, daß ihm der Auftrag schriftlich erteilt wurde. Und Karl-Heinz hatte geschrieben: hiermit bestätige er, daß die völlige Beseitigung seines Haupthaares auf seine Bitte hin erfolge, Ort, Datum und Unterschrift.

Dem Batteriechef war das Weiß der Kopfhaut ein Signal für Ungehorsam und eine Sympathieerklärung für die Russen. Er sprach von Verächtlichmachung der Wehrmacht, von einer Schande, die der Öffentlichkeit vorenthalten werden mußte. Karl-Heinz erhielt so lange Ausgangssperre, bis das Haar wieder gewachsen war. Drei Unteroffiziere wurden angewiesen, sich den Missetäter vorzunehmen, jeder eine Stunde lang. Während wir wieder an die Geschütze und Geräte gingen, wurde er, in Stahlhelm und Gasmaske, umhergejagt.

Das Strafexerzieren oder auch Schleifen, das seit Anfang des 19. Jahrhunderts die Militärprügelstrafe ersetzt, besteht in Ordnungs- oder Gefechtsübungen, die, ihres Übungscharakters entkleidet, einen Zustand körperlicher Erschöpfung herbeiführen sollen, der an Unluststärke dem Schmerz, den Schläge bereiten, etwa entspricht. Da der Exekutor hier nicht mit Hand anlegt, sondern nur befiehlt, der Delinquent also nicht, wie beim Prügeln, der Gewalt unterliegt, sondern gezwungen ist, sie sich selbst zuzufügen, ist der Würdeverlust größer, wenn er, nicht an die Pritsche, sondern nur an Angst und Gehorsam gefesselt, Herz, Lunge und Muskeln überbeansprucht und auf dem Bauch durch Schlammlöcher kriecht.

Hochrot im Gesicht und schwer atmend, wurde Karl-Heinz nach Dienstschluß in die Baracke getragen. Er bekam Fieber, wurde am Abend noch in das Krankenrevier am Orankesee gefahren und lag am Morgen bewußtlos im Bett. Das zerbrochene Fieberthermometer zeigte, daß er sich mit Quecksilber vergiftet hatte. Nach dem Auspumpen des Magens behauptete er, von seiner Tat nichts zu wissen. Vier Wochen später wurde er wegen Nervenzerrüttung aus dem Flakdienst entlassen. Ich begegnete ihm beim Arbeitsdienst wieder. Beim Rollenlernen war er inzwischen zum *Faust* übergegangen. Aus der Glatze war ein Stoppelhaarschnitt geworden. Meine Bewunderung seiner Todesverachtung wies er zurück: Er habe gewußt, wieviel von dem Zeug sein Körper vertrage, schließlich sei er versiert in Chemie.

Daß das Jahr bei der Flak mir weniger verloren scheint als das nächste, hat in erster Linie mit Freunden zu tun. Das Glück des Anerkannt-Werdens, das Heilsame des Sich-aussprechen-Könnens und die Pflicht des Zuhörens lernte ich durch sie kennen; ich wurde gezwungen, meine krausen Gedanken durch Formulierung zu klären und zum Selbstschutz die Fähigkeit auszubilden, auf die eigne Empfindsamkeit nicht ständig böse zu sein.

Von den zwei Freunden, die sich zu meinem Leidwesen nicht mochten, konnte nur H. als mein ständiger Dialogpartner gelten; denn Wolf war in den Freistunden mit Briefe- und Tagebuchschreiben beschäftigt und in Gesprächen so zurückhaltend wie ich. Wir wohnten in (oder wie es hieß: auf) einer Stube zusammen, hielten uns in den Marschkolonnen nebeneinander und rannten bei nächtlichen Alarmen gemeinsam von den Baracken zu den Geschützen, wo wir die gleiche Arbeit ausübten, nämlich die Zünderstellmaschinen bedienten, er beim Geschütz Cäsar, ich bei der Nachbarkanone, die Berta hieß. Er war gefühlsbeladen wie ich, nur mit stärker melancholisch getöntem Einschlag, verbarg das aber hinter komischen Attitüden, wie mit verstellter Stimme zu reden oder schwer von Begriff zu sein. An wen seine endlosen Briefe gerichtet waren, erfuhr ich in diesem Jahr nicht, erst im nächsten, beim Arbeitsdienst. Er liebte, wie ich, Eichendorff- und Lenau-Gedichte, und er brachte mich dazu, Manfred Hausmann zu lesen, dessen *Salut gen Himmel* er besser kannte als jeden andern Roman. Mir gefiel *Lampioon*, der Mädchen und kleine Birken küßt, besser, auch wenn ich mich deswegen gegen H. verteidigen mußte, für den dieses neoromantische Zeug, das nur schöne Gefühle erzeugte, nicht Kunst, sondern Edelkitsch war.

Die Freundschaft mit Wolf, die auf der Ähnlichkeit unserer Wesen beruhte, war frei von Machtgelüsten und Unstimmigkeiten, die mit H. dagegen war spannungsgeladener und produktiver, aber oft auch verletzend und bedrückend für mich. Er war der Überlegene, gegen den ich mich nie durchsetzen konnte; aber der ständige Anreiz, es zu versuchen, wirkte fördernd auf mich. Mit dem Licht seiner Vernunft erhellte er ein wenig mein romantisches Dunkel, und in die Kuhstallwärme meiner Gefühle, wie er das nannte, brachte er den kalten Zugwind der Ironie. Meine Liebesleiden interessierten ihn, weil sie ihm Einblicke in die Niederungen des Lebens gaben; denn er lebte weit weg von diesen, auf den Höhen des Geistes, und seine Aufgabe war es, den Wonnen der Gewöhnlichkeit zu entsagen und höher zu steigen, bis dorthin, wo es am eisigsten und einsamsten war. Er war Narziß und ich Goldmund, sagten wir später, und auch als Hans Castorp fand ich mich wieder. H. wäre die Mephisto-Rolle ebenfalls recht gewesen, doch paßte die nicht, da bei mir zu großer Mangel an Faustischem herrschte.

Wie H., der aus einer Arbeiterfamilie stammte, in der keine Bücher gelesen wurden, auf seine Geisteshöhen gelangt war, habe ich niemals erfahren können; denn zu den Literaturenthusiasten, die gern über die Anfänge ihrer Leidenschaft reden, gehörte er nicht. Alles Aufrühren von Vergangenem rechnete er unter die Sentimentalitäten, die er bei mir belächelte, sich selbst aber verbot. Er hörte gern zu, wenn ich von meiner Karl-May-Begeisterung und -Desillusionierung, von meinen kindlichen Plänen, mir die gesamte Literaturgeschichte anzulesen, von meinen Listen gelesener Bücher und meinen Zitatensammlungen erzählte; aber von eignen Lektüre-Anfängen sprach er nie. Er wollte nicht als Gewordener (also als früher mal Kleinerer, Dümmerer) gesehen werden, sondern als der, der er war: als der Scharfsinnigste der Klasse, der in allen Diskussionen, von welcher Art sie auch waren, immer der Überlegenere war.

Seinem Bestreben, keine Vergangenheit zuzulassen, war natürlich auch die von mir gern erwähnte Geschichte unserer Freundschaft im Wege. Er versuchte nicht nur, mir das Reden darüber abzugewöhnen, sondern er stritt auch die Tatsachen, die ihm unangenehm waren, rundheraus ab. Sehr genau war mir zum Beispiel unser erstes Gespräch in Erinnerung geblieben, das in dem Winter vor unserer Einberufung stattgefunden hatte, in Neukölln, in der Ganghoferstraße, wo sich, unter einem Dach mit den Schwimmbädern, die Volksbücherei befand. Da wir in verschiedenen Parallelklassen waren, kannten wir uns vom Sehen, ohne miteinander gesprochen zu haben; in der Bibliothek aber, wo sich die Ähnlichkeit unserer Interessen enthüllte, war ein Gespräch leicht. Dabei empfahl er mir (und das war der Punkt, den ich aus meiner Erinnerung löschen sollte) eine Buchreihe des Langen/Müller-Verlages in München, die Gegenwarts-Dramen brachte, von Hanns Johst, Eberhard Wolfgang Möller, Gerhard Schumann und anderen dieser braunen Couleur. Da er das alles ein halbes Jahr später nicht ernstzunehmenden Dilettantismus nannte, durfte nicht wahr sein, daß er auf dieser niederen Stufe der Urteilskraft einmal gestanden hatte. Für ihn war das abgetan, und für mich hatte das auch so zu sein. So lange stritt er den Wahrheitsgehalt meiner Erinnerung ab, bis ich nachgab und einräumte: möglicherweise hätte ich mich geirrt.

Da der große Ehrgeiz, der ihn beherrschte, sich auf Höheres richtete, waren die kleinen Ehrgeize, die Schule und Militär erzeugen, keine Versuchung für ihn. Nie versuchte er sich nach vorn zu spielen; weder als Primus noch als Versager wollte er auffällig werden; sein Platz war das Mittelfeld. Die ständigen Aufforderungen, Offiziersbewerber zu werden, die mich zeitweilig in Entscheidungsschwierigkeiten brachten, wies er mit Bestimmtheit ab. Sein Ziel beim Militär, erklärte er lächelnd, sei das tote Gleis jeder Karriere, der ewige Obergefreite, und das möglichst in einer Schreibstube bei dem entlegensten Stab. Durch ihn, der jede freie Minute für die Zeit danach nutzte, lernte ich den Krieg als ein Stadium des Durchgangs zu betrachten, das möglichst unbeschädigt zu überstehen war. Denn das bißchen Geist, das es gab, mußte gerettet werden, und da jeder Dummkopf den Finger am Abzugshahn krümmen konnte, waren die Überlebenschancen für kluge Köpfe nicht groß. Speziell wir aber, die jungen Deutschen, würden uns wahrscheinlich auch als Überlebende noch bis zum eigentlichen Leben lange gedulden müssen; denn gewänne Deutschland den Krieg, würden wir die Uniform noch Jahrzehnte am Leibe behalten müssen, weil wir als Besatzung in Libyen oder am Polarkreis säßen; ein verlorener Krieg dagegen würde uns wohl in einem sibirischen Bergwerk sehen.

Häufiger als diese Zukunfts-Gespräche, die mir ihrer Seltenheit wegen in Erinnerung blieben, waren solche über meine Liebesleiden und -freuden, samt den dazugehörenden Briefen, und natürlich die über Literatur. H. begann in dieser Zeit Nietzsche zu lesen, dessen Weisheiten zu seinen zu machen und mich damit zu schockieren, was ihm auch gut gelang. Da meine Bildung und meine Geduld nicht reichten, um H. in dieser Lektüre zu folgen, lernte ich den Philosophen nur durch speziell für mich ausgewählte Zitate kennen, die das Christentum, das Verhältnis zur Geschichte und selbstverständlich die Frauen betrafen; denn die abfälligen Äußerungen über letztere hatten für H., der keine kannte und sie, wie ich erst später merkte, vermißte, einen besonderen psychotherapeutischen Wert. Während er seine Trauer über die Liebesleere mit dem Pathos des gewollt Einsamen verbrämte, der in den Eis- und Felsregionen jenseits von Gut und Böse dem unbekannten Gotte opfert, versenkte ich mich in die wehmutsvolle Süße der *Immensee*- und *Aquis submersus*-Welt.

Meine Erinnerung sagt mir, daß ich auf den Holzhockern der Hohenschönhausener Baracken fast ausschließlich

Stormsche Novellen gelesen habe, aber sie muß sich von der noch vorhandenen Liste gelesener Bücher berichtigen lassen, mit deren Führung ich ein Jahr vor der Flakzeit begonnen hatte. Auf 96 Seiten enthält ein Schulheft Nachricht über meine Lektüre von 1942 bis 1960, für jedes Buch eine Zeile, nichts als Titel, Verfasser und Datum; aber da sich einige Titel in meinen Gedanken mit Lebensstationen verknüpfen, blättere ich heute in seinen Seiten wie in einem nur mir erschließbaren Tagebuch.

Dieser akkuraten Buchhaltung nach habe ich vom 15. Februar 1943 bis zum 15. Februar 1944 genau 120 Titel gelesen – was nicht so gewaltig ist, wie es aussieht, da es sich dabei meist um Erzählungen und Dramen handelt und die Titel aus Sammelbänden einzeln aufgeführt sind. An Storm-Novellen, die in meiner Erinnerung alles andere überdecken, sind nur 10 darunter, und auch die klassischen Dramen, die ich mir durch einen strengen Leseplan verordnet hatte, machen nur 25 Titel aus. Die Masse des übrigen setzt sich erstaunlicherweise aus damals gängiger Ware zusammen, von nordischen und flämischen Bauernromanen bis zu Dwinger und Blunck. Heute mit dem Dokument konfrontiert, kann ich mich wieder an eine kurzfristige Begeisterung für Binding und an Langeweile bei Carossa und Jünger erinnern, besonders gut aber an die wiederholte Lektüre der Erzählung *Der Schleier* von Emil Strauß. Alles andere hat keine Spuren in mir hinterlassen; es war wohl danach. Auffallend ist, daß die Gegenwarts-, das heißt die Nazi-Literatur, sich zu Beginn des Jahres häuft, dann aber fast vollständig verschwindet; die rasche Entwicklung, die H. in dieser Hinsicht gemacht hatte, wurde von mir anscheinend mitgemacht. Deplaziert in dieser Umgebung wirken zwei damals verbotene Bücher: Remarques *Im Westen nichts Neues* und der *Grischa* von Arnold Zweig. Die waren aus dem verschlossenen Teil des väterlichen Bücherschranks in meine Hände gekommen, als unsere Wohnung von Bomben zerstört worden war. Die habe ich mit

Aufregung gelesen, und sie sind mir nie aus dem Gedächtnis verschwunden, aber gefallen haben sie mir damals nicht. Es war zuviel Häßliches darin.

Daß ich auch nur einen der freien Nachmittage, die uns einmal in der Woche gewährt wurden, mit einem der Freunde verbrachte, ist unwahrscheinlich; denn diese Stunden benutzte ich, um allein zu sein. Den Freiheitsentzug konnte ich leichter ertragen als das Immer-in-Gesellschaft-sein-Müssen; das war eine Qual, an die ich mich nie gewöhnte und die von Monat zu Monat wuchs. Auf die Minute genau verließ ich am Mittag die Stellung, fuhr mit der 64 bis zur S-Bahn an der Landsberger Allee – und ging 20 Minuten später schon durch Straßen, in denen ich jede Haustür und jedes Schaufenster kannte und wo mir die Uniform, die ich zu Hause nicht schnell genug loswerden konnte, besonders unpassend schien. Meine Mutter hatte eins ihrer zwei Zimmer an ein Ehepaar vermietet, aber die schmale Kammer, einst das Kabuff der wohlriechenden Tante, war mir geblieben, und in diese zog ich mich, nachdem ich mit gesparten Vorräten verwöhnt worden war, mit meinen Erinnerungen an glückliche Kindheitstage zurück. Die Bäume und Sträucher des Hofes waren größer geworden und verstellten den Blick auf Renis Garten; aber der interessierte mich nicht mehr. Ich hatte Freude daran, meine anwachsenden Bücherbestände zu ordnen oder in den Prospekten zu lesen, die ich mir von den wenigen noch existierenden Verlagen schicken ließ. Der einzige Grund, in diesen glücklichen Stunden das Haus zu verlassen, war der, das Bickhardtsche Antiquariat in der Bergstraße aufzusuchen, wo ich dann, 5 bis 10 Mark in der Tasche, entscheidungsschwach auf hohen Leitern turnte oder selbstvergessen auf der bei jeder Bewegung knarrenden Holzgalerie saß. Da man meine Unlust, Wünsche zu äußern, bald kannte, ließ man mich, bis der Ladenschluß nahte, in Ruhe, so daß ich über die Bestände einen guten Überblick hatte; denn die Zu- und Abgänge waren gering. Ich verschob deshalb meine Entscheidungen oft von einer Woche zur andern. Eine siebenbändige Stifter-Ausgabe, die nur 7 Mark kosten sollte, ging mir auf diese Weise verloren; schändlicherweise hatte Freund H. sie mir weggekauft. In Erinnerung geblieben ist mir auch eine zweibändige Storm-Ausgabe in Halbleder; die hätte ich gern gekauft, wenn sie billiger gewesen wäre, ihrer Vollständigkeit, nicht ihres Vorworts wegen, das von einem Mann stammte, den ich damals nicht kannte, dessen Name mir aber gleich wieder einfiel, als ich ihn zwei Jahre später hörte: Thomas Mann.

Da die Freistunden im Sommer bei Anbruch der Dunkelheit, im Winter schon um 19 Uhr endeten, vergingen sie viel zu schnell. Manchmal mußte ich sie auch in Luftschutzkellern verbringen, wo ich seltsamerweise jetzt Angst hatte. Unter freiem Himmel an der Kanone, wo ich hören und sehen konnte, woher die Gefahr kam und wie groß sie war, konzentrierte sich die Todesangst auf wenige Minuten, im Keller aber, wo ich blind und bewegungslos warten mußte, ließ mich der Gedanke, in der nächsten Sekunde von Schuttmassen begraben zu werden, keinen Augenblick los.

DAS PUPPENHAUS

Als es später für diese Art von Unglücksfällen Regeln und Organisationsformen gab, wußten alle Beteiligten, was sie erwartete und was von ihnen erwartet wurde, auch in bezug auf das Äußern oder Verhalten von Gefühlen. Als es mich traf, fehlte diese Erfahrung noch; jeder mußte improvisieren und zeigte dabei mehr als sonst von sich selbst.

Der Luftangriff hatte bald nach Mitternacht begonnen, doch einem anderen Stadtteil gegolten, und wir hatten das Grollen der Detonationen nur aus der Ferne gehört. Der Feuerschein, der die trübe Nacht ein wenig erhellt hatte, war aus der Richtung Neukölln oder Treptow gekommen; doch hatten wir uns nach dem Ende des Alarms ohne größere Sorgen als sonst schlafen gelegt.

Der Anruf kam etwa um fünf und stürzte den diensthabenden Unteroffizier in Verlegenheit; denn Befehle darüber, wie bei einem solchen Vorfall zu handeln war, gab es noch nicht. Der Unteroffizier Grütte, ein Tischlermeister aus Kremmen, der das Glück, in Berlin statt an der Front Dienst tun zu können, zu schätzen wußte und deshalb immer bestrebt war, durch Korrektheit zu glänzen, war nicht sicher, ob die Sache wichtig genug war, um den Hauptwachtmeister zu wecken. Er wartete also vorsichtshalber den allgemeinen Dienstbeginn ab.

Nach Alarmnächten wurde eine Stunde später, um sieben also, geweckt. Grütte lief, die Trillerpfeife betätigend, durch den Mittelgang der Baracke, riß die Stubentüren auf, brüllte sein Aufstehen! hinein und setzte, um seine Qualifikation als Ausbilder zu beweisen, ein Schimpfwort hinzu. Da Grobheit seinem Wesen eigentlich zuwider war, neigte er in dieser Hinsicht zur Übertreibung.

Entgegen der Dienstvorschrift, die einen Soldaten will, der bei Ertönen des Weckpfiffs schon auf den Beinen ist, lag ich noch, deprimiert von der Öde des kommenden Tages, unter der Decke, als Grütte sich durch die Reihen der Doppelstockbetten zwängte und im Normalton, der nach seinem Geschrei geradezu herzlich klang, zu mir sagte: De Bruyn, gehn Sie sofort zum Spieß.

Am Morgen, vor dem Frühstück schon, in die Schreibstube beordert zu werden, war so außergewöhnlich, daß die Angst vor Bestrafung, die, als Grundlage militärischer Ordnung, den Soldaten ständig begleitet, kaum aufkommen konnte; dafür aber eine andere, allgemeinerer Art, die wie Erstarrung und Kälte daherkommt und einen dazu bereit macht, nichts in sich eindringen zu lassen, so entsetzlich es sei.

In der Schreibstube, die am anderen Ende der Baracke lag, fehlten die Schreiber noch; nur ihr Chef, der Hauptwachtmeister, war da, unvollständig bekleidet. In Hose und Unterhemd saß er, der Tür abgewandt, vor der Schreibmaschine, tippte mit zwei Fingern und reagierte auf mein Eintreten nicht. Sein Rücken, soweit ihn der Hemdausschnitt sehen ließ, war behaarter als der hinterkopflose Schädel; der von Narben bedeckte Nacken war akkurat rasiert. Mach, daß du nach Hause kommst, sagte er, nachdem er das Papier aus der Maschine gezogen und gestempelt hatte, es ist heute nacht was passiert.

Daß der Mann, den ich bisher nur brüllend erlebt hatte, so jovial mit mir redete und mich sogar duzte, sollte wohl sein Mitgefühl ausdrücken; aber ich nahm das nicht an. Korrekt wie es die Militärdressur vorschrieb, ging ich ab, ohne Fragen zu stellen, und erst auf dem Flur sah ich mir den Urlaubsschein an. Er berechtigte mich dazu, am 28. Dezember 1943 die Flakbatterie 4/326 von 7 bis 19 Uhr zu verlassen; aber der Zauber, den ein solches Papier bisher ausgeübt hatte, versagte in diesem Fall.

Während des Frühstücks, das aus Brot, Margarine, Kunsthonig und Malzkaffee bestand, kam Grütte, um mir zu sagen, daß mindestens meine Schwester noch lebe, denn die habe angerufen und etwas von Luftminen und Verschüttung gesagt. Früher oder später, setzte er hinzu, als habe er einen Hinterbliebenen zu trösten, würde es uns allen an den Kragen gehen.

Ob ich, wie meine Erinnerung will, die Begegnung mit dem US-Piloten an diesem Tag hatte, stelle ich lieber in Frage: sie paßt hier zu gut. Jedenfalls war es auch ein schneeloser Wintertag wie dieser, als sich auf dem S-Bahnhof Landsberger Allee ein blonder Mann in uniformähnlicher Kleidung, ohne Mantel und Kopfbedeckung, durch die frierenden Wartenden drängte und mich, den einzigen Uniformierten, ansprach, auf Englisch, das ich nur bruchstückweise verstand. Durch Gesten versuchte er mir verständlich zu machen, daß er abgeschossen worden sei und sich in Gefangenschaft zu begeben wünsche; ich sagte, yes, yes, und wußte nicht, was ich machen sollte, bis die Umstehenden, die unser Gespräch mitgehört und begriffen hatten, mir rieten, den Mann zum Stationsvorsteher zu bringen; und das tat ich dann auch. Ich schämte mich meines schlechten Englischs, der Flieger entschuldigte sich, mir Ungelegenheiten bereitet zu haben, und die Leute, die den Vorfall beobachtet hatten, waren nur neugierig oder gleichgültig – und straften damit den Dr. Goebbels Lügen, der in seinen Haßtiraden gemutmaßt hatte, die Berliner würden jeden »angloamerikanischen Luftpiraten«, den sie erwischten, vor Wut erschlagen. Der verordnete Haß, wenn er überhaupt existierte, versagte bei der Begegnung mit dem einzelnen Menschen, besonders wenn dieser so gar nicht fremd aussah. Auch die Bombengeschädigten, unter denen ich später saß, verwünschten weder den Feind noch den Hitler, sondern den Krieg schlechthin. Jeder fragte, als habe der Blitz eingeschlagen, warum es gerade ihn treffen mußte. Das Wort: Lieber ein Ende mit Schrecken, als ein Schrecken ohne Ende, machte die Runde, und das fragte den Kriegsursachen nicht nach.

Warum ausgerechnet wir? werde wohl auch ich gefragt haben, als ich die vertrauten Straßen zwischen Neukölln und Britz unverändert fand. Auch die Buschkrug-Kreuzung war noch wie sonst; pünktlich wie immer fuhren die Straßenbahnen; im Akazienwäldchen krächzten die Krähen; Reformhaus und Trinkhalle waren geöffnet, und beim Bäcker, vor dem ich morgens immer auf Reni gewartet hatte, herrschte Vormittagsbetrieb. Von den Häusern 1 bis 5 der Rudower Allee war keins merkbar lädiert; erst bei Nummer 6 begann die Zerstörung; aber da die Fassaden noch standen und die Trümmer auf den Hof gestürzt waren, wirkte die Straße vom Buschkrug aus unbeschädigt. Erst wenn man herantrat, war durch leere Fensterhöhlen der Himmel zu sehen.

Die Luftmine war auf dem Hof detoniert und hatte die hintere Seite des Hauses einstürzen lassen; die Trümmer lagen bis in Höhe des ersten Stocks. Küche, Bad, Kammer und Korridor unserer Wohnung waren, wie meine Mutter es ausdrückte, runtergefallen; die zwei vorderen Zimmer, denen die hintere Wand fehlte, waren in luftiger Höhe, unter freiem Himmel noch da: riesige Puppenstuben, die vom Buddelkasten her eingesehen werden konnten, etwas unordentlich (der Weihnachtsbaum war umgefallen), aber hübsch bunt und vollständig möbliert.

Tote hatte es in den Nachbarhäusern gegeben. Bei uns hatten alle Bewohner, an die Kellerwände gepreßt, überleben können, als die Decke unter der Last der Trümmer zerbrach. Der verschüttete Kellereingang war wenig später schon freigelegt worden. Bis zum Morgen hatte meine Schwester, die für ein paar Tage aus Schwaben gekommen war, um die Mutter über Weihnachten nicht allein zu lassen, Tote und Verwundete weggetragen. Sie war, als ich kam, mit ihren Kräften am Ende, aber sie klagte nicht, sondern versuchte, was mich viel mehr erschreckte, witzig zu werden: Hoffentlich hast du auch deinen Hausschlüssel da.

Das Wiedersehen mit unserer obdachlosen Mutter fand im Buschkrug statt. Das Restaurant, über dessen Tür früher eine Aufschrift verkündet hatte, es sei schon 1385 als Wirts- und Logierhaus für Reisende entstanden, war zur Notherberge umfunktioniert worden. Zwischen weinenden Alten und schreienden Kindern saßen Beamte, die Formulare ausfüllten; in Kübeln dampften heiße Getränke, und Rote-Kreuz-Schwestern teilten Decken und Trinkbecher aus. Die theatralische Art meiner Mutter, mich in die Arme zu schließen und ihren Kleinsten zu nennen, gefiel mir auch in dieser Umgebung nicht; ihre praktische Fürsorge aber ließ ich mir gerne gefallen; sie hatte mich auf die Verpflegungsliste setzen lassen und köstliche Leberwurstschnitten für mich organisiert. Auch ihren Zweck-Optimismus hatte sie nicht verloren; an der neuen Lage, so schlecht die auch war, fand sie manches zu loben: Wir haben es, gottseidank, hinter uns! sagte sie beispielsweise oder: Welch Glück, es hat nicht gebrannt!

Während sie sich bald auf den Weg nach Zernsdorf machte, um die kümmerliche Gartenlaube als Wohnstätte herzurichten, versuchten Gisela und ich, aus der Ruine Brauchbares zu retten. Zwar wurde Vaters Schreibmaschine, die im Keller überlebt hatte, uns wenige Minuten nach der Bergung von der Straße weg gestohlen, aber wir fanden auch heile Töpfe und Bestecke und mein demoliertes Fahrrad, dessen Sattel noch brauchbar war.

Noch vor der Jahreswende machte ich mit Karlheinz, meinem großen Bruder (der bei dieser Gelegenheit Berlin zum letztenmal sah), lebensgefährliche Klettertouren in unsere inzwischen verschneite Freiluft-Stube; Schreibtisch und Sessel konnten wir retten; wichtiger aber war uns der Inhalt des Bücherschranks. Ein Keller im Haus Nummer 5 füllte sich mit unseren Familienbesitzresten, die meine Mutter im kommenden Jahr unter Schwierigkeiten nach Zernsdorf schleppte. Als ich im Januar noch einmal die Ruine besteigen wollte, hatten sie Bautrupps, der Einsturzgefahr wegen, inzwischen niedergelegt. Unter dem schneebedeckten Schutthügel ließ sich das Haus, in dem ich geboren und aufgewachsen war, nicht mehr erkennen. Meine Kindheit war nun wohl wirklich zu Ende. Ich war 17 Jahre und zwei Monate alt.

GARTENLAUBE UND HERRENZIMMER

Die Gartenlaube aus Kiefernbrettern, die meiner Mutter vom 28. Dezember 1943 an als Behausung diente, maß zweieinhalb mal fünf Meter und hatte weder eine Heizmöglichkeit noch Wasser- und Stromanschluß. Die Gartenpumpe war bei Frostwetter unbenutzbar; dem Petroleumkocher fehlte der Treibstoff, und das flache Pappdach hatte undichte Stellen, da es keinen Teeranstrich gab. Bei Regen- und Tauwetter standen auf dem Fußboden Eimer und Schüsseln, um das von der Decke tropfende Wasser zu sammeln. An einer Schmalwand befand sich die Tür, ihr gegenüber waren die Betten befestigt: drei übereinander gebaute enge Kojen, in die man geschickt hineingleiten mußte und in denen ein Aufrichten nicht möglich war.

Die Bewohnbarmachung dieser Bretterbude, die meine Mutter fortan als ihr Häuschen bezeichnete, war eine Aufgabe, die sie gut meistern konnte; denn ihren Mangel an handwerklichen Fähigkeiten machte sie durch Organisations- und Kommunikationstalent wett. Als der Frost einsetzte, rauchte schon ein Kanonenofen, auf dem auch gekocht werden konnte, und da ihr wichtigster Besitz, das Federbett, aus den Trümmern hatte gerettet werden können, hieß es in ihren Briefen bald wieder: ihr gehe es soweit ganz gut. Nicht gewachsen dagegen war sie den Schreibarbeiten, die für Behörden zu leisten waren, wie Um- und Abmeldungen bei der Polizei. Nun aber hatte sie Anträge zu schreiben, die eine Flut von Formularen nach sich zogen; sie wollte eine Zwei-Raum-Baracke, ein sogenanntes Behelfsheim, erwerben, das an Bombengeschädigte zu einem günstigen Preis abgegeben wurde, und sie brauchte dringend einen Lastkraftwagen zum Möbel- und Büchertransport. Die Reste unseres Familienbesitzes nämlich blockierten unterm Haus Nr. 5 die Luftschutzräume, und Herr Mägerlein, der die Uniform der SA schon vor Jahren mit der des Reichsluftschutzes vertauscht hatte, drohte damit, alles Brennbare, das im Wege stand, verheizen zu lassen, weil eine Behinderung der Fluchtwege der Luftschutzkellerordnung widersprach.

Als ihr die Behelfsheim-Anträge wegen Unvollständigkeit zurückgeschickt worden waren und die Hoffnungen auf ein Transportfahrzeug sich zerschlagen hatten, machte sich meine verzweifelte Mutter auf den Weg zu mir. Ich sollte die

Formulare ausfüllen, sie aber wollte beim Batteriechef vorstellig werden, um Urlaub für mich zu erbitten, zum Büchertransport per Handwagen und Eisenbahn. Aber in Hohenschönhausen wurde sie von der Wache auf die Schreibstube beordert, wo ein Gespräch mit dem Spieß sie verstummen ließ. Die Tränen kamen ihr erst in der Straßenbahn. Sie hatte erfahren, daß jedem Bombengeschädigten ein einwöchiger Urlaub bewilligt wurde, den ich bereits angetreten hatte, und zwar vor vier Tagen schon.

Mich hatte in diesen Wochen stärker als der Bombenschaden G.s nachlassender Schreibfleiß erregt. Zwar war die Briefflut schon im Dezember etwas geringer geworden, doch hatten die Bekenntnisse in Form von Zitaten noch zu neuen Höhepunkten geführt. Weihnachten 1943 hatte ich mit den Worten Marie von Brühls von 1809 noch lesen können, »daß wir uns nach glücklich überstandenen Stürmen vor dem Altare des befreiten Vaterlandes die Hände zum ewigen Bunde reichen« wollten; ich hatte in meinem Neujahrsgruß das noch jubelnd bestätigen können; dann blieben die Antworten auf meine täglichen Briefe aus. Als mir der sogenannte Bomben-Urlaub bewilligt wurde, hatte mich das Warten schon so zermürbt, daß ich aus Gründen der Selbsterhaltung zu G. fahren mußte. Zur Gewissensberuhigung sagte ich mir: nur für einen Tag.

Schon nachts, nach dem üblichen Fliegeralarm verließ ich die verschneiten Baracken und war, da die Züge unregelmäßig fuhren, erst um die Mittagszeit dort. Vor der Schule brauchte ich nicht lange zu warten, um beobachten zu können, wie G. in Gesellschaft Gleichaltriger im Portal erschien, sich suchend umsah, auf einen jungen Mann in der Uniform eines Hitlerjugendführers zueilte und, eine Hand in seine gelegt, mit der andern die Tasche schwenkend, davonging. Der Schmerz war gewaltig. Trotzdem ging ich den beiden bis zu G.s Haustür nach.

Statt mit dem nächsten Zug nach Hause zu fahren, irrte ich

kopflos in der Kleinstadt umher. Eltern und Tochter, die beim Abendbrot saßen, erschraken über meine unangemeldete Ankunft und wollten gleich wissen, woher ich um diese Zeit, in der doch kein Zug fahre, komme, wie lange ich Urlaub habe und ob meine Mutter auch wisse, wo ich jetzt sei. Ich sagte, ich sei nur gekommen, um G. zu fragen, ob es noch Hoffnungen für mich gäbe, denn Briefe schriebe sie mir ja nicht mehr.

Eine Antwort darauf bekam ich von G. nicht. Sie gab mir mit einem Blick zu verstehen, daß sie nicht daran denke, in Anwesenheit ihrer Eltern von unseren Angelegenheiten zu reden, und als ihr Vater mich aufforderte, Platz zu nehmen, ging sie hinaus. Ich wollte ihr folgen, aber ihre Mutter, die schon ein Gastgedeck richtete, sagte, ich sollte der Überraschten Zeit lassen, sich zu fassen. Ich beteiligte mich also am Essen, mußte von unserm zerstörten Haus erzählen und wunderte mich über meinen Appetit. Später saß ich im ungeheizten Herrenzimmer, wo unsere Unterredung stattfinden sollte, aber es kam nur die Mutter, um mir auszurichten, daß G. BDM-Dienst habe und mir bald schreiben würde – was eine deutliche Aufforderung zur Abfahrt war.

Während meines viertägigen Aufenthalts in der Familie wurde der Vater immer unfreundlicher, die Mutter immer zutraulicher, G. aber blieb unzugänglich und hatte nie Zeit. Ich litt darunter, als unwillkommener Gast betrachtet und behandelt zu werden, und war doch unfähig abzureisen, ohne G., die ich nur zu den Mahlzeiten sah, gesprochen zu haben. Einmal wagte ich es, sie nach den Gründen ihrer Bösartigkeit gegen mich zu fragen, worauf sie erwiderte, sie sei mir nicht böse, sie habe nur Angst vor mir. Ein anderesmal weinte sie leise beim Essen; da hatte ihr Vater ihr ins Gewissen geredet, natürlich ohne Erfolg. Am leichtesten waren die Vormittage zu ertragen, an denen G. und ihr Vater in der Schule waren und ich in der warmen Küche sitzen konnte, wo mir die Mutter immer wieder sagte: sie schäme sich für das Mädchen, das eine Beständigkeit wie die meine gar nicht verdiene, wenigstens heute noch nicht, doch das könne bei diesem halben Kind sich noch ändern, sie brauche nur Zeit, und die solle ich ihr doch lassen, am besten bis nach dem Krieg. Sie sagte auch mehrmals, daß Herzen nicht mit Gewalt zu erobern seien, nannte mein Ausharren eine Belagerung und erinnerte mich an meine hilfsbedürftige Mutter; doch zur Abfahrt bewegen konnte sie mich dadurch nicht.

Um dem Vater nicht zu begegnen, verbrachte ich die Nachmittage im Herrenzimmer. In Decken gehüllt saß ich vor der Lampe mit dem grünen Schirm und mußte die Erfahrung machen, daß bei starken Seelenschmerzen auch das Buch als Trost versagt. Da ich immer wieder in mechanisches Lesen verfiel, ohne den Sinn der Sache zu begreifen, konnte ich Romanen oder Novellen nicht folgen. Ich blätterte im *Zarathustra*, um die von H. bevorzugten Zitate über die Weiber zu finden, aber die leuchteten mir auch im Zusammenhang des ganzen Kapitels nicht ein. Ich nahm mir Gedichte vor und suchte nach solchen, die von Abschied und Untreue handeln, aber da ich auch im Detail (wie Jahreszeit und Haarfarbe) genaue Entsprechungen zu meiner Lage verlangte, wurde keins der Intensität meiner Qualen gerecht. Eins, das im Volksliedton Vergessensrezepte erteilte, die sich am Ende als untauglich erwiesen, ist mir in Erinnerung geblieben, weil es mir zu einem eignen Versuch die Anregung gab. Seine inhaltliche Aussage bestand in der Feststellung, daß unglückliche Liebe sich weder durch neue Liebschaften noch durch Saufen, Spielen oder Mönchwerden heilen lasse, und formal wurde dies durch eine Veränderung, die die Anfangsstrophe am Ende erfährt, unterstützt. Hieß es am Anfang etwa: »Wenn du ein Mädchen liebst, und die nimmt einen andern, dann ist's am besten, in die Welt zu wandern!« so wurde am Schluß aus dem In ein Aus, aus der Wanderschaft in die Weite also ein Gang in den Tod – den auch ich nun antrat, in meinem ersten (und vorletzten) Gedicht. Der

Winter kam darin vor und die blonden Zöpfe natürlich, und das Schema, das mich angeregt hatte, wurde weidlich genutzt. Dichten lernte ich dabei nicht, aber die wohltuende Wirkung von Benennungsversuchen lernte ich kennen, und ich merkte, daß Wartezeiten nie schneller als beim Schreiben vergehen.

Da dicke Wände und gutschließende Türen das Herrenzimmer vor Geräuschen aus Küche und Korridor schützten, merkte ich von G.s Kommen und Gehen nichts. Trotzdem horchte ich ständig, ob Schritte zu hören waren, und nachts, wenn ich auf meiner Couch lag, vernahm ich manchmal auch welche, aber es stellte sich immer wieder als Täuschung heraus. Ein nächtliches Vordringen zu G., von dem ich oft träumte, war undurchführbar, da der Weg zu ihr durch das Schlafzimmer der Eltern führte. Es waren lange, qualvolle Nächte, mit wüsten Träumen in den kurzen Schlafperioden. Ein Hoffnungssignal war das Sirenengeheul, das die dritte Nacht kürzte. Die Ausnahmesituation würde G.s Befangenheit mindern, und im Keller würde ein Ausweichen nicht möglich sein.

Sicher hatte das frischverliebte und von meinem Beharrungsvermögen überforderte Mädchen sich ihre Erklärung, die ich tatsächlich im Keller hörte, tagelang überlegt; denn so verworren und überstürzt ihre Aussagen auch waren, so wohldurchdacht waren sie auch. Kluges und Dummes, bunt durcheinander, bekam ich in einer Kellerecke zu hören. Die Wand, an der wir, unter einer nackten Glühbirne, saßen, war nachlässig aus gelben Backsteinen gemauert; neben uns saß ein Greis, der immerzu einnickte und von den eignen Schnarchtönen wieder erwachte; und in der gegenüberliegenden Ecke wimmerte leise ein Kind. G., deren Eltern anderswo saßen, hatte sich in einen unförmigen Lodenmantel gewickelt und ihr Haar unter einer sogenannten Teufelsmütze verborgen; ihr Gesicht war vor Müdigkeit wie verschwollen, schien mir aber schöner als je zuvor. Was sie sagte, war schrecklich für mich und gleichzeitig erleichternd. Ich begriff, daß alles zu Ende war, und genoß trotzdem, sie in meiner Nähe zu haben und Gegenstand ihrer Bemühung zu sein.

Der Kernsatz ihrer Erklärung ist mir nie aus dem Gedächtnis geschwunden. Er lautete: Ein anderer hat es eben besser verstanden! Dieser andere hatte sie nämlich gleich untergehakt und wenig später schon in den Arm genommen, und er war nicht so stumm und langweilig wie ich. Dumm von ihr war, als Begründung ihrer Entscheidung auch anzuführen, daß ich an den Papst, sie aber an Deutschland glaube, klug dagegen ihre Beschwerde darüber, von mir wie eine Heilige verehrt worden zu sein. Sie sei wie alle, bekannte sie flüsternd, ich aber sähe in ihr eine Auserwählte, und das erzeuge in ihr ein ewiges schlechtes Gewissen, weil sie dem nicht genügen könne, und deshalb sei besser, wir machten Schluß.

An eine Gegenerklärung von meiner Seite kann ich mich nicht erinnern. Vielleicht gab es keine, vielleicht eine immerwährende Liebeserklärung oder aber auch den Versuch, wie ein Mann zu wirken, den auch der härteste Schicksalsschlag nicht erschüttern kann. Genau weiß ich noch, daß ich letzte Hoffnungen auf die Royal Air Force setzte. Wäre es nach meinen Wünschen gegangen, hätte sie in dieser Nacht einen Angriff auf G.s Städtchen geflogen und mir die Gelegenheit gegeben, in Schutt und Trümmern furchtlos und lebensrettend zu sein.

Beim Abschied am Morgen umarmte mich statt der Tochter die Mutter; sie weinte ein bißchen und gab mir ein Stullenpaket mit auf die Fahrt. Die letzten zwei Urlaubstage widmete ich der Rettung des Familienbesitzes. Den mit Büchern beladenen Zweiradkarren des Kohlenhändlers schob ich mehrmals durch das Akazienwäldchen, an Kirche, Schloß und Dorfteich vorbei bis zum Britzer Bahnhof, wo der Große Brockhaus, Fuchs' *Sittengeschichte* und die illustrierten Ausgaben von Rabelais und Casanova beim Bahnhofsvorsteher gestapelt wurden, bis meine Mutter Zeit fand, sie in den winzigen Waggons der Neukölln-Mittenwalder Kleinbahn nach Klein-Kienitz zu begleiten, wo ein entfernter Onkel aus ihrer märkischen Verwandtschaft den Gasthof *Zum guten Freund* betrieb. Bombensicher und trocken wurden hier die Bücherschätze, für die in der Gartenlaube kein Platz war, in der leeren Garage gelagert. Unbeschädigt überstanden sie das letzte Jahr des Krieges und wurden nach diesem von den Siegern verheizt. Erhalten geblieben ist mir nur eine zweibändige Ausgabe des *Don Quijote*, die ich in die Flakstellung mitgenommen und später meinem Bruder nach Wien geschickt hatte. Von dort bekam ich sie zwanzig Jahre später zurück. Es ist die deutsche Ausgabe von 1837 mit der Einleitung von Heinrich Heine und Illustrationen von Johannot.

Meine Mutter, der ich erzählt hatte, ich hätte nur drei Tage Urlaub bekommen, war gegen ihre Gewohnheit einsilbig in diesen Tagen; erst als ich in der Batterie von ihrem Besuch hörte, wußte ich warum. Ich schämte mich sehr, schäme mich auch noch heute. Ich weiß aber, daß ich unfähig gewesen wäre, mit ihr von meinen Leiden an G. zu reden. Jedes Wort von ihr hätte ich als trivial empfunden, und selbst eine Geste des Verständnisses oder Bedauerns hätte mich nur verletzt.

SAINT LOUIS BLUES

Die Tagesangriffe, die die 8. US-Luftflotte ab Anfang März 1944 auch gegen Berlin richtete, erlebte ich nicht mehr mit. Am 12. Februar, einem Sonnabend, konnte ich die inzwischen von Bomben demolierte Flakstellung als Zivilist verlassen; am Dienstag, dem 15., trat ich zur Neuuniformierung wieder an.

An der Greifswalder Straße, in der Nähe des S-Bahnhofs, der damals den Namen Weißensee führte, befindet sich eine in den dreißiger Jahren entstandene Wohnsiedlung, die wohl an mittelalterliche Wehrhaftigkeit erinnern soll. Die um zwei Innenhöfe herumgebauten Wohnblöcke mit Satteldächern, deren Ecken durch zwecklose Rundbogenlauben verstärkt sind, geben sich nach der Allee zu trutzig, halb als Burg, halb als Kaserne; die mächtige Straßenfront hat keine Türen, nur in der Mitte eine rundbogige Einfahrt, eine Art Burgtor, mit Wappen geziert. Die heute begrünten Höfe sind in meiner Erinnerung kahl: zwei Exerzierplätze, getrennt durch die vom Tor herkommende Straße, auf der Führer des Reichsarbeitsdienstes in ihren häßlichen Uniformen standen und Pappschilder hielten, auf denen Zahlen die Abteilungen angaben, denen man zugeordnet war. Die Siebzehnjährigen, die den Hof füllten, waren als Neurekrutierte an den Kartons, die sie trugen, leicht zu erkennen; sie unterschieden sich aber von den normalen Militär-Neulingen, die sich den unbekannten Gewalten in scheuer Ängstlichkeit nahen, durch Selbstsicherheit und eine renitent wirkende Arroganz. Die vielen Hunderte, die zur zweiten Hälfte des Jahrgangs 1926 gehörten, waren alle Berliner und hatten als Luftwaffenhelfer gedient. Den als dumm und parteitreu geltenden Arbeitsdienstführern, die aus Ostpreußen kamen und die verachteten Hakenkreuzarmbinden trugen, fühlten sich die Großstädter und Oberschüler weit überlegen, und sie hielten es als kampferprobte Krieger für eine Zumutung, diesen Halbsoldaten untergeben zu sein. Einige, die sich bei der Flak schon Orden erworben hatten, trugen diese demonstrativ auf ihren zu klein gewordenen Mänteln und Jacken. Prahlend und lachend stand man in Gruppen beisammen, ignorierte die Führer und begrüßte Bekannte mit lautem Hallo. Als die ersten Kommandos zur Aufstellung in Reih und Glied mahnten, stellte man sich erst taub und ließ die Führer sich heiser brüllen, bewies dann aber militärische Erfahrung, indem man den Befehl nicht verweigerte, sondern unendlich langsam befolgte, so daß die nervös werdenden Führer, die die Haufen umschwärmten, die Zögernden schoben und zerrten, worauf diese in ruhigem Ton sagen konnten: der Vorgesetzte habe kein Recht, den Untergebenen anzufassen, es sei denn, er frage vorher um die Erlaubnis dazu.

Long Pat hatte versprochen, in seinem englischen Reiseanzug zu kommen, und er machte damit Sensation. Ich hatte ihn nie gemocht, seiner Angeberei wegen, doch hatte mir das Selbstbewußtsein, mit dem er seine Spleens pflegte, auch imponiert. Er war, glaubte man seinen Geschichten, schon Beglücker vieler Frauen gewesen, und nicht nur in den Nachtbars der Friedrichstraße, sondern auch, was bezweifelt wurde, mit Teddy Stauffer bekannt. Von Herrenanzügen und Sexualpraktiken konnte er deshalb ausführlich berichten, sein Hauptthema aber war der Jazz. Der missionarische Eifer, den er auf diesem Gebiet zeigte, wurde im Laufe des Flakjahres immer ausgeprägter, weil er erfolgreich war. Mit dem Koffergrammophon zog er am Abend von Stube zu Stube und führte die Perlen seiner Plattensammlung der ständig wachsenden Zahl seiner Anhänger vor. Rhythmisch zitternd, mit verklärten Gesichtern, manchmal den Schlagzeuger imitierend, umstand man den schwarzen Kasten und pfiff oder summte die Melodien mit. Das Rauschen, Kratzen und Krächzen störte den Genuß so wenig wie Pats Ausrufe, mit denen er ankündigte, daß jetzt gleich Louis Armstrongs Trompete wieder einsetzte oder Ella Fitzgerald in *A Tisket, A Tasket* ihre Stimme aus tiefster Tiefe zu unerreichbar scheinender Höhe hob. Daß diese Klänge, als Negermusik verteufelt, offiziell unerwünscht waren, erhöhte nur ihren Reiz. Der Batteriechef, der sich an einem heißen Sonntag im Sommer, als das Grammophon im Schatten der Scheinwerferstellung lärmte, leutselig unter die Swingfreunde mischte, fragte nur lächelnd, ob sie nicht wüßten, daß die Musik des Feindes verboten sei, und kümmerte sich nicht weiter darum. Dr.

Neumann, der natürlich gelehrt reagierte, konnte über die ersten Ragtime-Bands in den Südstaaten und über den Siegeszug des Saint Louis Blues (der den Äthiopiern 1935 in ihrem unglücklichen Kampf gegen die Italiener sogar als Kriegshymne gedient hatte) referieren, und er erinnerte daran, daß die preußischen Offiziere im Koalitionsfeldzug gegen das revolutionäre Frankreich gern die Marseillaise gesungen hatten – eine Abschweifung, deren Anspielungsreichtum ich erst später begriff. Ein Propagandafilm, der gegen die amerikanischen Plutokraten hetzte, wurde von Pat mit den Worten: Den müßt ihr euch anhören! empfohlen, weil die abstoßenden Bilder von jüdischen Börsenjobbern und Kriegsgewinnlern mit originalem Jazz unterlegt worden waren. Pat hatte Kid Ory und Duke Ellington, Bix Beiderbecke und Count Basie genau identifiziert.

Diese und andere Jazzkoryphäen waren auch in einem Aufsatz Long Pats vertreten, den er nicht für den Schul-, sondern den Militärunterricht geschrieben hatte. Die Taktik der Luftabwehr war wieder einmal geändert worden; für einen eifrigen Leutnant hatten wir ein Unterrichtsprotokoll anfertigen sollen; und Pat hatte eine Dichtung daraus gemacht. Statt die neue Taktik (die darin bestand, die Flugzeuge nicht direkt zu bekämpfen, sondern zwischen sie und ihr Ziel eine Feuerzone, den sogenannten Balken, zu legen) von ihrem Urheber her darzustellen, schilderte er, wie der Feind darauf reagierte, und der hörte auf Namen wie Bob, Ted oder Joe. Fünf Männer, zwei Schwarze drunter, die nachts in ihrem schweren Bomber Kurs auf die Reichshauptstadt nehmen, hören Jazz von Radio Beromünster und rufen sich nicht nur die Städte, die sie überfliegen, sondern auch die Namen der Bandleader und der Solisten zu. *Begin The Beguin* ertönt, wenn sie den Rhein überfliegen; über Hannover müssen sie sich, während der *Tiger Rag* rast, der deutschen Jäger erwehren; das Berliner Funkmeßsystem erfaßt sie, als sie von einer Siegesfeier mit Benny Goodmans Big

Band auf dem Neuköllner Hermannplatz träumen; und wenn sie ins Balkenfeuer der Flak geraten, stürzen sie unter den Klängen von *When The Saints Go Marchin' In* ab.

Ich war, wider Willen, vom Jazz nicht weniger fasziniert als die andern, mochte es aber nicht wahrhaben, weil mir die Masse der Jazzfreunde mißfiel. Um meine Ablehnung zu begründen, entwickelte ich eine Theorie, die besagte: Jazz könne tatsächlich begeistern, aber er wende sich an Triebe und Sinne, ich aber sei mehr für Vernunft. In der Hitze der Diskussion verstieg ich mich einmal zu einer Formulierung, für die ich damals ausgelacht wurde und derer ich mich heute noch schäme; ich behauptete nämlich, nachdem ich den rauschhaften Zustand, den Jazz erzeuge, verurteilt hatte: Dann schon lieber den Hohenfriedberger Marsch!

Der lange Pat also, der alle Welt überragte, obwohl er, um sich kleiner zu machen, den Rücken krümmte, erschien an diesem trüben Wintermorgen auf dem Stellplatz des Arbeitsdienstes tatsächlich als englischer Lord. Das karierte Jackett, aus dessen Tasche die Rennzeitung ragte, fiel lang über karierte Knickerbocker; die karierte Ballonmütze hatte er tief in die Stirn gezogen; und auch sein Köfferchen war kariert. Um seinem Auftritt die rechte Wirkung zu geben, war er verspätet erschienen. Schon hatten die Abteilungen sich formiert und waren zu einem Karree zusammengestellt worden, an dessen offener Seite der Chef des Ganzen, ein Oberstfeldzeugmeister, sich anschickte, eine Rede zu halten, da trat, elegant ein Spazierstöckchen schwingend, der lange Pat auf den Plan. Als habe er von militärischen Umgangsformen nicht die geringste Ahnung, wollte er nach höflichem Guten Tag! und Entschuldigen Sie bitte, mein Herr! von dem Obersten wissen, ob er hier richtig wäre beim Arbeitsdienst. Und als er angebrüllt wurde: er solle die Knochen zusammenreißen und sich anständig melden, war er beleidigt und sagte: Man habe ihn auf dem Postwege hierher gebeten, und obwohl er Dringenderes vorgehabt habe, sei er gekommen, aber wenn er diesen rüden Ton höre, bereue er das. Auf den Befehl zum Hinlegen wollte er wissen, wozu das nötig sein solle, setzte dann aber sein Köfferchen ab, holte die Rennzeitung aus der Tasche und breitete sie, unter Hinweis auf seinen Anzug, sorgfältig am Boden aus.

Mit dem Erfolg seines Auftritts war der Lange zufrieden. Man lachte auch noch, als er sich endlich an den rechten Flügel bequemte, und hörte dem schreienden Führer nicht zu. Der beendete rasch seine vorbereitete Rede und ließ sich zu Haßtiraden auf die Berliner und die Studierten hinreißen. Als er dabei immer vulgärer wurde, ertönte, von den hinteren Reihen ausgehend, ein durch die geschlossenen Lippen gepreßtes Summen, das sich zum Brummen steigerte und schließlich zum Schreien wurde, in dem die Drohungen untergingen und der Redner zum Darsteller eines Stummfilms wurde, bis er es aufgab und den Abmarsch befahl. Wäre die Meuterei nicht so ziellos gewesen, hätte sie sich nach diesem Erfolg noch steigern können, so aber ebbte sie langsam ab. Als auf dem Marsch durch die Greifswalder Straße zum Güterbahnhof ein Lied verlangt wurde, versuchte Pat, den *Saint Louis Blues*, dem er einen Text von Conrad Ferdinand Meyer untergelegt hatte, anzustimmen, aber da nur wenige diesen kannten, klappte das nicht so recht. Als wir drei Tage später, müde, hungrig und durchgefroren, in Rastenburg (Ostpreußen) aus den Güterwagen stiegen und bei zwanzig Grad Kälte den Marsch nach einem Ort namens Niedersalpkeim antraten, dachte man nur noch an warme Suppen und richtige Betten, nicht mehr an Rebellion.

Pat ist mir beim Eintreffen im Barackenlager aus den Augen geraten. Erst nach dem Krieg, zwischen den Ruinen der Friedrichstraße, habe ich ihn zufällig wiedergetroffen. Nach seinem eleganten Anzug zu urteilen, ging es ihm gut. Er habe, erzählte er mir, eine phantastische Anstellung im Ostsektor gefunden, wo er einen vergnügten Lenz lebe, weil seine Chefin den besten Teil seines Körpers zu schätzen wisse. Genaueres konnte ich nicht erfahren, da er es eilig hatte. Man wartete in den *Rheinterrassen* auf ihn.

DER SCHWEIGER

Mein Arbeitseinsatz hatte auf dem Flugfeld des nahen Führerhauptquartiers stattfinden sollen. Da man aber den ersten der drei Arbeitsdienstmonate der militärischen Ausbildung widmete, bekam ich den Platz, von dem aus fünf Monate später der Oberst Graf von Stauffenberg den Ort des mißlungenen Attentats wieder verlassen sollte, niemals zu sehen. Ich sah nichts als das trostlose Barackenlager, von dessen Umgebung ich nicht die Spur eines Eindrucks behielt. Hier wurden die Drohungen wahrgemacht, die wir in Berlin überschrien hatten. In den drei Wochen, die ich durchzuhalten vermochte, ließ man uns nicht zu Atem und nicht zur Besinnung kommen; es gab keine Minute Freizeit für uns. Schon bald nach der Ankunft in den unbeheizten Baracken erklärte Karl-Heinz E., während er sich über der Flamme seines Feuerzeugs die Hände wärmte, der Bau, das Arrestlokal also, sei wohl der einzige Ort, an dem man sich aufhalten könnte. Aber da er es schaffte, bald dort hineinzukommen, wurde er eines Besseren belehrt.

Umhergejagt wurde man von brüllenden Führern ständig; selbst der Weg zur offenen Latrine, die lebensgefährlich vereist war, mußte im Laufschritt zurückgelegt werden; und auch die Essenszeit in der eiskalten Stube war beaufsichtigt und begrenzt. Man fror immer, auch nachts in den dreistökkigen Betten, aus denen man oft zu Probealarmen aufgejagt wurde, und das Verbot, Unterwäsche unter dem Nachthemd zu tragen, wurde streng kontrolliert. Der Truppführer, Vormann genannt, schlief mit in der Mannschaftsstube. Noch während am Morgen der Weckpfiff ertönte, zog er den Schläfern die Decken weg und brüllte Befehle, denn wenige Sekunden später mußte, nur mit der Turnhose bekleidet, ins Waschhaus gelaufen werden, wo allerdings die Wasserleitung so gut wie immer eingefroren war.

Da alles auf Abhärtung gestellt war, pflegte der Vormann, dem Ekelgefühle unerwünschte Reste zivilen Daseins zu sein schienen, während der Mahlzeiten, die er mit markigen Tischsprüchen einleitete, farbige Schilderungen fäkalischer Vorgänge zu geben, wobei er sich wohl noch witzig vorkam. Ob der Anfall von Jähzorn, der Karl-Heinz dabei packte, gespielt war, wie er später behauptete, wage ich zu bezweifeln. Jedenfalls warf er die frische Blutwurst, die zu den unappetitlichen Späßen Anlaß gegeben hatte, dem Vormann stummfilmgerecht ins Gesicht.

Seine Rückkehr aus dem Arrest, der ihn enttäuschte, weil dort die in der Wehrmacht obligatorische Bibel fehlte (es gab nur Hitlers *Mein Kampf*), konnte ich nicht mehr miterleben, da ich beim Reinigen der Latrine zusammengebrochen und mit lebensgefährlich hohem Fieber ins Krankenrevier geschafft worden war. Wochen später, im Lazarett, traf ich ihn wieder. Die Geschwulst unter dem Ohr, die ihn entstellte und den Ärzten ein Rätsel war, widerstand aller Therapie und verging erst wieder, als die Arbeitsdienstzeit zu Ende war.

Bis dahin aber kam er täglich zu mir, um aus *Faust* zu rezitieren oder Gedichte vorzulesen, wobei er weder auf mein Fieber noch auf den Zustand der übrigen vierzehn Kranken Rücksicht nahm. Da seine Geschwulst weder schmerzte noch seine Stimme behinderte, konnte er laut werden, wenn der Text es verlangte, und der verlangte es immer, wenn ein Vers ihm gefiel. »Mein Herz schlägt laut, mein Gewissen schreit, Ein blutiger Frevel ist diese Zeit«, mußte wirklich geschrien werden, und wenn es hieß: »Oh, lieber sündhaft und von Fleisch und Bein, Als transzendent und wie ein Engel sein«, so mußte das jubelnd klingen, als habe er diese Entscheidung gerade getroffen und die Fesseln, die ihn behinderten, abgestreift. Die Proteste der Kranken, die zu schwach waren, um sich durchsetzen zu können, störten ihn wenig, aber wenn Wolf kam, der ihn mit Herr Hofschauspieler anredete und sich über ihn amüsierte, ging er beleidigt davon.

Wolf war in einer anderen Abteilung, aber im selben Lager gewesen, und ich hatte ihn erst auf dem Krankentransport wiedergesehen. Wie ein durch mein Fieber erzeugtes Wahngebilde war er mir vorgekommen, als er mich von der benachbarten Bahre her angegrinst hatte. Sie mögen mich nicht, die Arbeitsdienstleute, und da will ich nicht lästig fallen, hatte er mit der Stimme eines beleidigten Kindes geklagt. Da er Erfahrungen mit Blinddarmreizungen hatte, waren die in der Notlage wiedergekommen, ob echt oder imitiert, wußte er nach der Operation nicht mehr. Als meine Fieberkurve sich langsam normalisierte, war er schon wieder genesen und, neben dem Schreiben von Briefen, mit dem Hinauszögern seiner Entlassung beschäftigt, was ihm mit Hilfe von Oberschwester Sieglinde auch glänzend gelang.

Er war wie ich unerfahren im Umgang mit Frauen, und er hatte, wie ich, Jahre hindurch alle Sehnsüchte auf eine geworfen, die mit diesen nichts anfangen konnte, ihn aber auch nicht abweisen wollte, sich seine Herzensergießungen also gefallen ließ. Die Dame Wolf, wie er sie mir gegenüber nannte (denn daß sie seinen Vornamen als Nachnamen trug, war natürlich mit Bedeutung geladen), war vier Jahre älter als er und in Thorn beim weiblichen Arbeitsdienst als Führerin tätig. Ihre knappen Antworten, die vorwiegend aus Entschuldigungen für ihr Nicht-Schreiben bestanden, enthielten manchmal Hinweise auf die Pflicht deutscher Frauen, die Vaterlandsverteidiger brieflich bei Laune zu halten, und ab und zu auch Abarten von Liebeserklärungen, die aber nicht Wolf, sondern dem Führer galten, so daß wir, auch meine einschlägige Erfahrung bedenkend, zu dem unser gemeinsames Unglück erklärenden Schluß kamen: die Mädchen von heute seien, so wie früher die Nonnen auf Jesus, erotisch auf Hitler fixiert.

Ein Gegenbeispiel war jene mir nicht bekannte Sieglinde, die Oberschwester der Chirurgie. Trotz ihres hohen Alters (sie war schon 23) hatte sie Wolf von seiner Einlieferung an mit einer Liebe umgeben, die sie durch Mütterlichkeit nur notdürftig kaschierte und die ihm ein schlechtes Gewissen bescherte, da er sie, ohne sie zu erwidern, dankbar genoß. Sosehr er sich auch bemühte, seinen Gefühlen, die auf den Weltmittelpunkt Thorn zentriert waren, eine andere Richtung zu geben, es gelang ihm so wenig wie das Ausschlagen der Dienste Sieglindes, von denen sein Lazarettaufenthalt abhängig war.

Sieglinde versorgte ihn also mit Sonderessensportionen, von denen auch ich profitierte, und mit Ausgeherlaubnisscheinen, die mir ebenfalls nützlich waren, weil Wolf als erstes die Stadtbibliothek ausfindig machte und meinen Bedarf an Lektüre deckte, die sich in meiner Erinnerung auf Kleist konzentrierte, in Wahrheit aber, wie meine Registratur ausweist, von Grimmelshausen und Shakespeare bis Holz und Schlaf reichte und bunt zusammengewürfelt war.

Da Schwester Sieglinde in die chirurgische und ich, mit meiner Lungen- und Rippenfellentzündung, in die innere Abteilung gehörte, hatte ich nie Gelegenheit, ihr dafür zu danken, daß sie mir Wolf bis ans Ende der Arbeitsdienstzeit erhielt. Ihr gelang das mit Hilfe eines einfachen, aber gefährlichen, weil auf das Schweigen der anderen Schwestern gegründeten Mittels. An jedem Dienstag, dem Tag der Chefvisite, bei der auch die Entlassungstermine festgelegt wurden, ließ sie von Wolfs Bett die Wäsche abziehen, die Fieberkurve entfernen und Rang und Namen von der Tafel am Kopfende löschen, so daß der Chefarzt und seine Trabanten, die immer in Eile waren, achtlos an dem unbelegten Bett vorübergingen, während Wolf an dem meinen saß. War die Gefahr vorbei, meldete er sich bei Sieglinde, die ihn als Neuzugang in ein anderes Zimmer verlegte, wo eine Woche lang für ihn wieder Ruhe war. Als Dank für das Schweigen der Schwestern wurde er zu ihrem rührigsten Helfer, so daß manche Verwundeten seiner Abteilung dachten, der schweigende, immer freundliche Junge, der sie nur manchmal durch parodistische Späße zum Lachen brachte (indem er zum Beispiel den Chefarzt nachmachte), sei Lazarettangestellter und nicht Patient.

Anfang Mai, als der strenge und hartnäckige ostpreußische Winter sich von einer Woche zur andern in einen strahlenden Frühsommer verkehrte und Wolfs Krankenhauszeit sich dem Ende näherte, wurde aus dem Schweiger, der sich mein Klagen anteilnehmend angehört hatte, ein Redseliger, der nicht nur von seiner Kindheit erzählte, sondern noch detaillierter von sich und der Dame Wolf. Ich bekam ihre Briefe zu lesen, auch die neuesten, mit denen sie seinen Plan zu vereiteln versuchte, die Rückreise nach Berlin über Thorn zu machen; und da ich ihn auch mit der Wahrheit über die Dame G. vertraut gemacht hatte, bestätigten wir uns gegenseitig die Hoffnungslosigkeit unserer Lage und beschlossen, angesichts der in der Sonne flanierenden Mädchenscharen, nicht länger mehr treu zu sein.

Da ich Bettlägriger keine Ausgeherlaubnis erwarten konnte und Schwester Sieglinde, möglicher Rückfälle wegen, nicht helfen wollte, mußte ich eigne Wege finden, um zu Kleidung und Papieren zu kommen. Rettend wurde schließlich der Alkohol. Neben Kalziumtabletten, von denen ganze Berge geschluckt werden mußten, wurde jedem Lungenkranken zur Kreislaufanregung Kognak verordnet, ein Gläschen pro Tag. Da man mit dieser Kleinstmenge, nach Meinung meiner Zimmergefährten, keine Wirkung erzielen konnte, wurde die Flasche, die täglich nach dem Mittagessen hereingereicht wurde, nicht aufgeteilt, sondern der Reihe nach einem Kranken zur freien Verfügung belassen. Man war also Alkohol-Krösus an jedem fünfzehnten Tag. Da mir die Nachwirkungen meiner ersten Flasche, die ich mit Karl-Heinz zusammen getrunken hatte, in schlechter Erinnerung geblieben waren, hatten sich in meinem Nachttisch Reichtümer angesammelt, die am 20. April noch vermehrt worden waren, denn zu Hitlers Geburtstag gab es pro Mann eine Flasche Aquavit. Dieser Schatz wurde nun einem Nachmittag in Freiheit geopfert. Ein Alkoholsüchtiger mit Ausgeherlaubnis, der meine Statur hatte, wurde nach längerem Suchen gefunden, und am Sonntag, gleich nach der Mittagsruhe, passierten ein Arbeitsmann und ein Obergefreiter der Nachrichtentruppe ohne Beanstandung die Torwache und verschwanden im Menschengewühl.

An das Städtchen, das den Namen Lötzen führte (den es ein Jahr später verlieren sollte), erinnere ich mich heute, wie man sich manchmal an Träume erinnert: bruchstückhaft ohne Zusammenhänge, konturlos im Ganzen, in zufälligen Details aber scharf. Da war der See mit der Dampferanlegestelle, Endpunkt der Promenade, auf der die Mädchen in kichernden Scharen sich aus der Stadt hinaus und in sie zurück bewegten, und zwischen den bunten Kleidern die Uniformen, grau, schwarz und braun. Da war eine Parkanlage, auf deren Bänken die Pärchen saßen, knospende Bäume, Möwen, ein Hindenburgdenkmal, niedrige Häuser und Katzenkopfpflaster, Nebenstraßen, die menschenleer waren, und die Stille und Kühle im Innern einer Kirche, in der ich ausruhen konnte, als die Beine versagten und das Schwindelgefühl kam. Da war die von langer Krankheit zurückbleibende Schwäche, die alles Erleben in Nebel hüllte; da war die Angst vor den Feldgendarmen, denen der viel zu junge Obergefreite auffallen mußte; vor allem aber war da das Glück, sich frei bewegen zu können und Frauen zu sehen.

Der Eindruck, aus der Vielzahl der Promenierenden beliebig wählen zu können, erwies sich als Illusion: Die Alten schieden genauso aus wie die halben Kinder; aus einer Kette untergehakt gehender Mädchen sich zwei herauslösen zu wollen, schien uns unmöglich; und die wenigen, die einzeln oder zu zweit spazierten, waren nicht lange allein. Der erste Versuch, den wir bei Sonnenuntergang machten, scheiterte an dem Verlangen der Damen, ins Kurhaus oder den Kaiserhof eingeladen zu werden, der zweite an zwei Luftwaffenleutnants, deren Annäherungsversuch weniger schüchtern als unserer war. Als die Dunkelheit kam, die Straßen sich leerten und wir, enttäuscht und erleichtert zugleich, den Rückzug antraten, mußten wir durch zwei Mädchen, die uns nach der Uhrzeit fragten, erfahren, daß sich Lustgewinn leichter erträumt als erlebt. Nicht nur die verschlagenen Gesichter der Mädchen waren im Wege, auch der scharfe Geruch der einen, beider Gier nach süßen Likören, eine Dummheit, der alle Naivität fehlte, und ein geringes, ausschließlich vulgäres Vokabular. Die Kneipe, in die sie uns führten, kostete uns unser kleines Vermögen. Die wiederholte Aufforderung: Nu erzählt doch mal was! machte uns redeunfähig, und als es um Mitternacht an der Lazaretthintertreppe handgreiflich wurde, kam das nicht von uns, sondern von ihnen, und wir flohen entsetzt.

Wolf wurde wenige Tage später entlassen und war bald darauf Infanterist. Ich sah ihn im Spätsommer wieder. Aus Frankreich kommend, war er mittags in Berlin eingetroffen und mußte am Abend in der Kaserne in Spandau sein. Da seine Eltern vor den Bombenangriffen geflüchtet waren, stand die Neubauwohnung in Köllnische Heide leer. Die Fenster waren mit Brettern vernagelt, die Möbel in Decken gehüllt. Wir aßen die Reste von Wolfs Marschverpflegung, tranken französischen Rotwein, den er in Feldflaschen befördert hatte, und schwelgten in Zukunftsplänen, weil wir zu wissen glaubten, daß der Krieg bald zu Ende ging. Auch von der Dame Wolf war natürlich die Rede. Je schlechter die Kriegslage wurde, desto liebevoller schienen ihre Briefe zu werden. Ich beneidete ihn darum.

In seinen Briefen, die mich bis Weihnachten noch erreichten, war von einem Loch im Zaun des Kasernengeländes und von Plänen, »den Kopf aus der Schlinge zu ziehen«, die Rede. Ich war nach dem Krieg sicher, ihn wiederzufinden, fand aber in Köllnische Heide nur seine Mutter, die ihm sehr ähnlich sah. Er war im April an der Oder, angeblich durch Kopfschuß, beim Kampf um die Seelower Höhen gefallen. Vielleicht liegt er auf dem Soldatenfriedhof begraben, der sich östlich von Lietzen in die sanften Hügel hinein erstreckt.

PFINGSTIDYLL

Nachdem Jörn, noch vom Trittbrett der Kleinbahn aus, die Umstehenden gemustert hatte, warf er Rucksack und Wäschebeutel auf den für das Gepäck der Neuankömmlinge bereitstehenden Pferdewagen und trat auf mich zu. Mit der Bemerkung, ich sei doch wohl auch ein Pennäler, streckte er mir die Hand entgegen; und damit war eine Freundschaft geschlossen, die der Melancholie meiner masurischen Sommerwochen ein bißchen Wirklichkeitsnähe gab.

Die Genesung von schwerer Krankheit, der glückliche Umstand, zum Zeitpunkt meiner Einberufung als tuberkuloseverdächtig zu gelten, und das freizügige Sanatoriumsleben, das zwar Liegekuren von mir verlangte, mir aber auch einsame Wanderungen zwischen Seen und Wäldern erlaubte, gaben mir das Gefühl, in einer Traumwelt zu leben, von der man weiß, aber nicht wissen will, daß sie eine solche nur ist. Ich hatte Zeit, und man ließ mich in Ruhe. Eine Bibliothek war im Hause, und im Dorf gab es ein Bauernmädchen, das ich jeden Abend begrüßte, wenn es die Kühe von der Koppel nach Hause trieb. Während die deutschen Truppen die Krim räumten, die sowjetische Sommeroffensive die Front immer weiter nach Westen drückte und die Alliierten, die Rom schon erobert hatten, in der Normandie landeten, machte ich Urlaub vom Krieg, von dem ich nichts wissen wollte, und ahnte so wenig wie alle, die mich umgaben, daß dieser masurische Sommer der letzte für viele der dort lebenden Deutschen war.

Ublick, so hieß das Dörfchen, war mit Lötzen und Arys durch eine Kleinbahn verbunden. An den Tagen der Neuaufnahmen pilgerte alles, was die Kraft dazu hatte, zur abseits gelegenen Station. Man verabschiedete die Leute, die man bis zum Überdruß kannte, und begrüßte die neuen Patienten, von denen man sich eine Abwechslung versprach. Stumm stand die Gruppe der uniformierten Kranken vor dem winzigen Bahnhofsgebäude und wartete darauf, von den Aussteigenden um Auskunft gebeten und damit als Alteingesessene gewürdigt zu werden; dann erst trat man, die ortsübliche Gemächlichkeit vorführend, näher an die Neuen heran.

Anlaß dazu, ihn arrogant zu finden, gab Jörn der Volksmeinung schon in der ersten Minute, weil er sich nicht der Gruppe, sondern dem einzigen Abseitsstehenden zuwandte, und weil er die Uniform unvorschriftsmäßig trug. Da er es liebte, seinem Einheitsdreß eine individuelle Note zu geben, hatte er, was verboten war, ein Zivilhemd von auffallendem Hellblau unter die schwarze Panzerjacke gezogen und den Hemdkragen provokativ über den der Jacke geschlagen, was dem Militärischen, das er durchaus hatte, einen Zug ins Verwegene gab. Er machte kein Geheimnis draus, daß er wußte, wie gut das Hellblau zu seinem blonden Haar paßte, erzählte lachend, daß er sich die Panzertruppe ihrer schmucken Uniform wegen ausgesucht hatte, und hielt überhaupt Eitelkeit nicht für Schwäche, sondern für eine Art von Anständigkeit. Er haßte die Leute, die, ihrem Herdentrieb folgend, das Grau, in das man sie steckte, in ihr Inneres eindringen ließen, bezichtigte sie, der Verblödung damit Vorschub zu leisten, und erklärte mit der ihm eignen Vorliebe zur Übertreibung, er fürchte Verblödung mehr als den Tod. Wenn er einmal beobachten müßte, daß Panzertypen statt Frauenbrüste seine Wach- und Schlafträume bewegten, würde er das für Seelenbankrott halten und Schluß machen mit sich.

Um mit dem grassierenden Stumpfsinn nicht auch noch während der Mahlzeiten behelligt zu werden, war ihm an guter Tischgesellschaft gelegen. Auf die ihm als Fahnenjunker zukommende Ehre, am Offizierstisch zu speisen, wo sich zwei Hauptleute die Langeweile mit Streitereien vertrieben, verzichtete er deshalb. Da ihm aber auch die Enge der Mannschaftstische nicht paßte, kam nur eine individuelle Lösung in Frage, und mit Hilfe der Küchenfrauen, die seinem Charme auf der Stelle erlagen, gelang die ihm auch. Schon an seinem Ankunftstag abends stand ein Extratisch auf der Veranda, gedeckt für drei Leute: für ihn, Felix und mich.

Felix, ein Obergefreiter, der eine Uniform trug, die für zwei von seiner Stärke gereicht hätte, war mir vom ersten Tag an geheimnisumwittert erschienen, weil man ihn nur bei den Mahlzeiten, nie bei der obligatorischen Liegekur sah. Auf Pantoffeln kam er, wenn alle schon saßen, aß hastig und verschwand leise wieder, ehe die Mahlzeit zu Ende war. Er war etwa dreißig, von Gestalt lang und hager, und das Auffallendste an ihm war die Ausgezehrtheit seines bleichen Gesichts.

Auf der Suche nach einem geeigneten Zimmer hatte Jörn ihn unter dem Dach in einem Verschlag gefunden, der von nun an die Klause des Eremiten hieß. Hier hatte Felix, in Decken gewickelt, den Herbst und den Winter hindurch an seiner Schreibmaschine gesessen, und er hoffte, hier auch noch den nächsten Winter erleben zu können, was in seinem Fall keine Frage der möglichen Abkommandierung, sondern eine der Haltbarkeit seiner Lunge war. Er hatte Tuberkulose oder, wie er im Krankenjargon sagte, die Motten, und die waren sehr gefräßig bei ihm. Die Ärzte hatten ihn abgeschrieben, ihm aber den Wunsch erfüllt, hier als Dauergast bleiben zu können; denn was ihn am Leben hielt, war seine fast fertige Dissertation.

An Jörn, der vier Jahre älter als ich, gebildeter und lebenserfahrener war, habe ich damals vieles bewundert, am meisten aber, daß er es fertigbrachte, Felix aus seiner Klause zu locken und ihm, obgleich er so wenig wie ich über dessen Spezialgebiet wußte, ein gewandter Gesprächspartner zu sein. Wenn wir am Abend zu dritt über die Wiesen zu einer Stelle spazierten, von der aus drei Seen zu überblicken waren, konnte ich miterleben, wie Jörns waches Interesse, das er ohne Aufdringlichkeit zeigen konnte, Felix veranlaßte, uns in sein Lebenswerk einzuweihen. Seiner Kurzatmigkeit wegen mußte er oft stehenbleiben, wenn er uns die Lautverschiebung oder einen Sprachatlas erklärte, und am Seeufer sitzend zeichnete er uns Landkarten in den Sand. Sein Thema war der Grenzverlauf zwischen dem Ober- und Niederdeutschen. Den Forschungen an Ort und Stelle hatte er in seinen gesunden Tagen alle Urlaube geopfert, und bei seinen Wanderungen mit Notizblock von Dorf zu Dorf hatte er viel Erzählenswertes erlebt. Das Material mit den Test-Sätzen (wie: Ich und das Pferd schlafen hinter dem Haus unter einem Baum mit schönen roten Äpfeln) füllte mehrere Zettelkästen. Zu den schwer erklärbaren Divergenzen zwischen der Ik-ich und der Perd-Pferd-Linie hatte er komplizierte Theorien entwickelt, und wenn er die vortrug, geriet er in solche Begeisterung, daß auch uns dieses Problem als eins der brennendsten dieser Welt erschien.

Aber er konnte auch zuhören und sich auf andere Gebiete begeben, die alle den Vorzug hatten, für mich neu zu sein. Durch Jörns Berichte über den Kleinkrieg zwischen den Swing-Clubs und der Gestapo in Hamburg kam er zum Beispiel auf die verrückten Schlager der zwanziger Jahre, deren Texte (die von der Kokosnuß, die leider keinen Reißverschluß habe, oder der Bitte an eine Dame, ihr Badewasser schlürfen zu dürfen, handelten) er alle im Kopfe hatte und, soweit sein Atem reichte, auch zu singen verstand. Da ein anderes Lieblingsthema von ihm die politisch-religiösen Messiasse, Barfuß-Apostel und Kohlrabi-Propheten der Inflationszeit waren, bekam ich ein Kulturbild des Jahrzehnts meiner Geburt geliefert, das sich sowohl von dem nazi-offiziellen als auch dem katholisch-jugendbewegten meiner Familie sehr unterschied. Ich stummer Zuhörer lernte viel bei diesen Exkursen, begriff etwas von der Relativität anscheinend stabiler Werte, von der Wandelbarkeit des Empfindens und, nicht zuletzt, von der geistigen Dürre der eignen Zeit. Bei diesen Spaziergängen zwischen Wissowatten und Milken erwachte in mir die Sehnsucht nach einem bunten, vielgestaltigen Geistesleben, die mir nie mehr verlorenging. Sie bewahrte mich später vor der Versuchung, an neuer Dürre Genüge zu finden, und hielt meine Skepsis wach.

Meiner Erinnerung nach sind wir viele Wochen hindurch mit Felix spazierengegangen, aber ein Nachrechnen ergab, daß es höchstens zehn Tage waren; denn schon zu Pfingsten, das auf die letzten Tage des Mai fiel, trennten wir uns. Während alle Kranken, die dazu fähig waren, über die Feiertage nach Johannisburg fuhren, blieb der Eremit arbeitend in seiner Klause. Sein Schreibmaschinengeklapper begleitete uns auf den Weg zur Bahn.

Diese drei Pfingsttage in einem Dorf Südmasurens waren für mich von starken Zahnschmerzen überschattet, weshalb ich, bäuerlichen Ratschlägen folgend, von früh bis spät Nelken kaute und folglich, nach Jörns Worten, wie eine Pfefferkuchenbäckerei roch. Mein Vorsatz, den Kummer um G. von einer Dorfschönen betäuben zu lassen, scheiterte aber nicht nur an meiner von Stunde zu Stunde mehr anschwellenden Backe, sondern auch an der Tatsache, daß das einzige zum Verlieben in Frage kommende Mädchen, eine neunzehnjährige Gretel, begreiflicherweise nicht dem Kind in schäbiger Arbeitsdienstkleidung, sondern dem Fahnenjunker im flotten Panzerschwarz zugeneigt war. Zum Zahnschmerz kam also die Wehmut und zu dieser das Bedauern darüber, an den reichgedeckten Tafeln keine Freude zu haben, und das alles war untermischt mit der Komik, die immer entsteht, wenn Heldenverehrung am lebenden Objekt ausgeübt wird.

Das Dorf hatte sich, zum Beweis seiner Vaterlandstreue, Verwundete eingeladen; gekommen aber waren wir Lungenkranken, die wir in der Mehrzahl die Front nie gesehen hatten; es wurde also der Widerstand gegen die Tuberkelbazillen mit Fahnen, Blumen und Kinderchören geehrt. Die immer wieder gestellte peinliche Frage, wo es denn uns, die wir Arme und Beine noch hatten, getroffen hätte, wurde von mir mit verlegenem Gestammel, von Jörn mit der Auskunft: in der Lunge, beantwortet – was ja so falsch nicht war. Da kein Redner bereit war, unsern Zustand zur Kenntnis zu nehmen, weil er sonst auf die Feindeskugeln und das nicht umsonst vergossene Blut hätte verzichten müssen, ließ auch der Hauptmann vom Offizierstisch, der in unserm Namen dankte, die Motten beiseite und sprach nur allgemein von Bedrohung und Heldenkampf. Jörn und ich spotteten damals über diese Feierlichkeiten; heute wollen sie mir eher gespenstisch scheinen. Denn die Leute, die uns im Mai mit blumengeschmückten Pferdewagen von der Bahn geholt und mit Braten und Kuchen verwöhnt hatten, waren im Winter schon auf dem Treck nach Westen, aus dem es für sie keine Heimkehr gab.

An Hand der einfältigen Liebesbriefe der reizenden Gretel, die Jörn mir vorlegte und kommentierte, begann er, mir seine Erfahrungen im Umgang mit Frauen anzuvertrauen, behutsam, aber konkret. Der psychologische Teil seines propädeutischen Kurses, der auf dem Grundsatz basierte: der Mann hat nur Chancen, wenn er Selbstsicherheit hat oder vortäuscht, war sicher der anfechtbarste; aber das Physiologische, das er mir wunderbarerweise ohne alle Peinlichkeiten erläutern konnte, hatte Hand und Fuß. Ich merkte das später erst, als die Enttäuschungen, die er vorhergesagt hatte, tatsächlich auch kamen; sie verloren durch den Gedanken, daß es Jörn ähnlich ergangen war, den Schrecken einer Abnormität.

Daß ich bei diesem Thema nicht, wie er, an weibliche Vielfalt, sondern nur an die eine dachte, belächelte er genauso wie meine einseitige Liebe zur Literatur. Sein Verhältnis zu Büchern war zweckbestimmt. Man mußte sie kennen, um mit Frauen, die dergleichen Lebensersatz liebten, darüber plaudern zu können; und sie ließen sich gut als Geschenk benutzen, besonders wenn Abschied zu nehmen war. Zu Jörns moralischen Grundsätzen gehörte, daß Trennungen möglichst harmonisch erfolgen mußten; das aber gelang nur, wenn man sich zeitig genug auf sie präparierte, am besten schon am Beginn. Man mußte das psychologische Kunststück vollbringen, sich den Glauben an Dauer, der zur Liebe gehört, zu bewahren, auch wenn man das Ende schon sieht.

Ein Geschenkbuch für Abschiede hatte er sich vorausschauend gleich in zehn Exemplaren erstanden, von denen eins nun an Gretel ging. Es hieß *Ursula*, gehörte zur Gattung der süß-traurigen Sommerliebesgeschichten, und seine Auflage betrug 1943 fast 300 000 Stück. Für Jörns Zwecke war es deshalb so gut geeignet, weil sich der Erzähler in wehmütiger Trauer an die schönen Anfangszeiten der Liebe erinnert und seinen Verrat an der Immergliebten wortreich bereut. Weniger passend war, daß die Verlassene ihr junges Leben in einem märkischen See beendet; aber das sollte wohl nicht als Ratschlag verstanden sein.

Mein Abschied von Jörn fand auf dem Bahnhof von Lötzen statt. Das Versprechen, uns nie aus den Augen zu verlieren, wurde zwar später nicht eingehalten, vorher aber brieflich noch oft wiederholt. Seine Briefe, die ihn häufig in der Rolle des Präzeptors zeigen, sind erhalten, und ich kann meine damalige Bewunderung für ihre geistreiche Schnoddrigkeit noch immer verstehen. Nie ist in ihnen von Politik oder der Kriegslage, oft aber von den Frauen die Rede, die scheinbar abschätzig als Thusneldas oder Amalaswinthas bezeichnet werden und doch, so heißt es, wenn man sie nicht zu ernst nimmt, das Beste am Leben sind. Zwar sind sie meist dumm, aber das darf einen nicht stören; denn kluge Frauen, die es vereinzelt auch gibt, bleiben doch Frauen, also Geschöpfe, die weder historisch noch logisch denken können und die von der Liebe etwas, nichts aber von Freundschaft verstehen.

Sieht man von Äußerungen Jörns über Parteibonzen ab, die er als dumm, anmaßend und korrupt charakterisierte, war auch vorher in unseren Gesprächen von Politik nie die Rede, und auch Jörns Offizierskarriere (er wurde 1945 noch Leutnant) war nie ein Problem. Sicher redeten wir auch nicht über die Invasion, sondern über die Liebe, als wir in unserer letzten gemeinsamen Stunde, kurz vor Abfahrt des Fronturlauberzuges, durch den Kurpark von Lötzen gingen, wo uns auf einsamen Wegen ein Offizier der Wlassow-Armee entgegenkam. Erwartungsvoll sah er Jörn an, und als der ihn nicht grüßte, verlangte er in gebrochenem Deutsch, seine Papiere zu sehen. Jörn schlug ihm die Faust ins Gesicht und zog mich schnell weiter. Auf meine erschreckte Frage sagte er nur: Vaterlandsverräter grüße man nicht.

Von Felix, dem Eremiten, haben wir keinen Abschied mehr nehmen können. Als wir von unserem Pfingstausflug zurückkehrten, war seine Klause schon leer. Man hatte ihn ins Lazarett fahren müssen. Was das bedeutete, wußten wir.

Manche Klischees, die die Wirklichkeit bietet, wirken wie schlecht erfunden. Man müßte erfinden, um ihnen auszuweichen zu können. Ehrlicher freilich ist zuzugeben, daß Originalität im Leben höchst selten ist.

Mädchen als Sprossen der Bildungsleiter: wie oft hat man das schon gehört und gelesen und sich darüber lustig gemacht. Jetzt ist man selber dazu gezwungen, die Wahrheiten, die das Denken des Helden verändern, aus begehrtem Munde kommen zu lassen und das Lehrstück auch noch mit Hölderlin zu beginnen; denn das war das erste Wort, das ich von Ilse hörte, und sie trug dabei, um das Schablonenfaß voll zu machen, eine Geige oder Gitarre (im Futteral) unter dem Arm. Erfährt man nun noch, daß Schauplatz der ersten Begegnung die *Bickhardtsche Buchhandlung* war, drohte das Faß überzulaufen, fügte man nicht eilig hinzu, daß diese Signale täuschen, es also so schöngeistig und tiefsinnig nicht wird.

Das Mädchen berlinerte, nicht stark, aber deutlich; und das bewirkte damals bei mir eine Beeinträchtigung ihrer Schönheit, die ja bekanntlich zum größeren Teil Produkt des Betrachters ist. Sie sagte nicht gerade icke und kieken und loofen, aber das –er am Wortende wurde bei ihr zum a und das g oft zum j, und ihre Bewunderungsausrufe lauteten: prima, knorke und klasse, wobei letzterer, mit starkem Luftausstoß herausgeschleudert, der bevorzugte war. Du kennst Hölderlin? Klasse!!! Aber kennst du auch Brecht?

Das Sanatorium hatte mir drei Wochen Genesungsurlaub bewilligt; dann hatte ich wieder nach Ostpreußen fahren müssen, um mir vom Arbeitsdienst den Entlassungsschein geben zu lassen, und ich wartete nun, jeden der freien Sommertage genießend, auf die Einberufung zum Militär. Der Versuchung, wieder erfolglos zu G. zu fahren, hätte ich sicher nicht widerstehen können, wenn sie noch zu Hause gewesen wäre; sie war aber inzwischen beim weiblichen Arbeitsdienst. Ich blieb also in Zernsdorf, half meiner Mutter bei der Einrichtung ihres Häuschens, lag lesend am See, erkundete die umliegenden Dörfer, oder ich besuchte Freund H., der noch Flakhelfer war. Die Batterie war an den Stadtrand verlegt worden. Am Spreeufer bei Freienbrink hatte sie eine idyllisch anmutende Stellung bezogen; mit dem Fahrrad auf der verödeten Autobahn war ich in zwei Stunden dort. Man schlief hier in Wohnwagen, wurde für den Erdkampf schon ausgebildet und hatte nicht mehr gefangene Russen, sondern gefangene Italiener als Hilfspersonal. Wir saßen auf einer über das Wasser hängenden Weide, den Blick auf die ausgedehnten Wiesen am jenseitigen Ufer gerichtet, und redeten über das baldige Ende des Krieges und den kategorischen Imperativ. H. hatte Kant zu lesen begonnen. Mit Sicherheit würde er Philosophie studieren. Ich träumte von einer Art Vagabundenleben und erzählte von Felix und Jörn. Obwohl ich H.s Spott fürchtete, gab ich so wörtlich wie möglich den politischen Teil meiner Gespräche mit Ilse wieder. (Vom poetischen Teil muß ich ihm schon vorher geschrieben haben, denn es gibt einen Brief von ihm, der mit den Worten beginnt: *»Erst ein Mädchen muß Dir verraten, was der Hyperion ist, ach, Du Roß!«*) Jetzt, an der Spree, sagte er etwa: Ich solle sie nach ihrer Alternative fragen; Stalin sei doch kaum anders als Hitler, aber womöglich noch besser als das von Millionen von Schwachköpfen abhängige und dauernd quatschende englische Parlament.

Nach Berlin zog es mich, trotz der Tagesangriffe der Amerikaner, auch immer wieder. Einige der Kinos in Alexanderplatznähe waren Ruinen geworden; aber in Neukölln war alles in Ordnung, und ich konnte wieder wie in Jugendzeiten (die erst ein halbes Jahr her waren) auf der knarrenden Galerie sitzen und in antiquarischen Büchern blättern, wo ich dann eine Mädchenstimme nach dem Hyperion fragen hörte; aber der war nicht da. Eine halbe Stunde später schon sagte dieselbe Stimme, die an der Haltestelle der Elektrischen auf meine Frage, ob wir uns nicht schon einmal gesehen hätten, mit der Gegenfrage, wo ich denn wohne, reagiert hatte: »Hitler ist ein Verbrecher und gehört aufgehängt.«

Das war ziemlich genau an derselben Stelle, an der ich fünf Jahre vorher aus dem Munde Frau Knautschkes vom Ausbruch des Krieges erfahren hatte, am Buschkrug nämlich, in der Nähe des Trümmerberges, der einmal unser Wohnhaus gewesen war. Ilse wohnte zwei Straßen weiter, in der Randbebauung der Hufeisensiedlung, in der Fritz-Reuter-Allee.

Ich weiß nicht mehr, was ich zu dieser unerwarteten Hitler-Beschimpfung sagte, wohl aber, was ich fühlte und dachte, und das war sehr ambivalent. Ich erschrak für das Mädchen, das sich so leichtsinnig Gefahren aussetzte, triumphierte darüber, daß sie mir schon vertraute, und war von ihrer anmaßenden Selbstsicherheit gleichzeitig entsetzt und entzückt. Da grobe Worte aus schönem Munde mir peinlich waren, ging durch die Invektive Liebreiz verloren, aber die Achtung vor der Beschimpferin wuchs. Daß jemand es wagte, das Staatsoberhaupt anzuklagen, erschien mir einerseits mutig, andererseits aber auch ungehörig, obwohl mir an der Person Hitlers nichts lag.

Daß mir das Mädchen nach so kurzer Bekanntschaft schon politisch vertraute, will mir heute erstaunlich erscheinen, damals aber kam mir ihre sofortige Einladung, »doch mit raufzukommen«, bei weitem erstaunlicher vor. Ich war es gewohnt, daß Bekanntschaften zwischen Mädchen und Jungen unerlaubt oder doch lächerlich waren und im Anfangsstadium deshalb geheim blieben, bis durch Aussprache mit den Eltern die Möglichkeit eines Besuches zu Hause gegeben war. Hier war das ganz anders. Ich wurde vorgestellt, von der (noch viel stärker berlinernden) Mutter gefragt, was ich essen und trinken wollte, und dann saß ich schon im Zimmer des Mädchens und hörte mir Schallplatten mit Brecht-Liedern an.

Mir war beklommen zumute, und zwar nicht nur, weil ich den Umgangston in anderen Familien nicht kannte, sondern auch weil ich hier als einer betrachtet wurde, der ich nicht war. Meinen sparsamen Auskünften war zu entnehmen gewesen, daß ich mit der HJ nichts im Sinn gehabt hatte, viel aber mit Wäldern und der Literatur. Mutter und Tochter hatten daraus geschlossen, einen Nazigegner und Wandervogel vor sich zu haben, und da ich zu unsicher war, um eigne Meinungen zu äußern, und Ilses Begeisterung auch für zwei reichte, wurde ich bald als Freund und Genosse betrachtet, der nur ein wenig zu schüchtern war. Aus Tucholsky und Kästner wurde mir vorgelesen; ich wurde gebeten, bald wiederzukommen, durfte Ilse von der Arbeit abholen und wurde bald auch am Wochenende mit ihrer Gruppe bekannt gemacht.

Es war ein falsches Spiel, das ich hier spielte. Nie widersprach ich der Meinung, in Ilses Kreis Gesinnungsgenossen gefunden zu haben, und nie gab ich zu, nur ihretwegen dabeizusein. Sie glaubte, daß die Aufnahme in ihre Gemeinschaft einen Glücksfall für mich bedeutete, während ich ihre Freunde und ihre Familie nur ihretwegen ertrug. Sie wollte Freundschaft (um Mißverständnisse zu vermeiden, sagte sie: Kameradschaft), verzieh mir aber auch meine Verliebtheit – die in Wahrheit allerdings nichts als ein Vorsatz war. Ich bewunderte sie, ihrer Schönheit und ihrer Sicherheit wegen, war befremdet von ihrer exaltierten Art, sich zu äußern, beneidete sie um ihr inniges Verhältnis zu Eltern und Freunden und war gleichzeitig von ihrem Eingebundensein dort enttäuscht. Ihr antinazistisches Weltbild, das mich Unsicheren durch Andersartigkeit und Festigkeit erst überrascht hatte, erwies sich bei näherem Hinsehen als das ihrer Eltern, die, in der zweiten Generation schon, Sozialdemokraten waren und es fertiggebracht hatten, ihre Tochter zu ihrem Ebenbild zu erziehen. Ihr Freundeskreis setzte sich aus den Töchtern und Söhnen des Freundeskreises der Eltern zusammen. Jung und Alt trafen sich an den Wochenenden zum Wandern, Singen und Diskutieren; und den Sommer über lebten sie teilweise draußen in Zelten, an einem in staubtrockenen Kiefernwäldern versteckt liegenden See. Dort, am Ton-See mit seinem glasklaren Wasser, hatte Ilse zwei Freunden, die jetzt Soldat waren, versprochen, mit ihrer Entscheidung für einen von beiden bis Kriegsende zu warten; und da sie ihr Versprechen auch zu halten gedachte, war das Höchste, das ich für mich zu erreichen vermochte, ein Platz drei auf der Warteliste. Doch waren die Chancen für mich Außenseiter gering.

Sie waren es deshalb auch, weil ich die Ton-See-Bewährungsprobe nur unzureichend bestanden hatte. Mein Erschrecken war mir anzumerken gewesen, als die Wochenendwandergruppe mir in der halbvertrockneten Kiefernschonung, hinter der man eher eine Sandwüste als einen See hatte vermuten können, gestanden hatte, daß man am Ton-See nicht nur gegen den Krieg und die Nazis, sondern auch gegen Badebekleidung war. Da ich mit meiner übersteigerten Schamhaftigkeit, die ein würdiges Untersuchungsobjekt für Psychoanalytiker gewesen wäre, schon Erfahrungen hatte, hätte ich beim Anblick der nackten Antifaschisten eigentlich umkehren müssen. Daß ich es nicht tat, hing mit der Befürchtung zusammen, als staatstreu zu gelten. Denn auch die Freikörperkultur unterlag in Hitlers Reich einem Verbot.

So lang wie dieser Sommertag ist mir selten einer geworden. Am nächsten Tag war ich krank, weil ich zu oft und zu lange das eiskalte Wasser der ehemaligen Tongrube als Sichtschutz benutzt und an Land meist in sitzender Stellung verharrt hatte, während mein Körper der Kontrolle entglitten war. Ich hatte weder normal reden noch normal sehen können. So wenig wie im Wasser das Zittern und Zähneklappern, hatte ich am Ufer das Eigenleben meiner Blöße verbergen können, die bei ihren erschreckenden Einschrumpfungs- und Ausdehnungsprozessen auf den Zustand meines Gemüts keine Rücksicht genommen hatte. Ilse, die rührend darum besorgt gewesen war, mich Normalität in unbekleidetem Zustand zu lehren, hatte versucht, mit mir über Lieblingsgedichte oder über die Lebensschicksale der nackten Zeltbewohner zu reden; aber meine Verkrampfung löste sie damit nicht. Wäre ich zur Ehrlichkeit fähig gewesen, hätte ich ihr ein Loblied auf menschliche Kleidung singen oder ihr meine Enttäuschung über den Anblick weiblicher Körper gestehen müssen. Denn meine Vorstellung von diesen hatte sich an klassischen Kunstwerken gebildet, und denen kam die Natur leider nicht nach.

Da ich in Ilses Gegenwart nie ich selbst sein konnte, gehörten die Tage mit ihr also nicht zu den besten meines kurzen Zivillebens in diesem Sommer; sie waren mehr lehrreich als schön. Ich lernte bei ihr, daß man sich nicht nur aus Glaubensgründen ohne schlechtes Gewissen als Gegner des Bestehenden fühlen konnte und daß dieses Bestehende, das ich als selbstverständlich empfunden hatte, nur ein Vorübergehendes war. Durch sie lernte ich Leute kennen, die das alltägliche Unrecht beim Namen nannten, die sich zu Freunden, die im KZ saßen, ausdrücklich bekannten, und die untergründig Traditionen fortzusetzen versuchten, die es offiziell nicht mehr gab. Ich erfuhr von deutschen Autoren, deren Werke verboten waren, und bekam eine Ahnung davon, daß Literatur auch mit Politik etwas zu tun haben konnte. Was ich hier lernte, war, kurz gesagt, der politische Blick.

Ich war aber ein widerspenstiger, kein willfähriger Schüler, teils weil ich das meinem um ein Jahr höheren Alter schuldig zu sein glaubte, teils aber auch aus Kalkül. Der pädagogisch-missionarische Eifer der Arbeiterbewegung (den ich nach dem Krieg noch in Hochform erleben sollte) war auch in Ilse rege, und ich, sein Objekt, war bestrebt, ihm auch Wirkungsfelder zu bieten; denn ich war ihr, so befürchtete ich, vor allem als Bildungsprodukt interesssant. Ihrer politischen Sicht setzte ich also eine allgemeinmenschliche entgegen und spielte dabei hochstaplerisch meine literarischen und philosophischen Kenntnisse aus. Darin nämlich war ich ihr überlegen. Die Literatur lag für sie nur am Rande. Hölderlin, mit dem alles begonnen hatte, wurde aber doch nicht vergessen. In einem ihrer ersten Briefe, die mich beim Militär erreichten, lag, sauber abgeschrieben, Bellarmins Brief über die Deutschen: *»So kam ich unter die Deutschen, ich forderte nicht viel und war gefaßt, noch weniger zu finden ...«* Keine politische Belehrung des Mädchens hat so auf mich gewirkt wie dieser 150 Jahre alte und noch so gegenwärtige Text.

Leider ist diese Reliquie mit allen Briefen Ilses bei Kriegsende verlorengegangen. Erhalten blieben aber, dank Ilse, meine Briefe: 51 mit Bleistift geschriebene Zettel, bräunlich und teilweise schon brüchig, in schwer lesbarer Sütterlinschrift. Für andere sind sie eine langweilige Lektüre, von quälender Peinlichkeit aber sind sie für mich. Denn anders als in Kindertagebüchern und -briefen erkenne ich mich hier deutlich wieder, und zwar nicht nur in meiner menschlichen und politischen Unreife und gedanklichen Blässe, sondern auch in der mangelnden Offenheit. Ich spielte mein falsches Spiel von Verliebtsein noch bis Kriegsende weiter, ungeschickt manchmal und leicht durchschaubar, aber doch konsequent. Ich befand mich in einer Notlage, könnte ich entschuldigend sagen; ich brauchte jemanden, um ihm mein Unglück zu klagen. Aber auch die Klage war halbherzig und von Verstellung nicht frei. Die Fragwürdigkeit aller Briefzitate wird mir hier überdeutlich. Zur Erhellung einer Entwicklung darf man sie nur benutzen, wenn man alle Umstände ihrer Entstehung kennt.

Von den schätzungsweise hundert Druckseiten, die diese Brieftexte einnehmen würden, sind etwa ein Viertel der Diskussion über Liebe und Freundschaft gewidmet, ohne daß es dabei zu mehr als den gängigen Floskeln kommt. Ein weiteres Viertel ist der Natur und der Lyrik vorbehalten, und die verbleibende Hälfte füllen Situations- und Erlebnisberichte. Die Kameraden, die in Anführungsstriche gesetzt werden, die Öde des militärischen Lebens und der Mangel an Lesezeit sind dabei Dauerthemen. Der Ton ist mehr anklagend als klagend, aber verzweifelt, wie es der Wahrheit am nächsten gekommen wäre, ist er nur einmal, am Heiligen Abend, und da kommen gleich mehrere Entschuldigungen dafür hinterher. Denn die Adressatin ist Optimistin und will, glaubt der Schreiber, kein Jammern hören; also zeigt er den Mut des Trotzdem.

Die politischen Differenzen zwischen den Korrespondenten werden verständlicherweise, der Briefzensur wegen, selten direkt zum Thema, klingen aber immerfort an. Einig ist man darüber, daß die Nazis nichts taugen und daß den Krieg weiterzuführen ein Wahnsinn ist. Streitpunkt ist vor allem die Wehrmacht, die der Schreiber manchmal verteidigt, weil sie »etwas ganz anderes ist« als die Naziregierung und wohl das wahre Deutschland vertritt. Verteidigt wird auch einmal der notwendige Kampf gegen die Russen. Ernst kann man das aber nicht nehmen. Denn erstens widerspricht der Schreiber häufig sich selber, und zweitens sind solche Äußerungen auch Ausdruck von Ärger, wenn statt des erwarteten Liebesbriefes wieder ein pädagogischer kommt.

Echt aber ist die in jedem Brief wiederkehrende Beschwörung des baldigen Kriegsendes. Als im September die Amerikaner deutschen Boden erreichen, wird täglich damit gerechnet; später sinkt die Hoffnung dann wieder, und der Schreiber behauptet, lethargisch zu sein. *»An ein Kriegsende denke ich nicht mehr«*, schreibt er im Dezember 1944. *»Man hat sich mit allem abgefunden, erfüllt seine Pflicht und denkt dabei an nichts anderes. Man träumt wohl manchmal: wenn der Krieg mal ein Ende haben sollte, dann ... Aber ernsthaft* *in Erwägung zieht man gar nicht, daß es plötzlich aus sein könnte mit dem ganzen Mist.«*

Von der Angst vor dem Tod schreibt er nie.

ABER KEINE MENSCHEN

Als ich im Sommer 1944 noch einmal das gefürchtete Arbeitsdienstlager betreten mußte, traf ich in der Kantine zufällig auf eine Runde müßiger Unterführer, die mich freudig begrüßten und von unserem rebellischen Durchgang schwärmten, der schwer zur Räson zu bringen gewesen war. Bei euch war doch immer was los! sagten sie anerkennend, rühmten den Widerstand, den sie hatten brechen müssen, und beklagten sich über die frommen Schafe, die sie jetzt hüten mußten. Die brutalen Schreier und Schleifer waren außer Dienst freundliche Kumpel, die mich zum Bier einluden, mich mit doppelter Marschverpflegung versorgten und mir einen (von mir auch befolgten) Trick verrieten, mit dem meine Einberufung zum Militär zu verzögern war. Der Vormann, den ich für ein Ekel und einen sadistischen Teufel gehalten hatte, zeigte Bilder seiner Verlobten, aber keine Spur von schlechtem Gewissen; denn er lebte ganz in der Vorstellung, jeder von uns habe seine Rolle (als Täter und Opfer) zufriedenstellend gespielt.

Einen Militärausbilder, der mir wochenlang durch immer neue Torturen das Leben verbittert hatte, traf ich nach dem Krieg in der Eisenbahn wieder und war nun, wie früher seinen Schikanen, seinen Erinnerungen an die uns gemeinsame schwere Zeit ausgesetzt. Meinen Hinweis darauf, daß wir damals wohl verschieden empfunden hatten, verstand er nicht; und als ich deutlicher wurde: ich hätte ihn damals ermorden können, nahm er das nicht persönlich, sondern erklärte: als Rekrut sei ihm das auch so ergangen, darin bestehe ja das System. Die Prügel, die das Kind vom Vater erhalte, gebe es als Vater an seine Kinder weiter; was man Tapferkeit vor dem Feind nenne, sei eigentlich Angst vor den Vorgesetzten; nur wem die Kaserne zur Hölle werde, gehe gern an die Front. Den Mechanismus analysieren konnte er also prächtig, nur kam ihm nie der Gedanke, daß man ihn auch zu durchbrechen versuchen könnte. Er ähnelte darin vielen, deren Systemeingepaßtheit ich später noch oft beobachten konnte, in anderen Hierarchien als in denen des Militärs.

Ein rebellischer oder auch nur bemerkenswert undisziplinierter Soldat bin ich nicht gewesen, eher ein müder und uninteressierter, der dieses Desinteresse auch merken ließ. Die vielfältige vormilitärische Erfahrung hatte mir die Angst vor brüllenden Vorgesetzten genommen und mir die Sturheit genannte Gleichgültigkeit vermittelt, die einem zur Verzweiflung neigenden Gemüt die notwendige Panzerung gibt. Die nie offen verweigerte, aber immer lustlose und langsame Befehlsausführung mußte den Unmut der Vorgesetzten erregen, und besonders die primitivsten unter ihnen, die Demut, Beflissenheit oder doch wenigstens Angst erwarteten, ließen oft ihre Wut über die Mißachtung ihrer Macht an mir aus.

In meiner kurzen Militärlaufbahn habe ich (Flak und Arbeitsdienst nicht gerechnet) fünf Ausbildungen durchmachen müssen, aber meine kriegerischen Kenntnisse blieben gleich Null. Wäre ich jemals gezwungen gewesen, einen Karabiner oder gar ein Maschinengewehr ernsthaft benutzen zu müssen, hätte ich schon aus technischen Gründen versagt. Ich hatte die Fähigkeit, Bedienungsanleitungen von Schießgeräten, Meßinstrumenten und Fahrzeugen, die ich auswendig zu lernen gehabt hatte, sofort wieder zu vergessen, und nie hat mich diese Unkenntnis (von einer Ausnahme abgesehen) bedrückt. Die Beschimpfung, ich könne eine MPi nicht von einer Klobürste unterscheiden, fand ich nicht ehrenrührig, und als mir ein Leutnant, der eine militärpsychologische

Ausbildung genossen hatte, erklärte, ich verkörpere den Typ des willensschwachen, geistig beweglichen, aber motorisch trägen, individualistischen Intellektuellen, wußte ich zwar, daß ich diese Rangerhöhung der Primitivität meiner Umgebung verdankte, war aber gleichwohl darauf stolz.

Die erwähnte Ausnahme war meine Unfähigkeit, einen Panzerwagen zu steuern, und meine Unwissenheit in allem, was Motoren betraf. Das bedrückte mich, weil ich bei Übungsfahrten ständig Sachschäden anrichtete und Menschen gefährdete, und weil ich im Ernstfall nicht nur mein eignes Leben aufs Spiel gesetzt hätte, sondern das der Mitfahrenden auch. Da ich Panzerfahrerehrgeiz in mir nicht zu erwecken vermochte, mußte ich etwas tun, um den Ernstfall nicht eintreten zu lassen. Beim Training des Auf- und Absitzens stürzte ich also von dem gepanzerten Vollkettenfahrzeug herab auf die Betonbahn und brach mir den Arm. Ob es sich dabei um Absicht (um sogenannte Selbstverstümmelung) oder um Ungeschicklichkeit handelte, ist mir unklar geblieben. Jedenfalls war mir das Schicksal gnädig und gab meinen Wünschen nach.

Im Gegensatz zu den Panzerfahrlehrern, die ständig nervös waren, weil sie durch Leute wie mich immer in Lebensgefahr schwebten, hatte der Ausbilder, der mir an Panzerattrappen die Handgriffe eines Richtkanoniers beibringen sollte, die Ruhe und Gleichgültigkeit eines müden Kriegers, der von der Vergeblichkeit allen Eifers und Strebens weiß. Wenn kein Offizier in Sicht war, machte er lange Pausen und erzählte von seinen Erlebnissen an den Fronten, die alle seine Erfahrung bestätigt hatten, daß Überleben Glückssache war. Er war schon auf allen Panzertypen gefahren, bezeichnete sie als rollende Särge, pries den Posten des Richtschützen wegen der Nähe zur Ausstiegsluke und riet uns, kriegsbegeisterte Männer immer zu meiden, denn die zögen das Unglück an. Er gehörte zu jenen alten Soldaten, die mit Politik nichts im Sinn und den Krieg satt hatten und die doch das Rückgrat dieser Armee waren, verdrossen zwar, aber doch pflichtbewußt bis zum letzten Tag.

Der Feldwebel Pick dagegen, ein langer, sehniger Bayer, verbreitete mit Geschrei und Trillerpfeife Angst und Schrekken und war von dem Ehrgeiz getrieben, der Fürchterlichste von allen zu sein. Eine Stube, die seinen Sauberkeitsansprüchen nicht genügte, konnte er in wenigen Sekunden in ein Chaos verwandeln, und Spinde, in denen die Wäschestücke nicht akkurat genug aufeinander lagen, kippte er kurzerhand um. Das Scheuern des Waschraums mit Hilfe von Zahnbürsten gehörte zu seinen beliebtesten Strafen, und wenn wir beim mitternächtlichen Antreten in feldmarschmäßiger Ausrüstung vor Müdigkeit kaum den Vordermann sehen konnten, war er die Munterkeit selbst. Wie ein Schauspieler konnte er unvermittelt sein Schreien zu drohendem Flüstern senken, und wenn ein Signal seiner Trillerpfeife alle Bewegung hatte erstarren lassen, verlängerte er durch eigenes Schweigen die plötzlich eintretende Stille und genoß in diesen Sekunden seine Macht über uns. Er war Berufssoldat und betont unpolitisch; denn Politik war Sache der Zivilisten, und die verachtete er. Die Wehrmacht hatte, wie wir immer wieder zu hören bekamen, durch Verweichlichung die Traditionen der alten Reichswehr verraten und bildete keine Soldaten mehr aus, sondern nur Klohne (gemeint waren Clowns) wie uns. Die Bücher in meinem Schrank, die Ekel in ihm erregten, veranlaßten ihn zu der Feststellung, daß Intelligenzbestien, wie ich, sich in der Hunderttausendmannarmee nach einer Woche schon umgebracht hätten. Er verzichtete aber darauf, mich speziell zu verfolgen; denn sein Drang, nach unten zu treten, war so stark wie der, nach oben devot zu sein; und ich galt als ein Schützling des Chefs.

Leutnant Pagenkopf, der sich (wie ich später erzählen werde) meines Bruders Karlheinz wegen mit mir bekannt gemacht hatte, war schuld daran, daß ich noch ein halbes Jahr vor Kriegsende einen Kursus für Offiziersbewerber besuchte, der unter seiner Leitung stand. Sein Hauptargument für meinen Eintritt dort war gewesen, daß ich nirgendwo sicherer vor den SS-Werbern wäre, die jetzt alle Kasernen durchkämmten; mich aber hatten wohl mehr der Aufschub meiner Frontkommandierung und der Reiz seiner Persönlichkeit überzeugt. Er kam aus einem pommerschen Pfarrhaus, war selbst protestantischer Theologe, ein Mann der Bekennenden Kirche, also kein Hitler-Anhänger, dabei aber betont national. Daß eine Kriegsniederlage das Ende der deutschen Nation und Kultur nach sich zöge, stand für ihn außer Frage; man mußte also, nach seiner Meinung, für das Vaterland kämpfen, auch wenn dieser Kampf, weil er gleichzeitig Hitler schützte, tragisch umschattet war. Die Wehrmacht war ihm Asyl in doppeltem Sinne: sie konnte ihn vor dem Zugriff der Gestapo bewahren, und sie war der Bereich, in dem die nationalen Ideale noch unverfälscht galten, frei von Christenverfolgung und Rassenwahn.

Das Lob der Wehrmacht, als eines nazifreien Staats im Staate, das ich in meinen Briefen an Ilse wiederfinde, war wohl im wesentlichen ein Lob des Leutnants, der mir schon deshalb etwas bedeuten mußte, weil er Rilke und Hölderlin liebte, Klassikerzitate benutzte, unter den Marschliedern das Schillersche *Wohlauf, Kameraden, aufs Pferd, aufs Pferd* bevorzugte, sich bei Schrankappellen für meine Kleinstbibliothek interessierte und mir Bücher von Reinhold Schneider und Bergengruen lieh. Ich durfte Kulturabende im Offizierskasino besuchen und war von den Beethoven spielenden und *Faust* rezitierenden Leutnants und Hauptleuten so begeistert, daß sich Ilse brieflich empörte: nun kröche ich diesem Edelnazi ganz auf den Leim.

Der Pädagoge Pagenkopf (der übrigens streng darauf achtete, daß das G in seinem Namen deutlich als solches gesprochen, der Anklang an einen Pagen also vermieden wurde) hatte sich in den Kopf gesetzt, ideale Offiziere zu erziehen, die sowohl schneidig als auch gebildet sein sollten. Die eine

Seite fand er bei mir; daß die andere fehlte, machte ihn traurig. Um mir das mitzuteilen, bestellte er mich zu sich, blätterte im *Buch der Zeit*, das er von mir geliehen hatte, fand schnell, was er suchte, zitierte halblaut, als lese er nur für sich, die Zeilen über die Gedanken und Gefühle, die nicht satt machen können, las dann laut: »Was soll uns Shakespeare, Kant und Luther? Dem Elend dünkt ein Stückchen Butter erhabener als der ganze Faust«, und kam dann über Wilhelm Raabes *Sterne und Gassen* auf das Lebensnotwendige und das Ideale zu sprechen, das auch den Offizier erst vollständig mache, um am Schluß, während er mir mit vorwurfsvollen Blicken einen nichtgeschlossenen Knopf des Waffenrocks zuknöpfte, resigniert festzustellen: Vielleicht können Sie Literaturprofessor werden, aber ein Soldat werden Sie nie.

Nie erfuhr ich, ob diese Worte meine Entlassung aus dem Offizierskurs einleiten sollten. Denn ehe ich, was ich nicht vorhatte, widersprechen konnte, bedeutete er mir abzutreten, und in der Nacht darauf wurde seine Baracke, die er bei Fliegeralarm nie zu verlassen pflegte, von einer Bombe getroffen. Er wurde mit militärischen Ehren (zu denen auch der einzige Parademarsch meines Lebens gehörte) begraben. Am nächsten Tag meldete ich mich krank und schied bald auf eigenen Wunsch aus dem Kursus aus.

Mein letzter Chef, ein Oberleutnant mit vielen Orden, bezeichnete Hitler immer als den Gefreiten, der gut daran getan hätte, einer zu bleiben. Das hinderte ihn aber nicht daran, ihm bis zum letzten Tag noch zu folgen, wie das Gesetz es befahl.

Einsam zu sein, doch nie allein sein zu können, machte das Kasernenleben so unerträglich. Es fehlte die Tür, die man hinter sich schließen konnte, und es fehlte ein Mensch, der diesen Wunsch auch versteht. Hinzu kamen das Heimweh, das sich vergrößerte, je weiter ich mich von Berlin entfernte, und die geringer werdende Hoffnung auf das Kriegsende, das im Sommer durch die Siege der Alliierten schon so nahe zu sein schien. Die Erfahrungen des Ersten Weltkriegs vor Augen, hatte man geglaubt, daß kapituliert werden würde, wenn der Feind die deutschen Grenzen erreichte. Im Herbst aber war klar, daß Hitler nicht aufgeben würde, bevor auch Deutschland in Trümmern lag.

Den 20. Juli hatte ich noch bei meiner Mutter erlebt. Zusammen mit Friedl, meiner wohlriechenden Tante, die ihre Theaterferien in Zernsdorf verbrachte, hatte ich ihr beim Aufstellen und Einrichten ihres Behelfsheims geholfen. Als die Nachricht von dem mißglückten Attentat uns erreichte, meinte meine Mutter, daß es vielleicht doch gut sei, daß die gottgewollte Ordnung erhalten bleibe, worauf Friedl, deren Gesicht sich auch über dem farbenbeschmierten Arbeitskittel festlich geschminkt zeigte, erwiderte: nun sei klar, daß der Kerl mit dem Teufel im Bunde sei. Ich aber dachte: wäre er tot, käme der Gestellungsbefehl nicht mehr.

Er kam drei Tage danach und erzeugte in mir eine Wahrnehmungshemmung, so daß ich mich an die Fahrt nach Neuruppin, die Ankunft in der Kaserne, die Uniformierung und Vereidigung nicht mehr erinnere. An Stiefel erinnere ich mich, an die eignen, die, weil sie nicht paßten, die Füße mit Wunden bedeckten, und an die eines Vorgesetzten, die dicht vor mir waren, während ich, in der Hand eine Bürste, auf den

Steinfliesen des Kasernenflurs kniete, in der Nase den Gestank nach Lysol. Auch das Geräusch, das mit Nägeln beschlagene Stiefel auf diesen Steinfliesen machten, wenn man von Trillerpfeifen gejagt auf den Kasernenhof rannte, ist mir im Ohr geblieben; und meine Zunge bewahrt noch den Geschmack angefaulter Kartoffeln; sonst aber herrscht Erinnerungsleere: kein Name, kein Gespräch, kein Gesicht.

Erst sechs oder acht Wochen später, mit dem Ende der Infanterieausbildung und der Ankündigung einer Veränderung, funktionierte die Aufnahme von Außenwelt wieder, wenn auch der Dauernebel von Angst- und Entfremdungsgefühlen nicht wich. Am Abend vor der Versetzung traf ich, wie schon berichtet, den ehemaligen Deutschlehrer Krättge, der darauf bestand, daß wir du zueinander sagten, was mir aber nicht gelang. Beim Marsch zum Bahnhof am nächsten Morgen sah ich mit Überraschung, daß es noch Leute gab, die ein Zivilleben führten. Der Anblick eines radelnden Mädchens wurde zu einem Erlebnis, und die dreitägige Bahnfahrt im Güterwagen, mit der wir eine Strecke überwanden, die wir in kürzerer Zeit hätten zu Fuß zurücklegen können, bot zum erstenmal Lesezeit. Meinem selbstverordneten Dramenleseplan gehorchend, las ich in einem Reclamheft Hebbels *Maria Magdalena* und begriff davon nichts als das Schlußwort von Meister Anton: »Ich verstehe die Welt nicht mehr.«

Die Versuche, mir das Fahren eines Panzerwagens beizubringen, machte man in Wriezen, einem am Rande des Oderbruchs gelegenen Landstädtchen, das durch meine Fahrkünste lediglich einen Laternenpfahl und mehrere Bordsteinkanten einbüßte, ein halbes Jahr später aber, da es zur Festung erklärt und verteidigt wurde, völlig in Trümmer fiel. Von Neuruppin hatte ich nur den Bahnhof, ein Stück Chaussee und die Kaserne zu sehen bekommen, hier konnte ich sonntags die von Uniformträgern wimmelnde Kleinstadt erleben, deren Ödnis ich gern entfloh. Wenn die Bahngeleise und die

Alte Oder hinter mir lagen, konnte ich mich auf den Wegen, die schnurgerade die flache Oderbruchlandschaft durchschneiden, meinen Fluchtphantasien hingeben, in denen die Feldscheunen, wo man sich den Tag über verbergen konnte, genau so eine Rolle spielten wie die nahrhaften Mohrrübenfelder und die reichtragenden Apfelbäume an der Chaussee. Ich versuchte, zum Training Dörfer und Vorwerke zu meiden, ließ mich vom Herbstwind über die Wiesen treiben, überwand Koppelzäune und Gräben – und stellte mir vor, was geschähe, würde ich abends in der Baracke vermißt.

An einem Regentag fand ich die Wriezener Marienkirche offen und saß lange allein unter den spätgotischen Sterngewölben, während ein Orgelspieler wieder und wieder Jesu meine Freude übte – was in mir einen Tränenstrom löste und den Traum, mich selbständig zu machen, zum Entschluß werden ließ. Das war am Sonntag, dem 22. Oktober. Am Vortag hatten die Amerikaner Aachen erobert. Ich glaubte die Kapitulation nahe, und da ich weder zu den letzten Toten des Krieges gehören noch das Ende an der Ostfront, für die wir bestimmt waren, erleben wollte, mußte ich meinen unerlaubten Abschied genommen haben, bevor die Reise ins Ungewisse begann. Die Entfernung nach Zernsdorf schätzte ich auf 80 Kilometer. Höchstens drei Herbstnächte brauchte ich, um die zu bewältigen, vorausgesetzt, ich kannte den Weg. Im Lazarett von Bad Freienwalde, wohin mich mein Armbruch führte, hing eine Karte des Kreises Lebus, die ich mir einzuprägen versuchte. Sie reichte bis Fürstenwalde. Von dort aus kannte ich, von meinen Radtouren her, Waldwege, die nur Schleusenanlagen, Holzstapelplätze und Förstereien berührten; in Gedanken wanderte ich die oft. Unklar dagegen war, wo ich mich in Zernsdorf verstecken sollte, falls der Frieden noch auf sich warten ließ. Haus und Garten kamen dafür nicht in Frage, eher schon Lauben, die in der Winterzeit leerstanden, oder Bootshäuser am See. Schon wußte ich, was ich bei meiner nächtlichen Ankunft zu sagen hatte, wenn meine Mutter vom Klopfen am Fensterladen erwachen würde. Schon wählte ich aus, was ich außer Kochgeschirr, Feldflasche und Brotbeutel mitnehmen wollte. In der Hoffnung, Hinweise für den Zeitpunkt des Aufbruchs zu bekommen, hörte ich täglich mit ungewöhnlicher Spannung den Wehrmachtsbericht.

Gesichter und Namen aus diesen Wochen tauchen in meiner Erinnerung erst auf der Eisenbahnfahrt wieder auf. Kaspar-Maria, ein Wiener Straßenbahnschaffner, der seiner Wehleidigkeit wegen häufig gehänselt wurde, weinte vor Freude, als sich herausstellte, daß sich der Güterwaggon, in dem wir mit vierzig Mann lagen, in südöstlicher Richtung bewegte, und er vertraute mir an, daß er, falls unser Ziel Wien sei, zu desertieren gedenke, denn seine ledige Mutter, die im Kino als Platzanweiserin arbeite, halte es ohne ihn nicht mehr aus. Während er, gleich nach der Ankunft, als Panzerfahrer an die Front geschickt wurde, konnte sich Wilhelm Denis, der Wim genannt werden wollte, an meiner Seite in die Richtschützenausbildung schmuggeln, indem er, von mir unterstützt, behauptete, die Angabe in seinen Papieren, er habe die Fahrprüfung bestanden, sei falsch.

Wim, klein und schmächtig, war auf eine fahrige Art in ständiger Bewegung, und sein Mundwerk machte die Dauermotorik des Körpers in unglaublicher Schnelligkeit mit; er redete immer, selbst nachts in Träumen, in hoher Stimmlage und fast unverständlich, mit fremden Wörtern durchsetzt und in eigenartig falscher Artikulation. Das L kam ganz hinten aus seiner Kehle, und das G geriet ihm immer zum rauhen Ch. Stillstehen und Stummsein bereiteten ihm Höllenqualen. Auch in Sekunden feierlicher oder bedrohlicher Stille, bei Appellen zum Beispiel, mußte er zappeln und flüstern. War er empört (was häufig der Fall war, da er sich ständig ungerecht behandelt fühlte), verflocht er, unter Aussparung der Endsilben, jedes Wort so eng mit dem nächsten, daß niemand diesen reißenden Wortfluß verstand.

In Amsterdam war er geboren (chebore hieß das bei ihm) und aufgewachsen, dort fühlte er sich zu Hause, und seine Mutter wartete dort auf ihn. Sein Vater, dem er den Fluch der deutschen Staatsbürgerschaft (und damit die Militärpflicht) verdankte, war früh schon gestorben. Deutsch hatte Wim erst in der Schule gelernt. Er haßte die Deutschen, die sein Vaterland knechteten, liebte die Briten, für deren Siege er jeden Abend mit gefaltenen Händen betete, und nahm nur mich (der ich meinen holländischen Namen sicher nicht zufällig führte und ihm auch die Freude machte, seine Muttersprache von ihm lernen zu wollen) von diesem Haß aus. Anfangs, auf der einwöchigen Eisenbahnfahrt, war mir seine Anhänglichkeit lästig geworden; in St. Pölten, wo wir in einer Stube wohnten und uns gemeinsam in den holzgasbetriebenen Panzerattrappen langweilten, gewöhnte ich mich an seine ständigen Sprechgeräusche; auf dem Truppenübungsplatz Döllersheim (Waldviertel), wo wir in verschneiten Erdlöchern und Ruinen hungerten und froren, lernte ich seine Zähigkeit und sein Organisationstalent schätzen; und als wir uns im Januar oder Februar trennten, vermißte ich mit ihm mehr als meinen schußligen Sprachlehrer – dem zu Gedenken ich später noch manchmal das Vaterunser auf Holländisch betete oder das Lied von *Wilhelmus von Nassaue*, das er mir in den ersten Stunden schon beigebracht hatte, still für mich sang.

Als Gesprächspartner für meine Desertionsträumereien war Wim allerdings wenig geeignet. Wohl war seine Heimwehkrankheit noch stärker als meine, doch waren bei ihm Phantasie und Selbstvertrauen geringer entwickelt; er war der Realist, der an Hunger, Kälte und Militärpolizei dachte, ich der Träumer, der zu viel Karl May gelesen hatte; ich neigte dazu, Schwierigkeiten nicht wahrhaben zu wollen, er dagegen zur Resignation. Österreich schien ihm so weit von Holland entfernt zu sein wie Sibirien. Wenn ich ihm an Hand einer Landkarte unsere Route durch Mitteleuropa erklärte, schüttelte er nur heftig den Kopf. Sein Traum war der, an die Westfront beordert zu werden. Die englischen Brocken, die sich beim Überlaufen als nützlich erweisen konnten, kannte er schon.

Dieser Traum ist ihm dann, wie ich fürchte, zum Verhängnis geworden. Anfang des Jahres, als wieder einmal Werber von der Waffen-SS in die Baracken kamen, holten sie alle Männer zusammen, die perfekt eine westliche Fremdsprache beherrschten, und redeten den ganzen Tag auf sie ein. Eine Sondereinheit sollte aufgestellt werden, die in feindlichen Uniformen, mit Landkarten und Geld versehen, hinter den feindlichen Linien abgesetzt werden sollte. Als Wim abends zurückkam, hatte er seine Freiwilligen-Meldung schon unterschrieben. Während er, fortwährend schnatternd, in Eile die Sachen packte, war er so aufgeregt, daß er nur Holländisch sprach. Wenn ich ihn richtig verstanden habe, war er der Versuchung deshalb erlegen, weil er sicher war, in vier Wochen per Flugzeug in Holland zu sein.

Für mich kam die große Versuchung erst ein oder zwei Monate später, aber im Pelzmantel, nicht in Uniform. Sie hieß Sabine (oder Hermine?), trug unter dem Mantel zwei dicke Pullover und zwei wollene Hemden, war kleiner als ich, aber wesentlich dicker und sprach einen schwerverständlichen Gebirgsdialekt. Wäre ich ihr gefolgt, hätte mein Leben möglicherweise eine andere Wendung genommen. Die denkbaren Extremfälle wären gewesen: früher Tod durch Erschießen, beziehungsweise Erhängen, oder selbstgenügsames Dasein auf einem Bergbauernhof.

Nach Leutnant Pagenkopfs Tod, der meinen mehrwöchigen Aufenthalt bei seinen Offiziersschülern beendet hatte, geriet ich an Militärärzte, die dankenswerterweise die Meinung durchzusetzen verstanden, daß ein Schwachmatikus mit beschädigter Lunge nicht fronttauglich sei. Statt nach Budapest, um das man seit Wochen kämpfte, schickten sie mich in das friedliche Salzkammergut, wo sich das drohende

Ende vor allem dadurch bemerkbar machte, daß Reiche und Einflußreiche es als Zufluchtsstätte benutzten, da es seiner abgeschlossen-alpinen Lage wegen als sicher galt. Während Stalin, Roosevelt und Churchill in Jalta die Aufteilung Deutschlands in Besatzungszonen beschlossen, Dresden in Trümmer sank und Breslau belagert wurde, erklang in Alt-Aussee abends Schrammelmusik. Die Straßen waren vom Schnee geräumt. Schwarze Limousinen fuhren vor Villen vor und luden gepflegte Damen und in Decken gehüllte Gemälde aus. Die Sonne schien; die schneebedeckten Zweitausender spiegelten sich im See; Ski-Lehrer hielten weiterhin Kurse ab; und auf den Promenaden waren mehr Generäle als Soldaten zu sehen. Die Insassen des »Erholungsheims der deutschen Panzerwaffe« wurden als billige Arbeitskräfte vermittelt, deren Lohn vorzugsweise in Naturalien, manchmal aber auch nur in Mahlzeiten bestand. Kaum im Hochgebirgsparadies angekommen, wurde ich zu einer schwangeren SS-Führers-Frau zum Holzhacken beordert, die mir aber, nachdem ich den Axtstiel zertrümmert hatte, bald wieder den Abschied gab. Besser bewährte ich mich als Transportarbeiter. Von Lastwagen mußten Holzkisten mit der Aufschrift: Vorsicht Glas!, Tuchballen und später tagelang Bündel mit warmen Unterhosen in Bergwerksstollen getragen werden. Als Bezahlung gab es griechische Zigaretten, eine Packung pro Tag. Einem alten Ehepaar aus Berlin, das im Kaminzimmer einer Villa sich selbst und eine Bibliothek untergebracht hatte, mußte ich Gänge zwischen den Bücherbergen freilegen und wurde dafür abends in ein Restaurant mitgenommen, aus dem mir vor allem ein Jodler, der in ekelerregender Weise den Hals aufblähte, in Erinnerung geblieben ist.

Daß es gefährlich gewesen wäre, bei unerlaubtem Verlassen der Truppe die Eisenbahn zu benutzen, wurde mir auf der Rückfahrt klar. Im D-Zug von Salzburg nach Wien, der den seltenen Komfort einer Heizung besaß, kontrollierten die Kettenhunde (wie man die Feldgendarmen wegen der an

Ketten um den Hals getragenen Blechschilde nannte) und führten Verdächtige ab. Ich hatte, trotz gültiger Ausweispapiere, wie jedermann Angst vor ihnen, schlief aber ein, als ich in Linz einen Sitzplatz bekam, verpaßte St. Pölten, und als mich am Abend Sirenengeheul weckte, war ich bereits in Wien. Kontrolliert wurden nach dem Alarm auch die Bunkerausgänge. Da mein Reisepapier hier nicht galt, wurde ich festgenommen, auf der Bahnhofskommandantur verhört, aber für harmlos befunden; ein Bewaffneter brachte mich durch zerstörte Bahnhofsanlagen zum richtigen Gleis. Dem Personenzug nach St. Pölten fehlten nicht nur Heizung und Licht, sondern auch Fensterscheiben; er war kaum besetzt. Das Abteil, in das ich mich hineintastete, lag voller Scherben. Es war bitterkalt. Qualm, Funken und Schneeflocken wurden vom eisigen Fahrtwind hereingetrieben. In Hietzing oder Mariabrunn brannten Häuser. In deren Schein sah ich, daß eine Frau, in Pelzmantel und Kopftuch, mir gegenübersaß. Erneuter Fliegerangriffe wegen hielt der Zug häufig; die Fahrt dauerte daher bis weit über Mitternacht.

Es war einfach für uns zusammenzufinden. Die Kälte war derart, daß man befürchten mußte, in dieser Nacht zu erfrieren; der warme Körper des andern wurde zur Lebensnotwendigkeit. Lange bevor ein Wort zwischen uns fiel, erwärmten ihre Beine die meinen. Bald darauf saßen wir dicht nebeneinander, hatten den Pelzmantel um uns geschlagen und wärmten die Hände auf des anderen Haut. Sie war kaum älter als ich, aber als sie die Brüste aus ihrer vierfachen Hülle schälte, war auch viel Mütterliches in dieser Geste, und das war der beste Schutz gegen Kälte, Heimweh und Angst.

Wie zu erwarten, wich der Zauber, als wir miteinander zu reden begannen; aus Natürlichkeit wurde Banalität. Ihr Dialekt bot mir Schwierigkeiten; ich verstand aber, daß sie unsere Zärtlichkeiten heimliche Verlobung nannte und daß ihre Anrede lautete: mein süßer Schatz. Sie bedauerte mich, weil bei mir alle Rippen zu zählen wären, und entschuldigte sich für ihre »läppige« Brust. Die war erst durch die Strapazen, die sie hinter sich hatte, so traurig geworden; vor drei Monaten hätte ich sicher mehr Freude daran gehabt. Sie hatte aus Budapest, wo sie im Lazarett tätig gewesen war, in letzter Minute entkommen können und machte für ihre Person mit dem Krieg jetzt Schluß. Zu Hause war sie auf einem Bauernhof irgendwo im Gebirge, drei Stunden Kleinbahnfahrt von St. Pölten, dann noch zwei Stunden zu Fuß. Ihr Hof, der so einsam lag, daß kein Feldgendarm je dorthin finden konnte, war das ideale Versteck für einen, der sich nicht totschießen lassen wollte. Und in ein paar Tagen war der Krieg sowieso aus.

Da die Kleinbahn erst morgens um fünf fuhr und der Bahnhofswarteraum ungeheizt war, liefen wir kreuz und quer durch St. Pölten, drei oder vier Stunden lang. Keine barocke Stadt ist mir später so schön erschienen wie diese, und keine von ihnen hinterließ, trotz genauerer Kenntnis, in meiner Erinnerung ein so deutliches Bild. Es ist ein Bild ohne Menschen, mit einer Schneedecke, die vor uns noch niemand betreten hatte, mit vollkommener Stille und einem frostigen Mond. Das Wasser der Traisen, das träge Eisschollen bewegte, war schwarz; die Zierlichkeit alter Eisengitter trat vor dem blendenden Weiß besonders gut in Erscheinung; und die Dreifaltigkeitssäule am Rathausplatz, die Mariensäule am Herrenplatz, die Putten, Heiligenfiguren, Karyatiden schienen im Schmuck weißer Hauben Barock in Potenz. Wie Illustrationen zu einem Märchen wirkten die bunten Häuschen der Kremser Gasse. Sie paßten gut zu dem Märchen, das meine Begleiterin mir erzählte; ein Zukunftsmärchen von einem naturnahen Leben mit Kindern und Vieh.

Nie mehr bin ich nach dieser Nacht in St. Pölten gewesen, und doch glaube ich, mich noch heute dort zurechtfinden zu können. Die Äußerlichkeiten also hat mein Gedächtnis hervorragend gespeichert, bei der Aufbewahrung inneren Geschehens aber hat es versagt. Ich weiß heute nicht mehr, warum ich das Asylangebot, das meinen Wünschen entgegenkam, ausschlug und die Heimlich-Verlobte verließ. War es die Angst vor den Feldgendarmen, die gegen Morgen am Bahnhof Posten bezogen hatten, oder die vor dem Geheiratetwerden? Schien mir der Umweg über den Bergbauernhof zu weit, um sicher nach Hause zu kommen? Oder war es doch Herdentrieb oder Pflichtgefühl?

Zur Zeit des Weckens war ich in der Kaserne. Die Kompanie, der ich zugeteilt wurde, bestand vorwiegend aus Magenkranken, die Weißbrot und Milchsuppen zu essen bekamen. Kompaniechef war ein hochdekorierter Oberleutnant mit Namen Krell.

DAS FRONTSCHWEIN

Krell, der die sechs Kriegsjahre vorwiegend an der Front verbracht hatte, konnte das Leben in der Kaserne nur mit alkoholischer Hilfe ertragen. Der Krieg gehe verloren, pflegte er, wenn er getrunken hatte, zu sagen, weil erstens, das Feldheer den Gefreiten als Feldherrn zu lange ertragen habe, und weil, zweitens, das Heer der Etappenhengste immer größer geworden sei. Von ihm ging die Sage, er habe bei einem Sandkastenspiel, in dem der Regimentskommandeur die Taktik von Panzerangriffen erläutert habe, diesem gesagt, er solle sich doch auf Gebiete, die er auch beherrsche, beschränken, aufs Schieben von Kinderwagen vielleicht. Das Ehrengerichtsverfahren, das deshalb angestrengt werden sollte, kam nicht mehr zustande; die Russen waren schneller als die Offiziersbürokratie.

Im Zivilberuf war der ordensgeschmückte Oberleutnant Kinoverwalter oder -besitzer, und seine Frau, deren Foto sein Zimmer schmückte, sah aus wie eine Schauspielerin. Nach St. Pölten war er, mit viel Gepäck, vom Balkan gekommen, Kisten mit griechischen Weinen und Tabak füllten die Ecken der kleinen Stube, und jeden Tag ging ein Päckchen mit diesen Kostbarkeiten, von mir gepackt und beschriftet, nach Erfurt ab. Nachdem ich die Frage, ob ich Schüler sei und Zigaretten drehen könne, mit Ja beantwortet hatte, war ich am ersten Tag meines Eintritts in die Kompanie der Alten und Kranken zum Burschen des Chefs geworden – eine Dienststellung, die, den Verordnungen nach, gar nicht mehr existierte, die mir aber die ruhigsten und lektürereichsten Wochen meiner Militärzeit bescherte, und die nikotinreichsten auch. Krell nämlich war Kettenraucher, der von den Selbstgedrehten etwa 60 am Tage brauchte, und mir, der ich sie drehen mußte, war erlaubt mitzurauchen, nur mitnehmen sollte ich keine; aber das wurde nicht kontrolliert. Die Zigarettenherstellung war also meine Hauptbeschäftigung; das Stiefelputzen, Päckchenpacken und Stubeausfegen fiel dagegen kaum ins Gewicht. Gleich nach dem Morgenappell, wenn die Kompanie zu Übungen ausrückte und Krell diese beaufsichtigte oder aber im Kasino seinen Alkoholbedarf deckte, zog ich mich in seine Stube zurück, erfüllte die notwendigsten Pflichten und lag dann auf dem Bett und las. Kam er, um Mittagsruhe zu halten, seinen Rausch auszuschlafen oder sich stadtfein zu machen, mußte ich mir oft lange noch seine Haßtiraden auf die Parteibonzen und den Offiziersklüngel des Ersatzheeres anhören oder seine internationalistische Frontschwein-Sentimentalität. Wenn er »wir Frontschweine« sagte, waren darin auch die feindlichen eingeschlossen; denn seine Untergangsphilosophie besagte, daß letzten Endes nicht die eine oder die andere Seite verlieren würde, sondern der Mut und die Anständigkeit. Überall würden, da die Besten gefallen seien, die Drückeberger, Waschlappen und Geschäftemacher den Ton und die Marschrichtung angeben. Auf den Gebeinen der Idealisten würde eine Gesellschaft aus Habsucht und Egoismus entstehen.

Angenehm war, daß Krell, wenn er getrunken hatte und redselig wurde, keinen Wert auf Widerspruch oder Zustimmung legte, so daß ich, während ich Zigaretten auf Vorrat drehte, nach Belieben zu- oder weghören oder aber mir Gedanken darüber machen konnte, wie beeinflußt von sechsjährigem Landserleben seine Sprechweise war. Sein früher gepflegtes Hochdeutsch, das kaum merkbare sächsische Laute eher verfeinert als verunstaltet hatten, war durch die widerstandslose Aufnahme des Soldatenwortschatzes zu einem aus vorgeprägten Begriffen zusammengesetzten Jargon verkommen – der uns heute vertraut anmutet, weil er mit dem Ende des Krieges kein Ende fand, sondern weiterwucherte, bis in die Schriftsprache manchen Periodikums und manchen Buches hinein. An Krell konnte ich damals studieren, daß das Einfließen von Vulgärausdrücken aus der Genital-, Sexual- und Fäkalsphäre die Sprache nicht bereichert, sondern verarmt hatte, weil die Verwendung dieser Stereotypen (wie zum Beispiel das Scheiß- in jeder nur denkbaren Verbindung) die Suche nach dem treffenden Ausdruck erspart. Schlimmer noch als diese Niveausenkung und Verschmutzung war bei Krell aber der ständige Gebrauch kriegerischer Metaphern – und auch das hat bei Zeitungsschreibern und Politikern Schule gemacht. Ein halbes Jahrhundert nach Kriegsende geht der verbale Krieg (mit der vordersten Front, dem Volltreffer, dem schweren Geschütz, der Breitseite, dem Grabenkampf, der Vorhut, dem Bombengeschäft oder dem Schuß vor den Bug) munter weiter, so daß es mir bei der Zeitungslektüre oft vorkommt, als habe mein damaliger Dienstherr (der übrigens auch martialisch wurde, wenn er, mit Begriffen wie Nahkampf, Schützenloch, Haubitze oder Ladehemmung, von seinen St. Pöltener Nächten erzählte) die Texte verfaßt.

Frauen, die zum Nahkampf mit einem, der kein Blindgänger war, in Bereitschaft lagen, scheint es kurz vor dem erwarteten Untergang viele gegeben zu haben; manchmal bekam ich stummer Zigarettenhersteller Namen und Temperamentsgutachten zu hören, und die wechselten oft. Wenn es so weiterginge, beklagte sich Krell, könnte bald Munitionsmangel eintreten; schon löse sich manchmal kein Schuß mehr, und es komme nur Blut.

Aber die Klage war überflüssig; es ging so nicht weiter. Ende März erreichten die Russen bei Steinamanger die ungarisch-österreichische Grenze. Eine Einsatztruppe wurde dorthin beordert. Krell, der froh war, die Kaserne endlich verlassen zu können, übernahm das Kommando und war von diesem Moment an ein aktiver, unternehmungsfreudiger Mann. In sechs Stunden hatte er seine Leute, die er selbst auswählte, zusammen. Er beschaffte die neuesten Kampfanzüge, die weichsten Stiefel und die reichhaltigste Marschverpflegung. Er duzte jeden, ernannte die Gruppenführer und machte mich zu seiner persönlichen Ordonnanz. Als wir am Abend schon auf den Lastwagen saßen, ließ er noch Kisten mit Zigaretten und Schnaps anfahren und verteilte kleine silberne Totenköpfe, die links an die Mützen zu heften waren: das Abzeichen der Kampfgruppe Krell. Bei der Ausfahrt aus dem Barackenlager heulten die Luftschutzsirenen, aber Krell befahl weiterzufahren: das gehe uns nichts mehr an. In der Panzerkaserne in Mödling wurden Waffen verteilt, und wir durften zwei Stunden schlafen. In der Morgendämmerung erreichten wir Wiener Neustadt, wo wir auf einem Schulhof, auf dem Flüchtlinge lagerten, auf andere Fahrzeuge umsteigen mußten. Hier hielt Krell, während die Flüchtlinge teilnahmslos dem militärischen Schauspiel zusahen und auf der Straße waffenlose ungarische Soldaten zurückfluteten, gutgelaunt und kampfesfroh eine kleine Rede, die er mit einem dreifachen Hipp-Hipp-Hurra schloß: Bei Ödenburg seien sowjetische Panzer auf deutsches Gebiet vorgedrungen, was sie aber heute noch bitter bereuen würden, denn nun komme die Kampfgruppe Krell und kippe sie einfach um.

Während der Weiterfahrt, die nur langsam vorankam, da

die zivilen und uniformierten Flüchtenden, die uns dichtgedrängt mit Handwagen, Pferde- und Ochsenkarren entgegenkamen, die Straße verstopften, stand Krell auf dem Trittbrett des ersten Wagens und stimmte das Lied von den *Wilden Gesellen* an, denen die Sonne nicht untergeht. Und wenn eine Fahne vorhanden gewesen wäre, hätte er die wohl auch noch geschwenkt.

DER ADJUTANT

Wenn ich Österreich und das Lied von den *Wilden Gesellen* zum Anlaß nehme, um hier das kurze Leben meines Bruders Karlheinz zu beschreiben, bin ich mir des Fragmentarischen dieses Versuchs völlig bewußt. Zwar kann ich neben meinen Erinnerungen auch Briefe, seinen Nachlaß und Auskünfte Dritter benutzen, aber dem durch Verklärung unklaren Bild von ihm kann das alles keine klareren Umrisse geben; zu sehr wirkt die Verehrung aus Kindertagen noch nach. Ich bin heute mehr als doppelt so alt, als er werden durfte, aber er bleibt für mich der älteste Bruder, der Große, der intelligenteste, sportlichste, mutigste, frömmste von uns. Noch immer geht, wenn ich an ihn denke, mein Blick nach oben; noch immer bin ich vor Entscheidungen versucht, ihn nach seinem Urteil zu fragen; noch immer kommt er in Träumen wieder zurück: Er kehrt heim, nach zwanzig oder nach vierzig Jahren, gut aussehend, charmant, überlegen wie immer, und ich bin der glücklichste aller Menschen auf Erden, schäme mich, jemals an seiner Rückkehr gezweifelt zu haben, und fürchte seinen ironischen Blick; denn ihm, der meiner Kindheit Sicherheit gab, bin ich Rechenschaft schuldig für alles, was ich im Leben tat.

Meine Erinnerung ist einer sachlichen Darstellung seines Lebens und Denkens eher im Wege als nützlich, weil sie den Bruder auf das Stadium des katholisch-jugendbewegten Abiturienten fixiert. Denn als ich anfing, bewußt zu leben, trug er die Kluft des von Jesuiten geführten *Neudeutschland*, lebte für die Erneuerung der Liturgie, für Zeltlager und Fahrten, war drauf und dran, Jesuit zu werden, und sang uns Geschwistern die *Wilden Gesellen* vor. Danach aber, in den zehn Jahren, die ihm noch blieben, war er zwar immer noch unentbehrlich als Ratgeber und Helfer, den ehrgeizigen jungen Mann mit der Adelsmarotte, der das Familienwappen im Briefkopf führte, sich als Wahl-Österreicher verstand, in der Wehrmacht Karriere machte und Schriftsteller werden wollte, erlebte ich aber nur noch als Feiertagsgast.

Er war als Kind, in den Hungerzeiten der ersten zwanziger Jahre, vom Caritas-Verband für ein Jahr in eine österreichische Bauernfamilie geschickt worden, bei der er später manchmal die Ferien verbrachte und zu der er die Verbindung niemals verlor. In Innsbruck studierte er sein erstes Semester. Beim Militär gelang es ihm, von Wünsdorf nach Wien-Mödling versetzt zu werden. Hier konnte er sein Studium abschließen, mit einer Arbeit über Platen seine Doktorprüfung ablegen und sich als Regimentsadjutant seinen schriftstellerischen Versuchen widmen, die sein Nachlaß zum Teil bewahrt.

Neben einer Hörfolge über *Paracelsus*, die vom *Reichssender Wien* auch gesendet wurde, und Vorarbeiten zu einer Anthologie deutscher Gedichte über Italien, die 1943 der *Karl Alber Verlag* in München herausbrachte, finden sich da Fragmente von Kurzgeschichten, die nicht gerade Talent verraten, aber doch einen flüssigen Stil. Das Manuskript einer poetischen Reportage ist abgeschlossen. In ihr wird, unter dem Titel *Panzer, Götter, Griechenland*, die Eroberung dieses Landes zu einem Unternehmen des Bildungstourismus, mit viel Landschaftsdarstellung und Mythologie. Interessanter als dieser Erlebnisbericht eines gebildeten Okkupanten ist die ihn begleitende Korrespondenz mit dem Verleger in München, der Reichsschrifttumskammer und dem Oberkommando der Wehrmacht, die, nachdem etwa zwanzig beanstandete Passagen gestrichen oder verändert worden waren, mit dem Druckverbot des Propagandaministeriums schloß. Grund dafür war wahrscheinlich eine satirisch gefärbte Darstellung Neros, der mit goldenem Spaten und den Worten »Fanget an!« den Auftakt zum Bau eines Kanals gibt, der nie gebaut wird. Warum dieser Vorgang, »obgleich durchaus historisch«, nicht »tragbar« ist, erklärt der Lektor dem Autor so: »Wir bitten zu bedenken, daß hinter München, bei Unterhaching, an der Reichsautobahn ein Erinnerungsstein steht, umgeben von Spaten. In diesen Stein hinein sind die Worte gemeißelt: Fanget an! (aus den *Meistersingern*). Hier hat der Führer seinerzeit den ersten Spatenstich zur Eröffnung der Reichsautobahn getan, und zur Erinnerung daran wurde dieser Stein gesetzt.« In dem Verbot des Ministeriums aber steht darüber nichts; dort heißt es nur unklar und lapidar: »Die Prüfung Ihres obenbezeichneten Buchplanes hat ergeben, daß zwar militärisch gegen das Vorhaben keine Bedenken bestehen, daß jedoch von einer Veröffentlichung Abstand genommen werden muß.«

Die Heiligenlegende, an der Karlheinz, seinen Briefen zufolge, danach noch gearbeitet hat, ist nicht erhalten. Viel Zeit dafür hatte er auch nicht mehr, da er im Spätsommer 1944 (kurz bevor ich nach St. Pölten kam) an die Front nach Frankreich beordert wurde, wo er bald darauf spurlos verschwand. Der Vermißtenmeldung, die meine Mutter eher erleichterte als erschreckte, weil sie darin die Einlösung seines Versprechens, sich dem Krieg nach Möglichkeit zu entziehen, erblickte, war die protokollarische Aussage eines Unteroffiziers Rölke beigegeben, und die lautete so: »Ich war zuletzt mit Oberleutnant de Bruyn bei St. Lambert zusammen. Erst hatten wir einen Wagen, aber der ging uns verloren. Wir gingen, einer rechts und einer links an einer Buschreihe vorbei. Als ich am Ende ankam, war er nicht zu finden. Ich suchte die andere Seite ab, konnte aber nichts entdecken.

Dann bin ich allein weiter und glücklich durchgekommen. Alles was ich davon abbekam, war ein Wespenstich im linken Unterarm.«

Ich bin beim Militär mehrmals auf Erinnerungen an Karlheinz gestoßen, und jedesmal ist mir dabei ein anderer Bruder begegnet, was sehr irritierend war. Ein Feldwebel drohte mir an, mich aus Rache für die Torturen, die ihm mein Bruder etliche Jahre zuvor als Ausbilder zugefügt hatte, zu Tode schinden zu wollen; während Leutnant Pagenkopf, der mich aufsuchte, um mir zu sagen, daß Karlheinz mit einer an Sicherheit grenzenden Wahrscheinlichkeit lebe, eine Intelligenz an ihm rühmte, der vielleicht etwas weniger Skepsis und etwas mehr Begeisterungsfähigkeit zu wünschen sei. Pagenkopf brachte mich auch, nachts auf der Wache, mit einem Offizier zusammen, der mir Rang und Namen vorsichtshalber nicht sagen wollte. Dieser bat mich, meiner Mutter vom Wohlergehen ihres Sohnes zu schreiben, vorsichtig natürlich, ohne Details. Bei der Abwehr, dem militärischen Nachrichtendienst, so erfuhr ich, existiere ein Foto, das die deutschen Mitarbeiter des amerikanischen Senders Luxemburg zeige, und auf diesem erkenne man ziemlich genau Karlheinz. Ein Freund meines Bruders, ein nicht unbedeutender Dichter, den ich in Mödling einmal aufsuchen konnte, war überzeugt davon, daß Karlheinz sich den Amerikanern zur Verfügung gestellt hatte; von dieser Absicht gesprochen hatte er oft. Bei diesem Besuch (im Januar 1945) gewann ich den Eindruck, es mit einem konsequenten Hitlergegner zu tun zu haben. Später aber erfuhr ich, der Dichter, der für Karlheinz eine Art Mentor war, habe sich in der Zeit, in der Österreich Ostmark hieß, durch willfährige Mitarbeit kompromittiert.

Die Briefe, die Karlheinz und seine Freunde sich schrieben, sind in politischer Hinsicht natürlich vorsichtig gehalten, und doch spürt man die Aversion gegen verordnete Denkweisen in jedem Wort. Sie bewegen sich im geistigen Milieu eines intellektuellen Katholizismus, wie er noch bis

Anfang der vierziger Jahre in der Zeitschrift *Hochland* vertreten werden konnte; in einem Denk-Reservat also, in das der Nationalsozialismus nicht einzudringen vermochte, auch weil er zu primitiv und zu populistisch war. Geschult in christlich-abendländischem Denken, wurde Gehorsamsverweigerung nicht erwogen, nur Nicht-Anpassung zur Wahrung der Identität. Es war keine absolute Gegnerschaft, da man mit dem Regime, das man ablehnte, anfangs manches gemeinsam hatte, vor allem den Traum vom Reich. Man war konservativ und fühlte sich als Elite, und wenn man auch nicht so neo-romantisch-mittelalterlich wie *Neudeutschland* dachte, war dieses, wie auch andere Bünde der Jugendbewegung, die rechte Vorschule dazu. Nicht nur konservative Politiker der Nachkriegszeit sind aus dieser Richtung gekommen, sondern auch die Geschwister Scholl, Willi Graf und andere, denen das Elitebewußtsein auch Verpflichtung zum Widerstand und zum Opfer war. Daß ethische Motive auch bei meines Bruders Schritt über die Fronten den Ausschlag gaben, ist anzunehmen. Doch wurde von seinem Schicksal nicht das Geringste bekannt.

Als Elite, als Fürsten, wenn auch in Lumpen und Loden, fühlten sich auch die vom Sturmwind durchwehten *Wilden Gesellen*, und Krell, der die Verpflichtung spürte, am Ende des Krieges noch zweihundert Leute in den Tod zu führen, sang sie mit einer Inbrunst, die die Vermutung erlaubt, daß auch er aus der Bündischen Jugend kam. Während wir auf der bald menschenleer werdenden Straße durch verlassene Dörfer in einer Landschaft aus sanften Hügeln, auf denen Wein angebaut wurde, mit wachsendem Tempo nach Süden rasten, fiel mir auf, daß der Oberleutnant die zwei ursprünglichen Strophen des Liedes sicher beherrschte, die dritte, von den Katholiken wohl angehängte, die den mit Dornen gekrönten König besingt, aber nicht kannte. Dabei wäre gerade sie aktuell gewesen. Denn es war der Karfreitag, der jetzt mit vielfarbenem Sonnenaufgang begann.

TÄLER UND HÖHEN

Die Angstträume der nächsten Jahrzehnte, die durch den Schock dieser Tage ausgelöst wurden und sich bis heute von ihm nähren, haben die Klarheit meiner Erinnerungsbilder nicht verwischt, sondern gefestigt und der Verharmlosung durch die Zeit entgegengewirkt. Mit ihnen, denke ich manchmal, rächt sich der Tod dafür, daß ich ihm damals entkam.

Angst und Müdigkeit hatten mein Aufnahmevermögen nicht vermindert, und die Bilder, die das Gedächtnis bewahrte, sind scharf. Allerdings bilden sie nur Ausschnitte ab. Gesichter sind zwei nur darunter: das kindlich-pausbäckige eines Schäfers aus der Schwäbischen Alb, der mir in der Osternacht von seinem sommerlichen Wanderleben mit Hunden, Herden und Schäferkarren erzählte, und das eines Russen, von dem noch die Rede sein wird. Sonst kommen Menschen nur als nicht-individualisierte Figuren des Kriegspanoramas vor. Deutlich sind hügelige Landschaften da und Gebäude, überdeutlich bodennahe Details, die man im Liegen sieht: Wegschotter, vertrockente Grasbüschel und Rebstöcke, an Holzpfähle gebunden, knorrig, gestutzt. Der Geruch von Erde ist da und die nächtliche Kühle, die gleißende Sonne am Mittag und der Gestank von brennendem Öl.

Der Name des Dorfes, in dem uns die Lastwagen absetzten, um dann so schnell wie möglich wieder zurückzufahren, ist mir entfallen, oder ich habe ihn nie gewußt. Es lag im Tal, am tiefsten die Straße. Die Häuser, deren stattlichstes Krell zum Befehlsstand erklärte, schoben sich rechts und links die Hänge hinauf. Dort mußten die einzelnen Trupps sich postieren. Erst schanzen, dann schlafen, lautete der Befehl.

Das Vieh schrie in den Ställen; Türen und Fenster der

Häuser waren geöffnet; von den Bewohnern war keiner zu sehen. Krell, gut gelaunt, befahl, Hühner zu schlachten. Mich wies er an, den Küchenherd anzuheizen. Er warf sich im Wohnzimmer, ohne die Stiefel erst auszuziehen, aufs Sofa, deckte sich mit der Tischdecke zu, rauchte, und als er meine entsetzten Blicke bemerkte, sagte er: was heute nicht wir fräßen, fräßen morgen die Russen, und im übrigen sei der Soldat immer der Feind des Bauern, ob Kriegsgegner oder nicht.

Wenig später (das Feuer im Herd brannte noch gar nicht richtig) war ein Alarmruf zu hören und dann auch Motorengedröhn. Von Süden her, wo das Dorf an einem Wald endete, näherten sich drei Panzer. Als Schüsse ertönten, rollten zwei von ihnen wieder zurück unter die Bäume, der vordere aber fuhr langsam über die gewundene Dorfstraße, wo weiter nördlich, hinter einer Biegung verborgen, ein Flakgeschütz mitten auf dem Fahrdamm beim Abprotzen war. Krell und ich standen, von Büschen gedeckt, im abschüssigen Vorgarten, sahen rechts den Panzer heranrollen, links die hastigen Bewegungen der Kanoniere, die aber ihr Geschütz noch nicht feuerbereit hatten, als der Panzer in der Kurve erschien. Schon der erste Schuß traf. Die Kanoniere stürzten zu Boden oder sprangen beiseite. Krell richtete eine Panzerfaust auf den Panzer, der kaum zwanzig Schritte entfernt war, setzte sie aber wieder ab und reichte sie mir mit den Worten: er habe schon Orden genug.

Es waren die letzten Worte, die ich von meinem Kompaniechef, dem letzten, hörte. Denn als ich gestehen wollte, daß ich von der Handhabung dieses Schießgeräts keine Ahnung hätte und es auch für gefährlich hielte, das kanonenbewehrte Ungetüm auf uns aufmerksam zu machen, war Krell schon verschwunden, und da in diesem Moment von allen Seiten das Schießen begann und eine Granate den Giebel des Hauses zerstörte, dachte ich auch nicht weiter über ihn nach. Ich wich den herabstürzenden Dachziegeln aus, versuchte, da der Kriegslärm sich auf die Straße konzentrierte, die ansteigenden Gärten hinter dem Haus zu erreichen, was mir aber ein Hühnerauslauf verwehrte, und kroch deshalb, niedrige Buchsbaumhecken als Deckung nutzend, in den Vorgarten zurück.

Dessen geometrische Anlage wurde von vier heckengesäumten Wegen, die sich an einem Rondell trafen, gegliedert. Auf dem Rondell stand ein Rhododendronbusch. Hier stieß ich fast mit dem Russen, der gebückt laufend, von links den Hang herauf kam, zusammen. Er trug die schwarze Montur der Panzerfahrer. Sein Gesicht hatte Rußflecke. Er erschrak, wie ich, als wir uns an der Ecke der Hecke plötzlich erblickten. In ein oder zwei Meter Entfernung hockten wir auf Knien und Händen uns gegenüber. Im ersten Schreck wollte er, wie auch ich, aufstehen; da aber ständig geschossen wurde, ließen wir uns wieder nieder, und meine Angst vor ihm schwand, als er mir pantomimisch klarmachte, wie gefährlich das Aufrichten war. Er zog den Kopf zwischen die Schultern, blickte mit gespielter Ängstlichkeit nach oben, deutete mit schnellen Bewegungen der Hand das Vorübersausen der Geschosse an und sagte dazu lautmalerisch: Ssst, sst!

Wie ich hoffe, war ich trotz Todesfurcht wenigstens in der Lage, durch Kopfnicken und Lächeln mein Einverständnis mit dem Mitleidenden zu bekunden, bevor er seinen Weg auf allen vieren fortsetzte und hinter dem Rhododendron verschwand. Das Haus, in dessen Küche ich eben noch Feuer gemacht hatte, brannte, und aus dem Panzer unten drang Qualm.

Das nächste Gedächtnisbild dieses Tages ist rot von Blut. Mit anderen waffenlosen Soldaten zusammen werde ich auf eine Straßenkreuzung nördlich des Dorfes getrieben, wo ein Sammelpunkt für Versprengte und Verwundete ist. Im brennenden Dorf wird noch geschossen. Auch Tiefflieger sind da, vor denen wir wieder und wieder zu Boden gehen, eine

Hand auf die Augen gepreßt. Ein Mann, dem das Blut aus einer Halswunde sprudelt, kommt vom Dorf her gelaufen; er schreit nach dem Sanitäter, bricht auf der Fahrbahn zusammen und wird in den Straßengraben gezogen, wo schon eine Reihe Verwundeter liegt. Ein Kübelwagen bringt Handfeuerwaffen, die sowieso reichlich vorhanden sind. Der Fahrer wendet schon bei der Ankunft den Wagen, will nach dem Entladen sofort wieder anfahren, wird aber von den Verwundeten, die das Auto umlagern, daran gehindert, bis ein Major mit gezogener Pistole Ordnung schafft. Ein Blutender darf auf dem Rücksitz liegen, der Major setzt sich zum Fahrer; im Abfahren schreit er: er schicke sofort einen Sankra. Die Verwundeten schleppen sich wieder in den schützenden Graben. Blutflecke, die schnell dunkel werden, bleiben auf dem Asphalt zurück.

Ich vertausche die deutsche Maschinenpistole, die als gefährlich gilt, weil sie leicht von allein losgeht, mit einem langen französischen Karabiner und haste mit anderen auf steinigen Wegen einen Abhang hinauf. Anführer ist ein Unteroffizier, der den Feldherrn spielt, eine kleine, gedrungene Gestalt. Er will, wie er sagt, dem Feind in die Flanke stoßen und das Dorf von der Höhe aus wiedererobern, und als ich ihn an die Panzer erinnere, sagt er, während er sein Sturmgewehr auf mich richtet, mit Feiglingen mache er kurzen Prozeß. Die Hochebene, auf der wir, die Rauchsäulen als Orientierung benutzend, weit auseinandergezogen vorgehen, ist vereinzelt mit Büschen bestanden und fällt vor dem Dorf steil ab. Von dort her schlägt uns bald Maschinengewehrfeuer entgegen. Als ich das Pfeifen der Kugeln höre, bleibe ich hinter einer Buschreihe liegen, und als ich Geschrei vernehme und aufblicke, sehe ich, daß nicht die Deutschen, sondern die Russen im Angriff sind. Der Gedanke, jetzt Schluß zu machen und einfach liegenzubleiben, ist da, aber die Angst ist größer, und ich renne, während links von mir die Sonne versinkt, mit den anderen los.

Die Nacht hindurch geht es im Eilschritt am Rande der Höhe immer nach Norden. Am Morgen können wir als Zuschauer von oben eine Panzerschlacht zwischen Königstigern und Schwärmen von T 34 erleben. Ohne Aufenthalt passieren wir geplünderte Dörfer, essen im Weitergehen Pflaumen aus Einweckgläsern und füllen irgendwo die Feldflaschen mit Wein. Wir verlassen die Höhen mit ihren einsamen Wegen, werden von Panzern überholt, die uns aufsitzen lassen, müssen mit alten Männern vom Volkssturm zusammen eine vorbereitete Stellung beziehen und bald wieder räumen und werden am Abend zur Verteidigung eines Städtchens beordert, das Mattersburg heißt. Vor Hunger und Müdigkeit bin ich so schwach, daß ich alle Vorsicht vergesse. In einer Vorstadtstraße löse ich mich aus der Kolonne, betrete ein Haus, taste mich durch die Dunkelheit in ein Zimmer und strecke mich, neben anderen, die dort schon liegen, auf dem Fußboden aus. Schüsse und Schreie jagen mich wieder auf. Alles drängt nach draußen. Ich verirre mich in die Küche. Dort hat ein Soldat im Schein einer Taschenlampe eine große Blechbüchse mit der Aufschrift Knäcke gefunden; es ist aber Würfelzucker darin. Der Kampfanzug, den ich trage, hat viele Taschen. Ich fülle sie alle mit Zucker und renne los. Aus einer Straße, durch die Leuchtspurgeschosse sausen, rette ich mich in eine winklige Gasse. Jemand zieht mich in einen Hauseingang und weist mir den Weg in den Keller, wo ich zwischen Frauen und Kindern sitze, Zuckerstücke verteile und selber esse, einen Schluck aus der Feldflasche trinke und einschlafen möchte, aber die Frauen, die die Russen erwarten, wollen keinen Bewaffneten unter sich haben und flehen mich an, wieder zu gehen. Ich falle einem Offizier in die Hände, der mit seiner Gruppe die Verteidiger des Friedhofs verstärken möchte. An die Hauswände gepreßt, müssen wir Schritt für Schritt vorgehen. Als Flüchtende in der Straßenmitte vorbeijagen, schließe ich mich unbemerkt denen an. Später bin ich allein unter dem prächtigen Sternenhimmel.

Ich gehe so, daß ich die Stadt, in der es immer noch knallt, im Rücken habe, doch bald versperrt mir ein hoher Drahtzaun den Weg. Während ich mich an diesem entlang bewege, spüre ich, daß die Müdigkeit stärker wird als der Wille zum Überleben. Die von einem Feldwebel geführte Gruppe, die wenig später denselben Fluchtweg benutzt, findet mich schlafend, Kopf und Rücken am Zaun. Wieder ist der Karabiner zu schultern. Hinter dem Zaun geht der Weg aufwärts. Wir gehen im Gänsemarsch, der Feldwebel am Ende, damit sich niemand verliert. In der Stadt ist es still geworden. Deshalb wird Lautlosigkeit befohlen. Auf der Kuppe des Hügels, im Schutz eines Hohlwegs, wird Stellung bezogen. Der Feldwebel läßt flüsternd von Mann zu Mann weitersagen: Kein Fußbreit Boden wird kampflos geräumt! Vorposten werden ins Dunkel geschickt, wo sie sich eingraben sollen. Halblaut wird durchgezählt. Es sind 49 Mann, die hier liegen. Sie sind todmüde und hungrig und doch gewillt, weiter und weiter zu laufen; aber da es einer befiehlt, bleiben sie liegen und erwarten den tödlichen Morgen. Es ist Ostersonntag, der 1. April.

REBSTÖCKE

Außer dem schwäbischen Jungen, der mir kurz vor seinem Tod von seinem Schäferleben erzählte, habe ich von den Männern im Hohlweg keinen gekannt. Ich kann also nicht sagen, ob Fanatismus oder Fatalismus, Pflichtgefühl, Gehorsam oder Gewöhnung sie zum Ausharren veranlaßte, oder ob sie nur feige waren, wie ich. Sie gehorchten dem Feldwebel, unter dem ich mir einen militärisch bisher erfolglosen Ehrgeizigen vorstelle, den der Machttrieb berauschte, als der Zufall ihn zum Herrn über Leben und Tod gemacht hatte. Sie desertierten nicht, rebellierten nicht und wagten die Flucht erst, als der Anführer fiel. Sie waren, mich immer inbegriffen, die untätige schweigende Mehrheit, die nichts bewirkte, weil sie nichts riskierte, und die doch alles hätte bewirken können, eben weil sie die Mehrheit war. Immer wieder habe ich mich später gefragt, was geschehen wäre, wenn einer der Männer Schluß gesagt hätte. Vielleicht hätte das seinen Tod bedeutet, vielleicht aber auch Lebensrettung für viele. Ist es doch denkbar, daß jeder der Todgeweihten, der selbst den Mut zum Neinsagen nicht gehabt hatte, einem anderen mutigen Neinsager beigestanden hätte. Vielleicht sogar hatte selbst der Feldwebel, der möglicherweise seinen Durchhaltebefehl schon bereute, auf Widerstand, dem er hätte nachgeben können, gehofft.

Ich war so erschöpft, daß ich in den ersten Stunden der Ruhe auf der Wegböschung schlafen konnte; dann lag ich wach, sah auf zu den Sternen und bemitleidete mich, bis man mich auf Vorposten schickte. Mit dem Schwaben zusammen mußte ich in einem Erdloch hocken, mit schmerzenden Augen ins Dunkel starren und die Geräusche zu identifizieren versuchen, die man von unten manchmal vernahm: Schritte, Stimmen, das Klirren von Waffen und auf der Straße Motorenlärm. Erst waren nur vereinzelte Fahrzeuge zu hören, dann dröhnten in Rudeln Panzer vorüber, und schließlich rissen die Kolonnen, die im Dunkeln an uns vorbeifuhren, nicht mehr ab.

Als wir abgelöst wurden, erhellte eine Leuchtkugel die Landschaft. Während der Schwabe weiterlief, warf ich mich zu Boden, war endlich allein, wandte mich zwischen dem Hohlweg und den Vorposten hindurch, nach Norden, hatte aber bald, da ich den Rebstöcken ständig ausweichen mußte, die Richtung verloren, merkte, daß es bergab ging, hörte russische Stimmen, schlich wieder zurück, stand lange mit klopfendem Herzen im Dunkeln, versuchte vergeblich, mich an den Sternen zu orientieren, und kroch schließlich, als einzelne Schüsse fielen, enttäuscht von mir, wieder bergauf, in den schützenden Hohlweg zurück.

Kaum graute der Morgen, begann schon das Töten. Der Hohlweg lag so, daß sein südlicher Teil, der nach der Stadt zu abfiel, eingesehen werden konnte. Erst waren nur Scharfschützen tätig, dann begannen auch Maschinengewehre zu feuern. Noch ehe die Sonne aufging, waren die meisten Männer, die sich in dem gefährdeten Abschnitt befanden, schon tot oder verwundet. Der Rückzug in den nördlichen Teil kostete weitere Opfer. Als alle in Deckung waren, herrschte einige Minuten lang Stille. Der Feldwebel, der uns Feiglinge nannte, befahl, an den Kamm des Hügels heranzukriechen, um schießen zu können. Aber nur der Schwabe gehorchte und wurde, als er die Höhe erreichte, durch einen einzelnen Schuß in den Kopf getroffen. Wenig später begann Granatwerferfeuer, vor dem es Schutz nicht mehr gab. Die ersten Geschosse detonierten weit vorne. Aber sie kamen näher und näher. Bald wurde der Kamm des Hügels von Explosionen zerrissen. Noch einmal konnte der Feldwebel, der oben Stellung bezogen hatte, uns als feige bezeichnen und einige Sekunden sein Maschinengewehr rattern lassen, dann sank sein Kopf in den Sand. Die Flucht, die nun einsetzte, führte die Überlebenden genau in die Granateinschläge hinein. Denn die Feuerwalze bewegte sich regelmäßig weiter nach Norden. Da ich gleich zu Anfang getroffen wurde, konnte ich sehen, wie sich die rennenden Männer zwischen den Explosionen den Hügel hinabbewegten, bis keiner mehr aufrecht stand. Das Feuer währte noch einige Sekunden, dann wurde es still, und man hörte die Vögel singen. Die Sonne stand noch nicht hoch. Im Gras hing der Tau.

Die kleinkalibrigen Granaten, die aus tragbaren Werfern abgefeuert wurden, rissen nicht, wie die mir vertrauten Fliegerbomben, Krater in die Erde, sondern hinterließen nur flache, rauchgeschwärzte Mulden und streuten ihre Splitter flach umher. Viele der Flüchtenden waren deshalb in die Beine getroffen worden. Einige versuchten, kriechend weiterzukommen. Einer flehte mich an, ihn doch mitzunehmen.

Aber da ihm beide Unterschenkel zerfetzt waren, konnte ich ihn nur schleifen, und das ertrug er nicht. Ich hatte, als die anderen losgerannt waren, noch im nördlichsten Teil des Hohlwegs gelegen, das Gesicht in den Sand gedrückt. Die Granate war etwa einen Meter neben meinem Kopf eingeschlagen. Einige Sekunden war ich bewußtlos gewesen. Beim Aufspringen hatte ich das Blut an meinen Händen bemerkt. Die Gewißheit, verwundet zu sein, war erleichternd gewesen. Nun hatte ich das Recht, den nie benutzten Karabiner fallenzulassen. Daß das Blut von einer Kopfwunde herrührte, merkte ich erst später, als es auf meinem Gesicht zu verkrusten begann. Granatsplitter hatten den Stahlhelm durchschlagen und waren im Schädelknochen steckengeblieben. Der Blutverlust war nur unbedeutend. Schmerzen hatte ich nicht, nur ein dumpfes Dröhnen im Kopf und mit Übelkeit verbundene Schwächeanfälle, die mir Ruhepausen diktierten. Doch jagte die Angst mich immer erneut wieder hoch.

Zwei, drei oder fünf Stunden dauerte dieser lebensrettende Osterspaziergang. Er führte mich von den sanften Hügeln hinab über frisch grünende Wiesen. Lerchengesang war in der Luft; sonst herrschte sonntägliche Stille; und erst der Einödhof, den ich passierte, erinnerte wieder an Krieg. Seine weißgekalkten Umfassungsmauern waren intakt, ebenso seine Gebäude; aber es fehlte das Vieh in den Ställen, und der Wachhund, noch an der Kette, war tot. Die Wohnräume waren geplündert worden; aus aufgeschlitzten Federbetten quollen die Daunen; bei jedem Schritt trat man auf Scherben; und über allem lag ein säuerlicher Geruch. Er kam aus der Speisekammer, in der die Regale zerstört und die Einweckgläser zerschlagen waren. Am Boden, zwischen den Obstpfützen, saß eine Greisin mit irrem Blick und zerzausten Haaren, die bei meinem Eintreten (und später in allen meinen Fluchtträumen) gellend zu schreien begann.

In dem Dorf, das ich irgendwann, vielleicht gegen Mittag,

erreichte, hingen Bettlaken aus allen Fenstern, und eine Rote-Kreuz-Fahne wehte von einem Scheunendach. Dort lag ich später auf Stroh, hörte neben mir Schreien und Stöhnen, schrie selbst, als mir eine Tetanusspritze Schmerzen bereitete, spürte nicht mehr als ein unangenehmes Knirschen, als man mir einen Granatsplitter aus dem Schädel entfernte, und erschrak, als während des Verbindens eine weibliche Stimme mitleidig sagte: Mein Gott, und er ist noch so jung! Ein sommersprossiges Mädchen setzte mir einen Krug mit Wein an die Lippen. Ich trank viel, aber ungeschickt, und der Wein lief mir übers Kinn und durchnäßte den Kragen. Ein Sanitäter, der es sehr eilig hatte, da ein Sankra gekommen war und gleich wieder fahren würde, wollte von mir Namen und Truppenteil wissen, um sie auf einer Art Paketkarte, die mir um den Hals gehängt wurde, zu vermerken. Da er von mir nichts erfahren konnte und draußen geschrien wurde: es sei noch Platz für einen, der sitzen könne, schrieb er kurzerhand auf die Karte: Kopfverwundung – nicht auskunftsfähig!, zerrte mich hoch und führte mich auf die Straße. Zu meiner Verwunderung war es schon Nacht.

APHASIE

Von der ersten Aprilwoche, die ich in Güterzügen und Bahnhofsbunkern zwischen Wien, Prag und Pilsen verbrachte, hat mein Gedächtnis nur Bruchstücke bewahrt. Hochprozentiger Alkohol, der mich zeitweilig in Dämmerzustände versetzte, Unterernährung und Schlaflosigkeit haben dazu sicher auch beigetragen, mehr aber noch die Tatsache, daß ich die letzten Reste geistiger Kräfte zur Selbstbeobachtung brauchte, so daß für die Außenwelt nicht viel blieb. Die Auskunftsunfähigkeit, die man mir amtlich bescheinigt hatte, wurde von allen, die mir begegneten, als Unzurechnungsfähigkeit betrachtet, und ich mußte nun prüfen, ob ich der arme Irre, für den man mich hielt, tatsächlich auch war.

Auf die Frage des Sanitäters nach Name und Truppe hatte ich, da die Zeit drängte, schnell antworten wollen, doch waren zu meiner Verblüffung, obwohl ich wußte, was gesagt werden mußte, nur sinnlose Laute, die mit dem Gemeinten keine Ähnlichkeit hatten, aus meinem Munde gekommen; und auch ein zweiter Versuch, bei dem ich mich bewußt um klare Artikulation bemühte, hatte keinen Erfolg. Ich hoffte zu Anfang, der psychische Schock habe mir die Sprache nur zeitweilig verschlagen; denn an einen Hirnschaden zu denken, wie andere das taten, schien mir absurd, da ich mein Gestammel ja als solches erkannte und nicht für ein sprachlich Geformtes hielt. In der Nacht, in der sich das Sanitätsauto auf halsbrecherischen Wegen durch ein umkämpftes Gebiet bewegte, konnte ich in dem geschlossenen, nach Lysol und Urin stinkenden Wagen, bevor ich vor Luftmangel und Ekel ohnmächtig wurde, die Leistungsfähigkeit meines Gedächtnisses prüfen; das heißt, ich fragte mir die Geburtsjahre von Hölderlin, Schiller und Goethe, die Geburtstage von Vater, Mutter, Geschwistern, Hadschi Halef Omars vollständigen Namen, Geschichtszahlen (aus jedem Jahrhundert eine), Zitate und ganze Balladen ab. Ich bestand dabei glänzend. Sogar Mays sämtliche Werke der Radebeuler Ausgabe hatte ich von eins bis fünfundsechzig noch am Schnürchen. Und als ich am Morgen, vor Kälte zitternd, durch frische Luft wieder erwachte, fand ich die Erhaltung meiner Geisteskräfte auch dadurch bestätigt, daß ich der Aufschrift, die ich vor mir sah, ohne Schwierigkeiten entnehmen konnte, daß ich mich auf dem Bahnhof von Baden bei Wien befand.

In Wien selbst, wo mir ein Betrunkener, während die Detonationen von Fliegerbomben den Bahnhofsbunker erzittern ließen, mit den tröstenden Worten: Idioten, wie ich, seien doch alle gewesen, die die Lügen des Braunauers für

Wahrheit gehalten hätten, eine Milchkanne mit sechsundneunzigprozentigem Alkohol schenkte, kam zu der schlimmen Erkenntnis, daß sich mein Sprechvermögen so schnell nicht wieder einstellen würde, noch eine weitere, nicht weniger schlimme hinzu. Als ich nämlich, einer letzten Regung von Eitelkeit und Kommunikationsbedürfnis folgend, gestisch nach Papier und Bleistift verlangte, um den Satz aufzuschreiben: Ich bin nicht verrückt, ich kann nur nicht sprechen!, stellten sich dem gleich zwei Hindernisse entgegen: eine Lähmung der rechten Hand, die sich bisher nur als seltsame Gefühllosigkeit bemerkbar gemacht hatte, und die Unfähigkeit, aus der Vielzahl der Buchstaben jene herauszufinden, die für das Wort, das man schreiben will, nötig sind. Ich hatte also, wie mir endgültig klar wurde, als ich den Stift mit der linken Hand führte, und zwar Buchstaben, aber nie die richtigen, aufs Papier bringen konnte, auch das Schreiben verlernt.

In den kommenden Tagen war ich, soweit Wundfieber und Durst Denkübungen überhaupt zuließen, vor allem damit beschäftigt, Wörter in Laute aufzulösen und diesen die ihnen zukommenden Buchstaben zuzuordnen, was aber nur in seltenen Fällen, und zwar mit Hilfe eidetischer Fähigkeiten, gelang. Denn der Laute habhaft zu werden, ohne sie sprechen zu können, war mir nicht möglich; ich konnte nur Schriftbilder lernen, die ich geschlossenen Auges zu reproduzieren vermochte, wie zum Beispiel das Namensschild in Britz an der Wohnungstür oder den Umschlagtitel von *Winnetou I.* Beide Namen also hätte ich schreiben können, aber wenn ich über das für mich momentan so wichtige Wort Wasser nachdachte, war es mir nicht möglich zu erkennen, daß der Name des Apachenhäuptlings mit dem gleichen Buchstaben begann. Ohne Schwierigkeiten dagegen konnte ich auf einem Verschiebebahnhof, wo ich mir am Wasserkran für Lokomotiven endlich das verkrustete Blut vom Gesicht wusch und meinen Alkohol verdünnte, die Aufschrift: Kein

Trinkwasser! lesen – ein Widerspruch, der mir noch heute unverständlich ist. Winnetou und Wasser fangen mit W an, konnte ich mir hundertmal einprägen, ohne daß damit die Frage gelöst worden wäre, womit das Wort Wunde beginnt.

Während die Güterwaggons, die mit Decken und etwas Stroh zu Lazarettwagen gemacht worden waren, mit immer erneuten Zielen, an denen dann auch nur, weil die Lazarette überfüllt waren, die Toten ausgeladen wurden, kreuz und quer durch Böhmen und Mähren fuhren, hatte ich Zeit, mir darüber klar zu werden, daß die Gefahr, sprachlos zu bleiben, mich weniger bedrückte als die eines lebenslangen Analphabetentums. Das Bedürfnis, mit meinen Leidensgefährten zu reden, war bei mir so gut wie gar nicht vorhanden. Ich war vielmehr froh, mich an ihren Gesprächen, die sich in endloser Wiederholung um Essen und Sexuelles drehten, nicht beteiligen zu müssen. Der Drang aber, meiner Mutter von meinem Schicksal Nachricht zu geben, war groß. Auch entstand in den Tagen, in denen sich mir der schriftliche Ausdruck versagte, zuerst der Gedanke, der Sinnlosigkeit meiner Kriegserfahrungen durch Aufschreiben Sinn zu geben. Wenn ich den Schwerverletzten, die mit durchbluteten Verbänden in Kot und Eiter lagen, so gut es ging zu helfen versuchte, half mir die Vorstellung, meinen Ekel einmal beschreiben zu können, dabei ihn niederzukämpfen; und ich war sicher, auch das Gräßlichste sprachlich wiedergeben zu können, wenn ich die Augen vor ihm nicht verschloß. Der Illusion, mit der Sprache alles ausdrücken zu können, bin ich später noch oft erlegen, aber nie so radikal, wie damals bei ihrem Verlust.

Am vierten oder fünften Tag nach meiner Verwundung, als wir zum erstenmal Prag berührten, kam als Hinterlassenschaft eines Toten ein Notizbuch mit Bleistift in meine Hände, das für die nächsten Wochen mein kostbarster Besitz blieb. Solange es hell war und meine Kräfte reichten, übte ich mich nun in der Kunst des Schreibens, und da ich bald schon Fortschritte machte, ließ mein Eifer nicht nach. Erstaunlich schnell wurde meine Linke geschickter. Meine Unterschrift brachte ich bald ohne langes Überlegen zustande, und die Namen der Städte, die ich an Bahnhöfen abschreiben konnte, prägten sich mir durch Wiederholungen ein. Die Buchstaben kannte ich, ich wußte nur nicht, wohin sie gehörten; aber wenn ich ein Wort endlich fertig hatte, sah ich mit ziemlicher Sicherheit, ob es richtig war oder nicht. Lange noch blieb die größte Schwierigkeit, den Anfangsbuchstaben zu finden; war der aber da, kam das andere leicht nach.

Am Ende der Irrfahrt zwischen den sich aufeinanderzubewegenden Fronten traute ich mir schon zu, einen Brief nach Hause zu schreiben. Doch als ich es, endlich in einem Bett liegend, versuchte, brauchte ich fast zwei Tage dazu. Da die fünf krummen Zeilen, die zur Hälfte aus Streichungen und Überschreibungen bestanden, dank der bis zum letzten Kriegstag funktionierenden Post, meine Mutter, mit den Russen zusammen, tatsächlich erreichten, wurden sie der Nachwelt erhalten. Sie lauten so:

»Baknitz, den 8. IV.

Bibe Mama!
Lange hat Einsatz mein nun nicht gedauert. Ich war bei Wienerneustadt. Infatrie. Am 1. Ostern ab es mich erwischt. Es Splitter vom Gratwerfer. Am Kopf! (Er ist aber noch ran.) Tut nicht weh. Es ist icht so schlimm. Nun erwartet ich auf das Kriegsende. Viele Grüße und tausend Küsse.
Dein Günter.«

Abgestempelt ist der Brief in Rakonitz 2 – Rakovnik 2, Behelfs-Lazarett, am 9. April. Ein Monat blieb also noch bis zum Ende des Krieges. Er wurde lehrreich für mich und unendlich lang.

POLIT-UNTERRICHT

Da meine Leseliste über alle Katastrophen hinweg weitergeführt wurde, kann ich genau sagen, daß ich mich in den letzten Wochen des Dritten Reiches in den *Wilhelm Meister* (und zwar in die langweiligen *Wanderjahre*), in die *Odyssee*, in *Quo Vadis* und, immer wieder, in Stormsche Novellen vertiefte – daß ich also versuchte, aus dem Schlamassel, in dem ich steckte, in schönere Gefilde zu fliehen. Doch behielt ich von dem Gelesenen wenig. Über die Bücher triumphierte das Leben, also in erster Linie Angst und Entsetzen, daneben aber auch Interesse an den Geschehnissen, in die ich verwikkelt war. Hitlers Reich, in dem ich seit seinem Bestehen gelebt hatte, kam mir in seinen letzten Tagen erst richtig vor Augen, und zwar wie in einem Lehrstück für politische Analphabeten, in einem Kammerspiel voller Klischees.

Spielort war ein Klassenzimmer in der zweiten Etage, in das zehn Betten, ein Tisch und zwei Stühle gestellt worden waren. Der Blick aus dem Fenster zeigte einen Platz, einen Park und dahinter den Bahnhof. An der Wand hing ein Lautsprecher, der nur zentral bedient werden konnte, und darüber ein Hitlerbild. Es war ein Zimmer für Schwerverwundete, die ihr Bett nicht verlassen konnten. In ihm wurde also geschlafen, gegessen, die Notdurft verrichtet, gestorben und, da ein spezieller Raum dafür fehlte, auch operiert. Hauptakteure waren die Verwundeten, zum Teil Amputierte. Nebenrollen spielten außer Schwestern und Ärzten auch Genesende aus den Nachbarzimmern, die sich oft nützlich machten, indem sie Essen verteilten und Enten und Schieber leerten. Aus dem Radio ertönte die Stimme des Nachrichtensprechers, und manchmal kamen Sirenengeheul und Flugzeugmotorenlärm noch hinzu. Daß ich mich, obwohl einer der Zehn, als Zuschauer fühlte, lag daran, daß ich mich nicht einmischen konnte und niemand mich, meiner Jugend und meines Hirnschadens wegen, zur Kenntnis nahm. Ich war also in einer Ausnahmestellung, die einen perfekten Beobachter aus mir machte, was ich als wünschenswert und sozusagen natürlich empfand. Stumm lag ich im Bett, hörte stündlich die Meldungen von den Fronten, und die Mitpatienten, die zum überwiegenden Teil Männer der Waffen-SS waren, lieferten die immer hektischer werdenden Kommentare dazu.

Daß ich im Zimmer der schweren Fälle das Ende des Krieges abwarten durfte und nicht in den Massenquartieren von Aula, Turnhalle und Treppenflur liegen mußte, verdankte ich der Unwissenheit der Ärzte und meiner schwachen Konstitution. Die war der achttägigen Bahnfahrt mit Alkohol und fast ohne Verpflegung nicht gewachsen gewesen. Fiebernd und bewußtlos vor Schwäche war ich ins Lazarett gebracht worden, und erst im Keller, unter schwitzenden Heizungsrohren, als mir mit großen Scheren der Verband vom Kopf und die Kleider vom Leibe geschnitten wurden, war ich mit dem Gedanken an meine Stiefel erwacht. Immer beim Militär hatte ich unter unpassendem Schuhwerk gelitten und war erst durch Krells letzte Einkleidung in St. Pölten zu schmiegsamen, leichten Offiziersstiefeln gekommen, die ich hatte mit nach Haus nehmen wollen, als einzigen Kriegsgewinn. Auf der Bahnfahrt waren sie von den geschwollenen Füßen nicht abzuziehen gewesen, die Krankenwärter hatten sich diese Mühe nicht erst gemacht, sondern sie gleich zerstükkelt. Ich, nackt und bloß, war zu andern Nackten unter die Brause geschoben worden. Hellrot waren auf weißen Leibern die Wunden hervorgetreten; durch die Abflußsiebe waren Ströme von Dreck, Blut und Eiter geflossen; und mich hatte ein zuckender Beinstumpf, der mich berührte, in die Sicherheit einer Bewußtlosigkeit wieder zurückgetrieben, bis ich einen Schmerz in der Kopfwunde gespürt und die

Stimme des Arztes gehört hatte: hier sei er machtlos, es fehle ein Spezialist. Da er, nachdem er noch einen Splitter aus dem Schädelknochen entfernt hatte, siegesbewußt hinzugesetzt hatte: bei verbesserter Frontlage würde er mich nach Prag in ein richtiges Lazarett schicken, war von mir der Entschluß gefaßt worden, vorsichtshalber nicht nur sprach-, sondern auch gleichgewichts- und geistesgestört zu sein. Seitdem hatte ich das Bett des Nachts nur verlassen, hatte jeden Versuch der Kommunikation an meinem stumpfen Gesichtsausdruck abprallen lassen und war gänzlich verstummt. Schwer war mir das anfangs nur bei einer der Schwestern gefallen, die mir machmal die Essensportionen Gestorbener brachte, mich in breitem Ostpreußisch Kindchen nannte und immer wieder die Frage stellte: Was wird wohl dein Muttchen sagen, wenn es dich wiedersieht?

Gestorben wurde im Zimmer der schweren Fälle nicht selten, oft so, daß alle anderen Patienten nächtelang daran teilnehmen mußten, manchmal aber auch, besonders nach Operationen mit starken Narkosen, lautlos und unbemerkt. Oft waren es Neuzugänge, die, ohne ein Wort gesprochen zu haben, bald nach ihrer Einlieferung wieder abtransportiert werden mußten, manchmal aber auch Männer, deren Lebensumstände man durch tagelanges Erzählen sehr genau kannte, vom Zivilberuf bis zum Lieblingsgericht. Solange ein Toter im Zimmer lag, herrschte allgemeine Bedrückung, und selbst ein so roher Bursche wie Bartureit schwieg. War die Leiche aber hinausgeschafft, das Bett frisch bezogen und der Name auf der Krankentafel ausgelöscht worden, ging das Streiten, Lamentieren und Prahlen, das die Tage ausfüllte, sofort wieder weiter, und man hütete sich davor, an den Toten auch nur zu erinnern. Das hatte man an der Front so gehalten und nahm es, wie vieles andere (den Landserjargon zum Beispiel) in die Nachkriegszeit mit.

Jedes Gespräch der Hauptdarsteller, das immer zum Streitgespräch wurde, nahm, wohin es auch führen mochte, seinen Ausgang von Frontberichten, und obwohl die gleichbleibend verzweifelt waren, wurden durch sie doch die Ansichten von Tag zu Tag stärker verändert, weil nämlich die Front, und damit die Gefahr für die eigne Person, immer näher rückte und immer weniger Zeit für die Wende, auch Umschwung oder Vergeltung genannt, blieb. Anfangs waren sich alle einig darüber, daß diese Wende erfolgen würde; und alle, mit einer Ausnahme, waren bereit weiterzukämpfen, solange man es ihnen befahl.

Die Ausnahme war der Unteroffizier Bauer, ein Bäcker aus Bremen, der zwar des Geschäfts wegen der Partei angehörte, an Politik aber uninteressiert war. Der hatte, als er nach der Unterschenkelamputation aus der Narkose erwacht war, befriedigt geäußert: nun käme er für diesen und den nächsten Krieg nicht mehr in Frage, und alle Bemerkungen, die er zu den Streitpunkten der anderen beisteuerte, hatten zur Voraussetzung, daß er ausgedient habe und deshalb auch sagen könne, daß er den Krieg satt habe; sechs Jahre seien genug.

Bartureit, der SS-Oberscharführer, der auf solche Auslassungen mit den Worten: das wolle er nicht gehört haben, reagierte, hatte zwar noch beide Beine am Körper, doch waren die übersät von eiternden Wunden, bis an die Gürtellinie hinauf. Er mußte oft operiert werden und litt starke Schmerzen, die er, wie es ihm zukam, heroisch zu ertragen versuchte, was ihm aber nur durch ständiges Reden über seinen vergangenen und gegenwärtigen Heroismus gelang. Er trug die Uniform schon seit sechs Jahren, rühmte sich seiner antrainierten Härte, und sein salopp-militärischer Wortschatz, in dem »umlegen« und »draufhalten« besonders häufig vorkamen, war derart, daß man annehmen konnte, er habe bei der SS erst sprechen gelernt. Weisheiten wie: Gelobt sei, was hart macht! führte er so häufig im Munde wie Hitler-Zitate (Dem deutschen Soldaten ist nichts unmöglich!), und da er an allen Fronten gekämpft und so die Völker Europas kennengelernt hatte, konnte er mit Bestimmtheit sagen, wie faul und verschlagen, dumm und verhurt »der Russe«, »der Pole«, »der Grieche« und »der Franzose« war. Die Engländer und Amerikaner dagegen, die doch ursprünglich von nordischer Rasse waren und sich nur durch den Einfluß jüdischer Plutokraten auf die falsche Seite geschlagen hatten, waren durchaus befähigt, gute Soldaten zu werden, ihnen fehlten nur Härte und Schliff. Die Amis waren Salon-Soldaten, die sich zu sehr auf ihr technisches Material verließen, das allerdings, wie Bartureit zugeben mußte, so übel nicht war. Beim Tod von Präsident Roosevelt, von dem er sich Gesinnungs- und Frontwechsel der Amerikaner erhoffte, geriet er ins Schwärmen, als er sich vorstellte, daß der deutsche Infanterist, der beste der Welt, mit Unterstützung der amerikanischen Kriegstechnik wieder nach Osten marschieren würde, dann aber nicht nur bis Moskau, sondern bis an den Ural. Klar war für ihn, daß Amerikaner und Russen, wenn sie in Deutschland zusammenträfen, sofort übereinander herfallen würden. Und als sich auch diese Hoffnung zerschlagen hatte, setzte er auf die Wunderwaffe: der Führer habe den Feind nun insgesamt in der Falle, bald klappe sie zu.

Bartureits ständiger Kontrahent Brattke, ein Luftwaffen-Fähnrich mit zerschossener Lunge, war nicht weniger endsieg- und hitlergläubig, aber auf feinsinnigere, idealistischere Art. Er wirkte ruhig, fast schüchtern, aber da ihn Roheit und Primitivität reizten, mußte er, obwohl ihm das Reden schwerfiel, mit dem Oberscharführer streiten, damit nicht das Hehrste, das Vaterland nämlich, zu Schaden kam. Sein Vokabular war mehr literarisch als politisch, seine Argumentation mehr von inneren Werten als von äußeren Tatsachen bestimmt. Ohne verlegen zu werden, konnte er mit seiner schwachen, von leisen Pfeiftönen begleiteten Stimme vom Ewigen Reich und vom Ehrenkleid reden und den Krieg als heilig bezeichnen. Deutschland konnte nach ihm nicht untergehen, weil es nicht untergehen durfte; auf den Geist kam es an, nicht auf Masse und Material. Geist, Glaube, Seele, Gemüt, Ehre und Ordnung, mit einem Wort: die deutsche Kultur stand im Abwehrkampf gegen Chaos und undeutsche technisierte Zivilisation. Um siegreich zu bleiben, durfte sie sich nicht aufgeben, auch in unglücklichen Lagen nicht. Kultur galt es also auch im Kriege zu wahren, indem man zum Beispiel den Greueltaten der Feinde nicht eigne entgegensetzte, sondern Ritterlichkeit übte – ein Begriff, der der SS, wie Brattke anklagend sagte, wohl unbekannt war. Da Bartureits Leute in der Überzahl waren und durch Besucher aus anderen Zimmern noch Verstärkung erhielten, blieb der stimmschwache Fähnrich stets unterlegen; er wurde ausgelacht, beschimpft oder überschrien und zog sich mit bitteren Worten (wie: er schäme sich, mit solchen Barbaren auf einer Seite zu kämpfen) unter die Bettdecke zurück.

Einmal aber, an Hitlers Geburtstag, als Alkohol die Zungen gelöst hatte und einer der SS-Männer, die an Bartureits Bett saßen, johlend und lachend erst von Bordellbesuchen in Frankreich und dann, immer detailreicher werdend, von der Erschießung jüdischer Frauen (er sagte: Judenweiber), die sich vor ihrem Tod hätten ausziehen müssen, erzählte, begann Brattke herzzerreißend zu schluchzen, und er schrie, allen Glauben an den Endsieg vergessend, mit pfeifender Stimme: *Ihr* habt Deutschland kaputtgemacht, nicht der Feind!

Daß die Waffen-SS den Krieg mit besonders brutalen Methoden führte, war auch mir, der ich nie Berührung mit ihr gehabt hatte, in der Wehrmacht bekannt geworden, wo man inoffiziell mit Distanz oder Abscheu davon erzählte; nie aber hatte ich von der Ermordung jüdischer Menschen (vielleicht weil ich nie nach ihnen gefragt hatte) auch nur andeutungsweise gehört. An keinen Gedanken an sie, an kein Gespräch über sie, ob mit Gleichaltrigen oder Erwachsenen, kann ich mich aus der Zeit nach ihrer Deportation erinnern. Wer keine persönlichen Bekannten unter ihnen hatte, dem kamen sie, als sie ihm aus den Augen waren, auch schnell aus dem Sinn – oder er behielt für sich, was er dachte; denn Mitleid oder gar Sympathie zu zeigen, konnte gefährlich sein.

In mir wuchs zweierlei Angst, während die Betrunkenen lärmten: Angst vor den Männern, die hier ihr Bösestes offenbarten, und Angst vor einer Vergeltung, die auch mich treffen konnte, der ich, ob gern oder nicht, auf der Seite der Mörder stand. Nicht eine National-Illusion, wie offensichtlich dem Fähnrich, war mir zerbrochen, wohl aber ein illusionäres Menschenbild. Mein mißtrauisches Suchen nach Abgründen, die unter männlicher Normalität verborgen sein könnten, nahm hier seinen Anfang und auch die Verzweiflung darüber, rettungs- und schuldlos an eine Nationalität gekettet zu sein. Zu Ende war es mit meiner Vorstellung, daß die Umstände des kommenden Kriegsendes etwa denen von 1918 entsprechen würden; denn ich erwartete nun ein alle Deutschen treffendes Strafgericht.

Als mich drei Wochen später eine Sudetendeutsche, an deren Tisch ich Milchsuppe löffelte, fragte, ob ich dem Londoner Rundfunk glaube, der die Ermordung von Millionen von Juden melde, und ich ohne Besinnen ja dazu sagte, fragte sie mit Angst in der Stimme weiter: Aber der Führer habe doch sicher davon nichts gewußt?

VIKTORIA

In der letzten Aprildekade, in der meine Heimatorte, Britz, Neukölln, Zernsdorf, von den Russen erobert wurden, in der Berliner Innenstadt Kämpfe tobten und mir ironischerweise von einer bis zur letzten Minute perfekt arbeitenden Militärbürokratie der einzige Orden meines Lebens, das Verwundetenabzeichen, verliehen wurde, schrumpfte nicht nur

Hitlers Reichsrest zusammen, sondern auch der Durchhaltewahn seiner Anhängerschaft. Von Führer und Vaterland war in der Zwei-Minuten-Feier der Ordensverleihung am Krankenbett noch die Rede, in den Gesprächen aber, die Brattke, Bartureit und Gefährten weiterhin, wenn auch kleinlauter führten, kamen derlei Begriffe selten noch vor. Auch Wörter wie Wende, Vergeltung und Wunderwaffe waren nicht mehr zu hören, und selbst über vergangene Heldentaten wurde kaum schwadroniert. Zwar wagte niemand den Satz: Der Krieg ist verloren! laut auszusprechen, aber sie dachten ihn, was sich auch daran zeigte, daß die von Tag zu Tag intensiver diskutierte Frage, wer eher da sein würde, die Russen oder die Amerikaner, zum Hauptthema wurde, das durch immer neue, sich widersprechende Gerüchte unerschöpflich war. Die Amerikaner wurden dabei zu rettenden Engeln, deren Aufgabe es war, die Reste der deutschen Armee vor sowjetischem Zugriff zu schützen. Amerikanische Tiefflieger, die mehrmals, am Lazarett dicht vorbeidonnernd, den Bahnhof angriffen, wurden für Vorboten der Landtruppen gehalten. Bartureit, der nicht aufstehen konnte, befahl seinen Leuten, den Kameraden aus Übersee vom Fenster aus zuzuwinken, und der Jubel war groß, als behauptet wurde, ein Pilot habe zurückgewinkt. Noch deutlicher aber wurde der Wesenswandel, als in den ersten Maitagen ein beim Absturz verletzter russischer Flieger, den Tschechen ins Lazarett gebracht hatten, in unserm Zimmer operiert und verbunden wurde. Der wurde mit Liebesgaben bedacht und mit Kamerad angeredet, und die Schlagetots, die sich Tage zuvor noch als Russenfresser gebärdet hatten, boten devot ihre Dienste an. Nur Brattke, der sich zurückhielt, nannte das würdelos.

Die Nachricht von Hitlers Tod, die in der Fülle der Unglücksmeldungen fast unterzugehen drohte, löste bei keinem merkbare Trauer oder auch nur Betroffenheit aus. Mehr interessierte, wie die Frontlinien in unmittelbarer Nähe verliefen und ob tatsächlich, wie ein Gerücht es wollte, ein Jeep mit US-Offizieren in der Stadt schon gesehen worden war. Als auf Anordnung der Lazarettleitung die SS-Dienstgrade an den Krankentafeln in solche der Wehrmacht verwandelt wurden (Bartureit also zum Feldwebel wurde), protestierte keiner der Betroffenen dagegen, sondern alle stimmten der Schutzmaßnahme erleichtert zu. Mancher begann nun, sich eine neue Biographie zuzulegen. Zeitler, ein Fähnrich wie Brattke, der sich aber nie auf dessen Seite geschlagen hatte, war plötzlich nur unter Zwang Offiziersanwärter geworden; Springs, ein wortkarger Junge in meinem Alter, der nur gebrochen Deutsch sprechen konnte, war angeblich nicht freiwillig, sondern durch reguläre Einberufung Waffen-SS-Mann geworden; und Bartureit wußte davon zu berichten, daß er politischer Unzuverlässigkeit wegen bei Beförderungen oft übergangen worden war. Die Kampfberichte des Werwolf-Senders, mit denen einige Maitage hindurch wohl die Widerstandskraft der Verwundeten gestärkt werden sollte, konnten Begeisterung nicht mehr erwecken, man hörte sie schweigend und mißmutig an.

Am 5. Mai morgens war es mit der Rundfunkübertragung zu Ende. Ursache waren aber nicht die Amerikaner, die man wunschgemäß schon am Bahnhof gesehen haben wollte, sondern die Tschechen, die die aus Invaliden bestehende deutsche Besatzung der Stadt entwaffnet hatten und nun die zentrale Lautsprecheranlage benutzten, um den Patienten in slawisch getöntem Deutsch mitzuteilen, daß alle Waffen, auch Spaten, Seitengewehre und Dolche, vor der in Kürze erfolgenden Durchsuchung der Räume auf dem Schulhof zu hinterlegen seien; bei Nichtbefolgung dieser Verordnung drohe der Tod. Nach der Morgenvisite, bei der die Ärzte vergeblich versuchten, ruhig zu wirken, begann die Kontrolle. Während man aus den Zimmern der ersten Etage schon Kommandos in fremder Stimmlage hörte, alle, die Schätze wie Ölsardinenbüchsen, Uhren, Ringe besaßen, diese hinter Heizkörpern oder zwischen Verbänden verschwinden ließen und ich

Zigarettenpäckchen, Marke *Viktoria*, unter der Matratze versteckte, fuhr mein Bettnachbar, der seit drei Wochen einbeinige Unteroffizier Bauer, aus seiner zufriedenen Lethargie plötzlich auf. Hastig griff er nach dem unter dem Bett stehenden Rucksack und fand unter Kragenbinden, Socken und Briefen schnell, was er suchte: drei Eierhandgranaten, die er vorsichtig auf die Bettdecke legte, während er die Gehfähigen anflehte, sie auf die Toilette zu tragen, er biete 300 dafür – womit Kronen gemeint waren, bunte Scheine, die neben dem Bild des Hradschin in Deutsch und Tschechisch die Aufschrift Protektorat Böhmen und Mähren trugen und die selbst ehemals Endsieggläubigen nicht als stabile Währung gegolten hatten, weshalb sie bei jeder Soldauszahlung (die dekadenweise im voraus erfolgte, wodurch ich bis zum 10. Mai besoldet wurde, das Deutsche Reich mir also nichts schuldig blieb) möglichst bald umgesetzt worden waren in Zigaretten, Konserven und Bier.

Zeitler war bereit für die Rettungstat, aber für 500 Kronen. Doch kam er nicht weit, weil vom Flur her schon Schritte zu hören waren. Als die Tür aufging, lag er im Bett, auf dem Tisch aber lagen, in der Sonne schwarz glänzend, die drei Granaten, ungarisches Beutegut, wie Bauer in einem Ton erklärt hatte, als sei seine Vergeßlichkeit dadurch zu verzeihen.

Da die Tschechen nach dem Eigentümer der Sprengkörper nicht fragten, sondern Springs anwiesen, sie in bewaffneter Begleitung auf den Schulhof hinunter zu tragen, konnten alle nachträglich erklären, sie hätten sich amüsiert. Zeitler sagte, er habe auffällig gegrinst über die Lahmärsche mit ihren gestohlenen Helmen und Waffen. Bartureit wollte wetten, daß die Halbzivilisten einen 98 K gar nicht bedienen könnten, und er fand es weise vom Führer, diese Leute deutscher Uniform nie für würdig gehalten zu haben. Brattke dagegen hatte anständig von ihnen gefunden, daß sie das Führerbild nicht zerstört, sondern nur von der Wand genommen hatten

– worauf Springs das Bild hochhob und fallen ließ, so daß es zerbrach.

Ich hatte Angst gehabt bei der Durchsuchung meines Bettes. Denn eine deutsche Maschinenpistole, die dem Gerücht nach manchmal von selbst losgehen konnte, war dabei dicht vor meiner Nase gewesen, und der Tscheche, der sie mir vorhielt, war mit ihr sicher noch weniger vertraut als ich. Er war nicht älter als 17, steckte in einem zu klein gewordenen Konfirmationsanzug, über den er ein Koppel mit vielen Patronentaschen geschnallt hatte, und berührte mit dem Zeigefinger der rechten Hand ständig den Abzug, während er mit der linken die Zigaretten unter der Matratze hervorzog und in der Hosentasche verschwinden ließ. Nix Viktoria, sagte er dabei mit grimmiger Miene, was ausgesprochen belehrend klang.

Wie der Streit über die 500 Kronen ausging, die Zeitler verlangte und Bauer nicht zahlen wollte, ist mir entfallen. Ich weiß aber noch, daß Bartureit meinen Zigaretten-Verlust mit dem Satz kommentierte: die wüßten genau, mit wem sie das machen könnten, und damit meinte: die Feiglinge trauen sich nur an arme Idioten heran. Für mich hätte das Anlaß sein können, mein in nächtlichen Übungen flüsternd erneuertes Sprechvermögen zu zeigen, aber weil ich dem Aufstand der Tschechen nicht traute und vorsichtshalber die Amerikaner erwarten wollte, verzichtete ich darauf.

An diesem Tag wurde ich krank. Ich bekam hohes Fieber. Ein Abzeß an den Mandeln verschloß mir die Kehle. Als letzte Amtshandlung der Ärzte in diesem Kriege wurde ich am 8. Mai operiert. Am nächsten Tag hieß es: Gehfähige müßten die Stadt verlassen. Ich hatte fünf Wochen im Bett zugebracht und seit fünf Tagen nichts mehr gegessen, und doch trugen die Beine mich noch.

Mein Weg nach Hause begann in Rakovnik (oder Rakonitz) am 9. Mai um sieben Uhr morgens und dauerte, mit erzwungenen Pausen, etwa ein Vierteljahr. Er war vorwiegend ein Fußweg, der manchmal durch Fahrten auf Güterzügen, Kanonenlafetten, Pferde- und Lastkraftwagen beschleunigt wurde, und einmal diente mir als Fortbewegungsmittel ein Fahrrad, das mir am Mittag ein Russe schenkte und ein anderer am Abend nahm. Trotz Angst, Strapazen und Hunger waren das glückliche Wochen; denn ich war vom Militärzwang befreit. Der Untergang des Reiches erzeugte in mir keine Untergangsstimmung; das Gefühl, zu den Besiegten zu gehören, konnte sich deshalb in mir nicht entwickeln; vielmehr sah ich die Sieger, die vermutlich noch lange Helm und Gewehr tragen mußten, mit Mitleid an. Ich fühlte mich beim Verlassen des Lazaretts aller überpersönlichen Bindungen ledig. Ich hatte den Staat überlebt, der bisher mein Schicksal bestimmt hatte, und stand nun außerhalb jeglicher Ordnung, nur noch mir selbst und meiner Sehnsucht verpflichtet, die mich nach Hause zog.

Diesen Gefühlen totaler Freiheit im Innern entsprachen freilich die äußeren Umstände anfänglich wenig; und auch die Uniform war ich erst teilweise los. Der Aufbruch der Gehfähigen, die selbst hatten entscheiden können, ob sie dazugehörten, war eine Sache weniger Minuten gewesen, und ich hatte an Kleidung ergreifen müssen, was sich mir zufällig bot: eine graue Militärhose, die an den Beinen zu kurz war, im Bund aber paßte, und eine blauweißgestreifte Krankenhausjacke, derentwegen ich unterwegs mehrmals für einen befreiten KZ-Häftling gehalten wurde – was mich dazu brachte, mir den Roman eines Identitätswechsels auszudenken, der aber niemals geschrieben wurde, weil das mein Problem nicht war. Mein Kopf war noch immer mit einem Verband umwickelt, und an den Füßen trug ich, statt der geschmeidigen Stiefel, die ich mir für den Heimweg gewünscht hatte, ausgetretene Pantoffeln, die ich aber am ersten Wandertag schon ablegen konnte, da ich in einem Straßengraben, neben einer Kollektion zierlicher Damenschuhe, passende Halbschuhe fand. Gepäck hatte ich nicht. Zu der Freiheit, die mich beglückte, gehörte auch, daß ich, außer dem Soldbuch, dem Notizblock mit Bleistift und einem Taschentuch, nichts besaß.

Der erste Schritt auf die Straße war allerdings nicht dazu angetan, Freiheitsgefühle zu wecken, denn das Marschieren in Kolonnen, dem ich mich schon entkommen gewähnt hatte, ging nun, wenn auch ohne Gleichschritt und Vordermann, wieder los. Scharen von Deutschen, Soldaten und Zivilisten, von denen viele Koffer und Rucksäcke schleppten, wurden von bewaffneten Tschechen durch die Straßen getrieben, und wir Invaliden wurden unter den Rufen: Schnell, schnell! oder: Nun aber dalli!, die in parodistischer Absicht das wiedergaben, das die Tschechen jahrelang hatten hören müssen, ziemlich unsanft, nämlich mit Stößen und Hieben, dort eingereiht. Da die Einwohner der Stadt, trotz der Frühe des Morgens, schon dichtgedrängt auf den Straßen standen, wurde der Abzug ihrer Bedrücker für diese zu einer Art Spießrutenlauf. Zwar wurden die Ruten vorwiegend ersetzt durch grimmige Blicke, geballte Fäuste, Flüche und Spucke, doch waren daneben auch Knüppel und Zaunlatten zu sehen. Wenn die in Tätigkeit traten, Gepäckstücke entwendet oder Offiziersschulterstücke heruntergerissen wurden, versuchten die Bewaffneten, sich dazwischenzudrängen; aber da sie das unlustig taten und in der Minderzahl waren, wurde das Vorankommen des Zuges häufig durch Prügelszenen erschwert. Es dauerte also lange, zwei oder drei Stunden, bis wir den Stadtkern hinter uns hatten – der übrigens, was die

Sache gespenstig machte, des zu erwartenden Einzugs der Sieger wegen mit Fahnen, Girlanden und Stalinbildern geschmückt war. In den Vororten, wo weniger Menschen die Straßen säumten, wurden die Belästigungen geringer und hörten am Stadtrand ganz auf. Ich war, vielleicht meines beeindruckenden Kopfverbandes wegen, unbehelligt geblieben, und die Langsamkeit war mir nur recht gewesen; denn eine schnellere Gangart hätten meine vor Schwäche zitternden Beine nicht mitgemacht.

Die Kolonne bewegte sich in südwestlicher Richtung auf der Straße nach Pilsen; ich aber mußte nach Norden, nach Aussig; und da ich auch lieber allein gehen wollte, sollte der erste Beweis meiner Selbständigkeit in der Entfernung von dieser Truppe bestehen. Eine Rast am Waldrand, bei der die Wächter plaudernd zusammensaßen und die von Besitz Belasteten ihr Gepäck erleichterten, gab mir die Gelegenheit, mich in die Büsche zu schlagen und auf einem Pfad, der sich durch Unterholz schlängelte, fröhlich davonzugehen.

Es war ein Maitag wie geschaffen zum Wandern. Das junge Laub war schon entwickelt genug, um in der Mittagshitze Schattenkühle zu spenden, und die Vögel gaben ein Begrüßungskonzert. Wäre nur Seelisches ausschlaggebend gewesen, hätte man von reiner Glückseligkeit reden können; aber leider machte mein Körper nicht mit. Es war kein Hungerschmerz mehr, wie er mich in den Tagen zuvor gequält hatte, es war eine sanfte Energielosigkeit. Ich lag in Blumen und Gras, zufrieden darüber, mich im Schutze des Waldes ausstrecken zu können, wohlig benommen und völlig bedürfnislos. So total war ich das, daß ich unter den Laubbäumen wohl liegengeblieben wäre, hätte die Sehnsucht nach heimischen Kiefern mich nicht wieder hochgetrieben und ein paar hundert Meter weitergeführt. Dann saß oder lag ich wieder, raffte mich wieder auf und schleppte mich bis zur nächsten Rast weiter, bis ich eine Straße und schließlich ein Dorf erreichte, wo ich mich bald, in einer Vorlaube sitzend und Milch trinkend, wiederfand. Genau weiß ich noch, daß das Deutsch der Frau, die mir die Milch kredenzte, nicht nur gebrochen war, sondern auch Dialektanklänge hatte, als wäre es in Bayern gelernt. Wunderbar war es, daß ich auf die Frage, ob ich schon Russen begegnet sei, trotz langer Stummheit ohne Schwierigkeiten antworten konnte; noch wunderbarer aber war die Wirkung der kühlen Milch. Sie verbreitete sich, wie mir schien, in Sekundenschnelle vom Magen aus über den ausgehungerten Körper; mein Kopf wurde klar, meine Glieder wurden gekräftigt; und als ich, ein Butterbrot in der Hand, meine Wanderung fortsetzte, traute ich mir den Marsch nach Berlin ohne Aufenthalt zu.

Das zweite Wunder des Tages (das allerdings so wenig Bestand hatte wie das erste) veranlaßte mich zu den Tagebuchsätzen: *»Wie sind wir belogen worden! Das sollen nun also die Steppenhorden aus Asien sein!«* Gemeint waren die Russen, von denen es drei Tage zuvor im Tagebuch noch geheißen hatte: *»Viel wird Propaganda sein, aber unheimliche Angst vor ihnen hat man doch.«*

Nun also waren sie da, und zwar gleich in Massen, auf Panzern erst, dann auf Lastkraftwagen, jubelnd und gutgelaunt, wie es sich für Sieger gehört. »Hitler kaputt, Kamerad nach Hause zur Mama«, waren die ersten Zurufe, die ich, allein am Straßenrand stehend, von ihnen hörte, und da mir dabei zugewinkt wurde, winkte auch ich, wenn auch weniger fröhlich; denn die Angst, noch gefangengenommen und nach Sibirien geschickt zu werden, war da. Ich hatte, als die Fahrzeuge plötzlich hinter mir waren, da rechts und links kahle Felder waren, einen Fluchtversuch unterlassen, und stand nun winkend wie einer, der die Befreier herbeigewünscht hatte, während ich in Wahrheit nur darauf wartete, daß die Kolonne ein Ende nahm. Sie nahm aber kein Ende, sondern sie stockte, und ein wahrhaftig asiatisch aussehender Bursche in meinem Alter, der auf der Lafette einer Kanone saß, forderte mich auf, neben ihm Platz zu nehmen; und nun ging es, während ich lernte, in eine Zwiebel wie in einen Apfel hineinzubeißen und »nach Hause« auf Russisch zu sagen, unbequem, aber schnell bis ins nächste Dorf. Da hier die Sieger mit Fahnen und Blumen gefeiert wurden, hatte ich den Eindruck, daß meine Anwesenheit unerwünscht sei, und der Offizier, dessen Flüche und angedeutete Fußtritte eindeutig waren, schloß sich meiner Meinung wohl an. Ich ging also, während zum Tanz aufgespielt und die erste Flasche herumgereicht wurde, ohne Dank zu sagen erneut meiner eigenen Wege, und die Klänge der Ziehharmonika begleiteten mich in den Wald.

Im nächsten Dorf, das die Russen noch nicht besetzt hatten, wagte ich nicht, um Essen zu betteln, da die Gesichter feindselig waren und ein tschechischer Polizist, der mich nach Waffen durchsuchte, etwas sagte, das nach Gefangenschaft klang. Ich umging nun die Dörfer und kroch abends in einer Feldscheune unter, in der ich, trotz Kälte, bis in den hellen Tag hinein schlief. Von dem Russen, der mir das Fahrrad schenkte, hörte ich wieder, daß Hitler kaputt sei und wir alle nach Hause könnten, und als ich mich abends, da der Hunger mich trieb, mit letzter Kraft in ein Dorf schleppte, hieß das seltsamerweise Petersburg und war von Deutschen bewohnt.

Da ich zu schwach war, um mich darüber wundern zu können, daß sich die Wunder des Vortages anscheinend fortsetzen wollten, nahm ich die Begegnung am Dorfeingang wie etwas Selbstverständliches hin. Da saß Hans Springs, mein Mitpatient, sichtlich erschöpft im Straßengraben, und vor ihm standen zwei junge Mädchen, die von weither, aus einer fernen Zeit zu kommen schienen, als man noch duftige Sommerkleider und Strohhüte trug. Springs, der in einem viel zu weiten Herrenanzug steckte, war verlegen, da er die Fragen nach dem Woher und Wohin, nach Russen und Amerikanern in seinem schlechten Deutsch nur ungenügend beantworten konnte; und er genierte sich vor den Damen, da er unter dem

Nadelstreifenjackett nur ein zerrissenes Unterhemd trug. Trotz meines dürftigen Sprechvermögens mußte nun ich mit den Feen reden, obwohl stummes Staunen der Situation angemessener gewesen wäre. Springs sagte erst wieder etwas, als gefragt wurde, ob wir Essen und ein Nachtquartier brauchten. Laut und vernehmlich sagte er ja.

Die von Kerzen erhellte geräumige Küche, in der ich meinen jeder Kost entwöhnten Magen mit großen Mengen von Klößen füllte, die vom Mittag übriggeblieben und in Schmalz aufgebraten waren, gehörte dem Gutsverwalter, der im Gegensatz zu seiner Herrschaft nicht vorhatte, vor den Russen zu fliehen. Nicht der verlorene Krieg oder Hitler (der war schon lange vergessen) war beim Essen sein Thema, sondern die Frage, wer nun die Äcker bestellen, das Heu machen und das Vieh füttern würde; denn die Ukrainer und Polen, die dafür zuständig gewesen waren, hatten den Weinkeller erbrochen, einen Ochsen geschlachtet und feierten schon seit zwei Tagen den Sieg. Wir sahen sie im Hof um ein Feuer herum gelagert, als wir uns in unser Quartier, eine abseits gelegene Scheune, schlichen. Und der Lärm, den sie machten, wäre meinem Schlaf sicher verderblich gewesen, hätte nicht schon mein Magen, der halbstündlich Übelkeit in mir aufjagte und portionsweise Fettklöße abgab, diese Aufgabe erfüllt.

Die jungen Damen, Schwestern, wie wir inzwischen wußten, fanden im Morgendämmern, als sie uns einluden, sie und ihre Eltern auf dem Treck zu begleiten, in mir einen Todkranken vor, der sich geschworen hatte, Klöße in Schmalz gebraten in Zukunft zu meiden. Mein Leben lang habe ich diesen Schwur auch gehalten, was man von manchen anderen Vorsätzen aus dieser Zeit nicht sagen kann.

WALDESLUST

Bevor ich vom Leben in den böhmischen Wäldern zu schwärmen beginne, muß ich dem Leser einen Lagebericht geben, damit er die Kreuz- und Querzüge des Trecks auch versteht.

1938 und 39 war die Tschechoslowakei bekanntlich von Hitler dreigeteilt worden: in das vorwiegend von Deutschen bewohnte Randgebiet, das Sudetenland, das ins Reich eingegliedert wurde; in die Slowakei, die zu einem quasiselbständigen Staat gemacht wurde; und in das von Tschechen bewohnte Böhmen und Mähren, das sogenannte Protektorat. In letzterem war 1945 nur in den östlichen Teilen ernsthaft gekämpft worden. Von Westen her war in den ersten Maitagen die Panzerarmee des US-Generals Patton einmarschiert und bis Beroun (südöstlich von Rakonitz) vorgedrungen; sie zog sich, als die Russen vereinbarungsgemäß Böhmen besetzten, langsam und etappenweise auf die bayerische Grenze zurück. Die im Lazarett kursierenden Gerüchte von der baldigen Ankunft der Amerikaner waren also nicht aus der Luft gegriffen gewesen; doch hatten auch die Rakonitzer Aufständischen, die den Auftrag gehabt hatten, die gehfähigen Patienten, damit sie der Stadt nicht zur Last fielen, in einer von Deutschen besiedelten Ortschaft jenseits der Protektoratsgrenze unterzubringen, von den Amerikanern nur wie von einer nicht glaubwürdigen Sage gewußt. Wir Treck-Gefährten dagegen glaubten, als wir im Morgengrauen des 11. Mai von Petersburg aufbrachen, genau zu wissen, daß zwei Dörfer weiter das amerikanisch besetzte Gebiet schon begann.

Auf dem Wege nach Westen waren in diesen Tagen außer Deutschen und Russen auch noch die Tschechen, die vom

Sudetenland wieder Besitz nehmen wollten. Dieser Strom von Flüchtlingen und geschlagenen und siegreichen Soldaten erzeugte chaotische Zustände auf den befestigten Straßen, weshalb der Familientreck, der mich Halbinvaliden nun mitschleppte, Waldwege wählte, was mir, nicht nur meiner forstlichen Vorliebe wegen, gefiel. Man hörte nämlich, daß die deutschen Soldaten, die man erst hatte laufen lassen, von Russen und Tschechen nun doch noch gefangen würden und in improvisierte Lager gesperrt. Der Gutsverwalter fand es gefährlich, wenn Militärangehörige sich selbständig machten. Er riet Springs und mir, schon beim ersten US-Offizier vorstellig zu werden, damit man uns nicht für Partisanen hielt und erschoß. Dort Gefangener zu sein, war sicher das kleinere Übel; das brauchte nicht erst begründet zu werden, das verstand sich von selbst.

Ich war entschlossen, eher im Wald zu verhungern, als noch einmal Soldat zu werden, und sei es auch nur in Gefangenschaft. Mein kindliches Aussehen, das oft schon die Frage provoziert hatte, ob man denn jetzt schon die Kinder einziehe, machte mir, wie ich hoffte, das Durchkommen leicht. Den Kopfverband, der Mitleid erregen konnte, trug ich länger, als nötig gewesen wäre; und die Militärhose schnitt ich über den Knien ab. Ich wäre, hätte man mich gefragt, fünfzehn gewesen und durch Evakuierung nach Schlesien verschlagen worden. Mein Soldbuch hätte ich konsequenterweise vernichten müssen, aber da es mir unheimlich war, mich notfalls nicht ausweisen zu können, nähte ich es in die Lazarettjacke ein.

Springs, der vor einer Identifizierung mehr Angst als ich haben mußte, hatte sein Soldbuch schon in Rakonitz weggeworfen, was ihm aber bei genauerer Untersuchung wenig geholfen hätte, da er gezeichnet war. Er kam aus einem Gebiet, das wechselnd zur Tschechoslowakei und zu Polen gehört hatte; zu Hause bei ihm war nur Tschechisch gesprochen worden; seines deutschen Vaters wegen, den er nicht kannte, hatte er aber als sogenannter Volksdeutscher gegolten und war mit siebzehn regulär zur Waffen-SS gezogen worden (eine Behauptung, die ich später nie nachgeprüft habe, aber ich glaubte sie ihm). Das war erst acht Wochen vorher gewesen, aber die hatten genügt, um ihm klarzumachen, daß die Russen Grund hatten, an den Männern mit der Blutgruppen-Tätowierung unter dem rechten Arm Rache zu nehmen; den Gerüchten nach (denen man glauben mußte, wenn man Bartureit hatte erzählen hören) machten sie mit ihnen kurzen Prozeß. Unter Heimweh und Angst hatten alle, die da unterwegs waren, zu leiden, aber bei Springs kam erschwerend hinzu, daß beide Gefühle in Streit miteinander lagen; denn jeder Schritt, den er, der Angst gehorchend, weiter nach Westen machte, führte ihn von der Heimat weg. Er lief um sein Leben, war aber davon überzeugt, daß es für ihn in der Fremde nicht lebenswert wäre. Jeden Abend sprach er davon, umkehren zu wollen, und er weinte sich oft in den Schlaf. Da er hilfsbereit war und über handwerkliche Fähigkeiten verfügte, war er allen in praktischen Dingen bald unentbehrlich, für mich aber war er, da ich seine ständige Traurigkeit aushalten mußte, auch eine Last.

Am zweiten Tag unseres Waldabenteuers wurde die Notgemeinschaft vermehrt um einen dritten Soldaten, einen Unteroffizier von etwa 40 Jahren, dessen Namen ich leider vergessen habe, da er nur der Berliner hieß. Es waren nicht nur sein Dialekt, seine Unhöflichkeit und seine, leider ganz unoriginelle, große Klappe, die diese Benennung rechtfertigten, es war auch die Tatsache, daß er Berlin ständig im Munde führte und sonst nichts auf der Welt gelten ließ. In der Reichshauptstadt (ein Wort, das er oft und ernsthaft benutzte) war alles größer, besser und schöner, nur dort gab es Rolltreppen und Untergrundbahnen, trinkbares Bier und gute Buletten, und sogar die Pferde (notgedrungen ein Treck-Dauerthema) waren stärker, robuster und klüger als anderswo. Pferde hatte er auch benutzt, um sich dem Treck aufzudrängen; beherzt hatte er ihnen in die Zügel gegriffen, als sie beim Überqueren einer Chaussee störrisch geworden waren, hatte gefragt, wohin die Reise denn gehe, und alle Hinweise darauf, daß man ihn wieder loswerden wollte, strikt überhört. Er hatte sich also selbst angestellt, statt sich anstellen zu lassen, hatte das Kutschamt und die Pflege der fünf Pferde mit Geschick übernommen; und obwohl er die Harmonie der Reisegesellschaft durch Besserwisserei, Fluchen und Mißlaunigkeit störte, gewöhnte man sich langsam an ihn. Von Beruf war er Postkutscher, legte aber Wert darauf, daß man Postillion dazu sagte; und wenn er von seiner Arbeit im Postfuhrhof, Berlin N4, erzählte, erfuhr man auch immer wieder die Höhe von Gehalt und Pension. Ich ging ihm, so gut es ging, aus dem Wege, weil ich sein Lamentieren über den Verlust seiner Wohnung, die den Bomben zum Opfer gefallen war, nicht ertrug. Leuten, die bei jedem Gegenstand, den sie erwähnen, den Kaufpreis hinzusetzen müssen, bin ich später noch oft begegnet, aber nie nahm das so groteske Formen an wie bei ihm. Wieder und wieder mußte man von ihm hören, was der vernichtete Teppich, das Buffet, das Plumeau und der Volksempfänger gekostet hatten, und wenn er beim letzten Stück trocken Brot zwanghaft von Gänsebraten oder von Eisbein mit Erbspüree reden mußte, ging auch das nie ab ohne den Preis.

Von den Treckenden selbst, unseren Wirtsleuten sozusagen, auf deren Kosten wir teilweise lebten und deren Decken uns die Nächte erträglich machten, war nie ein Wort des Jammers oder der Trauer zu hören, geschweige denn eins über Geld. Sie kamen aus Niederschlesien und waren mit ihren zwei Planwagen schon wochenlang unterwegs. Der große und hagere, ernste und schweigsame Vater kutschierte immer den ersten Wagen und gab damit Tempo und Richtung an. Da seine Autorität nie bezweifelt wurde, brauchte er sie nicht besonders hervorzukehren; doch fiel es ihm schwer, Rat anzunehmen und Irrtümer einzugestehen. Mir schien er unnahbar. Wir sprachen so gut wie nie miteinander, und wenn ich etwas von ihm wollte, wandte ich mich lieber an seine von mir angebetete Frau.

Da diese Ähnlichkeit mit Dorothea, der älteren Tochter, hatte, fließen zurückschauend beider Gesichter für mich ineinander zu einem sicher verklärten Bild. Sie vor allem waren es, die mich für Wochen an diese Familie banden, weil sie mich als Einzelperson wahrnahmen und sich dafür interessierten, wer ich war und woher ich kam. Bei ihnen konnte ich meine wiedergewonnene Redefähigkeit üben, ohne daß mir meine sprachliche Unbeholfenheit peinlich war. In den ersten Tagen, als mir der stoßende und schaukelnde Wagen zum Krankenbett wurde, über mir langsam die Baumwipfel vorbeizogen und der Hufschlag der Pferde einschläfernd wirkte, wurde ich von ihnen versorgt und verpflegt. Später konnte ich an ruhigen Fahrttagen stundenlang mit Dorothea hinter den Wagen herschlendern, Genaueres über ihre Familie erfahren und über Kindheits- und Schulerinnerungen plaudern, als habe es den Krieg nie gegeben, oder er sei schon lange vorbei. Daß Mutter und Tochter schön für mich waren, braucht wohl gar nicht gesagt zu werden, wenn man den Mangel an Vergleichsmöglichkeiten und die gerade vergangene Militäraskese bedenkt.

Laut Tagebuch waren die beiden von »stiller« Schönheit, als »streng« dagegen wird das Aussehen von Maja, der jüngeren Schwester, bezeichnet, und es wird zu beschreiben versucht. Von mehr als der schlanken Gestalt und dem dunklen Haar ist dabei allerdings nicht die Rede. Letzteres flattert im Wind, wenn sie, auf dem Kutschbock stehend, die Pferde antreibt oder auf einem von ihnen sitzt; denn am Abend, wenn ausgespannt ist, trainiert sie sich noch im Reiten – ein Vergnügen, das nur Hans-Harald, ihr achtjähriger Bruder, teilt. Sie war etwa gleichaltrig mit mir und gleich auch an Hemmungen, die aber in ungleicher Weise in Erscheinung traten: was bei mir zu hilfloser Schüchternheit wurde, erzeugte bei ihr Arroganz – oder was ich dafür hielt. »Eingebildet« nennt sie das Tagebuch, weil sie meine bewundernden Blicke in keiner Weise erwidert und überhaupt wenig Notiz von mir nimmt. Dieser Mißerfolg berührte mich wenig, da ich mir Hoffnungen nie gemacht hatte und meine Bewunderung ganz ohne Verlangen war. Ich brauchte Zuwendung und Anteilnahme, aber keine Erotik in diesen Wochen. Das Sexuelle in mir, das kaum erwacht und nie geübt war, wurde von Heimweh ganz überlagert und erstand erst wieder im märkischen Sand. Allen Versuchungen, die nach Verlassen des Trecks noch kamen, konnte ich nicht erliegen, da sie für mich keine waren. Die geringe Energie, die ich hatte, wurde für die Heimkehr gebraucht.

Bei der Waldfahrt in Böhmen schliefen die Eltern manchmal im Wagen, während wir mit den Mädchen in Scheunen oder im Freien kampierten, wobei mein Platz oft neben Dorothea war. Als diese einmal, in einem Ort namens Poschau, nachts meine Hand anfaßte, war das kein Versuch, unser freundschaftliches Verhältnis zu ändern, sondern eine Geste der Angst. Ich war stolz, daß sie Schutz bei mir suchte, mehr aber noch beschämt, daß ich ihr den nicht zu geben vermochte; denn meine Angst war nicht kleiner als ihre – wieder einer Maschinenpistole wegen, die mir zu nahe kam.

Von den betrunkenen Russen, deren Geschrei uns schon das Einschlafen schwer gemacht hatte, waren drei in die Scheune gekommen, in der viele Flüchtende, vorwiegend Soldaten schliefen, und hatten mit Taschenlampen nach weiblichen Opfern gesucht. Mir wurde befohlen, weiterzuschlafen, Dorothea dagegen bekam das bekannte: Frau komm! zu hören und die beruhigende Versicherung: Nur ich! Sie ließ sich davon aber nicht beruhigen, und auch das Versprechen, daß in einer halben Stunde alles vorbei sein würde, hielt sie nicht davon ab, sich immer wieder ins Stroh zu werfen, wenn sie hochgezerrt wurde, und schluchzend um Hilfe zu rufen, bis der Betrunkene, dessen schwankende

Umrisse vor dem helleren Rechteck des offenen Scheunentors sichtbar waren, sich mir zuwandte, um mir anzukündigen, daß er mich kaputtmachen würde, wenn ich meine Schwester nicht dazu bringen könnte, mit ihm zu gehen. Die Landser, die in Reihen vor und hinter uns lagen, waren beim Rundgang der Russen vorsichtshalber in Tiefschlaf versunken. Ich hatte mich vom Strohlager erhoben, nicht jedoch, um tätlich zu werden, sondern um gut zuzureden; aber auf Argumente ließ sich der Sieger nicht ein. Er vertraute darauf, daß Schwestern gehorchen, wenn Brüder befehlen, versuchte mir also den entsprechenden Befehl zu entlocken, indem er mir die Mündung seiner Maschinenpistole in die Bauchgegend drückte und dabei mehrmals drei Kurzsätze sagte, die ich genau im Gedächtnis bewahrt, aber nie weitererzählt habe, weil sie der gängigen Angst vor den Russen Nahrung gegeben hätten, nicht aber der vor dem, verrohte Sieger erzeugenden, Krieg. Er sagte also auf Deutsch: Ich Russe! Ich will! Du kaputt! und begann laut in seiner Sprache zu zählen, ohne daß ich verstanden hätte, ob er bei drei oder zehn oder hundert abdrücken wollte. Ich versuchte, in meiner Art mich zu wehren, indem ich, das Wort als Waffe benutzend, von Mama, Papa und Dorotheas Baby erzählte und dabei die irrwitzige Hoffnung hegte, daß Rührung auch einen Gewalttäter beschleichen und friedfertig stimmen kann.

Hätte mein Wortvertrauen von der in dieser Nacht erzielten Wortwirkung abgehangen, wäre es in Poschau vorzeitig zugrunde gegangen; denn es waren nicht Worte, die die Gefahren bannten, sondern eine Damenuhr und ein Ring. Beides war in einem Jackenfutter verborgen gewesen und von Maja während des Dialogs hervorgeholt und auf offener Handfläche vorgezeigt worden. Aber in würdiger, die Versucherin fast beschämender Weise, lehnte der auf Dorothea Versessene den Tauschhandel ab. Erneut schrie er seine drei fordernden Sätze, begann wieder sein litaneiartiges Zählen und bohrte sein Schießgerät tiefer in meinen Bauch. Maja, deren Schlankheit die Begierden des Alkoholisierten offensichtlich nicht reizte, hastete inzwischen, manchmal über Tiefschläfer stolpernd, zum Ausgang, wo ein vierter Russe aufgetaucht war. Der war bereit zu dem ungewöhnlichen Handel, ließ die Tauschware in seiner Tasche verschwinden und beglich sofort seine Schuld, indem er Befehle brüllte, auf die unser Unhold erst mit trotzigen Flüchen, schließlich aber mit Resignation reagierte und sich abführen ließ.

An Schlaf war in dieser Nacht nicht mehr zu denken, da alle Tiefschläfer jetzt wach waren und gute Ratschläge wußten. Einer sagte, er habe genug vom Kriege, aber wenn es noch einmal gegen den Iwan ginge, würde auch er wieder die Flinte schultern; und er fand Zustimmung damit.

Wir brachen auf, als der Morgen graute. Wie an den Tagen zuvor waren wir sicher, im nächsten Ort schon die Amerikaner zu finden. Und sie waren tatsächlich in Waltsch und in Chiesch, in Udritsch und Teschetitz auch gewesen; aber in dem Tempo, in dem wir uns vorwärts bewegten, zogen sie sich zurück. Manche Dörfer erreichten wir mit den Russen zusammen, andere, in die wir kamen, hatte keiner der beiden Sieger bisher behelligt, und dann gab es welche, da hatten die Dorfkinder die erbettelten Kaugummis noch im Mund. Um schneller voranzukommen, wagten wir uns auf die Chaussee, die nach Karlsbad führte, verließen sie aber nach einem halben Tag wieder, als uns eine Kolonne von deutschen Gefangenen entgegenkam. Wir bogen in einen Waldweg, der aber nach einigen Metern an einem unpassierbaren Bachbett endete, und mußten nun Stunde um Stunde, nur notdürftig von Strauchwerk verborgen, die von schreienden Posten begleiteten Elendsgestalten sich vorbeischleppen sehen. Von Mittag bis Abend dauerte diese Trauerparade, und als sie endete und die Wagen die Straße bis zum nächsten Querweg wieder benutzen mußten, lief ich, noch immer von Angst geplagt, im Wald nebenher.

Da Karlsbad uns als besonders gefährlich geschildert

wurde, änderten wir die Richtung und zogen weiter nach Süden, auf Marienbad zu. Die Berge und Wälder, in denen angeblich bewaffnete Banden von ehemaligen Zwangsarbeitern und Wlassow-Soldaten hausten, zeigten sich uns nur von der friedlichen Seite, und wenn sie auch noch keine Pilze und Beeren boten, so war doch in klaren Bächen Trink- und Kochwasser in Hülle und Fülle da. Die Deutschen in den einsamen Dörfern, die zwar von ihrer bevorstehenden Vertreibung nichts ahnten, aber ihrer Zukunft doch mit Bangen entgegensahen, hatten, arm wie sie waren, für hungernde Jungen, die nur ein Stück trocken Brot haben wollten, meist auch das Schmalz noch dazu. Immer waren es Frauen, die den Wirtschaften vorstanden, die mit mir am Küchentisch saßen, von ihren toten, vermißten oder gefangenen Männern und Söhnen sprachen und von mir wissen wollten, wie das alles hatte geschehen können und wie es nun weiterging. Eine Junge, die mit ihrer Schwiegermutter zusammen den Hof allein bewirtschaftete, butterte, während ich Schrotsuppe vertilgte, und bot mir nach einer halben Stunde schon an, als Arbeitskraft bei ihr zu bleiben; ihr Mann war vermißt. Verlockender war ihr Angebot, mir für diese Nacht das Bett in der Bodenkammer zu richten, aber ich lehnte ab – nicht etwa, weil ich hier eine Versuchung ahnte, sondern weil ich verhindern wollte, daß die freundliche Frau mich in schlechter Erinnerung behielt. Denn die Nacht in der Poschauer Scheune hatte uns nicht nur Angst gebracht, sondern auch Läuse, und zwar gleich von zweierlei Art. Es war wieder kalt geworden in diesen Tagen, und da die Küche geheizt war und die Suppe zusätzlich wärmte, begannen die Kleiderläuse, also die stattlichere Sorte, in meiner Jacke lebendig zu werden und auf dem Kragen herumzuspazieren, so daß die junge Frau Grund hatte, sich dicht über meinen Nacken zu beugen. Ich spürte ihren nach saurer Milch riechenden Atem, als sie erleichtert sagte: im ersten Augenblick habe sie die Insekten für Läuse gehalten, aber dafür seien sie viel zu groß.

Da auch noch Jahrzehnte nach dieser Plage die bloßen Erinnerungen an diese die Juckreize unter den Achseln und zwischen den Schenkeln, an Kopf, Bauch und Rücken wieder heraufbeschwören, will ich mir das genaue Beschreiben der Läuseleiden verbieten und dafür lieber den Tag der Läusebekämpfung geben, der zu den schönsten der Fahrt gehörte, ein Ruhetag. Nach einer Nacht mit stürmischem Regenwetter, die wir frierend in einer leeren Feldscheune auf zusammengekratzten Strohresten verbracht hatten, war ein herrlicher Sonnentag angebrochen, und wir fuhren von Bergen hinab in ein liebliches Tal. Die Abfahrt, die immer Aufregungen mit sich brachte, war auf den steilen, vom Regen ausgespülten Wegen besonders gefährlich, weil die schwerbeladenen, bremsenlosen Wagen die Pferde, die nicht ziehen, sondern aufhalten mußten, zu überrollen drohten. Alle Mitreisenden mußten als Bremser wirken, indem sie neben dem Wagen her liefen und dicke Stangen zwischen Radreifen und Runge preßten, was nur mit Kraft und Geschick gelang. Die Erleichterung war groß, als wir ohne Rad- oder Deichselbruch unten waren, und da die überanstrengten Pferde Futter und Ruhe brauchten und die Mädchen einen Tag zur Kleider- und Körperpflege verlangten, wurde an einer Quelle, die einen Teich speiste, am Vormittag schon ausgespannt. Mit Hilfe von Birkenrinde, die leicht entflammte und knisternd brannte, wurden Feuer entzündet, mit Wasser gefüllte Pferdeeimer darüber gehängt und bis zum Abend ein Waschfest gefeiert, das später trivial als Läusekochen bezeichnet wurde, das in Wahrheit aber ein Fest der, leider vergänglichen, Gleichheit und Gemeinsamkeit war.

Aus den Tiefen der Planwagen, in die wir Trittbrettfahrer nie Einblick bekamen, wurden dem Fest zuliebe auch Haarwaschmittel und Kernseife zutage befördert, die reihum benutzt werden durften und eine Sonntagsbehaglichkeit schufen, die Läuse, Dreck und Strapazen vergessen ließ. Während die einen Brennholz heranschafften und die Feuer bewahrten, konnten die andern, deren Unterhosen und Jakken gerade kochten, sich am Teichufer der Reinigung ihrer paradiesischen Nacktheit widmen, die der Stiche und Kratzwunden wegen einen erbärmlichen Anblick bot. Der kalte und klare Teich war zu flach zum Schwimmen, aber man konnte sich in ihm waschen und sich anschließend von der Sonne wieder erwärmen lassen. Man lag im Gras, während die Kleider zum Trocknen auf Büsche gebreitet wurden, sah den Bussarden zu, die hoch oben im Blauen schwebten, und machte sich Gedanken darüber, daß Glück allein darin bestehen konnte, von Läusen befreit zu sein. Da, etwas leichtsinnig, vermutet wurde, die schlimmste Hungerstrecke überstanden zu haben, gab es als Festessen die eiserne Ration der Familie, weiße Bohnen mit Rauchfleischspuren, und am Abend richtigen schwarzen Tee. Wie oft nach Festen, fiel es schwer einzuschlafen. Unter dem Sternenhimmel flüsterte man lange noch miteinander. Auch der Zusammenhang zwischen Sauberkeit und Gemütszustand wurde zum Thema, das aber plötzlich beendet wurde, als sich auf der Haut wieder was regte und das Jucken und Kratzen erneut begann.

Erst die Amerikaner zeigten uns, wie man der Läuse Herr werden konnte. An der Tepla, da wo sie noch schmal ist, trafen wir auf den ersten von ihnen. Er saß angelnd und rauchend auf dem Brückengeländer, an das er auch Helm und Gewehr gehängt hatte, und antwortete auf die höflich in englischer Sprache gestellte Frage, ob die Brücke passiert werden durfte, sehr einsilbig, nämlich mit *no*.

SCHLÖSSER UND SCHEUNEN

Der schöne Wahn vom Mai 1945, daß nun eine neue Zeitrechnung beginnen und alles, alles sich wenden würde, brauchte zwar Jahre, bis er von den Realitäten berichtigt wurde, aber schon in den ersten Tagen und Wochen fing die Desillusionierung an. Staat und Militär war man los, aber an die lästig gewordene Nation blieb man gebunden; und auch manches andere, das man mit Hitler gestorben geglaubt hatte, lebte noch fort. So war mir zum Beispiel als selbstverständlich erschienen, daß zusammen mit allen Symbolen, Orden, Rängen und Dienstbezügen auch das Geld nichts mehr galt. Daß auch andere so dachten, bewies ein mit Geldscheinen gefüllter Koffer, den ein Flüchtling am Straßenrand hatte stehen lassen und den an sich zu nehmen keiner der Nachfolgenden für erforderlich hielt. Ich wühlte in ihm in der Hoffnung, unter dem wertlosen Papier etwas Brauchbares zu finden, und fand Vergnügen daran, die Scheine vom Winde verwehen zu lassen – was sich acht Tage später, als wir seltsamerweise einen Gasthof geöffnet fanden, als realitätsfremd erwies. Mit der scheußlich schmeckenden Limonade, für die der Wirt, was wir erst für einen Witz hielten, 35 Pfennige haben wollte, erlebte ich zum erstenmal die Wiedereinsetzung alter Werte – ein Vorgang, der sich im Großen und Kleinen noch oft wiederholen sollte, bis schließlich der Staat wieder heiliggesprochen wurde und die Uniform wieder das Ehrenkleid war.

Daß die Notgemeinschaft des Trecks bei schwindender Not Auflösungserscheinungen zeigte, war eine andere beunruhigende Erfahrung, die soziologisch betrachtet wohl selbstverständlich, menschlich aber doch schmerzlich war. Dorothea und ihre Mutter hatten mir schon in den ersten Tagen eröffnet, welche Bewandtnis es mit ihrer Familie hatte, mir aber bis zur Begegnung mit den Amerikanern strengstes Stillschweigen auferlegt. Die Russen, so lernte ich, hegten Vorurteile gegen den Adel, weshalb es nicht nötig war auszuposaunen, daß hier die Familie des Grafen S., der in Schlesien ein architektonisch bedeutsames Schloß und reiche Ländereien besessen hatte, mit dem kläglichen Rest seiner Habe nach Westen zog.

Äußerlich unterschieden die gräflichen Wagen sich nicht von den vielen der flüchtenden Bauern; gewann man aber tiefere Einblicke in die Familie, entdeckte man manches, das die adlige Herkunft verriet: so die Pelze, die uns, und den Läusen, die kalten Nächte erträglich machten; der Bildungsstand der gesamten Familie, der, was die Fremdsprachen betraf, sich bezahlt machte auf der Reise; die Reitleidenschaft Majas und die Jagdleidenschaft ihres Vaters; vor allem aber die an jedem Dorfeingang wiederkehrende Frage, wie die Herrschaft hier heiße, und die sich aus jedem Namen ergebende Familiendebatte darüber, ob das nicht der Onkel, der Vetter oder der Schwiegervater von diesem und jenem sei.

Zur Herberge wurden uns Herrensitze aber nur ausnahmsweise, weil sich die Herrschaft meist schon nach Westen abgesetzt hatte. Eine der Ausnahmen war das Schloß Gießhübel, das am westlichsten Punkt unserer ersten Route, der nach Karlsbad, lag. Die Ruhe und Sicherheit, die wir dort drei Tage genossen, war eine, die nur die Höhle des Löwen bietet; im Schloß war nämlich auch ein sowjetischer Divisionsstab zu Gast. Während unsere adligen Treckgefährten und die Stabsoffiziere die Gästezimmer des Hauses bewohnten und im Salon Mahlzeit hielten, schliefen und aßen Springs, der Berliner und ich mit den Fahrern, Funkern und Schreibern zusammen in einem leerstehenden Schloßflügel, der früher als Wintergarten gedient hatte, im Massenquartier. Für drei Tage war also die Trennung von Besiegten und Siegern verschwunden, dafür wurde die Internationale der Grafen und Generäle reinlich von der der Muschkoten und Domestiken geschieden, und trotz aller Sprachschwierigkeiten verstand man sich innerhalb dieser Standesgemeinschaften gut. Die Gräfin und ihre Töchter, die unsere Abschiebung schmerzte, versuchten sie vergessen zu machen, indem sie uns stattliche Reste der Salonmahlzeiten brachten. Aber die hatten wir gar nicht nötig; denn unsere Freunde auf Zeit, die Sieger, unternahmen zur Aufbesserung ihrer mangelhaften Verpflegung verbotene Ausflüge in die Umgebung; und da auch wir davon profitierten, sprachen wir bald nicht mehr von Stehlen und Plündern, sondern anpasserisch von Organisieren; und wenn wir länger bei ihnen gewesen wären, hätten wir vielleicht an uns auch erleben können, wie schnell moralische Skrupel vergehen. Als wir Gießhübel in südlicher Richtung verließen, wobei wir Karlsbad, wo Gefangene gemacht wurden, mieden, war mein Aussehen noch ziviler geworden; denn ich trug nun ein hellblaues Oberhemd.

Die leichte Verständigung von Grafen und Generälen kam uns an der Tepla zugute, als der erste Amerikaner (der G. I., wie wir bald sagen lernten) sich mehr für die Angelei als für uns interessierte und trotz des fließenden Englisch der Gräfin einsilbig blieb. Nein, die Brücke durfte nicht passiert werden, und die Frage danach war auch müßig, da vor ihr, auf der östlichen Seite des Flüßchens also, auf Wiesen und Feldern schon viele Planwagen standen, Pferde die Saat kahlfraßen, und Frauen und Kinder sich um ein Feuer drängten; denn es wehte ein feuchtkalter Wind. Seit drei Tagen wurde auf dieser abseitigen Straße schon hungernd gewartet, und auch auf der Fernstraße war, wie es hieß, der Flüchtlingsstau groß. Da, wie die Gerüchte fälschlich besagten, die Amerikaner vertraglich verpflichtet waren, im Interesse der Russen die Fliehenden nicht nach Bayern zu lassen, hatten die Gräfin und ihre Töchter das Gefühl, um ihr Leben zu reden, als sie von dem maulfaulen Angler immer wieder verlangten, seinen Vorgesetzten zu sehen. Erst als sie den zweiten Posten entdeckten, der am Feuer saß und mit Mädchen schäkerte, gelang es ihnen, Interesse zu wecken; und kurze Zeit später, die knapp dazu reichte, sich stadtfein zu machen, fuhren sie mit dem Jeep, der die Ablösung brachte, zur Kommandantur.

Viel war mit dem Passierschein, den die Frauen am Abend brachten, allerdings auch nicht gewonnen; er berechtigte nur dazu, am Morgen in die nächste Ortschaft zu fahren, wo wieder ein Schein für fünf bis zehn Kilometer zu beantragen war. Und immer mußten wir auf Chausseen bleiben und dort in Kolonnen fahren; und in den Dörfern, die voll von Flüchtlingen waren, gab es nächtliche Ausgangssperren, und die Übernachtung in Scheunen, Schulen oder Fabriken war organisiert. Um Marienbad, wo angeblich Hungersnot herrschte, wurde der Flüchtlingsstrom weitläufig herumgeleitet, und weil für den Rückzug der Amerikaner die Straßen freibleiben sollten, wurden die Trecks immer wieder zurückgehalten, so daß wir in Pauten und Pobitz, in Wilkowitz und Kuttenplan tagelang rasten mußten, hungrig, mit hungrigen Pferden und schlechtgelaunt. Jeden Abend gab es in den Massenquartieren Gerüchte darüber, daß die Amerikaner den Ort in der Nacht schon verlassen würden. Die Bauern, die seit Wochen von bettelnden Hungrigen überlaufen wurden, waren nur noch bei Gegenleistung bereit, ein Stück Brot abzugeben, so daß ich an den unfreiwilligen Mußetagen häufig mit Stallausmisten oder Holzhacken beschäftigt war. Die Sicherheit, die wir uns von den Amerikanern erhofft hatten, war also mit einer Beschneidung der Freizügigkeit verbunden. Das Unterwegssein hatte an Reiz sehr verloren; es bestand vorwiegend aus dem Warten auf Ämtern und aus Eilmärschen bis zur nächsten Stockung, und es führte über langweilige Straßen, deren Ränder mit Stahlhelmen, Gasmaskenbüchsen und ausgeweideten Fahrzeugen verunziert waren, dem Schrott einer geschlagenen Armee. Die Aufgabe der lässigen, oft auch lustigen Posten, die an Ortseingängen und Brücken standen, war es auch, Gefangene zu machen; diese saßen dann, wenn sie aus dem Strom des Elends herausgefischt waren, mit resignierten Mienen im Straßengraben, und irgendwann fuhr ein Lastkraftwagen sie ab. Ich kroch, wenn die Wachen rechtzeitig zu sehen waren, unter die Plane, sonst aber machte ich mir an den Pferden zu schaffen und passierte als Sohn der Familie, der erst fünfzehn Jahre alt war. Kurz vor dem wichtigsten Ziel, der bayerischen Grenze, wurden wir wieder vier Tage aufgehalten, da Passierscheine verlangt wurden, die es nicht gab. Von US-Offizieren, die sich zu uns gesellten, um mit den Komtessen zu flirten, erfuhren wir, daß ihre Einheit nach Bayreuth verlegt wurde; und da wir das für den endgültigen Abzug hielten, wurde beschlossen, auf Schleichwegen über die Grenze zu gehen.

Eher als sonst krochen wir abends, zum letztenmal, in die verlausten Pelze, und sehr früh, als die Sterne noch flimmerten, waren wir wieder auf. Als die Wagen gepackt und angespannt waren, begann Springs, der in den letzten Tagen immer schweigsamer geworden war, plötzlich zu reden, und sein Deutsch war vor Verlegenheit noch schlechter als sonst: Er komme nicht mit nach Deutschland, er gehöre nach Hause, und da er gut Tschechisch spreche, würde ihm die weite Tour über Prag, quer durch das ganze Land, schon gelingen, er danke für alles und sage Lebewohl. Während wir den Ort, der hieß Hinterkotten, in südlicher Richtung verließen um uns im Wald dann nach Westen zu wenden, ging er, noch immer mit dem ihn umschlotternden Herrenanzug bekleidet, nach Osten zurück.

Schon um sieben, wie das Tagebuch mit einem *Gottseidank* meldet, passierten wir, ohne es zu merken, die Grenze und wurden in dem kleinen Ort Mähring, dessen auf einem Hügel stehende Kirche uns beim Einzug mit Glockengeläut begrüßte, von deutschem Organisationstalent überrascht. Es gab nicht nur Lebensmittel-, sondern auch Tabakkarten, mit denen man im Gemischtwarenladen tatsächlich auch etwas erwerben konnte – (und ich frage mich heute, woher ich das Geld zum Einkaufen hatte; wahrscheinlich hielten die Damen mich frei). Das Beste aber, das die Bürgermeisterei von Markt Mähring zu bieten hatte, war eine Bescheinigung in englischer Sprache, mit der dem Mister meines Namens gestattet wurde, »TO TRAVEL FROM MÄHRING TO HIS NATIVE TOWN«. Der praktische Nutzen dieses Dokuments mit beeindruckendem Stempel bestand lediglich darin, daß es vorgab, einen zu haben, so daß mir die Entscheidung erleichtert wurde, nun wieder allein meines Weges zu ziehen. Denn mein Ziel lag im Nordosten, das des Trecks im Südwesten, und das Argument, daß es besser wäre, das behütete Dasein in der Familie so lange noch zu genießen, bis der Bahnverkehr wiederhergestellt wäre, war meiner Ungeduld nicht gemäß. Ein Tag blieb mir noch, um mein Schutz- und Gemeinschaftsbedürfnis gegen mein Heimweh zu wägen, und obwohl dieser Tag noch ein weiteres Gewicht zugunsten des Trecks in die Schale legte, indem er mir nämlich ein Einzelzimmer mit bezogenem Bett für diese Nacht bescherte, neigte die Waage sich doch der sofortigen Heimkehr zu.

Der Ort des Abschieds von meinen adligen Gönnern (von denen ich, Jahrzehnte später, nur Maja wiedersehen sollte) wirkte wie vom Filmarchitekten für einen solchen Anlaß entworfen; er war eine Ritterburg. Mit Zugbrücke und schießschartenartigen Fenstern, mit finsteren Verliesen und einem wuchtigen Bergfried war sie komplett wie eine aus dem Spielzeugladen, und wie im Bilderbuch stand sie auf steilen Felsen, blickte ins Tal der Waldnaab hinunter, und zu ihren Füßen breitete sich der Marktflecken Falkenberg aus. Bei unserer Ankunft am späten Abend war die Szenerie zusätzlich von Blitz und Donner veredelt worden. Mit Peitschenhieben und schrecklichen Flüchen hatte der Postillion die erschöpften Pferde die steile Anfahrt hinaufgetrieben. Triefend vor Nässe waren wir vor die Burgherrin getreten, eine Dame in Schwarz. Deren Mann, Werner Graf Schulenburg, bei Kriegsbeginn deutscher Gesandter in Moskau, hatte das Bauwerk, das jahrhundertelang als Ruine gelegen hatte, in den dreißiger Jahren stilgerecht wieder aufbauen lassen, als Mitverschwörer des 20. Juli war er zum Tode verurteilt und hingerichtet worden. Daß das erst Monate her war, sah man der Witwe an. Sie hatte die Burg, die viel Platz bot, in ein Flüchtlingslager verwandelt. Auf dem Weg in mein Turmzimmer hatte ich mich auch in Schlafsäle mit Kindergeschrei verirrt.

Der romantische Ausblick, den mir am sonnigen Morgen das Turmfenster gewährte, war keine Versuchung für mich, hier noch bleiben zu wollen, vielmehr suchte ich mit den Augen in dem vielgestaltigen Panorama schon meinen Weg. Ich schnürte den Besitz, der sich unterwegs bei mir angehäuft hatte (ein Becher aus Blech, ein Löffel, ein Kamm, Zigarettenpapier und zwei Päckchen Tabak), in meine blauweiße Jacke und machte mich auf den Weg nach Berlin. Mein Auszug aus der Burg war von Glockenklängen begleitet. In den Straßen von Falkenberg, die Fahnen und Birkengrün schmückten, herrschte Menschengedränge. Von einem Mädchen in Spitzenbluse, das mich auf der Zugbrücke fragte, ob ich auch in die Messe wollte, erfuhr ich, daß Fronleichnamstag war. Die Kirche war so überfüllt, daß wir keinen Sitzplatz bekamen. Ich fühlte mich fremd unter den festlich gekleideten Leuten, ärgerte mich über den Pfarrer, dessen Predigt so klang, als trüge man mit dem Hitlerreich einen in Ehren gefallenen Helden zu Grabe, und fand das pomphafte Hochamt unzeitgemäß. Rührend in seiner Andacht dagegen war das Mädchen, das neben mir kniete. Sie kam aus dem Riesengebirge, hatte auf der Flucht ihre Mutter verloren und wußte nun nicht wohin. Für jedes mitleidige Wort von mir war sie dankbar gewesen, und sie hatte mir angekündigt, nach der Messe alles genau zu erzählen, auch das, was man eigentlich gar nicht erzählen kann. Als sie mit gefalteten Händen nach vorn ging, um die Kommunion zu empfangen, nahm ich mein Bündel und schlich davon.

Es war sonnig und kühl, also Wanderwetter, und meine Stimmung war dem entsprechend. Das Gerücht, daß von Wiesau, Marktredwitz oder Wunsiedel aus wieder Züge nach Hof fahren sollten, versuchte ich, um nicht enttäuscht zu werden, nicht ernst zu nehmen, und trotzdem beflügelte es meinen Schritt. Die Pelzdecken, die ich am Abend vermissen würde, rechnete ich auf gegen die Freizügigkeit, die ich wiedergewonnen hatte. Daß diese in Franken abrupt enden würde, wußte ich auf den oberpfälzischen Straßen natürlich noch nicht.

ERIKA

Der junge Mann aus Amerika, der meine Heimkehr verzögerte, war sicher einer von denen, die gern von sich sagen, sie verlören nie den Humor. Er versuchte jedenfalls, solchen ständig zu zeigen, und gab sich soviel Mühe damit, daß man vermuten mußte, er habe sein bißchen Deutsch nur gelernt, um auch die Deutschen über seine Witze lachen zu machen; und bei den etwa hundert ehemaligen Landsern, die ihre Uniformreste durch bunte Schals und Tirolerhüte verfremdet hatten, gelang ihm das auch. Denn denen war an seinem Wohlwollen gelegen, und da es nicht schwierig war zu bemerken, daß er als Spaßmacher anerkannt werden wollte, bemühte man sich um ein herzhaftes Gelächter, das aber schlecht gelang. Er fragte zum Beispiel die feldgrauen Männer, die zwischen Gleiskörper und Lagerschuppen zusammengepfercht waren, ob vielleicht zufällig ein Soldat unter ihnen sei, und als einer, der alle Hoffnung schon hatte fahren lassen, sich meldete, jauchzte er vor Freude laut auf. Er ließ ihn vortreten, nannte ihn Kamerad, umarmte ihn stürmisch und überreichte ihm, während er grinsend, der Wirkung schon sicher, nach weiteren Kameraden fragte, eine Packung *Lucky Strike*. Die nächsten, die sich als Soldaten bekannten, bekamen einzelne Zigaretten angeboten. Dann wurde die Postenkette, die uns umgab, an einer Stelle geöffnet, und jedermann mußte, die Papiere vorzeigend, an dem lustigen Sergeanten vorübergehen. Der freute sich über meine Behauptung, kein Soldbuch zu haben, nickte gutgläubig, als ich ihm weismachte, ich sei zu jung für das Militär, nämlich erst fünfzehn, fragte dann nach der Mitgliedschaft in der Hitlerjugend, und als ich auch die verneinte, rief er besorgt: aber zur Schule sei ich doch wohl gegangen – was ich natürlich bejahen mußte, worauf er, unter beifälligem Kichern der Umstehenden, wohlgemut sagte: für Schüler sei im Camp auch noch ein Plätzchen frei.

Von Wunsiedel aus (das mir aber damals noch nichts besagte, denn meine Jean-Paul-Lektüre begann erst später) war tatsächlich ein Zug nach Norden gefahren, in Richtung Hof. Vorwiegend von ehemaliger Wehrmacht umgeben, hatte ich in offenen Güterwagen stundenlang im dichten Gedränge gestanden und mich dabei über Hoffnungen und Gefahren informiert. Drei Kategorien von Exsoldaten hatte es da gegeben: solche, die aus der Gefangenschaft schon entlassen waren und ein Dokument mit Daumenabdruck darüber besaßen; solche wie mich, die illegal lebten und damit eindeutig gegen Anordnungen der Besatzung verstießen, und drittens die Sonderfälle, die mit einwandfreien Papieren beweisen konnten, daß sie regulär aus der Wehrmacht entlassen worden waren, und zwar schon vor der Kapitulation. Die aus der Gefangenschaft schon Entlassenen, die sich als Kenner der US-Army gefühlt hatten, waren (mit Recht, wie sich herausstellen sollte) voll Spott über die Illusion gewesen, daß die Wehrmachtsentlassungsscheine die Amerikaner (sie sagten: den Ami) beeindrucken könnten; denn daß diese Scheine rückdatiert worden waren, wußten die auch. Mir war von den einen empfohlen worden, mich freiwillig in Gefangenschaft zu begeben, die anderen hatten abgeraten, da besonders die jungen Leute nach Frankreich in die Bergwerke geschickt werden würden; einer Meinung aber waren alle darüber gewesen, daß nur Selbstmörder die Idee haben könnten, in die sowjetische Zone zu gehen. Sämtliche Ratschläge hatten sich aber schließlich als überflüssig erwiesen, weil durch die Eisenbahnfahrt, die kurz vor Hof endete, schon alles entschieden war. Auf einer kleinen Station (war es vielleicht Schwarzenbach, Leopoldsgrün, Rehau oder ein anderer Jean-Paul-Ort gewesen?) hatte es plötzlich Alles aussteigen! geheißen, und der lustige Sergeant hatte uns mit einem Herzlich Willkommen! begrüßt.

Der nächste Einfall des Spaßmachers war der, uns auf der Chaussee im Gleichschritt marschieren und ein Lied singen zu lassen; *Die Fahne hoch!* sollte es sein. Doch das weigerten sich die Marschierer zu singen, und einige stramme Soldaten, die sich in ihrer Ehre gekränkt fühlten, gaben die Losung aus: Nun werden wir es dem Ami mal zeigen!, schrien selbst Kommandos, so daß die unordentliche Kolonne sich straffte, stimmten das Lied von dem Blümelein, das auf der Heide blüht, an und marschierten mit dröhnendem Gleichschritt, während die amerikanischen Wachen sich krümmten vor Lachen, in das Lager ein. Ich wußte nicht, wen ich hier hassen, verachten oder bewundern sollte, war aber unfähig mitzumachen, täuschte einen Hinkefuß vor und humpelte hinter dem Zuge her. Wir wurden auf ein Stück umzäunter Wiese getrieben und bis zum nächsten Morgen uns selbst überlassen. Die Nacht hindurch regnete es leise und anhaltend, die hungernden Menschen um mich herum redeten vorwiegend vom Essen, ich sehnte mich zurück nach den feudalen Wagen und Pelzen, noch mehr aber nach einer Gesellschaft, die nicht nur aus Männern bestand.

Wenn ich später, mit dem Entlassungsschein in der Tasche, nach meinem Urteil über die Gefangenenbehandlung durch die Amerikaner gefragt wurde (für meine Jahrgänge ein unerschöpfliches Thema; über die Behandlung der Gefangenen während des Krieges in Deutschland dagegen wurde selten geredet), hüllte ich mich, unter Hinweis auf die Kürze meiner Gefangenschaft, gern in Schweigen, oder ich wich mit der wahren Behauptung: das Kasernenleben sei nicht weniger unfrei, aber unangenehmer gewesen, der Frage aus. Ich hätte auch aus eignem Erleben wenig Gültiges sagen können, weder über die Amerikaner, von denen ich keinen genauer kennenlernte, noch über das Seelenleben eines Gefangenen, denn das meine war, wenn man von seiner Reduzierung durch Hunger absieht, völlig intakt. Schon am zweiten Tag der Gefangenschaft nämlich, nachdem wir aus der Koppel der Neuzugänge in den Lagerbereich der Reinigung, der Entlausung und der ärztlichen Untersuchung geführt worden waren, hatte der Arzt sich von meinem »unbefriedigenden Allgemeinzustand« und der »Pleuraschwarte links« (so die Urkunde) beeindrucken lassen und mich nicht für k. v. (ein Begriff, der das Jahr Null auch überstanden hatte), sondern als reif für eine schnelle Entlassung erklärt. Der Dämmerzustand, in den mich der Hunger versetzte, und den ich, um das Hungergefühl zu bekämpfen, durch Nikotingenuß noch verstärkte (die zwei Päckchen Tabak aus Mähring leisteten mir die Vergiftungsdienste), war also immer von Hoffnung erhellt.

Die Entlassungskandidaten, die in einem besonderen Bereich des Lagers zusammengefaßt waren, konnten, wie erklärt wurde, keinen Anspruch auf den Status des Kriegsgefangenen erheben, der auch Anspruch auf Unterkunft und Verpflegung war. Sie waren nur Durchgangsgäste, die sich die Bescheinigung ihrer Demobilisierung erhungern mußten und in leeren Baracken wohnten, in denen man dicht aneinandergedrängt auf dem harten Fußboden schlief. Die Alternative zu Hunger hieß also: Langzeitgefangener zu bleiben. Man hätte sich damit aber leichter abfinden können, wenn die Konsequenz nicht gewesen wäre, daß die SS-Leute und Parteibonzen, die innerhalb des Lagers ein kleines, doppelt gesichertes Lager, eine Art Käfig, hatten (wo sie freilich sehr streng gehalten und ab und zu schikaniert wurden), viel besser ernährt wurden.

Unsere Tagesration war ein Breakfast-Päckchen, das sich zwei Männer teilen mußten. Es enthielt, wenn ich mich richtig erinnere, vier Biskuits, Butter, Wurst, Käse in Kleinstkonserven, drei Zigaretten und Toilettenpapier. Das reichte dazu, um Neid auf den Luxus der Army zu wecken, nicht aber, um uns satt zu machen, und von der Grießwassersuppe, die mittags in einem Kessel auf die Wiese gestellt wurde, bekam ich nie etwas ab. Da alle wußten, daß die Suppe höchstens für die Hälfte der Leute reichte, war es den deutschen Ordnern nicht möglich, das Schlangestehen zu disziplinieren. Sowie nur einer versuchte, sich vorzudrängeln, war es mit der Vernunft der hungrigen Menge zu Ende; sie stürzten, wild und besinnungslos um sich schlagend, über den Kessel her. Es war beschämend, was die Deutschen da boten; die fremden Zuschauer auf ihren Logenplätzen, den Wachtürmen, fanden das Schauspiel höchst komisch; ich aber war über diese erwachsenen Männer beider Seiten entsetzt. Nur einmal geschah es, daß einer der Suppenkämpfer, der seine Konservenbüchse halb hatte füllen können und sich von mir den Löffel auslieh, etwas wie Scham zeigte, indem er sagte: er wisse, daß er mir eigentlich etwas abgeben müßte, aber wer so hungrig wie er sei, der könne das nicht.

Daß die Seltenheit der Armee-Kameradschaft Grund dafür ist, daß ihr Hohelied so oft angestimmt wurde, bewiesen auch einige Krösusse, die es im Lager gab. Das Gepäck der Gefangenen war kaum kontrolliert und gar nicht geplündert worden. Wer mit einem Rucksack voll Speckseiten oder Konserven gekommen war, hatte die also zu seiner Verfügung, und da auch geduldet wurde, daß Frauen Lebensmittel über den Lagerzaun warfen, gab es auch Satte im Lager; heimlich, in dunklen Barackenwinkeln oder des Nachts, gaben sie sich der Völlerei hin. Paul Kaufmann, auch ein Berliner, war einer von ihnen. Er hatte nicht nur ein Mädchen, das ihn von außen versorgte, sondern auch viel Gepäck mit nahrhaften Dingen und folglich vor Dieben Angst. Er saß ständig auf seinen Säcken und Beuteln, aber wenn er auf die Latrine mußte, brauchte er einen Gepäckbewacher, den er mit Trockenbrotbrocken bezahlte, während er Schmalzstullen aß. Er besaß auch, was verboten war, eine Landkarte von Deutschland. Durch die kam ich mit ihm zusammen. Ich suchte mir nämlich einen neuen Heimatort aus.

Als Glück hatte es sich erwiesen, daß ich mein Soldbuch noch hatte; denn wer sich nicht ausweisen konnte, wurde von der Entlassung zurückgestellt. Verhört aber wurde jeder. Ich machte mich verdächtig, weil ich von der Armee und der Division, bei der ich gestanden hatte, nichts, auch nicht die Nummern wußte, und mußte deshalb ausführlich erzählen, wie ich von Österreich nach Franken geraten war. Auf die letzte Frage, wohin ich entlassen zu werden wünschte, war ich gut vorbereitet und konnte deshalb, ohne zu zögern sagen: nach Dransfeld in Hessen, wohin meine Mutter angeblich evakuiert worden war. Der wahre Grund war, daß Leute aus der sowjetischen Zone vorläufig, wie es hieß, nicht entlassen wurden (man hat sie, wie ich später erfuhr, noch ein bis zwei Jahre nach Belgien in die Bergwerke geschickt). Auf Dransfeld war ich gekommen, als ich auf Kaufmanns Landkarte nach einem günstigen Ausgangspunkt für meine Berlin-Tour gesucht hatte. Klein hatte der Ort sein sollen, aus ernährungstechnischen Gründen, und nicht weit von der Zonengrenze, deren Verlauf ich nur vage vermuten konnte, entfernt. Daß ich Dransfeld, das zu Hannover, also den Briten, gehörte, nach Hessen, also in die amerikanische Zone, verlegte, hatte den Grund, daß die Entlassung dorthin nicht nur schnell, sondern auch bequem vor sich ging.

Düsteren Gemüts war ich unter den Klängen des verhaßten *Erika*-Liedes in das Lager hineingehumpelt; fröhlich, auf einem Lastwagen sitzend, verließ ich es wieder, und ein sangeslustiger Schwarzer am Steuer trällerte und trompetete dazu den St. Louis Blues. Die US-Army, die schon durch ihre zweckmäßige Ausrüstung und durch unkomplizierte, aber erfolgreiche Läusebekämpfung beeindruckt hatte, führte nun auch noch Reise-Luxus und individuelle Betreuung vor. Den Auftrag nämlich, die Entlassenen nach Hause zu fahren, versuchte der farbige Sänger wörtlich zu nehmen, das heißt, er fuhr manchen, wenn es die Route zuließ, bis vor sein Haus. Es war eine Sightseeing-Tour, die über Bamberg,

Würzburg und Frankfurt quer durch Franken und Hessen führte und durch viele Abstecher in idyllische Dörfer an Main und Fränkischer Saale einen Ausgleich zu den Trümmerwüsten der Städte bot. Machten wir irgendwo halt, kamen Frauen und Mädchen, die, immer vergeblich, nach dem Verbleib von Männern und Söhnen forschten oder wenigstens versuchten, aus unseren Berichten Hoffnung zu schöpfen; und meist brachten sie Brot, Zigaretten und Obst mit, denn es war Erdbeer- und Kirschenzeit. Sechzehn Stunden dauerte diese fröhliche Fuhre. Als sie endete, waren nur noch Paul Kaufmann und ich auf dem Wagen. Aber wir waren nicht in Dransfeld bei Göttingen, wohin unser Schwarzer nicht fahren durfte, sondern in Lollar bei Gießen, und unsere neuen Bewacher, die uns zur Übernachtung auf dem Betonfußboden einer Fabrikhalle nötigten und uns erklärten, daß sie uns in den nächsten Tagen über Dransfeld und Göttingen in ein Gefangenenlager hinter Hannover befördern würden, wo wir richtige Papiere für Dransfeld bekommen könnten, trugen die Uniform der Königlich Britischen Armee.

GELD UND GUT

Paul, der dem Alter nach hätte mein Vater sein können, hieß nicht nur Kaufmann, er war auch einer; auf amtlichen Dokumenten jedenfalls gab er das als Beruf an. Genauer wäre Unternehmer gewesen, und zwar ein vielseitiger und schöpferischer, der sich wechselnden Produktionen gewidmet hatte. Nach dem ersten Krieg hatte er in Berlin ein Chemie-Studium begonnen, hatte das aber abgebrochen, als er durch Heirat zu drei Waggons mit Wagenschmiere gekommen war. Ein Kommilitone hatte ihm aus dem Fett eine Haut-Creme entwickelt; unter dem Namen *Brillant-Balsam* hatte er die schnell absetzen können und daraus die Einsicht gewonnen, daß Reklame, nicht Güte der Ware den Verkauf garantiert. Das hatte aber wohl nur kurzfristig gegolten, denn er war bald auf Fußpuder umgestiegen, von diesem auf Puddingpulver und Einmachhilfe, und als er sich auf Backaroma geworfen hatte, war wieder Krieg. Aus geschäftlichen Gründen (nicht etwa aus politischer Überzeugung, die war ein Luxus, den Geschäftsleute sich nicht leisten durften) war er Parteigenosse geworden, und da er sich in der verwirrenden Wirtschaftsbürokratie der Reichshauptstadt besser ausgekannt hatte als die einzelnen Planungsämter, war ihm Jahr für Jahr wieder, indem er eine Behörde gegen die andere ausgespielt hatte, der Nachweis gelungen, daß sein Backaroma kriegswichtig war. Erst im letzten Kriegsjahr hatte man seine Bude geschlossen und ihn in die Wehrmacht beordert, wo er eine Regimentskasse verwaltet und sie im Mai vor dem Zugriff des Feindes behütet hatte. Mit Konserven beladen war er gefangen worden, und die Stabshelferin Lilo, die ihm schon die letzten Kriegswochen verschönt hatte, war Gehilfin eines Bäckers in Hof geworden und hatte ihn über den Stacheldrahtzaun mit frischer Backware versorgt. Ihre Anhänglichkeit hatte Paul rührend, aber auch erschreckend gefunden; denn sie war Ostpreußin, heimatlos also und bindungsbedürftig, und da sie von Pauls Frau in Berlin nichts wußte, von Hoffnungen auf eine gemeinsame Zukunft erfüllt. Paul, der beim Neubeginn solche Querelen nicht brauchte, hatte sich also zur Trennung entschließen müssen und ihr der Einfachheit halber seine Entlassung nicht mitgeteilt.

Erst als wir bei hochsommerlichen Temperaturen auf der Chaussee, die wir kurze Zeit vorher in nördlicher Richtung, mit dem Ziel Hannover, befahren hatten, wieder zurück nach Süden, in Richtung Göttingen, liefen, erfuhr ich, daß sich in dem schweren Gepäck, das geschleppt werden mußte, auch der Regimentskasseninhalt befand. Da Paul im englischen Gefangenenlager eine gründlichere Gepäckkontrolle als bei den Amerikanern befürchtet hatte, war ihm die Entfernung von der britischen Truppe wichtig gewesen. Sie hatte lediglich darin bestanden, daß wir auf einer Rast zwischen Alfeld und Einbeck unser Gepäck vom Wagen genommen und uns im Straßengraben niedergelassen hatten, bis die Lastwagenkolonne ohne uns weitergefahren war. Um mir Weltfremden den Nutzen von angeblich wertlosem Geld deutlich zu machen, fragte Paul im Gasthof von Ammensen wie im tiefsten Frieden nach zwei ordentlichen Zimmern, und als die Frage, wie zu erwarten, verneint wurde, legte er ein paar Scheine hin.

Es gab nicht nur Zimmer, es gab auch Essen, und am nächsten Morgen fand sich ein Eierfahrer, auf dessen Lieferwagen wir bis Northeim mitfahren konnten, und da er dafür etwa ein Monatsgehalt kassierte, durften wir unterwegs soviel Eier, wie wir nur wollten, trinken; nur die Schalen mußten in die Paletten zurück. Geld könne noch so geringwertig sein, lautete die Lektion, die mir anschließend erteilt wurde, wenn man davon genug habe, mache das gar nichts aus. Während ich schwitzend den schwereren Teil von Pauls Schätzen über verkehrsarme Landstraßen schleppte, ging, neben Anekdoten aus seinem Gelderwerbsleben, eine Flut von finanzökonomischen Ratschlägen auf mich nieder, die mein Gedächtnis zwar nicht bewahren konnte, deren quälende Dürre ich aber niemals vergaß. Als sich nachmittags wieder der Hunger regte, war es zwar leicht, das Gespräch von Lohnsummen und Amortisationsraten weg auf die bleischweren Konserven zu bringen, weil auch sie zu Pauls Thema gehörten, aber sie waren als Grundstock zu einem künftigen Unternehmen, nicht aber etwa als Marschverpflegung gedacht. Ich schleppte also weiter die Fleischportionen, die ich lieber im Magen gehabt hätte, verschloß mich vor dem Gerede von Grundkapitalien und Preisen durch lethargisches Dösen und erwachte erst wieder kurz vor der Sperrstunde in Göttingen, als Frau Schewe Pauls Redestrom unterbrach. Ob wir Heimkehrer seien, wollte sie wissen, und als wir bejahten, nahm sie uns mit in ihre winzige Wohnung, wo sie uns Essen vorsetzte, Betten bezog, warme Bäder bereitete und dazu erklärte: Wir Deutschen müßten zusammenhalten, im Unglück erst recht.

Mit Paul und Frau Schewe, die beide Nazis gewesen waren, hatte ich an diesem Abend den Typ der Gläubigen und des Opportunisten in so ausgeprägter Weise zusammen, als seien sie zu meiner Unterrichtung bestellt. Vom ersten Moment an hatten sie einander nicht leiden können; aber da Paul für Unterkunft und Verpflegung dankbar sein mußte und Frau Schewe in Paul den Gast und Soldaten zu ehren hatte, kam offener Streit nicht zustande, und der Ärger übereinander entlud sich nur indirekt, über mich. Für Paul, dem Menschenkenntnis vollkommen fehlte, war ich im Laufe der Tage zum zweckbestimmten Objekt seiner Erziehung geworden; und Frau Schewe, die vielleicht auch noch mütterliche Gefühle bewegten, sah in mir einen, dem sie die Wunden der Seele vorzeigen konnte und der ihre Qualen verstand. Beide redeten also zu *mir*, nicht miteinander, sie von Ideen und er vom Nutzen, und wenn beide auch manchmal das Wort Werte gebrauchten, meinten sie doch Verschiedenes damit. Ihm war mit der militärischen Niederlage nur der Staat und die Wirtschaft zusammengebrochen, ihr aber eine Welt hehrer Ideale, und sie fragte sich, ob denn der Sieg des Feindes tatsächlich mehr als dessen materielle Stärke beweise, und ob es nicht anständig sei, der Sache, an die man geglaubt habe, auch dann treu zu bleiben, wenn sie am Boden liegt. Während er mir erklärte, daß die Geschichte richte, indem sie den Besten zum Sieger mache, wies sie auf ein Foto vom Bamberger Reiter und fragte, ob der denn an Schönheit und Würde verloren habe; und da das Foto, neben Dürers Hasen, Gräsern und betenden Händen, leere Teile des Bücherregals schmückte, kam Frau Schewe, während Paul demonstrativ gähnte, auf die deutsche Kultur zu sprechen, die wir in unseren Herzen vor Überfremdung bewahren müßten. Und als sie Beispiele nannte, kam zu meinem Erschrecken mit Kleist und Kolbenheyer zusammen auch Hölderlin an die Reihe, so daß ich schon fürchtete, sie würde meine geheiligte Stelle: »So kam ich unter die Deutschen ...« zitieren und mit dem: »Handwerker, aber keine Menschen!« auf die Ungetreuen und Flachen, wie Paul einer war, zielen; aber sie hatte anderes im Sinn. Sie wollte mir nämlich die Frage vorlegen, ob Gerhard Schumann, den sie den Hölderlin unserer Zeit nannte, durch die veränderten Umstände an Güte verloren habe, und als ich nicht antworten konnte, weil ich so gut wie nichts von dem Mann kannte, begann sie mir aus *Schau und Tat* vorzulesen, während Paul schlafen ging. Ich harrte noch aus, langweilte mich bei dem dumpfen Raunen von Blut, Reich und Fahnen, war aber nicht zornig über die oft beteuerte Bereitschaft zum Sterben, eher milde gestimmt. Mir war nämlich so, als hörte ich einen Nachruf. Ich hatte eine hohe Meinung von Dichtern, glaubte folglich, die Sänger des Heldentodes seien den auch gestorben, oder Scham und schlechtes Gewissen hätten sie nachträglich umgebracht.

Unseren amtlichen Heimatort erreichten wir gegen Mittag. Sauber und unzerstört lag er zwischen sanfte Hügel gebettet. Die Läden waren geöffnet, und es gab spielende Kinder. Pferde- und ochsenbespannte Heuwagen schwankten über kopfsteingepflasterte Straßen, und nur eine Kompanie Schotten, die auf dem Sportplatz Parademarsch übte, erinnerte noch entfernt an den Krieg. Der weltkundige Paul wählte als Anlaufpunkt nicht das Rathaus, sondern die Kneipe, wo eine Stammtischrunde von alten Männern gern als Stellenberatung fungierte. Zwei Stunden später konnte ich meine Habseligkeiten in eine Nachttischschublade legen, mir vor dem Abendbrot noch meine Ankunft in der Stadt Dransfeld (Südhannover) bescheinigen lassen, und vor dem Schlafengehen mistete ich schon einen Kuhstall aus.

Paul sah ich am Sonntag wieder, während die Schotten, diesmal in Röckchen, auf dem Rathausplatz Militärmusik machten. Er hatte einige Tage beim Bauern gearbeitet, war dann zu einem Viehhändler übergewechselt, hatte seine Konserven sehr günstig gegen Zigaretten verhandelt und trug sich mit dem Gedanken an Spritproduktion. Einer stillgelegten Brennerei wegen waren Verhandlungen mit einer Gutsbesitzerswitwe im Gange; und als lernfähigen Kompagnon hatte er mich ausgewählt. Die Universität war nicht weit; wenn ich wollte, könnte ich nebenbei auch studieren; die Regimentskasse gäbe das her. Unser Vorhaben, nach Berlin zu fahren, hatte er nicht etwa aufgegeben; aber es sollte dann erst verwirklicht werden, wenn es im 1.-Klasse-Abteil eines D-Zuges möglich war.

Als ich ihn zum letztenmal sah, empfing er mich im Salon eines Gutshauses. Die Witwe, deren äußere Formen denen ihrer neobarocken Möbel glichen, gab ausführlich Gerüchte wieder, die man über die entsetzlichen Zustände in der sowjetischen Zone hörte. Paul fand es idiotisch, jetzt schon nach Hause zu fahren. Heimweh war altmodisch, Mobilität nötig, der moderne Mensch paßt sich den Umständen an. Als die Witwe den Kaffeetisch abräumte, übergab er mir Briefe, die ich in Berlin abgeben sollte; denn der Postverkehr über die Zonengrenzen funktionierte noch nicht. Beim Abschied bestand er darauf, ein Bündnis zu schließen. Jeder sollte, wenn es mal anders käme, für den anderen in politischer Hinsicht bürgen, so oder so.

OCHSENKUTSCHER

Mein Leben als Landarbeiter in dem kleinen Betrieb eines Dransfelder Ackerbürgers war auf vier Wochen bemessen. Länger hielt ich es vor Heimweh nicht aus.

Meine Wohn- und Arbeitsstätte befand sich in einem der schmalbrüstigen Altstadthäuser, wo Haustür und Toreinfahrt sich zur Straße hin öffnen und der schlauchähnliche Hof mit den Wirtschaftsgebäuden dahinter liegt. Der Chef war Soldat und hatte schon lange nichts von sich hören lassen; seine junge Frau führte die Wirtschaft; und ihr Schwiegervater, ein Greis, dem sämtliche Zähne fehlten, redete ihr ständig hinein. Von morgens bis abends kritisierte er sie mit nuschelnder Stimme, und wenn ihm keine Versäumnisse oder Fehler mehr einfielen, gab er ihr an der schlechten Witterung schuld. Sie, blond und sanft, ertrug das mit der Geduld eines Engels, gab ihm in allem recht und richtete sich nie nach ihm. Ich bekam bei jeder Mahlzeit von ihm zu hören, daß man den langsamen Arbeiter am langsamen Essen erkenne, und obwohl ich nur mit Kost und Logis bezahlt wurde, war nach ihm meine Arbeit des Lohns nicht wert.

Außerdem gab es im Hause, neben einem wenig beachteten Baby, Horstchen, einen zehnjährigen Hamburger Jungen, den die NS-Volkswohlfahrt in den Sommerferien des Vorjahres hier untergebracht und nie wieder abgeholt hatte, und die Polin Maria, genannt Maruschka, die aber nur sporadisch anwesend war. Ihr Zwangsarbeitsverhältnis war mit dem Ende des Reiches aufgelöst worden und sie in ein Lager der Displaced Persons übergesiedelt, von wo aus die Heimkehr erfolgen sollte, die jedoch auf sich warten ließ. Da sie ab und zu kam, um Toilette zu machen, sich satt zu essen und bei der Arbeit zu helfen, blieb ihre Kammer für sie immer frei. Sie war die einzige im Hause, die den Alten in gute Laune versetzen konnte, wenn sie ihm ihre ausladenden Formen zur Begutachtung überließ. Sie lachte, wenn er an ihr herumtätschelte, schlug ihm auch mal auf die Finger, suchte aber oft seine Nähe, da er sich gern ihre Sorgen anhörte, die sich nur um zwei Punkte drehten: die Kavaliere, an denen sie Auswahl hatte, und die Auswanderung nach Amerika. Denn so groß wie ihr Heimweh war auch ihre Angst vor den Russen, und da Transporte in beide Richtungen vermittelt wurden und ihre Kavaliere sich in Heimkehrer und Auswanderer schieden, fiel ihr die Wahl ihrer Zukunft schwer. Sie hielt sich für unwiderstehlich, mich aber für dümmlich, weil ich beim Heumachen wenig Interesse an ihren Reizen zeigte und die Aufforderung, Strohhalme aus ihrem Busenausschnitt zu holen, nur albern fand. Wenn ich sie morgens mit dem Einspänner auf die Koppel zum Melken kutschierte, plapperte sie davon, wie die Kavaliere, die bei ihrem Anblick die Beherrschung verlören, sich um sie schlügen und wie chancenlos ihre Rivalinnen seien mit ihrer lächerlich kleinen Brust. Ich war froh, wenn sie für ein paar Tage verschwand und ich wieder allein bei der Feldarbeit war.

Ihre Vorzugsstellung im Hause hing nicht nur mit der deutschen Niederlage zusammen, sondern auch mit der Tatsache, daß sie die Dienstälteste der Frauen war. Schon im ersten Kriegsjahr war sie in den Betrieb gekommen, hatte bei der Heirat des Chefs die junge Frau also anleiten können, und zwar nicht nur, wollte man ihren koketten Andeutungen glauben, bei den Aufgaben in Haus und Hof. Von Geschenken, die der Chef ihr gemacht hatte, war häufig die Rede, vor allem von ihrer Frisiertoilette, vor der sie gern bei geöffneter Tür in spärlicher Bekleidung posierte, wenn ich morgens zum Waschen hinunterging.

Ich beneidete sie um ihr Einzelzimmer und um die Möglichkeit, es jederzeit verlassen zu können. Denn ich mußte Kammer und Bett mit Horstchen teilen und hatte keine Gelegenheit, nachts meine Blase zu leeren, da der Weg zur Treppe durch das eheliche Schlafzimmer führte, wo die Chefin mit Baby im Doppelbett schlief. Da Horstchen im Schlaf nicht nur strampelte, sondern auch redete und die junge Mutter den Grundsatz hatte, daß ein schreiendes Baby nicht durch Aufnehmen und Gutzureden verwöhnt werden dürfe, hatte ich viele schlaflose Nächte, die manchmal zur Folge hatten, daß ich beim langsamen Trott der Ochsen, die mir sowieso nicht gehorchten und den Weg besser kannten, auf dem Kutschbock entschlief.

Über die Tage in Dransfeld dagegen hatte ich nicht zu klagen, besonders dann nicht, wenn ich die hannöverschen Arbeitsbedingungen mit denen, die ich drei Jahre zuvor in Hinterpommern erlebt hatte, verglich. Der enorme Kräfteverzehr von dort hielt sich hier in Grenzen, statt chaotischer Hektik gab es durchdachte Organisation. Man war reinlich und höflich, aß zivilisiert und achtete auch den Feierabend, und trotzdem war in ost- und westelbischer Bäuerlichkeit auch Gemeinsames da. Meinem sentimentalen Naturempfinden zum Beispiel stand hier und dort ein utilitaristisches entgegen, und der Grundsatz, daß gut ist, was für den Hof gut ist, galt hier und dort. Als eines Abends ein mit zwei Pferden bespannter winziger Wagen vor der Toreinfahrt hielt und zwei zwölfjährige Jungen nach Unterkunft fragten, wurde die von dem Alten wohl nicht nur aus Mitleid, sondern auch aus Berechnung gewährt. Die Jungen kamen aus einem Kinderlandverschickungslager in Österreich, wollten nach Hamburg und hatten sich die Pferde in Bayern aus herrenlosen Wehrmachtsbeständen besorgt. Sie bekamen zu essen, durften aber erst schlafen, als der Alte ihnen ein Pferd abgeschwatzt hatte: für einen Topf mit Schmalz und ein Brot.

Das stärkste Erlebnis bäuerlichen Charakters bot mir aber der letzte Tag meines Arbeitsverhältnisses, der auch des Chefs Heimkehrtag war. Anderthalb Jahre war er nicht zu Hause gewesen, monatelang war keine Nachricht von ihm gekommen, nun kam er herein, als wir beim Mittag saßen, und sein erstes Wort galt nicht dem Baby, das er noch nie gesehen hatte, sondern der Feldarbeit. Bevor er die Familie aufgesucht hatte, war er über den Acker gegangen, und während er Rucksack und Uniformrock ablegte, redete er davon, daß der Roggen gemäht werden müßte; dann erst wurden die Frau, der Vater und das Baby begrüßt. Als er von mir hörte, daß ich den Abschied zu nehmen gedenke, begann er, während die Frau ihm den Teller füllte, gleich Lohn- und Deputatsvorschläge zu machen, und da seine Erzählung von der

Gefangennahme nur wenige Sätze hatte, wußte er rasch über das neue Pferd und den Zustand der Ochsen Bescheid. Bald danach saß er schon auf dem Mähbinder. Wir mähten und stellten Garben auf bis zum Dunkelwerden. Abends zu Hause war von der Heimkehr nur noch dadurch die Rede, daß er mich bat, in meiner letzten Nacht nicht in der Kammer neben dem Schlafzimmer, sondern in der Scheune zu schlafen. Und da ich früh auf den Beinen sein wollte, erfüllte ich ihm diese Bitte gern.

GRENZSITUATIONEN

Praktische und touristische Gründe veranlaßten mich, für die Grenzüberschreitung den Harz auszuwählen. Er war unübersichtlich, also schwer zu bewachen; er wurde von Flüchtlingsströmen, denen ich ausweichen wollte, gemieden; und er gehörte zu den Gegenden, die ich glaubte sehen zu müssen, weil er im *Faust* vorkam.

Im Morgengrauen machte ich mich auf den Weg nach Göttingen, fuhr auf dem Dach eines überfüllten Personenzuges nach Kreiensen, ließ mich von Pferdewagen und britischen Fahrzeugen über Seesen, Goslar und Bad Harzburg nach Braunlage fahren, wo ich die Nacht im Massenquartier eines Klassenzimmers verbrachte und morgens nach dem Grenzverlauf fragte, den niemand mir angeben konnte, da er sich täglich verschob. Erst eine Woche zuvor hatten sich die Engländer und Amerikaner aus Sachsen, Thüringen und der Provinz Sachsen zurückgezogen; im Harz aber gab es über die Demarkationslinie noch Unklarheiten, so daß ich, als ich auf gut Glück nach Osten marschierte, im Gebiet von Wernigerode unwissentlich zweimal die Grenze passierte und am Abend in Blankenburg wieder bei den Engländern war. Die Nacht verbrachte ich auf ausgebauten Autositzen in einer halbzerstörten Garage. Die Posten am Ausgang des Ortes würdigten am Morgen den Passierschein des Dransfelder Military Government keines Blickes, obwohl der mir ausdrücklich »RETURNING HOME TO THE FAMILY AT KÖNIGS WUSTERHAUSEN« erlaubte, erklärten mir zweideutig, daß es ein *legales* Passieren der Grenze nicht gebe, und schickten mich wieder zurück. Ich versuchte im Wald, ohne Weg und Steg, die Richtung zu halten, geriet auf den Regenstein, wo eine Gruppe von Polen, die in den Kellergewölben der Burgruine hausten, mich und mein leichtes Gepäck so finster taxierten, daß ich die Flucht ergriff. Von Stein zu Stein springend, folgte ich einem Bachbett den Berg hinunter. Wie immer, wenn ich allein war und Natur um mich hatte, wurde ich angstfrei, gutgelaunt und abenteuerlustig. Russische Stimmen im Tal trieben mich seitwärts in eine Schonung, und da die Sonne, die mir Wegweiser gewesen war, hinter Wolken verschwand und Landregen einsetzte, verlor ich die Orientierung, irrte lange, vom Geschrei der Häher begleitet, durch Vorgebirgswälder, in denen Felsen nur noch vereinzelt vorkamen, blieb am Waldrand stehen und hob die Hände, als in der Nähe geschossen wurde, aber das galt mir nicht. Im Schutz der Büsche verfolgte ich den buchtenreichen Verlauf der Äcker, bis ich einen Fahrweg erblickte, auf dem zwei Frauen mit Rucksäcken einen Handwagen zogen. Ich lief ihnen nach, fragte, ob ich schon drüben sei, und sie sagten ja. Ich half ihnen den Handwagen ziehen, erfuhr, daß sie schon dreimal die Grenze passiert und ihr Gepäck in dem einsam gelegenen Kleinbahnhof Börnecke deponiert hätten, und erst als sie erzählten, daß sie von Dessau kämen und ins Ruhrgebiet wollten, begriff ich, daß sie das Drüben anders verstanden hatten, ließ mir von ihnen den Schleichweg erklären und lief wieder zurück. Ich fand auch die Straße, die ich ungesehen überqueren, den Graben, den ich durchwaten mußte, zwängte mich, wie mir die Frauen geraten hatten, durch sperrige Büsche und stand plötzlich einem Rotarmisten im

Kapuzenumhang gegenüber, der aber tat, als ob ich unsichtbar wäre, und als ich Guten Abend sagte, bedeutete er mir mit einer Kopfbewegung, rasch weiterzugehen. Langenstein hieß der Ort, den ich im Dämmern erreichte. Ich umging ihn, weil hier alle Männer am Morgen von den Russen abtransportiert worden waren. Im Bahnhofswartesaal drängte ich mich zwischen die Menschen, die auf dem Fußboden schliefen. Naß wie ich war, zitterte ich anfangs vor Kälte, dann gab mir die junge Frau, die mit ihrem Baby neben mir lag, ein Stück von ihrer Decke mit ab. Sie war Kölnerin, wollte nach Hause und bat mich am Morgen, sie über die Grenze zu bringen; aber als ich erfuhr, daß vormittags von Halberstadt aus ein Zug nach Magdeburg fahren sollte, wurde mein Heimweh stärker als Dankbarkeit oder Nächstenliebe, und ich stahl mich im Morgengrauen davon. Im Zug erfuhr ich, daß die Magdeburger Elbbrücke gesperrt sei, man in Dessau aber mit Fähren über den Strom setzen könnte. Doch als ich in Oschersleben umsteigen wollte, behauptete jemand, er sei am Morgen bei Magdeburg über die Elbe gekommen, worauf ich zu dem Zug, den ich eben verlassen hatte, zurückeilte und noch einen Platz auf dem Trittbrett bekam. Durch die Trümmerwüste, die einmal Magdeburg gewesen war, rannte ich vom Bahnhof zur Elbe. Die hölzerne Notbrücke konnte ich kurz vor ihrer Sperrung passieren und mich in den Flüchtlingsstrom reihen, der vorwiegend aus heimkehrenden Pommern und Ostpreußen bestand. Von Biederitz aus sollte ein Zug in Richtung Berlin fahren. Ich aber wollte ihn nur bis zu G.s Städtchen benutzen, der dritten Station. Braungebrannt und erwachsen geworden, wollte ich am Abend vor ihrer Wohnungstür stehen und ganz obenhin sagen: Ich käme von Prag; um nach ihrem Wohlbefinden zu fragen, hätte ich den kleinen Umweg gemacht.

Wer mit der Eisenbahn von Magdeburg nach Berlin fährt, sieht, wenn er die Elbe überquert und vier bis fünf Kilometer

Laubwald durchfahren hat, links, also nördlich des Bahndammes, auf einen Streifen von Wiesen und Feldern, der auf seiner östlichen Seite von einem Gewässer durchflossen wird. Das Flüßchen heißt Ehle, fließt unterhalb Magdeburgs in die Elbe, und das ausgedehnte Dorf Biederitz, dessen Bahnhof vom D-Zug wenig später passiert wird, reicht mit einzelnen Häusern an sein rechtes Ufer heran. Wer genau hinsieht, kann in den paar Sekunden des Vorüberfahrens den parallel zur Bahn führenden Fahrweg und eine Brücke erkennen und am Waldrand, auf Magdeburg zu, ein Gasthaus, das unter alten Kastanien und Eichen liegt. Es ist das Bild einer Idylle, das sich dem Reisenden da für einen Moment bietet, für mich aber ist es das einer Erschütterung, die sich jahrelang noch in klaustrophobischen Träumen kundtat und nach dem Bau der Berliner Mauer mit dem von dieser erzeugten Trauma verschmolz. Es war keine Mauer, sondern nur eine Postenkette, die mir an dieser Brücke den Weg verstellte, und sie stand nicht Jahrzehnte, sondern nur wenige Tage, aber ich war jung und wollte nach Hause und konnte diese Maßnahme nur als Schikane und Willkür deuten, und deshalb grub sich diese Freiheitsberaubung besonders tief in meine Erinnerung ein.

Zwei Stunden etwa hatte der Marsch zwischen Elbe und Ehle gedauert, dann stockte der Flüchtlingsstrom, weil Rotarmisten die kleine Flußbrücke sperrten. Erst hoffte man, daß der Aufenthalt nur kurzfristig sein würde, doch als die Dunkelheit kam, verteilte man sich so auf die Wiesen und Äcker, daß man die Brücke immer im Auge hatte, spannte aus, ließ die Pferde grasen und machte sich für eine Nacht im Freien zurecht. Ich hatte mich, als die Stockung eintrat, mit meinem leichten Gepäck zwischen den Pferdewagen und Handkarren hindurch zur Brücke gedrängelt, wo die Posten gerade Verstärkung bekamen, hatte gesehen, daß auf dem Bahndamm, der die Niederung im Süden begrenzte, auch schon Soldaten standen, und mich deshalb sofort nach Norden gewandt. Am Flußufer entlanggehend, war ich bald außer Sichtweite. Breit war die Ehle nicht, und sie führte nur wenig Wasser. An einer Stelle mit Baumbestand zog ich Schuhe und Strümpfe aus und watete einige Schritte, bis ich am anderen Ufer den Russen sah, der am Stamm einer Weide lehnte und mir bedeutete, wieder zurückzugehen. Ich wandte mich weiter nach Norden, geriet in ein Sumpfgebiet, das ich nach mehreren mißglückten Versuchen nicht zu begehen wagte, ging zurück in den Wald, überquerte die Straße, auf der wir gekommen waren, stieß bald auf den Bahndamm und stieg so leise wie möglich hinauf. Die zwei Russen, die auf den verrosteten Schienen saßen, schickten mich nicht gleich zurück, sondern winkten mich zu sich. Ich mußte Hosentaschen und Rucksack leeren, mehrmals beteuern, daß Uhren und Ringe zu meinem Besitz nicht gehörten, und als ich mein halbes Brot, Strümpfe, Unterhosen, Trinkbecher, Zahnbürste und Löffel wieder einpacken durfte, fehlten mein Taschenmesser und eine in Dransfeld erarbeitete Wurst. Es war schon dunkel, als ich das Wiesengelände, auf dem einzelne Feuer brannten, wieder erreichte. Die Nacht verbrachte ich frierend auf der Veranda der Waldgaststätte. Die Russen, die den Schlaf störten, fanden in meinem Gepäck nichts Mitnehmenswertes. Einer von ihnen, der mehr daran interessiert war, sein bißchen Deutsch auszuprobieren, schenkte mir, nachdem wir von Vater und Mutter, von Heimat und dem kaputten Hitler geredet hatten, eine Handvoll Machorka und eine Seite der *Prawda*, zum Zigarettendrehen. Nachdem ich mich am Vormittag noch einmal davon überzeugt hatte, daß man die zwei- bis dreitausend Leute tatsächlich überall von Posten umstellt hatte, ergab ich mich in mein Schicksal und machte mir aus Gras, Säcken und Lumpen ein Lager im Keller des Gasthauses zurecht. Am dritten Tag war mein Brot alle. Ich beteiligte mich an der Plünderung eines Ackers und konnte den Raub, ein paar murmelgroße Kartoffeln, an einem der Feuer kochen. Stundenlang saß ich an einer Stelle, von der aus man den Bahnhof von Biederitz sehen konnte. Zweimal am Tag kam ein Zug und rangierte und fuhr dann in Richtung Berlin zurück.

Am vierten Tag kam ein Lastwagen von Westen. Zwei Männer verteilten Mohrrüben an die hungernde Menge und stellten sich als Mitglieder der neuen Verwaltung von Magdeburg vor. Einer hielt vom Auto herab eine Rede, erklärte die Sperrung mit der Verstopfung aller Straßen nach Osten, versprach, daß die Rückkehr nach Pommern und Ostpreußen von nun an organisiert erfolgen würde; sobald die Strekken wieder hergestellt wären, würden Sonderzüge nach Kolberg und Königsberg fahren, und die Trecks würden kolonnenweise in Marsch gesetzt werden; vorher aber müßten sie, da die Verpflegungslage nach Osten zu immer schlechter würde, hinter die Elbe zurück. Er forderte die Wagenbesitzer dazu auf anzuspannen; die Fußgänger sollten auf den Lastwagen steigen, der nach und nach alle holen würde; niemand brauchte zu Fuß zu gehen.

Für mich war es klar, daß ich, trotz rasenden Hungers, hier ausharren mußte; denn wenn der Sack, in dem wir steckten, geleert war, gab es keinen Grund mehr, ihn verschlossen zu halten. Ich verkroch mich also in Büschen, beobachtete, wie die Fuhrwerke davonrollten, und war am Abend, als ich meinen Keller aufsuchte, überrascht über die vielen Leute, die alle den gleichen Gedanken gehabt hatten wie ich. Jede Stunde schlich nachts jemand über die leeren Wiesen zur Brücke, aber die Bewachung wurde auch am fünften Tag noch nicht aufgehoben. In der nächsten Nacht waren nur noch drei Menschen im Keller: eine Frau aus Biederitz, die einen Rucksack voll Zucker von den Elbschiffen geholt hatte, ein ehemaliger Matrose, der zu seiner Braut nach Stolpmünde wollte, und ich. An Eßbarem hatten wir nur Zucker und Löwenzahnblätter, aber die Pumpe im Garten gab Wasser; und da ich Machorka, der Matrose ein Feuerzeug hatte, rauchten wir viel. Am siebenten Tag morgens kamen Russen in unsern Keller, trieben uns hinaus bis zur Bahnlinie, wo sich unter einer Unterführung Flüchtlinge mit viel Gepäck verborgen gehalten hatten. Mittags kam der Lastwagen aus Magdeburg wieder, in dem ich Platz neben dem Beifahrer fand. Er war der Mann, der drei Tage zuvor die Rede gehalten hatte, ein Kommunist, wie er mir gleich erzählte; und obwohl die Fahrt zur Elbbrücke höchstens zwanzig Minuten dauerte, prägte sich mir diese erste Begegnung mit einem von denen, die man später Aktivisten der ersten Stunde nannte, überaus deutlich ein. Vielleicht war das so, weil ich durch alle, die ich später erlebte, an diesen ersten erinnert wurde. Sie hatten nämlich, so unterschiedlich sie in Temperament und Bildung auch waren, eines gemeinsam, das später auch der von ihnen errichtete Staat zeigte: einen extrem ausgebildeten pädagogischen Drang.

Dieser erste also erzählte mir, als ich die unbehausten Ostpreußen bedauerte, eine lehrhafte Parabel, deren Quelle (ein sowjetischer Roman? Stalins Gesammelte Werke?) er nicht erwähnte oder die ich vergaß. Die Geschichte, die die Erkenntnis vermitteln sollte, daß rationale Planung besser als Mitleid und Barmherzigkeit sei, handelte von Flüchtlingen, die bei der Rückkehr in ihr zerstörtes Dorf bei eisiger Kälte nur einen Raum noch bewohnbar finden und sich nun fragen, wem der zur Verfügung gestellt werden müßte: den Alten, den Kranken, den Schwangeren? Nein, lautete die richtige Antwort: den Raum erhält der Erbauer der zukünftigen Häuser für alle, also der Organisator, der Planer, der Architekt.

Ich will nicht behaupten, daß ich damals schon in dieser Geschichte die Rechtfertigung der späteren Privilegienwirtschaft erkannte; mir war aber die Ablehnung christlicher Tugenden unbehaglich; doch war zum Widerspruch keine Zeit. Wir hielten schon an der Elbbrücke, und da die gesperrt war, mußte mein Begleiter verhandeln. Ich stieg auch aus, weil hier Mohrrüben verkauft wurden, saß kauend auf dem Rinnstein, hörte von anderen Mohrrübenessern die Beschreibung eines Schleichweges über Gräben, Kanäle und Deiche nach Süden und war wenig später, mit dem Matrosen zusammen, schon unterwegs. Die zwei Mädchen, die uns am Abend in Gommern Unterkunft boten, waren sicher darüber enttäuscht, daß wir nur für Essen und Schlafen Interesse hatten, und ließen uns morgens mit unfreundlichen Mienen, ohne ein Frühstück, ziehen. In Güterglück konnten wir einen Zug besteigen, der über Belzig nach Berlin fahren sollte, in Beelitz aber wegen Kohlenmangel nicht weiterkonnte. Der Matrose blieb auf dem Bahnhof, um auf den Zug des nächsten Tages zu warten; ich aber hatte dazu keine Geduld. Im Eilmarsch erreichte ich bis zur Sperrstunde den Berliner Stadtrand bei Drewitz. Aus Zügen, die mir luxuriös vorkamen, wurde hier die erste Besatzung des britischen Sektors von Berlin ausgeladen. Überall standen russische Posten. Bei deren Umgehung geriet ich ins Babelsberger Ufa-Gelände und verbrachte zwischen gespenstischen Filmkulissen (die, wie ich später erfuhr, dem letzten Nazi-Film *Kolberg* gedient hatten) eine unruhige Nacht. Zur Berufsverkehrszeit war ich morgens in Wannsee. Aber die S-Bahn fuhr nicht, und ich mußte zur U-Bahn nach Krumme Lanke. Da alle Leute abenteuerlich-ärmlich gekleidet waren, fiel ich kaum auf mit meiner zerfransten Hose, fühlte mich aber fremd in der vertrauten Umgebung, und das Glücksgefühl, das nach diesem Aufwand an Sehnsucht zu erwarten gewesen wäre, stellte sich noch nicht ein.

Es war gedrängt voll im Wagen. Um seine Zeitung lesen zu können, mußte mein Nebenmann sie über dem Kopf halten. Ich las mit und erfuhr, daß meine Heimkehr fast genau zu der Stunde erfolgte, in der im Cäcilienhof, gleich hinter dem Wannsee, die Potsdamer Konferenz der Siegermächte begann.

Hilft ja nichts! oder: Wie's kommt, muß man's nehmen! sagte meine Mutter, wenn sich jemand über die schlechten Zeiten beklagte, aber das war nicht Ausdruck von Fatalismus, sondern von Aktivität. Es hilft nicht zu jammern, man muß etwas unternehmen, man darf nicht verzweifeln, man muß etwas tun.

Im Juli 1945, als ich, noch nicht neunzehnjährig, aus dem Kriege zurückkam und bis zum Ende des Jahres in der Holzlaube meiner Mutter lebte, hieß »etwas tun« vor allem: etwas gegen das Verhungern tun. Denn im Gegensatz zu Berlin, wo schon ab Mai eine, wenn auch kümmerliche, Versorgung eingesetzt hatte, gab es in den Ortschaften, die außerhalb der Stadtgrenzen lagen, noch monatelang nichts. Man setzte voraus, daß Landbewohner sich schon irgendwie selbst versorgen können, doch für Orte wie Zernsdorf, wo auf zweitausend Arbeiter und Rentner drei Bauern kamen, galt das nicht. Wer keine Sachwerte hatte, die er bei Bauern eintauschen konnte, mußte von den Erträgen des eignen Gartens, von Wildkräutern, Pilzen oder vom Felddiebstahl leben, und wer dafür zu alt oder krank war, der überlebte diese Monate nicht. Zwar wurden im Herbst Bezugsscheine ausgegeben, deren mit Nummern versehene Abschnitte, wie es hieß, »aufgerufen« wurden; aber das geschah zufällig, und wer dann nicht früh genug da war, bekam trotz langen Anstehens von Kunsthonig, Salz oder Kohlrüben nichts ab.

Meine Mutter, die nun wie selbstverständlich ihr halb schon erwachsenes, aber an solchen Banalitäten wie Lebensmittelbeschaffung desinteressiertes Kind mitversorgte, bewährte sich glänzend in diesen Zeiten der Not. Sie ging Ähren lesen und Kartoffeln stoppeln, lernte Kerzen als Bratenfett zu benutzen, backte aus Kartoffelschalen etwas, das seiner Form wegen mit gewissem Recht den Namen Kuchen führte, und stellte aus Mehl und Majoran einen angeblich an Leberwurst erinnernden Brotaufstrich her. Sie hielt Kaninchen, die sie selbst schlachtete, und aus den Muscheln, die damals im Zernsdorfer Lankensee massenhaft auftraten, bereitete sie eine Mahlzeit, von der einem zwar übel wurde, die aber den Hunger vertrieb. Mit den letzten entbehrlichen Kopfkissenbezügen wanderte sie in entlegene Dörfer, und in höchster Not machte sie sich auf nach Klein-Kienitz, wo Tante Alwine den Gasthof *Zum guten Freund* betrieb. Der Gang dorthin dauerte, da die Bahn noch nicht fuhr, vier bis fünf Stunden. Vier bis fünf Tage saß sie in der Gaststube, nähte, flickte und stopfte für die ganze Familie und zog dann mit schwerbeladenem Handwagen wieder los. Es war ein flacher Wagen mit winzigen Rädern, der in der Stadt dem Wäschetransport gedient hatte, für ungepflasterte Wege aber wenig geeignet war. Aber nicht nur, weil die Räder im Sand steckenblieben, dauerte der Rückweg oft lange; es galt auch, die Kontrollposten der Polizei zu umgehen. Denn was meine Mutter da unternahm, um uns am Leben zu halten, hieß Hamstern und war nicht erlaubt. Unnachsichtig konnte ihre Beute ohne Erklärung beschlagnahmt werden; oft aber wurde aus Gründen, die ebenso unerklärt blieben, Nachsicht geübt. Jene Grauzone von Halblegalität auf vielen Gebieten, die (von der Schwarzarbeit und dem Tauschhandel bis zu den wechselnden Praktiken im Umgang mit den zwei deutschen Währungen) die Bevölkerung zwischen Elbe und Oder für Jahrzehnte umgeben sollte, begann also früh.

Für meine Mutter, die einerseits gern in innerem Einklang mit der Obrigkeit lebte, in der aber andererseits praktischer Sinn und Lebenswille im Zweifelsfall immer über das Legalitätsprinzip siegten, waren diese fließenden Rechtsgrenzen ein Greuel. Schon in Kriegszeiten hatte sie darunter gelitten, daß gleiches Recht nicht für alle gegolten hatte und deshalb ihre liebevolle Behandlung der ukrainischen Zwangsarbeiter, die ihr nach Feierabend beim Aufbau ihres Häuschens geholfen hatten, den geltenden Bestimmungen zuwidergelaufen war. Auch Drohungen hatten sie von ihren Hilfsmaßnahmen nicht abhalten können; aber sie hatte, um ihr Vergehen vor sich selbst zu entschuldigen, bei der Unmenschlichkeit, die da amtlich gefordert wurde, an Irrtümer untergeordneter Stellen geglaubt. Wie sehr sie das Aufblicken zu einer Autorität brauchte, zeigt ein Brief, den sie Anfang April 1945 an ihre Schwägerin, die Schauspielerin, schrieb. Da ist vom Näherrücken der Front die Rede und von der Angst, die die Nachbarn vor den Russen empfinden, und dann folgt ein Satz, den man der Frau, die die schlimmen zwölf Jahre in einer Familie verbracht hatte, die zu Hitler und seiner Partei immer Distanz gewahrt hatte, nicht zutrauen will. Auch sie habe Angst, schreibt sie, aber ein wenig auch Hoffnung, da »das der Führer doch nicht zulassen wird«.

Als die Russen dann kamen, fühlte sie die Verpflichtung, Furchtlosigkeit zu zeigen; denn von den guten Erfahrungen mit diesen armen und kinderlieben Menschen vor dreißig Jahren hatte sie den Nachbarinnen häufig erzählt. Kämpfe hatten in der abseits gelegenen Wochenendsiedlung nicht stattgefunden. Nur vom Dorf her waren einige Schüsse und die nicht ganz gelungene Brückensprengung zu hören gewesen. Plünderer waren erst Tage später erschienen und von meiner Mutter mit einigen russischen Brocken empfangen worden, die manchmal Wunder bewirkten, doch manchmal auch nicht. Vasen, Uhren und Wäsche konnte sie leicht verschmerzen, aber noch Monate später grämte sie sich um den Verlust eines frischen, selbstgebackenen Brots. In ihrem Sinn für Recht und Ordnung empfindlich getroffen, beschwerte sie sich beim Dorf-Kommandanten. Der riet ihr, den Tätern zur Kennzeichnung Tinte über die Jacke zu gießen oder aber Radau zu machen, damit die Militärpolizei es hört. Diese Ratschläge gab sie an die Nachbarinnen weiter, und eine von ihnen befolgte sie wirklich, indem sie, während die Russen ihr Haus ausräumten, im Garten mit Topfdeckeln lärmte. Sie wurde beschossen und starb bald danach.

Da diese Geschehnisse in das Weltbild meiner Mutter nicht paßten, schwieg sie von ihnen, und einmal nur sprach sie von ihrem schlimmsten Erlebnis, und zwar zu mir, an dem Tag, an dem ich nach Hause kam. Es war ein ganz junger Mann, fast ein Kind noch, der gegen Abend allein bei ihr eindrang, sie mit der Maschinenpistole bedrohte und ihr befahl, sich auszuziehen. Sie redete ununterbrochen, versuchte ihm klarzumachen, daß sie fast sechzig sei und er ihr Sohn, ja Enkel sein könnte; aber das machte ihn wütend, und er stieß sie aufs Bett. Eine Ewigkeit sagte sie, habe er ihrem Gefühl nach auf ihr gelegen; in Wirklichkeit aber sei es so schnell wie der Wind gegangen; dann sei er aufgesprungen, habe die Waffe von der Kommode und, ohne sich zuzuknöpfen, Reißaus genommen; sicher habe er sich geschämt.

Vergeblich ist es später immer gewesen, russischen Freunden unsere Angst vor ihren Soldaten verständlich zu machen; denn sie hatten diese Zeit, auch wenn sie in Deutschland gewesen waren, anders erlebt. Rotarmisten, die Brot und Suppe an Deutsche austeilten, Offiziere, die den neuen Verwaltungen bei ersten Instandsetzungsarbeiten halfen, waren für ihr Bild dieser Zeit bestimmend gewesen; wir aber hatten dergleichen nur später in Büchern gelesen und in Filmen gesehen. Noch jahrelang fuhr man vor Schreck zusammen, wenn auch nur russische Stimmen zu hören waren, und der Abbau der Angst ging nur langsam vonstatten, weil man die Russen nur als verhaftende, beschlagnahmende, demontierende und kontrollierende Besatzungssoldaten erlebte, und man über die schlimmen Erlebnisse bei Kriegsende nicht reden und schreiben durfte. Das Trauma wurde nicht ausgeräumt, sondern fixiert. Auch sah man Symptome der stalinschen Herrschaft, die unheimlich wirkten, weil man sie sich nicht erklären konnte, wie zum Beispiel die Tatsache, daß die ukrainischen Zwangsarbeiter von ihrer siegreichen Armee wie Gefangene behandelt und abtransportiert wurden, oder daß später, als überall Ehrengräber für gefallene Sowjetsoldaten errichtet wurden, die Gräber von Zwangsarbeitern erst nicht mehr gepflegt werden durften und dann eingeebnet werden mußten, auf Befehl der Besatzungsmacht.

Jeder Lehrer, Pastor, Parteifunktionär oder Schriftsteller stand noch jahrelang vor der Frage, ob er die Wahrheit über diese Ereignisse bei Kriegsende sagen und damit die Vorurteile befestigen oder aber in das verordnete Schweigen verfallen sollte – was auch der ungleich größeren deutschen Schuld wegen ratsam schien. Für die meisten war das freilich nur eine theoretische Frage, weil der Bruch des Schweigegebots streng geahndet wurde. Aber manchmal scheint auch den Verordnern des Schweigens dieses fragwürdig geworden zu sein. Öffentliche Gespräche zum Thema: Die Russen und wir wurden veranlaßt, aber schnell wieder abgebrochen, als sich die Langlebigkeit der Ressentiments offenbarte. Nichts wurde ausgeräumt, sondern nur unter Verschluß gehalten und das Problem schließlich durch das Heranwachsen vorurteilsfreier Generationen gelöst. Die Schizophrenie, an der der künftige Staat jahrzehntelang krankte, hatte auch in diesem Problem eine ihrer vielen Wurzeln. Früh wurde man an ihre Erscheinungsformen gewöhnt.

Als im Oktober 1945 die Oberschule in Königs Wusterhausen wieder eröffnet wurde und ich, eine Pellkartoffel als Pausenbrot in der Tasche, unter Schülern saß, die ein oder zwei Jahre jünger waren, hörte ich von einem Lehrer, der nicht etwa Kommunist war, sondern nur Angst hatte, von der Weisheit Stalins und dem Humanismus der Roten Armee erzählen, während mir ein Zettel mit der Nachricht zugesteckt wurde, daß in Kablow, Ragow und Senzig nachts wieder einige Schüler abgeholt worden waren, warum wußte man nicht. Da in der folgenden Nacht auch in Zernsdorf Sechzehn- und Siebzehnjährige verschwanden, schien es mir ratsam, einige Zeit nicht bei der Mutter, sondern in Neukölln, also im Amerikanischen Sektor, zu schlafen; denn ich hatte mit dem Keller der Zernsdorfer Kommandantur schon Bekanntschaft gemacht.

Bei meiner Heimkehr im Sommer war mir zu Ohren gekommen, daß die Russen in einigen Fällen die amerikanischen Entlassungsscheine nicht anerkannt und deren Besitzer erneut gefangengesetzt hatten, weshalb ich unangemeldet in Zernsdorf lebte, bis ein Denunziant mich verriet. Eine Vorladung zur Kreispolizeibehörde hatte einen Strafbescheid über 100 Mark, die ich nicht hatte, zur Folge, dann aber wurde ich der Kommandantur zum Verhör übergeben, zu dem es aber nicht kam. Drei Tage lang mußte ich Radios und Schreibmaschinen, die die Einwohner von Zernsdorf und Neue Mühle hatten abliefern müssen, von Pferde- auf Lastkraftwagen umladen und drei Nächte im Keller schlafen, dann wurde ich, ohne daß von meiner Gefangenschaft bei den Amerikanern jemals die Rede gewesen wäre, wieder nach Hause geschickt. Was ich mitnahm, war ein defektes uraltes Radio, das nach einer geringfügigen Reparatur noch jahrelang spielte, und die Erfahrung, daß bei den Russen der Zufall regierte; denn unter den im Keller teilweise seit Wochen schon Festgesetzten wußte keiner, warum er dort saß.

Wenig später hatte ich auf dem Bahnhof von Brandenburg ein Erlebnis, das mir die Zufälligkeit meines Freiseins erneut bestätigte. Deutsche Kriegsgefangene waren da mit der Demontage von Schienen beschäftigt, während sich auf den Bahnsteigen Hunderte von Reisenden in Erwartung der seltenen Züge drängten, und als sich beim Abmarsch der Gefangenen herausstellte, daß einer fehlte, wurde einer der Wartenden auf die Gleise gezerrt, damit die Zahl wieder stimmte. Die Angst war so groß, daß der Mann es nicht wagte zu protestieren, und auch die zuschauende Menge schwieg.

Die Verhaftung der Jugendlichen aus den umliegenden

Dörfern, die mich im Herbst veranlaßte, in Berlin zu schlafen, hatte dagegen erklärbare Gründe; sie reichten bis in die letzten Kriegstage zurück. Teilnehmer eines Wehrertüchtigungslagers der Hitlerjugend hatten beim Näherrücken der Front die Verpflichtung abgeben müssen, daß sie sich nach der Besetzung des Landes der sogenannten Werwolf-Bewegung anschließen würden, und obwohl keiner danach auch gehandelt hatte, wurde jeder, dessen Unterschrift auf der Liste gefunden wurde, geholt. Einer von ihnen saß zwei Wochen später schon wieder in meiner Klasse, ohne von seinen Erlebnissen etwas verlauten zu lassen, andere kamen erst nach zwei oder drei Jahren nach Hause, und von einem, der nach Osten abtransportiert worden war, hat man nie wieder etwas gehört.

Als eines Nachts im Dezember Schläge an die Haustür mich aus dem Schlaf schreckten, war ich so sicher, nun auch noch geholt zu werden, daß ich in der Minute, in der die Soldaten Haus und Schuppen durchsuchten, für meine Mutter, die nach Klein-Kienitz gefahren war, einen Zettel schrieb. Aber sie suchten nicht mich, sondern Deserteure, entschuldigten sich sogar für die Störung und ließen als besondere Kostbarkeit eine Schachtel Streichhölzer zurück.

Auch durch diese freundliche Geste gelang es bald meiner Mutter, ihr Bild von den Russen, die arm und kinderlieb sind, zurückzugewinnen, und auch ihr Bedürfnis nach Obrigkeit wurde bald wieder gestillt. Schon Anfang der fünfziger Jahre wurde neben das Bild des Papstes, das ihre Stube schon immer geschmückt hatte, auch das eines Staatsmannes an die Tapete gesteckt. Daß nicht Pieck, sondern Ulbricht dazu ausersehen wurde, hatte vielleicht nur mit ihrer Vorliebe für Bärte, vielleicht aber auch mit Instinkt für tatsächliche Macht zu tun.

MIT UNS ZIEHT DIE NEUE ZEIT

Für eine künftige DDR-Karriere wären meine politischen Anfänge genau richtig gewesen. Am Morgen hatte ich, aus dem Kriege heimkehrend, Berlin nach einem Jahr wieder betreten, und schon am Abend saß ich in einer Versammlung, die in gleich starkem Maße sangesfreudig und sozialistisch war. Ich lernte von den jungen Kommunisten und Sozialdemokraten, daß wir nicht besiegt, sondern befreit worden waren, daß der hitlersche Sozialismus sich diesen Namen nur angemaßt hatte und der wahre nun kommen würde, wenn die Arbeiterklasse vereinigt war. Daß Mädchen mit in der Runde saßen, gefiel mir, machte mich aber auch verlegen, da ich den hier erwünschten kameradschaftlichen Ton leicht verfehlte und das Du nicht über die Lippen brachte. Das viele Singen machte mich zusätzlich beklommen, denn eine Hemmung hinderte mich daran mitzusingen, obwohl ich unter diesem Selbstausschluß litt. Ich hätte ja auch gern so freudig und zukunftsgläubig meine Stimme erheben wollen, aber die Wander- und Volkslieder verloren hier ihren Zauber, da sie doch in meine Kindheit gehörten; die Melodien der politischen Kampflieder waren mir widerwärtig, weil auch die Nazis sie, nur mit anderen Texten, gesungen hatten; und wenn nach der Bündischen und der Hitler-Jugend nun auch die Antifa-Jugend das berühmte *Mit uns zieht die neue Zeit* anstimmte, hätte ich zwar, da ich diesen und andere Texte früher auswendig gelernt, aber nicht begriffen hatte, jetzt spöttisch anmerken können, daß zu jeder Zeit, wie gut oder schlecht sie auch sei, das Neue gehöre, aber mitsingen konnte ich nicht.

Mein imaginärer Vertrauter, dem ich, in Ermangelung eines realen, dieses Unvermögen, in Kollektivseligkeit einzutauchen, zu schildern versuchte, bekam, neben Klagen darüber, daß dieser Genuß mir wohl nie zuteil werden würde, vor allem immer wieder zu hören, daß es leider dabei um Gut oder Böse, Qualität oder Miserabilität gar nicht ging. Der Widerstand in mir war, obwohl graduell unterschieden, seinem Wesen nach bei den Pimpfen der gleiche gewesen wie bei diesen mir sympathischen Sozialisten – und wenn ich mich später, viel später, unter friedensbewegten Christen bewegte, war er, wenn auch verhaltener, ebenfalls wieder da. Zum Glück wirkte mein Schweigen nicht arrogant, sondern schüchtern, und ich war Feindseligkeiten nicht ausgesetzt.

Nach der kurzen Nacht in den Babelsberger Filmkulissen hatte mich die Durchquerung Berlins von Westen nach Osten viele Stunden gekostet, und als ich nachmittags am Görlitzer Bahnhof erfahren hatte, daß man mit Zügen nach Königs Wusterhausen vorläufig nicht rechnen konnte, hatte ich mich auf den Weg in die Britzer Hufeisensiedlung gemacht. Für die Gefühlsintensität meiner achtzehn Jahre war diese Heimkehr in die Stadtlandschaft einer abrupt beendeten Kindheit eine arge Strapaze gewesen. Das Karstadt-Hochhaus am Hermannplatz, wo Hannes und ich unermüdliche Rolltreppenfahrer gewesen waren, hatte genauso wie meine Schule neben dem Böhmischen Dorf in Trümmern gelegen, aber viel stärker als diese Zerstörungen hatte mich deren Ausbleiben in Britz bewegt. Da hatte fast alles noch so wie vor Jahren gestanden. Die 47 war schon wieder unter den größer gewordenen Platanen hindurch weiter nach Rudow gefahren, an Wentorffs Trinkhalle, am Reformhaus und der Kohlenhandlung vorbei. Unser Wohnblock, in den die Bomben nur eine Lücke gerissen hatten, war mir kleiner als früher erschienen, und lächerlich winzig war der Schutthügel gewesen, der von unserem Haus übriggeblieben war. Mein Kindheitsalptraum war Realität geworden: Ich laufe zum Buschkrug, um einen Brief in den Kasten zu werfen, und wenn ich zurückkomme, ist das Haus nicht mehr da.

Diese Gefühlsbewegungen waren in Bruno Tauts roten Häusern der Fritz-Reuter-Allee schnell zu Ende gewesen. Ilse hatte mir kräftig die Hand geschüttelt, ihrer Freude darüber, daß ich mein Leben nicht diesen braunen Verbrechern geopfert hatte, durch ein heftig hervorgestoßenes: Klasse! Ausdruck gegeben und mir sofort von den schon im Juni gebildeten antifaschistischen Jugendausschüssen erzählt. Daß ich in der kleinen Familie, zu der, wie ich jetzt erst bemerkte, auch ein kleingewachsener, stiller Vater gehörte, essen und schlafen konnte, war so selbstverständlich gewesen wie meine freudige Bereitschaft, am Abend mit Ilse in ihre Versammlung zu gehen.

Sie war in dem Jahr unserer Trennung schmaler und schöner geworden. Ihr missionarischer Eifer, der sich nun öffentlich äußern konnte, hatte an Schwung nichts verloren, aber ihre politische Gradlinigkeit war schon ein wenig gestört. Nachdenklich gemacht hatte sie nicht nur schlechte Erfahrung mit den Befreiern, sondern auch ein Konflikt unter den Antifaschisten, der schon seit Wochen geschwelt hatte, mit der Ankunft der Amerikaner im Juli aber sichtbar geworden war. Kollektivismus oder Individualismus waren die Stichworte, mit denen der Streit geführt wurde, und der junge Mann, der gegen Ilses Sozialismusvision rebellierte, war nicht älter, aber selbstbewußter und eloquenter als ich. Er war Mitglied einer (wie es hieß: bürgerlichen) Widerstandsgruppe gewesen, die in den letzten Kriegswochen die Britzer durch Flugblätter zur Kapitulation aufgefordert hatte; nun war er dabei, sich von der Antifa-Gruppe zu lösen, weil die ihm nicht demokratisch und überparteilich erschien. Der Zorn über diesen Zwist, den Ilse öffentlich zeigte, wurde zur Trauer, wenn wir alleine waren, und ich, ihr Vertrauter, war ihr ein schlechter Tröster – es sei denn, mein geduldiges Zuhören genügte ihr schon. Denn ich spielte, und ich wußte davon, mein falsches Spiel vom vorigen Jahr weiter: Ich war an ihr interessiert, nicht an dem, was sie politisch bewegte;

und je länger ich schwieg, desto schäbiger kam ich mir vor. Denn ihre, laut werdenden, und meine, verschwiegenen, Ansichten entfernten sich immer mehr voneinander. Wäre ich ehrlich gewesen, hätte ich die Partei ihres Widersachers ergreifen müssen, der für Meinungsfreiheit und Organisationsvielfalt stritt. Artikuliert wurde nur immer die Frage, ob man einen einheitlichen Jugendverband oder mehrere Bünde brauchte, aber im Grunde ging es dabei um östliche oder westliche Auffassung von Demokratie.

Allesamt waren wir politische Analphabeten, und ich war in dieser Hinsicht der Dümmste von ihnen, denn mein Interesse an Politik war gering. Mein Grundsatz war lediglich: was gewesen war, sollte nicht wiederkommen, und darunter verstand ich vor allem, daß keine Zwangsorganisation mehr mein Leben bestimmen durfte, am wenigsten Militär. Darüber hinaus machte ich mir über die Zukunft der Deutschen keine Gedanken. Ich wollte auf eigne Verantwortung leben und von jeglicher Ordnung, wenn sie schon sein mußte, in Ruhe gelassen werden. Ilses Eifer und der ihres Gegners waren mir fremd und verdächtig. Ich bewunderte zwar, daß sie Verantwortung auch für andere fühlten, war mir aber nicht sicher, ob nicht auch Eitelkeit oder Machtgier hier Triebkraft war.

Meinen Zustand von damals bedenkend, muß ich die Verallgemeinerung wagen: man ist nicht zurechnungsfähig mit achtzehn Jahren, wenn man allein ist und eine Geliebte sucht. Mindestens einmal in der Woche wanderte ich, nie ganz bei Kräften vor Hunger, von Zernsdorf über Königs Wusterhausen nach Mittenwalde, drängte mich in die von Hamsterern überfüllte Neukölln-Mittenwalder Kleinbahn, fühlte mich deplaziert in der singenden und diskutierenden Jugendgruppe – und das alles nur um anschließend zwei Stunden mit Ilse allein zu sein. Während das Grammophon Brecht-Songs, die ich nicht mochte, quäkte, brach ich immerfort mein Versprechen, nur kameradschaftliche Gefühle zu zeigen, und war mir dabei völlig im klaren darüber, daß meine Geständnisse und Annäherungsversuche in Wahrheit nicht Ilse, sondern noch immer dem gleichen Traum galten, der schon von G. nicht erfüllt worden war.

Von den zwei Anwärtern auf Ilse, die sie wie mich auf eine Entscheidung nach Kriegsende vertröstet hatte, war einer in den letzten Kämpfen gefallen, der andere, ihr späterer Mann, dem sie sich durch ihr Warteversprechen verpflichtet fühlte, lag schwerverwundet im Lazarett. Ich fand es empörend von mir, mein zufälliges Wohlerhaltensein auszunutzen, kam jedoch gegen den Verführer in mir nicht an. Der Erfolg war ernüchternd und vertrug keine Wiederholung. Denn als es nach langer Qual dazu kam, daß wir uns küßten, preßte Ilse ihre kalten Lippen fest aufeinander, und wir schämten uns anschließend dieser Tat sehr.

Mein sozialistisches Engagement war damit zu Ende. Die Umwandlung der Antifa-Jugend in die zentralistisch gesteuerte Freie Deutsche Jugend, die im März 1946 erfolgte, wartete ich nicht erst ab. Der Abschiedsbrief, in dem ich, um Ilse nicht zu verletzen, mit Tönen von Tragik und von Verzweiflung darüber, daß Politik Liebe zerstören konnte, nicht geizte, war so unehrlich, daß ich mich seiner heute noch schäme, und der Aufsatz, in dem ich unter dem Titel *Lob des Individualismus* politische Glaubensbereitschaft und Einseitigkeit geißelte, war zwar sehr ehrlich, aber auch dumm. In kindlicher Selbstüberschätzung schickte ich ihn an eine der vielen Zeitschriften, mit deren Lektüre ich damals meine Tage und Nächte verbrachte; doch zeugt es immerhin von einer gewissen Bescheidung, daß der Adressat meines Ehrgeizes eine Monatsschrift für die Jugend war. Sie hieß *Horizont*, wurde von Grosse sen. (dem Vater von Ilses Widersacher) und dem Schriftsteller Günther Birkenfeld im amerikanischen Sektor herausgegeben und hatte so unterschiedliche Mitarbeiter wie Herbert Roch, Alfred Andersch, Wolfdietrich Schnurre und Karl Korn. Bis auf den Sportteil, der klein war, wurde jede Nummer von mir von der ersten bis zur letzten Zeile gelesen, und Namen wie Hemingway, Saroyan, Gorki, Albert Schweitzer, Kolbenhoff, Borchert blieben für mich immer mit ihr verbunden. Als Grosse jun. einen eignen Jugendverband gründete, ließ ich mich einmal dort sehen, um die Redakteure der Zeitschrift kennenzulernen. Aber da auch amerikanische Offiziere anwesend waren, von denen ich neue Einseitigkeiten befürchtete, ging ich nie wieder hin.

Mein Ehrgeiz, gedruckt zu werden, wurde hier nicht befriedigt. Man brachte lediglich in der Rubrik Leserstimmen drei meiner gegen die FDJ gerichteten Sätze, und auch die waren verändert und mein Name, wohl um mich nicht zu gefährden, entstellt.

LAUTER LIEBE

Hätte ich mir an meinem neunzehnten Geburtstag, im November 1945, die Frage gestellt, welche akuten Probleme mir Herz und Verstand am meisten bewegten, wäre eine Rangordnung entstanden, deren Schlußteil die Hungerbekämpfung gebildet hätte, denn die hatte ich in kindlicher Unschuld an meine Mutter delegiert. An vorletzter Stelle hätte die Berufswahl gestanden, die ich nur manchmal mit träumerischen Gedanken streifte; Forsthäuser und Bibliotheken vorwiegend kamen in ihnen vor. Die Politik, die mit abfiel, wenn ich in Zeitschriften nach Literarischem suchte, hätte das Mittelfeld eingenommen, während die Besetzung der Spitzenposition fraglich gewesen wäre; denn Anspruch darauf hatten die Literatur und die Liebe in gleichem Maße, und da diese beiden miteinander verflochten waren, wäre ich mir wohl über die Rangfolge nie einig geworden – es sei denn, ich hätte allein die Zeitdauer als Kriterium gelten lassen und so die Literatur an die Spitze gesetzt.

Denn natürlich verbrachte ich mehr Zeit mit den Büchern als mit den Mädchen, aber unehrlich wäre diese Plazierung schon deshalb gewesen, weil ich in der Lektüre immer das Leben suchte und darunter ein von Liebe erfülltes verstand. Nicht Lebensersatz, sondern Lebenserkenntnis sollten die Bücher mir liefern, aber da ich literarische Überhöhung und Verklärung nicht als solche erkennen konnte, maß ich das reale Erleben an ihnen und wurde natürlich enttäuscht. Keine Wirklichkeit war in der Lage, meiner ästhetischen Sicht, die ich für eine moralische hielt, zu genügen – weshalb dann auch diejenigen Liebesaffären, die diese Bezeichnung gar nicht verdienten, mir in schönster Erinnerung blieben, während die realitätsnäheren Beziehungen Eintrübungen zeigten; sie förderten aber den Lernprozeß.

Rita, meine ätherischste Liebe, besaß reiche Auswahl an Winterbekleidung, aber nur ein Paar rote Stiefel dazu. Als einzige kam sie mit dem Fahrrad zur Schule, glänzte in allen Fächern durch Fleiß und Wissen und wurde von den Lehrern wie eine Dame behandelt, obwohl sie wie die anderen erst siebzehn war. Von Oktober bis Weihnachten waren wir Klassengefährten, nie aber war ich mutig genug, mich ihr zu nähern; zu alt, zu dumm und zu schäbig kam ich mir vor. Als einziger Kriegsteilnehmer, der allen Schulstoff vergessen hatte, saß ich, in zerschlissene Uniformreste gehüllt, zwischen diesen Kindern, zur Konzentration unfähig und ständig von Hunger geplagt. Meine Kopfwunde war zwar verheilt, aber das Haar noch nicht darübergewachsen. Sprechen konnte ich wieder, aber beim Schreiben verwechselte ich häufig ähnlich klingende Wörter, und manchmal war die Artikulation noch nicht richtig, besonders wenn ich, aus Angst vor Blamage, befangen war. Da die Lehrer es sich bald abgewöhnt hatten, mit meiner Unterrichtsbeteiligung zu rechnen, saß ich als stummer Gast in der ersten Bankreihe, schrieb an meinem ersten Roman, mit dem ich meiner Kriegserlebnisse Herr zu werden versuchte, und stützte dabei den Kopf in die Hand, damit die häßliche Narbe verdeckt war. Denn links hinter mir saß die bewunderte Dame; wenn ich die Augen etwas verdrehte, konnte ich unter der Bank ihre Stiefel sehen. Ihr Rot leuchtete mir jeden Morgen entgegen, wenn unsere Schulwege sich zwischen dem Schloß und der Kirche trafen. Da der beschädigten Brücken wegen Züge auf der eingleisigen Strecke nach Zernsdorf noch nicht verkehrten, lag hinter mir schon ein Fußmarsch von einer Stunde. Aus welchem Ort Rita kam, wußte ich nicht. Vor dem Jagdschloß mit seinen schiefen Turmfenstern standen russische Posten; sie radelte an ihnen vorbei, ohne sie zu beachten, und der Morgengruß, den wir wechselten, während sie mich überholte, blieb bis Dezember das einzige, das wir miteinander sprachen. Später kamen noch ein gestottertes Dankwort von meiner Seite und ein verlegenes Kichern von ihrer hinzu.

In der Vorweihnachtszeit war es mit den Essensvorräten zu Hause wieder einmal zu Ende gewesen, und meine Mutter hatte sich auf den Weg zu ihren Verwandten nach Klein-Kienitz gemacht. Die Kartoffeln, die drei Tage hatten reichen sollen, waren von mir schon am ersten gegessen worden, weshalb ich ohne die Pellkartoffel, die mir sonst immer das Frühstücksbrot hatte ersetzen müssen, zur Schule gegangen war. Dort war mein Fasten wohl aufgefallen. Am zweiten Hungertag hatte ein Wurstbrot auf meinem Platz gelegen, in Notenpapier eingewickelt und an mich adressiert. Als sich das am dritten und vierten Tag wiederholte, mußte ich den Mut zu einer Danksagung fassen; Rita war die einzige in der Klasse, die nicht auf den Blättern vergilbter Kontobücher oder auf Plakatrückseiten, sondern auf Notenpapier schrieb. Sie stand in der Pause am Kachelofen, in der Hand Jeromes Roman *Three men in a boat*, aus dem in den Englischstunden mit verteilten Rollen gelesen wurde (und über dessen trocknen Humor nur der Lehrer und ich zu lachen vermochten), wußte nicht, was sie auf mein Gestotter erwidern sollte und war sichtlich froh, als der Unterricht wieder begann. In meiner Erinnerung war das unsere letzte Begegnung, aber vor dem Schloß des Soldatenkönigs schaue ich auch heute noch nach den roten Stiefeln aus.

Handfester und für mein späteres Liebesleben bedeutsamer war es im Spätsommer zugegangen, als sich herausgestellt hatte, daß auch die Dauerliebe zur blonden G. vergänglich war. Unter dem Vorwand, Zucker und Salz zu besorgen, war ich auf Trittbrettern überfüllter Züge in ihr Städtchen gefahren und hatte geglaubt, dort eine Familie zu finden, die über die deutsche Niederlage und den Tod des geliebten Führers verzweifelt war. Ich hatte gehofft, dort als ein Tröster, der es schon immer besser gewußt hatte, auftreten zu können, doch bestand dafür, da niemand von Trauer oder Schuldbewußtsein bewegt war, durchaus kein Bedarf. Die völkische Bibliothek im Herrenzimmer war stark gelichtet; der Irrglaube der letzten zwölf Jahre völlig vergessen; es gab nur die vorwurfsvoll vorgebrachte Erkenntnis, betrogen worden zu sein. Ein verwundeter Leutnant, den G. gepflegt und geliebt hatte, war nach Kriegsende untreu geworden, und deshalb war sie über meine Treue von Herzen froh. Sie war erwachsener und eine Spur fülliger geworden. Meine Schüchternheit besiegte sie durch Kuß und Umarmung, und sie bat mich in rührender Weise, ihr zu verzeihen. Ich war also am Ziel meiner seit Jahren gehegten Wünsche, wartete auf die Glückseligkeit, die mich ergreifen mußte, und war entsetzt über mich, als sie nicht kam. G. saß auf dem Sofa im Herrenzimmer, ich hockte vor ihr, den Kopf auf ihre Knie gebettet, und sah im diffusen Licht der grünbeschirmten Schreibtischlampe, daß sich an ihrem Hals die ersten Fettpolster zeigten, das künftige Doppelkinn.

Ich fand grausam, was ich dachte, versuchte mir mit Zärtlichkeiten über die Erkenntnis hinweg zu helfen, daß der erste Mangel, den man an der Geliebten entdeckt, das Ende der Liebe bedeutet, aber aufhalten konnte ich den Verfall meiner Gefühle nicht. Schlechten Gewissens fuhr ich noch am Abend nach Hause, geriet in einen nächtlichen Kampf zwischen Sowjetsoldaten und plündernden Zwangsarbeitern, der mir fast das Leben gekostet hätte, und begriff erst in den nächsten Tagen und Wochen, daß die Voraussetzung für meine idealen Liebesgefühle die Abwesenheit der leibhaftigen Geliebten gewesen war.

Ich war nun aufnahmebereit für neue Versuchungen, und diese kamen, in einer für Nachkriegszeiten geradezu klassischen Weise, von einer erfahreneren Frau. Sie war vier oder fünf Jahre älter, Mutter einer dreijährigen Tochter und hatte von ihrem Mann, der irgendwo am Polarkreis Deutschland verteidigt hatte, seit einem Jahr nichts mehr gehört. Da sie feinsinnig war, Dürers betende Hände und den Bamberger Reiter liebte, am Klavier Löns-Lieder sang und Verse von Hölderlin auswendig wußte, fiel es ihr leicht, mich davon zu überzeugen, daß sich geistige Freuden mit sinnlichen durchaus vereinbaren ließen, wenn nur beides von Gefühlen geadelt war. Auf der ersten Friedens-Silvesterfeier zogen wir uns aus ihrer Familie, die mehr für Alkohol als für Kunst übrig hatte, in die Küche zurück, um unter Beethoven-Klängen allein zu sein. Sie war eine Lehrerin, die nichts übereilte und die übliche Rollenverteilung von Mann und Frau nicht in Frage stellte, mir also, nachdem sie unter den Klängen der 9. Symphonie meine Hand unter ihren Pullover geführt hatte, durch die erschreckt geflüsterte Frage: Was machst du mit mir? den Eindruck erweckte: der Verführer sei ich und sie erliege mir nur. Diese schöne Erregung mit Musikuntermalung konnte mir auch das Kunstgewerbeprodukt nicht verderben, das ich am Morgen des 1. Januar 1946 zum Abschied geschenkt erhielt. Es war ein ledernes Lesezeichen, das in verschlungenen Lettern die Worte EX LIBRIS zierten. Aus Liebe! übersetzte die Geliebte mir das.

Den strengen Winter, in dem so viele Leute verhungerten oder erfroren, erhitzten für mich also die Leidenschaften;

und da wir uns von November bis März nur vier- oder fünfmal zu sehen bekamen, wurde das Feuer brieflich am Leben gehalten und brannte deshalb besonders hell. Da ich ihre Briefe auf ihren Wunsch hin verbrannte, sie vorher aber abschrieb, später jedoch, weil andere Frauen es wünschten, auch diese Kopien verbrannte, kann ich noch heute der Illusion anhängen, daß sie eine literarische Leistung darstellten, der innere Aufruhr also, den sie in mir hervorriefen, gerechtfertigt war. Sie konnte Alltagsnachrichten mit Träumereien und Lesefrüchten in einer Weise miteinander verbinden, daß die erotischen Phantasien, die sich dadurch ergaben, bei aller Deutlichkeit keinen Schock auslösten und eine unausgesprochene Aufforderung waren, es in gleicher Weise ihr nachzutun. Abgesehen von einem Gedicht, das ich ihr mühselig reimte, kann ich mich an meine Antworten nicht mehr erinnern; ich bin aber sicher, daß ich in ihnen kühner, abwechslungs- und erfolgreicher als in der Praxis war.

Diese hatte vor allem Bahnhöfe zum Schauplatz. Denn die Geliebte verzog in dieser Zeit von der Spree an die Elbe, und da ihre Habseligkeiten in Kisten, Säcken und Rucksäcken auf der Bahn transportiert werden mußten, konnte ich ihr auf den langwierigen Fahrten als Träger behilflich sein. Dreimal, etwa in Monatsabständen, schleppten wir Küchengeräte, Bettzeug, Kleidung und Brennholz aus einem märkischen Dorf an den Bahnhof von Fürstenwalde und dann in Berlin über verschiedene Umsteigestationen in den Zug, der nach Magdeburg fahren sollte, es aber nicht immer tat. Zwei Tage dauerte die Fahrt unter diesen Umständen immer, so daß wir die nächtlichen Sperrstunden auf Bahnhöfen verbringen mußten, einmal in Schöneberg, einmal in Wannsee und einmal am Zoologischen Garten – wo wir von britischen Militärpolizisten in einen Bunker getrieben wurden, der weitverzweigt und wenig beleuchtet war. In einem der naßkalten Gänge sollte das brieflich entfachte Feuer endlich gelöscht und meine Unschuld beendet werden, was aber, nicht nur der häufigen Störungen und der vielfach übereinandergezogenen Winterbekleidung wegen, in einer mich beschämenden Weise mißlang.

Beim zweiten Versuch schützte uns, unterernährt wie wir waren, auch die Hitze im Innern nicht vor der Außenkälte, sie raubte uns nur den Verstand. Ich war am Jahresanfang nach Potsdam gezogen, wohnte in einer winzigen, unbeheizbaren Kammer und lud die Geliebte ein, zu mir zu kommen; denn die Wirtsleute, ein altes Ehepaar Rudolph, duldeten zwar keine Besuche, gingen aber abends zeitig ins Bett. Wir litten, vom Bahnhof kommend, sehr unter der bitteren Kälte, als wir lange im Schnee stehen mußten, bis bei Rudolphs das Licht ausging. Obwohl wir uns auf der Treppe der Stiefel entledigt hatten, war Frau Rudolph schon da, ehe wir meine Kammer erreichen konnten, lächelte säuerlich, als ich meinen Schlafgast als Schwägerin vorstellte, lud sie ein, sich im Wohnzimmer aufzuwärmen und machte keine Anstalten, wieder ins Bett zu gehen. Eine Stunde später waren wir wieder am Bahnhof, fuhren nach Wannsee, erkundigten uns nach einem Gasthof, und überraschenderweise war dort auch ein Zimmer frei. Die Männer, die die Theke umstanden, schwiegen gespannt, als wir unsere Bitte vorbrachten, um bald darauf höhnisch zu lachen, als ich von meiner Schwägerin sprach. Aufmunternde Reden begleiteten uns auf die Treppe. In der schmuddeligen Dachkammer war es kaum wärmer als draußen. Trotz heißer Herzen war das feuchtkalte Bettzeug durch unterkühlte Körper nicht zu erwärmen. Beim traurigen Aufbruch in dunkler Frühe froren wir wie vorher.

Da hitzige Träumereien nach dieser Frostnacht nur mir noch gelangen, wurde die Brieflut geringer und versiegte im Frühling ganz. Mein Versuch, einen Neubeginn einzuleiten, hatte das Schreiben eines mir nicht bekannten Mannes zur Folge, der mir in harschen Worten jede Verbindung mit seiner Verlobten verbot. Diese hatte, ohne Anrede und Gruß, darunter geschrieben, daß sie ihren künftigen Mann zu diesem Vorgehen veranlaßt habe. Am nächsten Tag aber kam ein Brief, in dem sie mich um Verzeihung bat. Sie habe das weinend unter Zwang nur geschrieben; sie liebe mich sehr, aber sie müsse auch an die Zukunft des Kindes denken; und ich habe doch nie was von Heirat gesagt.

SANSSOUCI

Von den insgesamt drei Genossen, die mich in den kommenden drei Jahrzehnten für ihre Partei zu werben versuchten, war der ehrlichste und auch angenehmste der Leiter des Neulehrerkurses in Potsdam, der mir mit dem mehrseitigen Personalfragebogen zusammen auch eine Eintrittserklärung für die KPD überreichte und dazu sagte: Wenn Sie schlau sind, unterschreiben Sie das hier auch. Während die späteren Werber mir in endlosen Verhören moralisch kamen, erklärte er nur, daß er für Dummheit halte, parteilos zu bleiben; denn in Zukunft sei zu den höheren Schuldiensträngen das Parteidokument sozusagen das Eintrittsbillett. Ohne Verständnis zwar, aber auch ohne weiteres Gerede, begnügte er sich mit meinem ausgesprochenen Verzicht auf Karriere und stellte beim Blättern in meinen Papieren nur kopfschüttelnd meine politische Unbedenklichkeit fest.

Gemeint war damit, daß die meisten Fragen, die sich auf Partei- und Organisationszugehörigkeiten, Militäreinsätze, Orden und Ehrenzeichen, Dienstränge und Staatsstellungen vor und nach 1933 bezogen, mit *Nein* oder *keine* oder *nicht zutreffend* beantwortet waren, und daß auch die Vater-, Mutter-, Geschwisterrubrik meine politische Unschuld bewies. Daß mir später, obgleich ich nichts zu verheimlichen hatte, das häufige Ausfüllen der Fragebögen Unbehagen bereitete, war in der Vorstellung begründet, daß irgendwo in einer Zentrale die neuen Antworten mit den alten verglichen und Differenzen festgestellt werden könnten, so daß das schwere Delikt der Fragebogenfälschung, das immer wieder als Verhaftungsgrund diente, gegeben war. Differenzen gab es bei mir sicher immer; sie entstanden durch militärisches Desinteresse, verbunden mit einem schlechten Zahlengedächtnis, das mich die Geburtsjahre der Eltern nur schätzen, Armeen und Divisionen, in denen ich hatte marschieren müssen, erfinden ließ. Daß niemals Rückfragen oder Beanstandungen kamen, mußte nicht unbedingt Gutes bedeuten; vielleicht hob man sich diese kleinen Vergehen für eine große Abrechnung auf.

Die Entscheidung, Lehrer zu werden, war, dem praktischen Sinn meiner Mutter folgend, im Bewerbungsschreiben als ein Herzenswunsch, schon von Kindheit an, ausgegeben worden, in Wahrheit aber war sie ausschließlich materiell motiviert. Ich hatte meiner Mutter in den Weihnachtstagen eröffnen müssen, daß ich das Abitur frühestens 1947 ablegen durfte, worauf sie mir, peinlich berührt, da von Geld zu reden sich nicht gehörte, gestanden hatte, daß keins mehr im Hause war. Da die Kirche die Witwenpension noch nicht zahlen konnte, die Sparkonten gesperrt waren und ich mich für praktische Arbeit, wie Kohlenschippen im Königs Wusterhausener Umschlaghafen, als wenig geeignet erwiesen hatte, kam das Stipendium, das mir den Sprung von der Schulbank direkt aufs Katheder ermöglichen sollte, gerade recht. Gleich nach der Ankunft in Potsdam, am 3. Januar 1946, konnte ich es in der Dortustraße (genau dort, wo später das Fontane-Archiv einziehen sollte) nach Ausfüllung der Fragebögen entgegennehmen: 75 Reichsmark, von denen 35 für die Kammer beim Ehepaar Rudolph und 15 bis 20 für rationierte Lebensmittel zu zahlen waren; der Rest war für meine Mutter bestimmt.

Daß mich in diesen acht Potsdamer Monaten kaum Geldsorgen plagten, hatte ich vor allem meiner Schwester zu verdanken, die seit Kriegsende auf einem Allgäuer Gut als Wirtschafterin wirkte und mir ab und zu Päckchen mit Käse schickte, den ich manchmal, wenn ich meinen ständig bohrenden Hunger beherrschen konnte, auf dem Schwarzen Markt verkaufte, für Hundert Mark oder mehr. Obwohl der Brandenburger Platz (der in dieser Zeit in Platz der Nation umbenannt wurde) gedrängt voll war von Menschen, lag über ihm eine bedrohliche Stille. Schweigend, die Waren, so gut es ging, unter dem Mantel verborgen, schob man sich aneinander vorbei und machte sich flüsternd die Angebote. Brot, Süßstoff, Zucker und Zigaretten wechselten, gegen Geld oder Ware, im Schatten des Brandenburger Tors oder in Hausfluren den Besitzer. US-Soldaten, die in Zigarettenwährung bezahlten, wohlgenährt und scheinbar allesamt größer als die abgemagerten frierenden Deutschen, hielten Ausschau nach Schmuck, Porzellan und Gemälden aus Offiziers- und Beamtenfamilien. Russische Lastwagen teilten in gefährlicher Eile die sich hinter ihnen gleich wieder schließende Menge; die Ladung Kommißbrot, klebrig, säuerlich, aber mit 50 Mark billig, war in Minuten verkauft. Manchmal waren von einer Ecke des Platzes die Kommandos einer Razzia zu hören. Wahllos wurden einige der in die Ruinen flüchtenden Leute von Polizisten gepackt und auf Lastwagen gestoßen; kaum waren diese davongefahren, war der Handel wieder in Gang.

Da mein Schulweg den Platz vor dem Tor berührte, ließ ich mich nach dem Unterricht gern durch die lautlose Hektik des Marktes treiben, beteiligte mich aber, vom problemlosen Käseverkauf abgesehen, an dem Handel nicht. An einigen meiner Mitkursanten, die sich davon ernährten, deutsche Zigaretten in Potsdam für fünf Mark das Stück zu kaufen und in Berlin für sechs Mark abzusetzen, und an meiner Wirtin, die wochenlang dazu brauchte, einen goldgerahmten Farbdruck, der die Königin Luise mit ihren Kindern im Park von Paretz zeigte, auf dem Umweg über Süßstoff in Kartoffeln umzutauschen, sah ich, wieviel Zeit dazu erforderlich war. Die aber hatte ich damals so wenig wie heute, obwohl mir der Unterricht wenig raubte; er bot nichts, das zu selbständigen Studien reizte, und er fand nur am Vormittag statt. Ich brauchte die Zeit, um mein Liebesbriefleben weiterzuführen, um für den Kriegsroman, der nicht gelingen wollte, immer wieder neue Anfänge zu schreiben, in Antiquariaten zu sitzen, von denen es mehrere gab, die reichbestückt und nicht teuer waren, vor allem aber, um etwas für meine Bildung zu tun. Von der Literatur war ich, ohne ihr untreu zu werden, auf die Philosophie gekommen. Die aus den Fugen geratene Welt hoffte ich mir mit ihrer Hilfe erklären zu können, und da mein kindlicher Eifer nach Zähmung durch Ordnung verlangte, fing ich ganz vorn, nämlich bei Platon an. *Das Gastmahl*, *Phaedros* und *Kriton* erscheinen in meiner Leseliste im Februar 1946, und die Erinnerungen an sie sind, statt mit griechischer Sonnenwärme, mit den Polartemperaturen der unbeheizbaren Kammer am Schafgraben verbunden, mit dem Blick durch das schmale Fenster auf entlaubte Bäume, hinter denen man Sanssouci und Charlottenhof zwar nicht sehen, aber vermuten konnte, und mit der Energie, die es kostete, auch wenn der platonische Dialog schwierig oder langweilig wurde, dabei zu bleiben und der Versuchung, den Brotkanten aus der Kommode zu holen, zu widerstehen.

Der ständige Hunger war das Hauptproblem meiner Potsdamer Tage. Außer an Wochenenden, die ich fast immer, nach strapaziösen und langwierigen Eisenbahnfahrten, bei meiner Mutter in Zernsdorf verbrachte, verzehrte ich täglich als einzige warme Mahlzeit eine im Keller der Schule gekochte Suppe, die gräßlich aussah und noch gräßlicher schmeckte und nur aus Wasser und den Rückständen der Zuckerrübenverwertung bestand. Rührte man in dem Napf, den man selbst mitbringen mußte, verdunkelte schwarzer Bodensatz den abwaschwasserähnlichen Farbton, weshalb die Suppe auch Nilschlamm hieß. Genuß konnte auch ein vor Hunger Halbtoter daran nicht haben; wer über Zusatzverpflegung verfügte, verzichtete deshalb auf die wohltätige Gabe; wer aber, wie ich, sich nur von den Rationen eines Normalverbrauchers ernährte, stieg voller Ekel immer wieder in den übelriechenden Keller und löffelte die schwarze Suppe in sich hinein. Da die Hauptnahrungsmittel, Brot, Margarine und Zucker, nur jeweils für eine Dekade gekauft werden konnten, war an deren Anfang der Nilschlammverbrauch nur bescheiden, wuchs dann aber bis zum nächsten Ersten, Elften und Einundzwanzigsten täglich an.

Die Dekadenanfänge waren für mich die Brotteilungstage. Mit Hilfe von Lineal und Messer markierte ich auf der Kruste die Tagesrationen, stellte dabei auch in Rechnung, daß sich der Brotlaib an den Enden verjüngte, versteckte ihn, damit ich seiner nicht ansichtig wurde, im unteren, schwer zugänglichen Teil der Kommode, legte die Stunden fest, zu denen ich eine Schnitte verzehren durfte, war jedesmal überzeugt, daß ich das Maß einhalten könnte – und schaffte es nie. Besser gelang es, dem Rat Adalbert Stifters (oder war es der Karl Mays?) folgend, das Brot so lange im Mund zu halten, bis es sich völlig aufgelöst hatte: das schien den Sättigungswert zu erhöhen. Trotzdem war es immer zwei oder drei Tage zu früh alle; dann blieben nur Zucker und Gerstenkaffee, die in guter Mischung genießbarer waren als der aus heißem Wasser und einer roh geriebenen Kartoffel entstehende Brei.

Die bemerkenswert große Kartoffel hatte ich an einem nahrungslosen Dekadenende auf dem Schulweg gefunden – womit sich die Weisheit Dr. Schultzes, unseres Naturkundelehrers, bestätigt hatte: Die größten Schätze liegen auf der Straße herum. Dr. Schultze, schon im Pensionsalter, war mit Leidenschaft Volksschullehrer und folglich ein Verächter von Studienräten und theoretischem Wissenskram. Seine Göttin war nicht die Wissenschaft, sondern die Lebenspraxis. Bei ihm lernte ich Nutzen und Nachteil von breitkrempigen Hüten, Schirmmützen und auch im Sommer zu tragenden langbeinigen Unterhosen erkennen. Er verabscheute Tragetaschen, die die Körpermuskulatur einseitg belasten, und jenen Typ von Toilettenbecken, der die Exkremente sofort mit Wasser bedeckt und dadurch forschenden und begutachtenden Blicken entzieht. Er kam täglich mit einem Rucksack zur Schule, hatte also die Hände frei, um die Straßenreichtümer einzusammeln: Holzsplitter, verrostete Nägel, Kohlestücke und vor allem auch Zeitungsblätter, die er zum Einwickeln von Pferdemist brauchte, der nicht nur wertvoller Dünger, sondern, in getrocknetem Zustand, auch Brennmaterial war. Sein Hauptunterrichtsthema aber, auf das er immer wieder zurückkam, war die von ihm erfundene wärmesparende Technik des Feueranzündens, die auf der Erkenntnis beruhte, daß nicht die Brennstoffe selbst, sondern das aus ihnen aufsteigende Gas brenne, das vollständig nur dann von der Flamme erfaßt würde, wenn, entgegen der üblichen Praxis, unten die Kohlen lägen, darüber das Holz und obenauf das Papier.

Dieser Bildungsgewinn, der sich auch noch als untauglich erweisen sollte, war, neben einigen unterrichtsmethodischen Grundsätzen, wohl der einzige, den ich in diesen acht Monaten machte, sieht man von meinen privaten Beschäftigungen ab. Mehr als an Wissen gewann ich an Menschenkenntnis, weil die Mitlernenden aus allen sozialen Bereichen kamen und in der Mehrzahl älter waren als ich. Da gab es den Landarbeiter, der in sechs Kriegsjahren fast das Schreiben verlernt hatte, die elegante Industriellenwitwe, die zu Alkolat-Partys in ihre Villa am Brauhausberg einladen konnte, den bärbeißigen Berufssoldaten, der in wenigen Wochen zum Parteifunktionär wurde, die Potsdamer Beamtentochter, die für Rilke und Rudolf G. Binding schwärmte, und den von allen Frauen bemitleideten Ostpreußen, der, kahlgeschoren aus russischer Gefangenschaft kommend, von seinen Angehörigen keine Nachricht hatte, täglich Reste der Nilschlammsuppe in einer großen Milchkanne nach Hause schleppte und in den ersten Wochen den alten Militärmantel nicht ablegen konnte, da er weder Hemd noch Jacke besaß.

Einer der älteren Kursusteilnehmer, der einer Lungentuberkulose wegen nie hatte Soldat werden müssen, kam aus einer alteingesessenen Potsdamer Familie, hatte Orts- und Geschichtskenntnis und hieß nicht zufällig Fritz. Die Gespräche mit ihm, die mehr Unterweisungen in Hohenzollernverehrung waren, begannen an der Garnisonkirche, auf deren Trümmern wir in den Pausen oft in der Sonne saßen, und führten fast immer ins klassische Preußen zurück. Es war nicht schwer, wenn auch lebensgefährlich, in die Gruft der Ruine hinunterzusteigen, wo die Särge des großen Friedrich und seines Vaters gestanden hatten und Napoleons geflügelte Worte gefallen waren: Wenn dieser noch lebte, stünde ich jetzt nicht hier. Die Särge, die sich längst im Westen befanden, waren falschen Gerüchten zufolge, wie die Kunstschätze und sogar Kübelpflanzen, aus Sanssouci und dem Neuen Palais nach Moskau abtransportiert worden. Fritz hatte die Güterzüge mit Bildern und Möbeln gesehen. Ausflüge führten uns nach Caputh, Geltow und Werder, zum Marmorpalais und über die Glienicker Brücke, wo US-Soldaten das verwahrloste Schlößchen als Lagerplatz nutzten, nackte Schwarze sich vor Schinkels Bauten im Wasser der Havel vergnügten und Fritz so lebhaft vom Prinzen Karl und der Königin Luise erzählte, als habe er sie noch persönlich gekannt. Mir gerieten die Friedrichs und Wilhelms und Friedrich Wilhelms rettungslos durcheinander, aber Fritz, der sich vor dem Kriege zeitweilig als Fremdenführer sein Geld verdient hatte, war durch Zwischenfragen nur schwer zu bremsen; doch war sympathisch an ihm, daß er manchmal sich selbst komisch fand. Die gängigsten Routen beherrschte er auch in Französisch und Englisch, und wenn er sich selbst parodierte: And now, ladies and gentlemen, you will see the famous view to the castle..., lieferte er die Oohs und Aahs der Touristen gleich mit. In Sanssouci war das Schloß noch verschlossen, das chinesische Teehäuschen geplündert und seiner wertvollen Stofftapete beraubt. Der Park aber war schon für Besucher geöffnet, es sei denn die Russen feierten in ihm ihre Feste, wie den ersten Jahrestag ihres Sieges am 9. Mai. Aus Lautsprechern dröhnten dann Märsche und jubelnde Chöre, die ich auch in meinem Zimmer am Schafgraben hörte; Feuerwerk erinnerte an die Ängste der Bombennächte, und des Nachts schwebte am Himmel über dem Schloß, von Scheinwerfern angestrahlt, Stalins Porträt.

Politik spielte, da entsprechende Lehrkräfte fehlten, im Unterricht kaum eine Rolle; nur der Leiter des Kurses, der mich für die KPD hatte werben wollen, versuchte sich regelmäßig in Schulungsvorträgen, aber gewachsen war er dieser Aufgabe nicht. An mir ging die Propaganda spurlos vorüber, weil sie dem widersprach, was ich täglich erlebte; sie erinnerte mich an die Diskrepanz zwischen dem Krieg und den Kriegsfilmen; die Stalin-Verehrung war mir der Hitlers zu ähnlich; und der Zwang zum verordneten Denken und zum Eintritt in Organisationen war auch wieder nah. Die Dressurversuche am Menschen, die meine Kindheit vergiftet hatten, schienen mir unter anderen Farben und Fahnen wiederzukommen. In der Überlebenseuphorie meiner neunzehn Jahre glaubte ich dem, da ich Erfahrungen hatte, leicht widerstehen zu können. Nach meiner Weltanschauung befragt, nannte ich mich Monate später einen christlich-pazifistischen Individualisten, und so lächerlich sich das auch angehört haben mochte: es war mir ernst damit und es hatte Bestand.

Ungefähr bis zum Frühsommer 1946 konnte man in Königs Wusterhausen und Potsdam noch Zeitungen aus West-Berlin kaufen, dann wurde ein Verbot zwar nicht ausgesprochen, aber vollzogen, und man brachte sich den *Telegraf* und den *Tagesspiegel* von Berlin-Fahrten mit. Die *Neue Zeitung* der Amerikaner, deren Feuilletonseiten ich aufhob (und jetzt noch besitze), mußte ich nun in Neukölln abonnieren und stapelweise nach Potsdam holen, was ich wegen meines Hungers nach Literaturinformationen für nötig hielt. Die Verhaftungen, die überall vorkamen und die sich im Zusammenhang mit der Vereinigung der beiden Arbeiterparteien häuften, waren also den zukünftigen Lehrern, die ja auch Radio hörten, durchaus bekannt. Anfangs diskutierte man in der Öffentlichkeit noch darüber, zog es dann vor, nur noch verstohlen darüber zu reden, und als man selbst einer Massenverhaftung ansichtig wurde und später erfuhr, daß die Verhafteten spurlos verschwunden blieben, verstummte man gänzlich und war nur noch froh darüber, nicht selbst betroffen zu sein.

Der 1. Mai wurde in Potsdam auf dem Platz der Nation gefeiert. Unter Relegierungsandrohung war es Pflicht mitzumarschieren, mit einer roten Papiernelke am Kragen, unter Fahne und Transparent. Um die Entwürdigung ertragen zu können, war man bemüht, die Sache komisch zu finden, sang zu den Liedern, die angestimmt werden mußten, alberne Texte und amüsierte sich über eine Gruppe von Abiturienten, die weiße Nelken im Knopfloch trugen und an Stelle von Marschliedern Schlager sangen, bis sie von Polizei umringt und abgeführt wurden, worauf der Kursleiter erklärte: es handle sich hier um eine, glücklicherweise gescheiterte, faschistische Provokation.

Meine Abschlußarbeit, eine Klausur zu dem Thema »Und neues Leben blüht aus den Ruinen«, wurde mit 1 bewertet, die mündliche Prüfung mir deshalb geschenkt. Antiquarisch erstand ich für den Rest meines letzten Stipendiums zwei Bücher, die mich in den nächsten Jahren begleiten sollten: Thomas Manns *Tonio Kröger*, den ich las, als sei er speziell zu dem Zwecke geschrieben, mir über mein wahres Selbst Aufklärung zu geben, und eine Auswahl aus Fontanes *Wanderungen durch die Mark Brandenburg*.

Eine solche hatte ich auf Beschluß der Landesverwaltung jetzt anzutreten. In einem tristen Büro hinter dem Nauener Tor hatte mir ein unfreundlicher Mann eine Erklärung verlesen, die ich zu Beginn des Kurses hatte unterschreiben müssen. Darin hatte ich mich zu mindestens dreijährigem Schuldienst verpflichtet, und zwar dort, wo es am nötigsten war. Persönliche Wünsche sollten dabei berücksichtigt werden, doch sprachen in meinem Fall, wie ich nun hörte, pädagogische Gründe dagegen, obwohl mein Wunsch, zur Mutter nach Zernsdorf zurückzukehren, verständlich war. Die Gründe, die meinem Wunsch widersprachen, las mir der Beamte aus den Personalakten vor. Erstens hatte ich mich nicht ins Kollektiv eingeordnet, mich, zweitens, am 1. Mai dem Fahnentragen verweigert, und, drittens, den *Tagesspiegel* eine vertrauenswürdige Zeitung genannt. Nicht intellektuell, aber gesellschaftlich sei ich also eine Enttäuschung gewesen. In meinem eignen Interesse sollte ich spüren, daß solche Vereinzelung nur ins Abseits führe. Man würde mir also Gelegenheit zum Hörnerabstoßen geben, indem man mich ins ferne Westhavelland schicke, in ein Dorf ohne Bahnstation, weit weg von Berlin.

Die letzten Tage der letzten Augustdekade, die ich in Zernsdorf verbrachte, bescherten mir noch die letzte gefährliche Hungerstrecke, da ich meine Mutter, auf deren Hamstertalent ich gebaut hatte, mit hohem Fieber im Bett liegend fand. Der Arzt, der eine Lungenentzündung erkannte, konnte mir zwar eine Krankenhauseinweisung, nicht aber ein Fahrzeug beschaffen. Auf einer beräderten Friedhofsbahre mußte ich die Kranke nach Königs Wusterhausen schieben, bis zum Abend um Aufnahme betteln und nachts, schwach vor Hunger, nach Hause wandern, wo meine Suche nach Eßbarem vergeblich war. Im Garten gab es nur unreife Äpfel, durch die meine Verdauungsfunktionen außer Kontrolle gerieten. Das Ährenlesen auf Stoppelfeldern brachte nur ein minimales Ergebnis, und ein nächtlicher Raubzug nach Mohrrüben scheiterte an einem wachsamen Hund. Ich hätte diese traurigen Tage ohne die täglichen Krankenbesuche wohl kaum überstanden; denn von ihrer schmalen Krankenhauskost ernährte meine Mutter mich mit.

Auf der langwierigen Eisenbahnfahrt Anfang September wechselten Trübungen des Bewußtseins mit euphorischer Überwachheit. Schwächeanfälle plagten mich auf dem einstündigen Fußweg, bis eine Kutsche mich aufnahm und ich Rede und Antwort zu stehen hatte, während zwei edle Pferde mich in regelmäßigem Trab dem spitzen Kirchturm entgegentrugen, der im flachen Luch schon kilometerweit sichtbar war.

GASTRONOMISCHES

Wäre meine Fähigkeit, eignen Empfindungen Ausdruck zu geben, besser entwickelt gewesen, hätte ich beim Eintreten in Brösickes Küche entweder um ein Stück Brot betteln oder mir die auf dem Tisch liegenden Pellkartoffeln in den Mund stopfen müssen. Ich unternahm aber nichts dergleichen, war vielmehr darum besorgt, Haltung zu wahren und keine Schwäche zu zeigen, lehnte mich, um nicht umzufallen, fest an den Türrahmen, wünschte brav einen guten Abend und erklärte den Anwesenden, wer ich war.

Die Stille, die dieser Eröffnung folgte, dauerte nur wenige Sekunden, war aber lang genug, um merkbar werden zu lassen, daß keinem an meiner Ankunft gelegen war. Ich störte die Familie am Feierabend, besonders empfindlich, weil gerade Unfrieden herrschte, und ich kam, wie es den Leuten erscheinen mußte, als Vertreter der neuen Macht. Während der Familienstreit, der sich um eine angebrannte Milchsuppe drehte, nach kurzer Verlegenheitspause weitergeführt werden konnte, verbot es sich, gleich über Schulfragen zu reden, denn die waren politisch brisant. Erst als sich im Laufe des

Abends bei den Brösickes ein Überlegenheitsgefühl einstellte, das sich auf ihre Sattheit und mein Hungerleidertum gründete, rückten sie, wenn auch noch vorsichtig, mit ihrem Mißtrauen heraus. Meine Armut, die sich auch in meinem leichten Gepäck, einem Rucksack, zeigte, machte sie zutraulich. Denn daß ein Verhungernder nicht zur Herrschaft gehören kann, begreift jeder. Das Privileg, satt zu werden, ist das erste und primitivste, das alle genießen, die an der Macht partizipieren. Es wird erteilt, um sie leistungsfähig und bei der Stange zu halten, und auch, um ihnen Autorität zu verleihen. Denn für unfähig wird man denjenigen halten, der an der Krippe sitzt und nicht frißt.

Außer Brösicke, dem SED-Genossen und Bürgermeister, der aber dem Geist der Partei weniger verpflichtet schien als dem dörflichen und dem häuslichen, waren in der nach angebrannter Milch riechenden Küche seine Mutter, seine Frau und seine Tochter anwesend und eine dicke Nachbarin, die man Frau Oost nannte, aber Ost schrieb. Letztere versuchte im Suppenstreit zu vermitteln, konnte aber Brösickes Zorn nicht besänftigen, bis die Schuld der Tochter erwiesen war. Nach harter Feldarbeit war die Halbwüchsige am Küchenherd eingeschlafen und hatte weder das Zischen und Brodeln überkochender Milch auf der Herdplatte noch die Verwandlung von Mehl und Zucker in eine kohleähnliche Kruste bemerkt. Eine Maulschelle beendete die Gerichtsverhandlung. Frau Brösicke, die inzwischen schon fleißig Kartoffeln gepellt hatte, schnitt Speck in Scheiben, befahl der schluchzenden Tochter, Holz aufs Feuer zu legen, und bereitete Bratkartoffeln, als Suppen-Ersatz. Die Großmutter sollte die Suppe hinaus zu den Schweinen bringen. Ich stand noch am Türrahmen, machte vielleicht eine Geste, die als Bedauern ausgelegt werden konnte, oder warf begehrliche Blicke: jedenfalls hielt mir die alte Frau im Vorbeigehen den Topf unter die Nase und sagte scherzhaft: Na, wie wär's denn damit?

Meine Zustimmung wurde auch erst als Scherz gewertet;

ich mußte zweimal erklären, daß mich Angebranntes durchaus nicht störe; dann erst durfte ich mich an den Tisch begeben, den Topf heranziehen, den Löffel eintunken und, ohne eine Pause zu machen, unter den Blicken der ganzen Familie die für sie alle bestimmte Suppe verzehren, bis auf den schwarzen, festsitzenden Rest. Das war eine animalische Leistung, die anerkannt wurde, Brösicke aber auch mit Sorgen erfüllte, weil dieser halbverhungerte Städter, der kein Land besaß, über keinen eignen Herd verfügte, kein Naturaldeputat zu erwarten hatte und als Schulmeister 180 wertlose Mark im Monat verdiente, die Mildtätigkeit der Gemeinde beanspruchen mußte, wollte er nicht hungernd zugrunde gehen.

Während die Brösickes mit den Bratkartoffeln beschäftigt waren und ich mich, nach einem Hungerjahr erstmalig wieder, wohliger Sattheit erfreuen konnte, wurde ich von Frau Ost in eine Unterhaltung verwickelt, die Verhör zu nennen sich nur deshalb verbietet, weil sie mir jede Antwort auf ihre direkten Fragen mit einer Mitteilung über ihre Tochter Lonny vergalt.

Nicht Schulisches interessierte sie, sondern Privates; denn Lonny war schon lange der Schule entwachsen, und andere Kinder, und damit Erben, hatte Frau Ost nicht. Lonny, erfuhr ich, war etwa so alt wie ich und so groß wie ich, doch glücklicherweise nicht so besitzlos wie ich und auch nicht so dünn. Eine Fleißige war sie, die kochen, backen und nähen konnte und auch von Acker und Vieh was verstand. Groß war der Hof nicht, den sie erben würde, und auch das Wohnhaus war eher bescheiden zu nennen, weshalb es bisher auch noch keine Flüchtlinge hatte aufnehmen müssen; doch war zu befürchten, daß sich, wenn weitere kämen, das ändern würde; und deshalb nahm Frau Ost lieber den Schulmeister ins Haus.

In der Stunde, in der bei Osts meine Stube noch umgeräumt werden mußte, erfuhr ich vom Bürgermeister, daß ich hier unerwünscht war. Im Dorf gab es zwei Schulgebäude. In einem saß schon ein neuer Lehrer, in dem anderen der alte, der schon seit den zwanziger Jahren im Dorf das Lesen und Schreiben gelehrt hatte und mit dem die Gemeinde immer zufrieden gewesen war. Der hatte Orgel gespielt und den Männerchor angeleitet, Hochzeitsgedichte verfaßt, gärtnerische Ratschläge gegeben und die Feuerwehrkasse verwaltet; der hatte gewußt, was ein angehender Bauer lernen und nicht lernen mußte, und daß in Erntezeiten, in denen die Kinder auf den Feldern gebraucht wurden, der übliche Schulzwang nicht aufrechtzuerhalten war. Die Verbitterung darüber, daß dieser verdiente Mann jetzt nur deshalb entlassen wurde, weil er Hitlers Partei angehört hatte, richtete sich gegen mich, den Ersatzmann, obwohl man natürlich wußte, daß mich persönlich keine Schuld traf. Was mich hier, und später noch oft, nachdenklich hätte machen sollen, war die Problematik einer politischen Stellvertretung, die man auch antritt, wenn man sich mit der Macht, in deren Diensten man seine Tätigkeit ausübt, in Konflikten befindet oder sich von ihr innerlich distanziert.

An meinem ersten Dorfabend in Brösickes Küche bedrückte mich diese spürbare Ablehnung erstaunlich wenig. Ich war satt und müde, hatte Aussicht auf Bett, Zimmer und tägliche Nahrung, hoffte auf viel freie Zeit zum Lesen und Schreiben, und da ich weder sozialen noch pädagogischen Ehrgeiz hatte, waren meine Erwartungen nicht auf die Dorfleute und deren Kinder gerichtet, sondern auf havelländische Herrensitze, die ich mir geschichtsträchtig und geheimnisumwittert vorstellte, auf das Luch, das ich auf dem Weg von der Bahn schon durchwandert hatte, und auf den Wald, der am südlichen Dorfrand begann.

Sollte ich auf ein Herzenserlebnis mit der Tochter meiner Wirtin gehofft haben, folgte am ersten Morgen bereits die Enttäuschung. Lonny kam in mein Zimmer, um mir das Frühstück zu bringen, hatte nichts, was mich für sie hätte einnehmen können, und da sie nicht nur vor Schüchternheit stumm war wie ich, sondern auch eine langsame Auffassungsgabe hatte, nahm sie mein Desinteresse erst wahr, als eine Jutta im Blickfeld erschien. Vier Wochen später bekam ich bei Osts nichts mehr zu essen, mußte die Gute Stube, die man mir eingeräumt hatte, mit einer Kammer im Anbau vertauschen und wurde, als hätte ich am Tag meiner Ankunft nicht einen Miets-, sondern einen Heiratsvertrag abgeschlossen, von Mutter und Tochter mit Grußverweigerung und übler Nachrede bestraft.

Ich mußte nun reihum bei den Bauern zu Mittag essen, bei dem einen allein am festlich gedeckten Tisch in der Guten Stube, beim anderen in der Waschküche an der langen Gesindetafel, beim dritten nur mit den Schulkindern der Familie, denen die Anwesenheit ihres Lehrers den Appetit verdarb. Zwar erweiterte sich dabei meine Menschen- und Tischsittenkenntnis, ich lernte seltsame Speisen kennen, wie die im Dorf beliebte Pflaumensuppe, die mit Kartoffeln und Rauchfleisch gekocht wurde; doch war diese Kostgängerei für beide Seiten so peinlich und lästig, daß die Kostgeber nach einiger Zeit streikten und der Kostnehmer ihnen deshalb nicht böse war. Die zwei Gastwirte, die nun unter Androhung des Konzessionsentzuges zur Bekochung des Lehrers verurteilt wurden, klagten an höherer Stelle gegen die Ungesetzlichkeit dieser Verordnung und waren mich schnell wieder los. Auf die Idee, einen Herd in meiner Kammer zu installieren und mich, wie es bei einem Fräulein selbstverständlich gewesen wäre, allein kochen zu lassen, kam niemand, auch ich nicht, in dieser Zeit.

Dafür kam ein rettender Engel. Er hieß Muttel Kühn, stammte aus einem niederschlesischen Dorf in der Nähe von Liegnitz, wohnte mit drei Kindern in einem Stall, der vorher Ziegen beherbergt hatte, war Spezialistin für hauchdünne Kartoffelpuffer, hielt gesüßten Salat mit gebratenem Speck übergossen für eine Delikatesse, sprach ein für Märker unverständliches Schlesisch, schimpfte, lachte und weinte abwechselnd und auch durcheinander, arbeitete nicht wie ein Pferd, sondern wie zwei von ihnen, und hatte jene Jutta als Tochter, die Lonnys Absichten auf den minderjährigen Lehrer zunichte machte, woran übrigens die Mutter, nicht nur weil sie der Tochter ihr Temperament vererbt hatte, nicht unschuldig war.

Frau Kühn nämlich, die sich bei Begegnungen auf der Dorfstraße nie mit dem obligatorischen Gruß begnügte, den ich, der Großstädter, erst lernen mußte, sondern immer ein fröhliches oder besorgtes Wort über Wetter und Ernteaussichten anfügen mußte, hatte schon in den ersten Tagen nach meiner Ankunft meine Bekanntschaft gemacht. Da ihr Jüngster seine Schulzeit noch nicht beendet hatte, war nicht die verregnete Kartoffelernte, sondern der schlechte Musikunterricht zur Sprache gekommen, ein Thema, das mühelos zu der neunzehnjährigen Tochter führte, die ihrem schlesischen Kantor das Glück verdankte, engelsgleich singen zu können, und zwar nicht nur Volks-, sondern auch Kunstlieder, wie Tom der Reimer, Mamatschi schenk mir ein Pferdchen oder Schlafe mein Prinzchen schlaf ein.

Das ganze Dorf, mich eingeschlossen, weinte, als Jutta und ihr jüngerer Bruder nach dem Weihnachtsspiel der Schulkinder von der Bühne des Tanzsaales herab zweistimmig von der Elfenkönigin und dem schlafenden Prinzchen sangen. Anschließend war Kindertanz, dann begann der für die Großen, und als ich den fliehen wollte, holte Frau Kühn mich zurück, um mich mit ihrer Tochter bekannt zu machen, die, wie sich herausstellte, nicht nur gesangs-, sondern auch tanzkundig war. Wie 35 Jahre zuvor mein Vater auf dem Ball des Postgesangvereins in der Friedrichstraße, konnte ich nun im Dorfgasthaus Senß meine Unfähigkeit im Walzer-, Schieber- und Foxtrottanzen beweisen und wurde beim Abschied am Hoftor auch noch in anderer Weise belehrt. Ich erfuhr, daß es sich gehöre, einen Kuß anzubringen, oder es wenigstens zu versuchen, und als ich die Allgemeingültigkeit dieser Regel anzweifeln wollte, schritt die Lehrerin selbst zur Tat.

Tätig wurde später dann auch die Mutter, indem sie mit der Begründung, daß kein Kantor, der den Schülern das Wurstbrot neide, gehorsame Kinder erwarten könne, das Dilemma der Lehrerverpflegung löste. Gegen regelmäßige Zuwendungen an Speck, Schmalz und Kartoffeln bot sie der Gemeinde ihre Kochkünste an. Der Ziegenstall wurde nun meine Speisegaststätte, und besser als zwischen seinen getünchten, niedrigen Wänden hätte ich nirgendwo essen können, auch fröhlicher nicht.

GEFÄHRLICHE SÜMPFE

Mein Dorf im Westhavelland, das heute mit seiner asphaltierten, baumlosen Straße einen trostlosen Anblick bietet, war in den Nachkriegsjahren von alten Linden beschattet und sah sehr wohlhabend aus. Zwei Gasthäuser, zwei Schulgebäude mit Lehrerwohnungen, die Kirche, das Pfarrhaus, die Schmiede, Scheunen, Ställe und Bauernhäuser, alles war gepflegt und intakt. Tagsüber waren Dorfstraße und Anger von Hühnern, Gänsen, Schwalben und Spatzen bevölkert; auf dem Dorfteich waren Scharen von Enten rege; vor Schulbeginn wurden von Kindern die Kühe zur Weide getrieben, und kleine Pferdeherden, von Jungen geleitet, die ohne Sattel und Zaumzeug ritten, jagten den Koppeln zu. Sonnabends wurden Straßen und Höfe gesäubert, der Kirchhof geharkt, die riesigen Brotlaibe in die mit Reisig vorgeheizten Backöfen geschoben und Hühner geschlachtet fürs Sonntagsmahl. Die geringen Verluste an Vieh, die der Einmarsch der Russen gekostet hatte, waren inzwischen schon wettgemacht worden; Wäsche, Kleidungsstücke und Haushaltsgeräte wurden von hungernden Städtern als Tauschwaren geliefert, und da Wagen und Landmaschinen von Pferden gezogen wurden, war das Fehlen von Treibstoffen kein Problem. Obwohl viele Männer gefallen oder gefangen waren, manche Wirtschaften also von Frauen und Greisen geleitet wurden, gab es Arbeitskräfte genug; denn die Vertriebenen, Flüchtlinge genannt, meist Frauen und Kinder, die aus Schlesien und Ostpreußen, aus der Neumark, dem Wartheland und aus Bessarabien gekommen waren, bezahlten das Dach über dem Kopf mit Arbeitsleistung und wurden vorwiegend mit Naturalien entlohnt.

Da das Dorf nie einem Adligen hörig gewesen war, sondern schon seit seinen Anfängen im 12. Jahrhundert dem Domkapitel zu Brandenburg unterstanden hatte, war es ein reines Bauerndorf ohne Gutsbesitzer, so daß hier die Bodenreform nicht wirksam geworden war. Die prächtigen Höfe der größeren Bauern, deren Landbesitz bis an die erlaubte Grenze von hundert Hektar reichte, umgaben von beiden Seiten den breiten Anger, in dessen Mitte neben dem älteren Schulgebäude die von Gräbern umgebene Kirche stand. Gekreuzt wurde der Anger von der aus Nennhausen kommenden Landstraße, an der entlang sich das Dorf in neuerer Zeit weiterentwickelt hatte, bis zu seinem südlichsten und ärmlichsten Ende, der Dudel genannt. Hier wurden die Äcker und Gärten sandig und steinig und gingen bald in Kiefernwald über, während sich nach Osten, Westen und Norden das Havelländische Luch erstreckte, eine tafelglatte, fruchtbare Ebene, aus der vereinzelt, wie kleine Inseln, die Horste mit Erlen und Eichen ragten, und wo der ferne Horizont meist im Dunst verschwamm. In jahrhundertelanger Arbeit waren hier durch ein System von Gräben, Kanälen und Deichen bodenlose Sümpfe in Wiesen verwandelt worden, doch gab es noch immer, weit ab von den Dörfern, Morastgebiete, vor denen Kinder und Viehhirten gewarnt werden mußten, weil man angeblich unrettbar in ihnen versank. Selbst in schneelosen Wintern, wenn die Hauptkanäle bei Frost zu Eisbahnen wurden, die Gräben bis auf den Grund zufroren, die jungen Leute des Dorfes mit Äxten und Sägen die eingeschlossenen Barsche und Hechte aus dem Eise hackten und in Säcken nach Hause trugen, vermied man das Betreten der Sumpfgebiete, weil denen niemals zu trauen war.

Ein gefährliches Moor, Fenn genannt, gab es auch in den Wäldern. Hier wurde mit langen Spaten im zeitigen Frühjahr der Torf gestochen, im Sommer zum Trocknen zu Pyramiden gestapelt und im Winter verheizt. Die voll Wasser gelaufenen Torflöcher, die ihrer Schwärze wegen gefährlich aussahen und es ihrer steilen Ufer wegen auch waren, dienten im Sommer als Badebecken; denn die Havel oder die Seen, in denen man schwimmen konnte, waren für alle, die kein Fahrrad besaßen, zu weit entfernt.

Ich wurde erst nach der Währungsreform Fahrradbesitzer. Gegen einen Sack Kartoffeln und einen Beutel mit grünen Bohnen konnte ich im blockierten West-Berlin ein defektes Damenrad tauschen. Es hatte Vollgummibereifung, die das Befahren von Kopfsteinpflaster zu einer Strapaze machte, trug aber dazu bei, daß ich meine Erkundungen über die umliegenden Dörfer hinaus ausdehnen konnte, bis zur Backsteingotik von Brandenburg und den Trümmern von Rathenow. Das war aber schon in meinen Hausvaterzeiten, in denen Weib und Vieh meiner harrten, ich auf Ausflügen nach der Uhr sehen mußte und nicht mehr für jede Versuchung offen sein durfte, und sei es die, nach einer Luchwanderung im Sommer so lange im Grase zu liegen, bis die Eulen die ersten Flüge wagten und die Sonne hinter dem Buckower Kirchturm verschwand.

Einmal in der Woche konnte ich meine Freude an einsamen Wegen mit Pflichten bemänteln, da ich zur Weiterbildung in ein zehn Kilometer entferntes Luchdorf mußte, wo der Rektor des Schulbezirks, immer korrekt mit Anzug, Krawatte und Weste bekleidet, den Neulehrern Lektionen in

Unterrichtslehre erteilte, die die gleiche Traurigkeit ausstrahlten wie er. In ihm hatten die Schulreformer der zwanziger Jahre einen begeisterten Anhänger gefunden; 1933 war er amtsenthoben, 1945 wieder eingestellt worden; jetzt sah er, daß unter dem Einfluß der neuesten sowjetischen Pädagogik sein Ideal einer demokratisch-kritischen Arbeitsschule wieder der Lernschule alten Stils geopfert wurde: ein Rückschritt, wie er meinte, in die wilhelminische Zeit. Die Traurigkeit, die ihn ständig umgab, aber hatte andere Gründe. Zwei seiner Söhne waren in Rußland gefallen, der dritte, der vor dem Krieg ein Architekturstudium begonnen hatte, war kürzlich zurückgekommen, armlos und mit von Narben entstelltem Gesicht. Er lebte zurückgezogen, duldete nur die Mutter um sich, weigerte sich, mit den Eltern an Mahlzeiten teilzunehmen und verließ nur im Dunkeln das Haus. In den ersten Wochen nach seiner Heimkehr waren die Eltern noch voller Hoffnung gewesen, weil er, um seine Fähigkeit im technischen Zeichnen zurückzugewinnen, das Training seiner künstlichen Arme, an denen an Stelle der Hände zangenähnliche Greifer saßen, mit Energie betrieben und Tag und Nacht am Reißbrett gesessen hatte. Dann aber hatte sich seiner eine Verzweiflung bemächtigt, die kurzzeitig Wutausbrüche, langandauernd aber lethargisches Brüten und feindseliges Schweigen zur Folge hatte. Wenn ich ihm auf Bitten des Vaters Bücher ins Zimmer brachte oder ihn einlud, mit mir Spaziergänge zu machen, saß er am Reißbrett, arbeitete aber nicht, sondern sah aus dem Fenster, und wenn er mir kurz und böse mit Danke und Nein antwortete, hielt er sein zerstörtes Gesicht immer abgewandt. Meine Aufgabe wäre damals gewesen, geduldig um Vertrauen und Freundschaft zu werben, doch weiß ich nicht, ob ich zu einem Umgang mit ihm auf die Dauer auch fähig gewesen wäre. Ich war, glaube ich, froh darüber, daß mir durch seine Abwehrhaltung diese Probe erlassen blieb. Bezeichnenderweise hatte ich diese Begegnung mit einem, dem das widerfahren war, was auch mir hätte widerfahren können, bis heute völlig verdrängt.

Der alte Rektor hatte für mich auch insofern Bedeutung, als er eine Erfahrung in Worte faßte, die ich zwar hatte, mir aber nicht eingestand. Er erzählte von einem Gerichtsverfahren gegen einen Kollegen, der sich an einem Mädchen seiner Klasse vergangen hatte, und knüpfte daran die weise Bemerkung, die er als Sachverständiger auch zu Protokoll gegeben hatte, daß wenn man die der Pädagogik innewohnende erotische Komponente bedenke, an das provokativ-weibliche Gebaren frühreifer Schülerinnen erinnere und außerdem zugebe, daß das Denkvermögen der jungen Lehrer durch Sexualität doch ohnehin schon vernebelt wäre, die Seltenheit solcher Fälle verwunderlich sei. Ich war mit den anderen betroffen über diese entschuldigende Haltung, fühlte mich andererseits aber auch ertappt. Denn tatsächlich waren meine drei Landlehrerjahre auch in dieser Hinsicht Erfahrungs- und Lehrjahre. Es war eine Atmosphäre von Sexualität vorherrschend, die mich umtrieb und lähmte, entzückte und niederdrückte, weil sie sich im Leben des Dorfes und in mir selbst in allen Facetten zeigte, von Lebenslust, Naturbegeisterung und schmerzlicher Sehnsucht nach dem, was ich Leben nannte, bis zum Ekligen, Abstoßenden hin.

Das idyllische Dorf, in dem von Sonnenaufgang bis in die Nacht hinein hart gearbeitet wurde und der sonntägliche Kirchenbesuch für die meisten noch zu den selbstverständlichen Pflichten gehörte, hätte einem Skandalchronisten Stoff in Hülle und Fülle geliefert, auch wenn ihm nur Bruchteile zu Ohren gekommen wären, wie sicher mir. Da gab es den Bauern, der seine Frau des Nachts in die Dachkammer verbannte, weil er das Schlafzimmer mit zwei sich ständig zankenden Schwestern aus Ostpreußen teilte. Da war die adrette Dame aus Danzig, die angeblich in den Nachtstunden Nebenverdienste hatte, und das etwa zwanzigjährige, dicke, debile Mädchen, das kichernd den Burschen und Männern alles gewährte, sich aber öffentlich mit den Worten: knutschen und knutschen ist zweierlei, über jeden beschwerte, der grob zu ihr war. Da gab es den Mann, der immer geholt wurde, wenn irgendwo Hühner, Gänse und Schweine zu schlachten waren, und der mit der anregenden Wirkung seines blutigen Handwerks auf Frauen prahlte. Es gab Inzest, und es gab Ehebrüche, die mit der Flucht in den Westen endeten, und es gab den Fall eines zwölfjährigen Waisenmädchens, das seinem alten Onkel den Haushalt führte und mit dreizehn Jahren schon schwanger war.

Den schwersten Schock aber versetzte mir Unwissendem eine abwechselnd schreiende und schluchzende Mutter, die morgens um sechs in mein Zimmer stürzte und in dem schwerverständlichen Idiom der Bessarabiendeutschen, das sich anhörte, als wollte ein Russe Schwäbisch sprechen, von mir verlangte, jetzt sofort, auf der Stelle, einer Sache ein Ende zu machen, die sie als Schweinerei und Verbrechen bezeichnete, von der ich aber vorläufig nur begreifen konnte, daß der Verbrecher, dessen Untaten ich aufdecken sollte, mein Schulleiter war. Auch ihr Sohn Hans, den sie als Zeugen mitgebracht hatte, ein pfiffiger Zwölfjähriger, der hervorragend rechnen, aber nicht schreiben konnte, weil er seine Schuljahre vorwiegend auf Trecks zwischen dem Schwarzen Meer und der Weichsel verbracht hatte, war nicht in der Lage, sich mir bald verständlich zu machen, weil er den Ohrfeigen seiner Mutter ausweichen und sich die Tränen abwischen mußte, und weil ich zu begriffsstutzig war. Dabei war er nicht etwa schüchtern. Als ihm klar wurde, daß ich seine Bezeichnungen bestimmter Körperteile nicht kannte, war er bereit, mir diese gleich vorzuführen, wurde aber von seiner Mutter daran gehindert, die ihm immer wieder die Frage stellte: Hat er dich auch mißbraucht? Das verstand Hänschen so wenig wie sein unwissender Lehrer, aber um seinen guten Willen zu zeigen, erzählte er nun entsetzlich ausführlich: wie und wohin der Herr X. die Jungen im Unterricht schmerzhaft zu kneifen pflegte, daß er sich zwei oder drei in den Pausen manchmal in sein Zimmer bestellte, um zu prüfen, ob sie unter der Hose überall gut gewaschen waren, und daß er gerne mit Nachsitzen bestrafte, um mit den Jungen, die er durchprügeln wollte, allein zu sein. Während Hänschen mir zum Beweis seine Striemen zeigte, kamen zwei weitere Mütter, die mir das Versprechen abnahmen, die Angelegenheit sofort anzuzeigen, andernfalls drohten sie Schulstreik an. Hänschen lief durch das Dorf, um einen schulfreien Tag zu verkünden, ich aber machte mich auf den Weg, um meinen Kollegen zu denunzieren, vor Ekel und Angst wie gelähmt.

Wie ein Denunziant wurde ich auf der Schulbehörde der Kreisstadt tatsächlich behandelt. Jeder fühlte sich unbehaglich, erklärte sich, wenn er mein Gestammel begriffen hatte, für unzuständig und versuchte, mich weiterzuschicken, so daß ich mehrmals erklären mußte, was sich meinen Worten entzog. Erst am Nachmittag war ich wieder zu Hause. Auf der Dorfstraße kam mir Herr X. entgegen, ein hagerer, asketisch wirkender Mann, der einer Kriegsverletzung wegen am Stock gehen mußte. Er fragte: Sie haben alles gemeldet?, und als ich nickte, sagte er: Sie konnten nicht anders, ich bitte Sie um Verzeihung! und ging erhobenen Hauptes davon.

Verhaftet wurde er wenig später. Zwei Kriminalbeamte kamen ins Dorf, die im Gasthaus logierten und von morgens bis abends im Zimmer des Bürgermeisters die Jungen verhörten, obwohl mein Kollege geständig gewesen war. Auch mich bestellten sie täglich zu sich, angeblich notwendiger Vernehmungen wegen, in Wahrheit aber, um lustvoll mit den Erfolgen ihrer Untersuchung zu prahlen, jede Einzelheit vor mir auszubreiten und immer wieder zu dem Ergebnis zu kommen: die Schuljungen hier seien schon alle versaut. Als sie auch noch begannen, sich um die Sünden der Mädchen und den Sittenverfall der Erwachsenen zu kümmern, wurde das Dorf rebellisch, weil man Politisches hinter dem regen Interesse vermutete und überhaupt meinte, das gehe die Polizei gar nichts an. Wieder kamen im Morgengrauen, bevor sie zur Arbeit aufs Feld mußten, zornige Mütter, schilderten mir die Schockwirkungen der Verhöre, beklagten sich über falsche Anschuldigungen erschreckter Mädchen, nannten die Sittenpolizisten Sadisten und verlangten von mir, der ich die Spitzel ins Dorf geholt hatte, einen Protest bei der Kreispolizei.

Bald darauf war die Schnüffelei tatsächlich zu Ende, aber ihre Auswirkungen dauerten noch lange an. Feindschaften zwischen Familien entstanden, weil Kinder, um sich selbst zu entlasten, andere beschuldigt hatten; Freundschaften zerbrachen auf Grund von Verdächtigungen; und eine in den umliegenden Dörfern erfolgreiche Freikirche wurde, da auch Herr X. ihr angehört hatte, des sexuellen Mißbrauchs von Kindern beschuldigt und verlor Teile ihrer Anhängerschaft. Ich konnte lange Zeit keinen Schüler mehr sehen, ohne daran denken zu müssen, was er mit andern zusammen unter den Büschen hinter der Schmiede getrieben hatte, und auch mein Gefühlsleben blieb, wie das einiger pubertierender Mädchen, vom Generalthema des Dorfes nicht unberührt.

Gefährlich wurden mir dabei weniger die lebhaften Schülerinnen, die durch Affektiertheiten meine Aufmerksamkeit zu erregen versuchten, sich bei jeder Gelegenheit an mich drängten und beim Kartoffelkäfersammeln auf sommerlich heißen Feldern betont spärlich gekleidet waren, sondern die stillen und ernsten, die Melancholie anziehend macht. Eine von diesen, eine hochaufgeschossene Blondine, gelangte abends, von meinen Wirtsleuten unbemerkt, in mein Zimmer, um mir, aber nur mir allein, zu erzählen, daß auch sie ein Opfer des Schulleiters geworden sei. Herr X. habe sie, so etwa ging ihre offensichtlich erträumte Geschichte, unter dem Vorwand, daß der Schularzt gleich käme, in seine Wohnung befohlen, wo sie den Oberkörper habe freimachen sollen, was sie aus Scham aber verweigert habe, worauf er ihr mit Gewalt den Pullover über den Kopf gezogen und dazu drohend gesagt habe: daß ihr schon Brüste wuchsen, zeuge von ihrer Verdorbenheit. Von mir wollte sie nun, unter Weinen und Schluchzen wissen, ob auch ich ähnlich über sie dächte; und da ich fürchtete, sie würde mir freiwillig darbieten, was der Unhold erzwungen hatte, beantwortete ich ihre Frage, ob ich sie leiden könne, so selbstverständlich wie möglich bejahend und komplimentierte sie leise hinaus.

Falsch war die Antwort nicht, denn ich liebte alle Kinder tatsächlich, allerdings unter Bevorzugung des weiblichen Teils. Die Mädchen nämlich waren vertrauensvoller, mißbrauchten meine Nachgiebigkeit seltener zu Disziplinwidrigkeiten und zeigten deutlicher als die Jungen, die zu dem gleichen männlichen Gehabe gezwungen waren, besondere Ausprägung von Individualität. Einige aber liebte ich mehr als die andern, und nie gelang es mir, das nicht merken zu lassen; denn die Versuchung, der Betroffenen mit deutlicher Zuneigung Freude zu machen, war größer als mein pädagogisches Pflichtbewußtsein, das mir in gefühlsarmer Ausführung unsinnig erschien. Im Unterschied zu einer Partnerbeziehung, in der man gezwungen ist, alle Bewunderung auf die eine zu richten, machte diese mehrfache Liebe es möglich, das Begeisterungspotential aufzuteilen und an verschiedene Objekte gleichzeitig zu heften, wodurch es vor Illusionen und Enttäuschungen sicherer war. Meine Liebe zur zehnjährigen Inge, in der sich Fleiß und Akkuratesse mit Sanftheit verbanden, konnte die zur träumerisch-stolzen Gerda so wenig verdunkeln wie die zur intelligenten, vierzehnjährigen Eva, die mir in meinen Lektionen oft Fehler nachweisen konnte, und zwar nicht nur, was leicht war, im Fach Mathematik.

Schön waren die meisten von ihnen. Von überwältigender Schönheit aber war Helga, bei deren Anblick mir manchmal der Herzschlag stockte und die Lektion außer Kontrolle geriet. Sie war dreizehn, aber schon formvollendet, mußte jedoch in der Abteilung der Zehnjährigen sitzen, weil sie eine perfekte Leistungsverweigerin war. Sie redete kaum und bewegte sich langsam, was aber würdig, nicht träge wirkte, war immer sauber frisiert und geschmackvoll gekleidet, und ihr edles Gesicht ließ nicht ahnen, ob sich hinter ihm Renitenz oder Leere verbarg. Sie verspätete sich oft, weil sie einen extrem langen Schulweg hatte, kam manchmal auch gar nicht; dann fehlte sie mir, und gleichzeitig war ich erleichtert. Erschien sie nach Tagen wieder, überreichte sie mir formvollendete Briefe, aus denen der Sehr geehrte Herr Lehrer! Details ihrer Mädchenleiden erfuhr. Ausführlich wurde mir der Verlauf einer Migräne geschildert; der psychische Schock, den das erste Auftreten der »Tage« erzeugt hatte, wurde mit Einzelheiten beschrieben; und immer wieder wurde darum gebeten, vorsichtig und verständnisvoll mit dem durch die Flucht noch verstörten Kind umzugehen. Die Briefe, auf feinstem Papier geschrieben, erinnerten mich an meine duftende Tante, und auch das schöne Kind selbst hatte diesen vornehmen Geruch. Die Versuchung war groß, ihre Nähe zu suchen, doch da sie in einer der langen Schulbänke inmitten der Zehnjährigen saß, war das im Unterricht schwierig, und wenn ich sie nach vorn rief, um ein Gedicht aufzusagen oder ein Wort an die Tafel zu schreiben, quälte ich sie und mich auch. Denn sie weigerte sich, vor der Klasse stehend zu sprechen oder zu schreiben, wiederholte nicht, was ich ihr vorsagte, überreichte mir nach dem Diktat leere Blätter, erklärte auch ihre Widerspenstigkeit nicht, und wenn ich ihr drohte, daß sie wieder nicht versetzt werden könnte, liefen ihr zwar die Tränen herunter, aber ihr Gesicht blieb weiterhin unbewegt. Ich hatte Mühe, die Fassung zu wahren, sie nicht zu umarmen, zu streicheln oder zu schlagen, und ich spürte dabei, daß die Klasse gespannt darauf wartete, daß ich irgendwie aus der Rolle fiel. In den Pausen, die die Schüler auf der Straße vor dem Schulhaus verbrachten, beteiligte sie sich nie an den Reihen- und Singespielen der Mädchen, stand allein unter einer der alten Linden, fütterte mit ihrem Schulbrot Hühner und Spatzen, während ich, beaufsichtigend in der Schultür stehend, sie zu übersehen versuchte, was aber nie gelang. War die Pause zu Ende, mischte sie sich nicht unter das vor der Tür entstehende Gedränge, sondern ging mit ihren bedächtigen Schritten als Letzte vor mir hinein. An einem Samstag im Juni blieb sie vor der Tür stehen und sagte mit einer Geläufigkeit, die mich erstaunte: Ihre Mutter lasse Grüße ausrichten und bitte um meinen Besuch.

Die Mittel, die zu meiner Bestechung eingesetzt wurden, erschöpften sich nicht in einer festlich gedeckten Tafel mit echtem Kaffee, Erdbeertorte und Schlagsahne, sondern sie wurden, was noch wirksamer war, durch Ehrerbietung ergänzt. Ich schüchterner, unsicherer Bursche wurde wie ein Mann von Bedeutung behandelt, als Ehrengast der Familie bezeichnet, ständig zum Zugreifen genötigt und von der redseligen Mutter, die wirklich so vornehm wirkte, wie ihre Entschuldigungsbriefe hatten vermuten lassen, von allen Themen, die mir unangenehm sein konnten, verschont. Vom schulischen Versagen der Tochter und ihrer drohenden Nichtversetzung war also niemals die Rede, häufig dagegen von der Freude der Mutter darüber, den Lehrer, von dem die Tochter nicht grundlos schwärmte, endlich kennenzulernen, und von dem Wunsch, ihn häufiger bei sich an der Tafel zu sehen. Auch der griesgrämige Großvater bemühte sich ab und zu, freundlich zu wirken und meinen Besuch herrlich zu finden, doch war deutlich zu merken, daß er mich langweilig fand. Der Trumpf aber, der erst ausgespielt wurde, als Likör mich erwärmt hatte, war der verspätete Auftritt Helgas; und obwohl ich die Inszenierung durchschaute, blieb, dank dem Leibreiz der Tochter, die von der Mutter erhoffte Wirkung nicht aus.

Es war ein Nachmittag voller Rosen. Sie umrankten die

Veranda, auf der wir saßen; große Sträuße von ihnen zierten die Tafel; und Helga, die ein weiter und langer Rock in eine junge Dame verwandelt hatte, trug eine rote Rose im Haar. Während Mutter und Großvater wie auf Verabredung schwiegen, plauderte meine sonst so verstockte Schülerin über ihre Vorliebe für Rosen, über die Seltsamkeit ihrer Namen, die Verschiedenartigkeit ihrer Farben und über ihre Vergänglichkeit. So schön wie zu Hause, in Schlesien, duftete hier keine. Hier aber gab es Wildrosen, die sie in ihrer Kindheit gar nicht gekannt hatte, und zu denen wollte sie mit mir gehen.

Das Kirchengut, das ihr Großvater verwaltete, lag einsam vier Kilometer vom Dorf entfernt hinter den Wäldern. Als wir es über kahle Sandhügel verließen, nahm sie meine Hand und erzählte von ihrem im Kriege gefallenen Vater, und ihr achtjähriger Bruder, der schon besser als sie schreiben und rechnen konnte, lief schreiend oder singend voraus. Beim Sitzen im Gras breitete sie ihren weiten Rock kreisförmig um sich; sie band aus Wiesenblumen Kränze, setzte mir einen aufs Haar und nannte ihn eine Krone; sie sprach von der Angst, die ihr täglich der lange Schulweg bereitete, beschwerte sich ab und zu über mein Schweigen, fragte, welches Mädchen im Dorf mir am besten gefalle, sagte kein Wort über die Schule – die auch ich bis zum Abend völlig vergaß.

Die traumhafte Schönheit dieser Sommerstunden blieb in meiner Erinnerung besser erhalten als die Gewissensskrupel, die ich, wie zu hoffen ist, meiner Bestechlichkeit wegen empfand. Obwohl ich nicht sicher war, ob Helga überhaupt schreiben und lesen konnte, versetzte ich sie in die nächsthöhere Klasse, verlor sie, da sie nach Brandenburg verzog, bald darauf aus den Augen und hörte erst fünfzehn Jahre später wieder etwas von ihr. Sie rief mich an, da sie in der Zeitung meinen Namen gelesen hatte, schilderte mir in naiver Offenheit ihre Ehe, die sie als gut, aber nicht glücklich charakterisierte; doch als wir umständlich ein Rendezvous vereinbaren wollten, kam ihr eifersüchtiger Mann, ein höherer DDR-Ministerialbeamter, nach Hause; und sie legte hastig auf, meldete sich nie wieder und rettete so meinen Sommertagstraum.

Auch mein Schulleiter, an dem ich schuldig geworden war, meldete sich nach einem Schlaganfall als Fünfundsiebzigjähriger wieder, und sein Erinnerungsbrief bot von unserer Vergangenheit eine andere, nämlich seine Version. Er habe, schrieb er, nur ein halbes Jahr als Häftling verbringen müssen, sei dann auf Bewährung entlassen worden, habe in der Industrie Karriere gemacht und sei mir zu keiner Zeit böse gewesen; denn nur weil ich von ihm in seine unkonventionelle Art, den Schülern das Onanieren abzugewöhnen, nicht eingeweiht worden sei, hätte ich den kommunistischen Eltern, die ihn aus dem Dorf hatten entfernen wollen, so leichtfertig geglaubt.

PHOLISOPHISCHES

Die Leichtfertigkeit meiner kindlichen Eheschließung hatte auch etwas mit der Zweiteilung meines Daseins zu tun. Da gab es das dörfliche und damit berufliche Leben, das mir als vorläufig erschien und mir wenig nur abverlangte, und daneben das Lese- und Schreibleben, das aber nicht als separates auf Dauer, sondern als Vorstufe und Übergang zu einem ganzen, erfüllten Leben gedacht war. Das erste, das Leben des Dorfschulmeisters, war nicht wichtig genug, um es sonderlich ernst zu nehmen; die Maßstäbe, die in ihm galten, waren die allgemein üblichen, also laxen; es schadete ihm nicht, wenn es fremdbestimmt wurde und ziel- und ergebnislos blieb. Das zweite aber gehorchte kategorischen Imperativen; hier mußte Strenge vorherrschen, da ein Sichgehenlassen sein Ende bedeutet hätte. Weil fremder Einfluß hier Konzentrationsmängel verursachen konnte, war Selbstbestimmung höchstes Gebot. Wenn Disziplin einen allabendlich an den Schreibtisch bannte, mußte der Spott der Welt, die von Verschrobenheit redete, eben ertragen werden; nicht der Ruf, den man in seiner Umgebung hatte, sondern der eigne, innere galt.

Nun war aber, um alle Heroisierung von damals beiseite zu lassen, dieser einsame Weg der Pflicht, der ja in Wahrheit aus Neigung begangen wurde, so einsam nicht, wie ich es mir einreden wollte; und das von mir als das Eigne betrachtete war zwar wahrscheinlich in blassen Umrissen in mir schon tatsächlich vorhanden gewesen, hatte jedoch fremden Einflusses bedurft, um ans Licht zu treten, war also mehr rück- als selbststrahlend, nicht Sonne, mehr Mond. Es gab also Vorbilder, Wegweiser, die das Selbstbestimmtsein fragwürdig machten oder es doch auf die Tatsache beschränkten, daß man aus der Fülle der Angebote frei auswählen kann.

Meine Vorbilder hatten verschiedene Namen. Tonio Kröger war einer von ihnen, doch darf der erst nach jenem genannt werden, der mir seine Bekanntschaft vermittelt hatte, nach meinem Freund H. nämlich, der, wie etwa die Hälfte der Klasse, den Krieg überlebt hatte und Ende 1945 nach Neukölln zurückgekehrt war. Seine elterliche Wohnung wurde mir bei häufigen Berlin-Aufenthalten nun Schlaf- und Verpflegungsstätte, und die Bedenkenlosigkeit, mit der wir Zwanzigjährigen die Güte seiner hart arbeitenden Mutter ausnutzten, erfüllt mich noch heute mit Scham. Um zwei erwachsene Söhne, und teilweise mich, ernähren zu können, nähte sie bis in die Nacht hinein in Heimarbeit Schlipse, fuhr auf die Dörfer zum Hamstern, schleppte Kohlen heran, um dem Kachelofen im großen Altbauzimmer wenigstens den Anschein von erhöhter Temperatur geben zu können, bediente ihren Ältesten von morgens bis abends und hatte für ihn, wenn seine intensiven Gespräche mit dem Freund kein Ende fanden, auch noch ein paar Zigaretten und Schnaps zur Hand.

Obwohl wir hungerten, froren und arm waren, wurden in unseren Gesprächen Hunger, Kälte und Geld nie zum Thema. Wenn es um Existentielles ging, dann um die Frage, ob sich ein bücherloses Dahinvegetieren oder eine erneute Militärsklaverei noch einmal ertragen ließe. Meist aber ging es um literarische und, in zunehmendem Maße, philosophische Fragen, und H. war dabei, wie schon in Zeiten, in denen wir noch in Uniformen steckten, Richtungs- und Tonangeber, ich dagegen teils gelehriger Schüler, Resonanzboden und Stichwortgeber, teils aber auch, allerdings nur in Sternstunden, ernstzunehmender Opponent. Die Rollen waren also fixiert und mußten beachtet werden; da ich damals der Meinung war, daß nur ich dabei profitierte, fiel mir das, von Ausnahmen abgesehen, leicht.

Die Ausnahmen wurden meist dadurch verursacht, daß ich länger als H. auf einer Erkenntnis- oder Begeisterungsstufe verweilte, den Gegenständen unserer Verehrung treuer, in der Entwicklung langsamer war. Es konnte passieren, daß H. einen Autor, der ihn im Winter noch fasziniert hatte, im Sommer belanglos, senil oder pubertär nannte, während ich noch sein glühender Anhänger war. Dann war ich darüber empört, daß er sich selbst so bald widersprechen konnte, er aber konnte sich an eine andere Meinung nicht mehr erinnern, unterstellte ein Mißverständnis von meiner Seite, da es unmöglich war, daß er sich jemals in diesen kindlichen Sphären bewegt haben sollte, oder gab vor, es damals ironisch gemeint zu haben. Denn in Ironie war er Meister, ich aber einer, der sie selten oder nur falsch verstand.

H.s Eile im Aneignen und Verwerfen war für meine Bedächtigkeit eine ständige Anforderung; sie vor allem hat mich wahrscheinlich vor zu früher Festlegung bewahrt. Wir hatten viel aufzunehmen. Aus Ost und West wurde Weltliteratur angeboten. Die unter Hitler verbotene Moderne war zu erschließen. Zeitungen und Zeitschriften waren voll von Entdeckungen, vor allem auch aus der Literatur des Exils. Das

Feuilleton der *Neuen Zeitung* war uns jahrelang aktueller Ratgeber, aber auch *Lancelot, der Bote aus Frankreich,* der *Aufbau* aus Ost-Berlin und die vielen Umschauen, Revuen und Rundschauen zeigten uns Dilettanten, was wir alles nicht wußten und wie vielfältig das geistige Leben war. H. lernte schneller als ich, die Spreu vom Weizen zu sondern und sich Überblick zu verschaffen. Er analysierte, während ich schwärmte. Er hatte neben dem, was er mit mir teilte, immer eigne Bereiche, wie Jünger und Nietzsche, in die ihm zu folgen ich kein Bedürfnis verspürte. Doch gab es im raschen Interessenwandel auch Festpunkte, wie Thomas Mann.

Von ihm hatte H. in den Monaten seiner Gefangenschaft erstmalig erfahren. Dort war ihm ein Verleger Gesprächspartner gewesen, und die beiden hatten sich Bücher, die ihnen fehlten, gegenseitig erzählt. Darunter war auch der *Tonio Kröger* gewesen, dessen Geschichte nun auch ich kennenlernte, bevor ich das Buch in die Hände bekam. Ich konnte es in Potsdam für anderthalb Reichsmark antiquarisch erwerben, ein Bändchen von 1921 aus der Reihe von S. Fischers Illustrierten Büchern, dessen Pappeinband mit einer kolorierten Zeichnung versehen war. Der elegante, altmodisch gekleidete junge Mann vor den Backsteinbauten von Lübeck schien mit meiner armseligen Nachkriegsexistenz wenig zu tun zu haben, und doch wurde er zur wichtigsten Identifikationsfigur dieser Jahre, nicht etwa seines Künstlertums wegen, sondern weil er diese gegenstandslose Wehmut der Jugend kannte und sagen konnte, wie stark und in welcher Weise er litt.

Die Sentenzen, die ich damals markierte und noch heute im Kopfe habe, handeln nicht von Künstlern und Bürgern, sondern von denen, die lieben können und leiden müssen, von den beneideten, geliebten und verachteten Blonden und Blauäugigen und von der Komik, dem Elend, der Dummheit der Welt. Das Leid des Patriziersohns der Jahrhundertwende wurde zum Gleichnis für das unserer eignen Lebensgeschichte. Wir hatten nicht nur unter der politischen und militärischen Diktatur gelitten, sondern auch unter der der Gleichgestellten, der Kameraden, die problemlos das verordnete Wertesystem akzeptiert hatten. Wie Tonio Kröger kannten wir die Einsamkeit in der Menge. Wie er, hatten wir in seelischer Notwehr gelernt, das Leiden an der Gesellschaft als Auszeichnung zu betrachten, Leidensfähigkeit als Auserwähltsein zu empfinden, mit einer Art Stolz also melancholisch zu sein. Von ihm ließen wir uns bescheinigen, daß wir genauer erkennen und stärker empfinden konnten als andere, die nicht wie wir in die Dinge hineinsehen konnten, bis dorthin, wo sie kompliziert sind und traurig werden. Er gab uns das Selbstbewußtsein, Schöpfer eigener Werte zu sein.

Sensibilität und Intellekt, so lernten wir, sind die Grundlagen des Schöpferischen. Im vergangenen Jahrzehnt waren sie wenig gefragt gewesen. Das machte uns skeptisch gegenüber den neu sich uns anbietenden Wertesystemen, besonders wenn ein Ausschließlichkeitsanspruch mit ihnen verbunden war. Um vergleichen und wählen zu können, war ein Überblick nötig. Daß H. im Hauptfach Philosophie und nicht Germanistik studieren würde, war schon Jahre zuvor in der Flakstellung entschieden worden. Und da weder Zusammenbrüche von Reichen noch individuelle Notlagen ihn von persönlichen Vorhaben abbringen konnten, mußte ich mit seinem akademischen Wissenserwerb autodidaktisch mitzuhalten versuchen, um weiterhin ein akzeptabler Gesprächspartner zu sein. Meinem Hang zum Systematischen folgend, begann ich mein Selbststudium brav mit den Vorsokratikern, las mit Freuden die platonischen Dialoge (allerdings nicht in der Übersetzung von Schleiermacher, sondern in einer modernen, sogenannten freien Darstellung), geriet, eines Gelegenheitskaufs wegen, an die *Kritik der reinen Vernunft,* an der ich bald scheiterte, während die *Praktische* mir ein Erfolgserlebnis verschaffte, hörte, so oft es ging, an H.s

Seite Vorlesungen, vorwiegend die seiner Lehrerin Lieselotte Richter, versuchte vergeblich, deren Anregung befolgend, Kierkegaard etwas abzugewinnen, und blieb schließlich für längere Zeit bei Nicolai Hartmann hängen, weil der den objektiven Geist des Hauses Unter den Linden noch weitgehend bestimmte, H. mit mir über »Das Problem des geistigen Seins« Privatseminare veranstaltete – und weil Doktor L. in mein Gesichtsfeld trat.

Unsere erste Begegnung war die eines Dorfarztes mit seinem Patienten. Ich lag mit hohem Fieber in meinem möblierten Zimmer. Am Morgen war er gerufen worden. Als er in halber Nacht endlich kam, galt sein erster Blick nicht mir, sondern meinen auf der Kommode gestapelten Büchern. Er sah sie durch, murmelte Worte der Anerkennung, und als er auf Hartmann stieß, geriet er in Aufregung, wollte wissen, woher ich den Band habe und ob ich vielleicht auch die *Ethik* besorgen könne, denn die, als einzige, fehlte ihm noch. Er nahm endlich den Hut ab, entledigte sich seiner winterlichen Fahrradbekleidung, setzte sich auf mein Bett, begann mich über den personalen, den objektiven, den objektivierten Geist zu examinieren, fand meine Kenntnisse mäßig, doch ausbaufähig, erzählte mir in satirischer Färbung von der philosophischen Entwicklung eines meiner Kollegen, und erst als ein aufgeregter junger Mann in mein Zimmer stürzte, um den Doktor zu einer Gebärenden zu holen, fiel ihm der ursprüngliche Anlaß seines Besuches bei mir ein.

Statt vom Doktor verarztet zu werden, mußte ich ihm also als interessierter Zuhörer dienen, wozu ich als Kranker aber wenig geeignet war. Daß er dann meine Rippenfellentzündung vor allem deshalb so eifrig kurierte, weil er mich wieder denk- und gesprächsfähig machen wollte, ist anzunehmen. Nicht anders war es dem jungen Lehrer des Nachbardorfes ergangen, der als Patient seine christliche Unmündigkeit gegen Hartmanns philosophischen Realismus hatte vertauschen sollen, doch hartnäckigen Widerstandswillen bewiesen hatte, dessen Ursache eine Pastorentochter aus Rathenow war. Als aber die Angebetete nicht den Dorfschullehrer, sondern einen Pfarramtskandidaten aus Helmstedt erhörte, wurde die Konversion vom Verschmähten doch noch vollzogen, aber nicht eine zu Nicolai Hartmann, sondern zu Karl Marx. Der Doktor nannte das folgerichtig. Denn wer die Mehrschichtigkeit des Seins nicht ertragen könne, vielmehr alles auf einen Ursprung, heiße der Gott, Geist oder Materie, zurückführen wolle, neige politisch zur Ein-Parteien- oder Ein-Männer-Herrschaft, nicht aber zu Toleranz, Pluralismus und Demokratie.

Des Doktors eigne Entwicklung wies insofern Parallelen auf zu der des christlich-marxistischen Dorfschullehrers, als auch in ihr eine Frau eine Rolle spielte, seine schöne und witzige Lebensgefährtin nämlich, die seinen philosophischen Eifer wie die notwendige, aber nicht ernstzunehmende Spielerei eines Kindes lächelnd ertrug. Falls ich mir seine geheimnisumwitterte Lebensgeschichte aus den Bruchstücken, die er preisgab, richtig zusammensetzte, war er in den dreißiger Jahren aus Interesse für diese Frau an einen Nicolai-Hartmann-Schüler, deren Ehemann nämlich, geraten, dem er neben der philosophischen Anregung letztendlich auch die Geliebte verdankte, nach lebensgefährlichen Abenteuern allerdings erst. Denn als das Ehepaar wegen Verbindung mit einer Widerstandsgruppe von der Gestapo verhaftet wurde, suchte der Hausfreund Beziehung zu Nazigrößen, trat der Partei bei, gelangte in ihr in seiner märkischen Kleinstadt zu einigem Einfluß und brachte es schließlich fertig, das Paar aus dem Gefängnis zu holen – in das er 1945 als Nazi geriet. Nun konnte der Widerstandskämpfer sich revanchieren. Die hohe Funktion, die er inzwischen bekleidete, gab ihm die Macht, den Freund in Freiheit zu setzen, nicht aber die, das enteignete Haus in der östlichen Mark wiederzugeben, und auch nicht die, die Frau an seiner Seite zu halten. Als der Doktor in die westliche Mark aufs Dorf verbannt wurde, folgte sie ihm als Geliebte und Sprechstundenhilfe, deren Aufgabe vorwiegend darin bestand, die Patienten vom Arzt fernzuhalten, damit er Ruhe zum Schreiben fand.

Mein erster Praxisbesuch nach meiner Genesung dauerte etwa fünf Stunden. Zwar waren die drei Patienten, die vor mir gekommen waren, jeweils nur fünf Minuten im Behandlungszimmer gewesen, doch hatten so lange Pausen dazwischen gelegen, daß schon drei Stunden vergangen waren, als ich das Sprechzimmer betreten durfte und Vorwürfe, mich nicht gemeldet zu haben, zu hören bekam. Zu sehen bekam ich einen Stapel in Wachstuch gebundener Kladden, die von der ersten bis zur letzten Seite mit des Doktors kleiner, erstaunlich lesbarer Schrift beschrieben waren. Fünf oder sechs von ihnen waren schon vollgeschrieben; zehn oder zwölf aber, erklärte er mir, würden es werden; denn seine Abschreibvorlage, ein dickes, in graublaue Pappe gebundenes Werk, das dem gleichen Jahrgang wie ich angehörte, wies noch einmal so viele Seiten auf. Es war Hartmanns *Ethik*, die der Philosoph, der seit Kriegsende in Göttingen lebte, dem Doktor auf einen brieflichen Hilferuf hin leihweise zur Verfügung gestellt hatte, aber für drei Monate nur.

Auf seine Kopie, eine wortwörtliche Abschrift, war der Doktor so stolz, als sei er selbst der Verfasser. Er mußte gleich vorlesen daraus, das Arztzimmer zum Hörsaal machen. Als ich mich von dem Patientenschemel nach zwei Stunden endlich wieder erheben konnte, wußte ich zwar nichts über meinen Gesundheitszustand, viel aber über Seinsschichten und sittliche Grundwerte; und der nächste Besuchstermin, der mir verordnet wurde, war kein medizinischer, sondern einer für einen Gesprächsabend, zu dem auch mein studierender Freund erwartet wurde, weil der besser als ich auf die Frage antworten konnte, inwieweit den Marxisten-Leninisten die Vertreibung hartmannschen Geistes aus der Universität schon gelungen sei. So wichtig war es dem Doktor, meinen Freund kennenzulernen, daß er sich häufig nach der Reaktion auf seine Einladung erkundigen mußte. Wenn ihn Krankenbesuche an der Schule vorbeiführten, klopfte er, ohne vom Fahrradsattel zu steigen, an das Fenster des Klassenzimmers, fragte, wo und wann denn der Besuch endlich erfolgen würde, und verkündete dann mit Nennung der Seitenzahlen die Fortschritte seines Abschreibewerks.

Obwohl H. Natur und Landleben nicht mochte und überhaupt gegen jedes Verlassen der Großstadt eine Abneigung hatte, folgte er der Einladung aufs Dorf. Dem Doktor gefiel er, weil er wissend und selbstsicher diskutieren konnte; doch erregte er auch seinen Unwillen, weil er Marx und Hartmann insofern gleichsetzte, als er den einen als Epigonen Hegels, den anderen als den Kants bezeichnete; und nur bei der schönen Lebensgefährtin fand er Zustimmung, als er es ablehnte, die Ontologie zu einer Heilslehre zu machen und der Apostel des heiligen Nicolai zu sein.

Das Philosophengespräch war also nicht frei von Enttäuschung, H.s Auftreten in Mutter Kühns Ziegenstallwohnung dagegen ein voller Erfolg. Er war unbefangener, als ich es sein konnte, versuchte nicht, sich dem Familienniveau anzupassen, sondern redete, wie ihm der gelehrte Schnabel gewachsen war. Von den knusperigen, fetttriefenden Kartoffelpuffern konnte er, zu Mutter Kühns Freude, größere Mengen als ich vertilgen; er konnte sie auch emphatischer loben, und wenn er dabei Epikur bemühte, zu Sokrates' Schierlingsbecher abschweifte und von Kants Tischgesprächen erzählte, stieg die Hochachtung, die die Mutter und ihre minderjährigen Söhne ihm zollten, noch kräftiger an. Der Tochter dagegen war seine Gegenwart anfangs unbehaglich. Es ärgerte sie, daß er mich in den Schatten stellte; es kränkte sie, daß ich meine Aufmerksamkeit zwischen ihr und ihm teilte. Sie wurde giftig und quengelig, mißlaunig und ungeduldig, versuchte, wie ein Kind Aufmerksamkeit zu erregen, indem sie zum Beispiel die fundamentale Behauptung wagte: Philosophie sei blöde und langweilig; und da ihr dabei das Fremdwort mißriet, nämlich Pholisophie daraus wurde, H. sie belächelte, sie blond und blauäugig nannte und das Ursprüngliche, das aus ihr sprach, als unschlagbar bezeichnete, provozierte sie fortan, daß man über sie lachte. Aus Geltungssucht spielte sie das Naturkind, das sie damit nicht mehr war.

Sie erlaubte uns also, ihre Unwissenheit komisch zu finden, und wir, Anfänger in Menschenkenntnis, gebrauchten ruhigen Gewissens diese Erlaubnis, bis eines Abends, als wir stundenlang über neueste Lektüre geredet hatten, uns die strickende Jutta mit einem Tränenstrom überraschte, der nicht zu bändigen war. Sie hatte lautlos zu weinen begonnen, ließ lange auf Antwort auf unsere besorgten Fragen warten und stieß schließlich schluchzend hervor, daß sie ihre Dummheit beweine – was ich Dummkopf als Appell an mein pädagogisches Ethos begriff. Gegen den Widerstand H.s, der unter Zitierung Rousseaus meinte, daß Wissen bei ihr nur alles verderben würde, beschloß ich, ihren Wissensdurst auf der Stelle zu stillen, also künftig nicht nur Geliebter, sondern auch Lehrer zu sein. Sie war von meinem Vorschlag begeistert, fand aber nie Zeit für die Pflichtlektüre, da sie von früh bis spät auf dem Feld tätig sein mußte, und wenn ich ihr, allabendlich eine Stunde, die Grundbegriffe von Literatur und Philosophie nahezubringen versuchte, war sie zwar glücklich darüber, daß meine Worte ausschließlich ihr galten, fiel aber gedanklich von meinen theoretischen Höhen immer wieder hinab in die Niederungen der Praxis; geriet also zum Beispiel von der Frage des Apriori auf die, ob man wohl eine Ziege allein vom Gartenland hinter der Schule ernähren könnte. Oder sie schlief einfach ein.

Akut wurde die Ziegen- wie auch die Kaninchen-, Hühner- und Gänsefrage, als der alte Lehrer, der den Dienst hatte quittieren müssen, ins Nachbardorf zog, um dort eine Gärtnerei zu eröffnen, die Wohnung im Schulhaus also frei wurde und dem Nachfolger zur Verfügung stand. Der aber konnte unmöglich allein drei Zimmer mit Küche bewohnen, während Flüchtlingsfrauen mit mehreren Kindern in Bodenkammern und Scheunen hausten. Andererseits aber war es verboten, der Schule gehörende Räume außerschulisch zu nutzen. Gemeinde und Schulbehörde gerieten in Streit darüber. Beim Kompromiß, den sie endlich schlossen, war mir aufgegeben, die Hauptrolle zu spielen, allerdings nicht als Junggeselle, sondern als Ehemann. Von zwei Personen, die sich voraussichtlich vermehren würden, konnten zwei Zimmer beansprucht werden; das dritte und größte sollte zum zusätzlichen Klassenraum werden, der durch die ständig anwachsende Zahl der Flüchtlingskinder notwendig geworden war. Die beiden streitenden Parteien wurden in der Heiratsfrage also zu einer. Der Schulrat und der Bürgermeister, die Bauern, die darauf hofften, den Lehrer nicht mehr miternähren zu müssen, die Kollegen und die Brautmutter, sie alle rieten mir dringend dazu, die gute Gelegenheit auszunutzen und nicht, wie ich es vorhatte, zu warten, bis ich einundzwanzig und damit volljährig war.

Die Braut hielt sich zurück bei dieser direkten Form der Beratung; sie bevorzugte andere Methoden der Einflußnahme. Wenn ich ihr auseinandersetzte, welche Gründe für einen Aufschub sprachen, schwieg sie dazu, zerfloß aber in Tränen, als hätte ich ihr damit den Abschied gegeben, oder sie übersprang gedanklich den Punkt, der mir Sorgen machte, also die Trauung, dachte laut nach über Ziegenhaltung und Wohnungseinrichtung, oder sie zählte auf, was sie mir kochen würde; denn daß sie mit der Heirat ihre Arbeit aufgeben und fortan nichts als Lehrersfrau sein würde, verstand sich von selbst.

Meine Mutter, die schriftlich ihr Einverständnis erklären mußte, war der einzige Mensch, der mir die eilige Heirat auszureden versuchte, obwohl ihr die Braut gefiel. Sie hielt mich, wie sie mir schrieb, für nicht zurechnungsfähig, bemitleidete in weiser Voraussicht nicht mich, sondern das Mädchen, und lehnte jede Verantwortung ab.

Am 1. August war der alte Schulmeister ausgezogen. Am 6. war Polterabend gefeiert worden. Ich hatte die lärmende Dorfjugend mit Fusel traktieren müssen. Um Mitternacht war ich zum letztenmal in mein Untermietzimmer bei Osts gegangen, saß nun mit H. am geöffneten Fenster, sah hinaus in die Sommernacht, die mich sentimental machte, trank weiter vom Selbstgebrannten, antwortete: miserabel, als der Freund mich nach meinem Gemützustand fragte, schwieg, als er wissen wollte, warum ich die Sache nicht vorher schon überlegt hätte, und als er sagte: noch sei es Zeit, sich davonzumachen, gefiel dieser Gedanke mir sehr.

ASTRONOMISCHES

Die katholische Trauung, die der evangelische Dorfpastor nicht ohne Grund als Kindertrauung diffamierte, fand am Sonntag nach der Messe statt; davor wurde die Beichte gehört. Da ich bei allen drei Anlässen zugegen sein mußte, die nichtkatholische Braut nur bei zweien, war die Organisation schwierig und mein Anteil daran peinlich, weil ich den Weg zweimal machen, die Strecke zwischen Hochzeitshaus und Kirche also viermal zurücklegen mußte, an Hunderten von Schau- und Spottlustigen vorbei. Das halbe Havelland war auf den Beinen. Neben den katholischen Flüchtlingen, die der Messe wegen gekommen waren, hatten sich auch viele Neugierige eingefunden; denn seit der Reformation hatte das Dorf keine katholische Hochzeit erlebt.

Der Priester, ein Oberschlesier, wurde nicht müde, diesen Umstand hervorzuheben, und wenn er ihn im Vorgespräch, in der Beichte, der Predigt und der Traurede erwähnte, schien die Gegenreformation in der Mark endlich siegreich zu werden und er den Märkern ein Bonifatius zu sein. Um den staunenden Protestanten auch katholische Pracht bieten zu können, hatte er mich veranlaßt, eine Meßdienerschar, Musikanten und einen Chor zu bezahlen, und, da Sündenlasten das Sakrament der Ehe unwirksam machten, mich dringend gemahnt, auch zur Beichte zu gehen.

Dieser sah ich mit noch größerem Unbehagen als der Trauung entgegen. Während ich dort nur ja sagen mußte, hatte ich hier von mir selbst zu erzählen, und zwar nicht dem Anonymus einer Großstadtkirche, sondern diesem mir bekannten und nicht sympathischen Oberschlesier, dem auch ich nicht namenlos und unbekannt war. Auch plagten mich rituelle Unsicherheiten. Was man beim Eintritt in den Beichtstuhl und beim Abgang sagen mußte, hatte ich als Kind gelernt, aber längst vergessen. Ich nahm mir vor, mehr von meinem gestörten Verhältnis zur Kirche als von Intimitäten zu reden. Denn ob die Braut den geschlossenen Kranz zu tragen verdiente, ging, wie ich fand, den Priester nichts an.

Nichts ging bei dieser Hochzeit nach eigenen Wünschen. Es war ein Leidenstag voller Fremdbestimmung. Das Kind, das da von der Familie, der Kirche, der Dorftradition zum Objekt der öffentlichen Belustigung gemacht wurde, war alles andere als autonom. Von morgens bis abends mußte ich mich den Konventionen fügen, mußte mich, fern von allem, was mir lieb war, unter aufgeregten Menschen bewegen, Glückwünsche entgegennehmen, mich fröhlich geben. Ich mußte einen schwarzen Leihanzug tragen, der so eng war, daß er mir, wenn ich die Menschenspaliere durchschreiten mußte, nur Stelzschritte erlaubte. Ich mußte meine Angst vor der Menge und vor der Blamage genauso verbergen wie das Erschrecken darüber, daß ich mich diesem Zwang freiwillig unterworfen hatte, niemand also schuld daran war als ich selbst.

Zur Beichte wurde ich von meiner Mutter und von einer Tante der Braut begleitet, was nach Arretierung durch alte Weiber aussah, wie ich entsprechenden Zurufen aus der gaffenden Menge entnahm. Um meine Qualen nicht merken zu lassen, gab ich mich locker, begrüßte im Vorbeigehen Bekannte und versuchte wie einer zu wirken, der sich beabsichtigter Komik erfreut. Ernst wurde es dann in der reformatorisch-nüchternen Kirche, wo ein gemalter Luther streng auf die katholische Betriebsamkeit blickte und das nicht verständliche, aber doch vernehmbare Beichtgeflüster zu mißbilligen schien. Denn bis auf die Beichtwilligen, die in der ersten Bankreihe warteten, war es noch leer in der Kirche, und die Sakristei hinter dem Chorraum, die den Beichtstuhl ersetzen mußte, verschloß keine Tür, sondern ein rotes Tuch.

Um aus der protestantischen Helligkeit ein katholisches Dämmern zu machen, waren die Sakristeifenster mit Decken verhängt worden, doch drang die Sonne des heißen Augusttages durch viele Spalten herein. Mir wäre Dunkelheit lieber gewesen, weil durch sie der Adressat meiner Schuldbekenntnisse abstrakter geworden wäre, mehr Institution als Person. So aber konnte ich seine Gesichtszüge erkennen, konnte Langeweile aus ihnen lesen und später, als er, um meine Sprechpausen zu kürzen, mißmutig: Und weiter? fragte, auch Ungeduld. Sein Blick auf die Armbanduhr und sein Geruch, in dem man Bestandteile von Mottenpulver und Weihrauch ahnte, entgingen mir so wenig wie seine polnisch gefärbte Artikulation des Deutschen – die noch auffälliger wurde, wenn er, was er anscheinend als seine Hauptaufgabe betrachtete, ins Belehren geriet.

Verglichen mit dem Britzer Pfarrer meiner Kinderjahre, dem aus dem reichen Angebot von Sünden nur die fleischlichen von Interesse gewesen waren, konnte dieser hier als vielseitig gelten, weil er sich auf zwei Gebieten mit gleichem Eifer bewegte, die er, so unterschiedlich sie auch waren, geschickt miteinander verband. Ich hatte, um meine Entfremdung von der Kirche zu begründen, in jugendlicher Vereinfachung von deren Versagen während der Nazijahre gesprochen, worauf er, mir politische Beeinflußbarkeit unterstellend, Maria und den Kommunismus zusammengebracht hatte, als vermutete Leitsterne für meine Person nämlich, als Wegweiser ins Dunkel oder ins Licht. Ob es mich nicht beeindrucke, daß die Mauern dieser Kirche zum erstenmal seit 400 Jahren Marienlieder wie *Meerstern ich dich grüße* und *Regina coeli* wieder hörten, ob denn die Schönheit des Marienkults mich nicht mehr bewege, wollte er, nachdem er die atheistischen Kommunisten verdammt hatte, von mir wissen, und obgleich mich sein Ausweichen vor meiner Kritik an der Kirche enttäuschte und ich aus seinen Fragen die Routine heraushörte, war ich tatsächlich bewegt und beeindruckt, weil damit ein wichtiger Punkt meiner Gefühlsentwicklung getroffen war.

Was ich ihm antwortete, ist mir entfallen. Viel wird es nicht gewesen sein, weil die Zeit drängte, das Räuspern aus dem Kirchenraum den Eindruck erweckte, daß man auch jenseits des Vorhangs gehört werden könnte, und weil mein Sprechvermögen der Fülle der plötzlich ausgelösten Gedankengänge, an die ich mich genau zu erinnern glaube, nicht gewachsen war. Denn von dem Meerstern, von dem ich in meiner frühen Kindheit gesungen hatte, schien mein Gefühlsleben stärker, als ich mir vorher bewußt gemacht hatte, geprägt worden zu sein. Nach jahrelangem Lager- und Kasernenleben, wo mein Gefühl mit Angst und Ekel, mein Verstand mit Überlebensstrategie beschäftigt war und Uniformität in Kleidung, Tagesablauf und Gebaren nivellierend gewirkt hatte, führte diese Beichte, die nur mir als Individuum galt, mich zu mir selbst zurück. Die fieberähnliche Bewußtseinsstörung, die seit dem zwölften Lebensjahr durch Zwänge der Gemeinschaft und Todesfurcht entstanden war, verging. Es war wie ein Erwachen, ein Erwachsenwerden. Der unsympathische Beichtvater mit seiner plumpen politischen Propaganda und seinen Routinefragen hatte mir, kraft seines Amtes, ein Fenster zu meinem Innern aufgestoßen, das einen Blick zurück erlaubte, einen Blick in Liebe, nicht in Zorn.

Die Gedanken, die mich damals bewegten und die mit Selbsterklärungsfreude zu tun hatten, setzten mit der Berichtigung eines kleinen Irrtums ein. Den Meerstern hatte ich mir in Kinderzeiten als ein Gebilde der Meeresflora oder -fauna vorgestellt, korallen- oder bernsteinähnlich, schön wie eine Blüte, aber dauerhaft. Jetzt begriff ich, daß er astronomisch zu verstehen war, als ein Gestirn, das über dem bewegten Meer des Lebens steht und Irrende geleitet – auf Gotteswege, wie der Liederdichter wollte, bei mir, dem eigenwilligen Interpreten, auf Pfade, die zum Schönen, Sanften, Friedlichen führten, mit einem Wort – zum Femininen hin. Der Stern, der mir an meiner Wiege schon geleuchtet hatte und mir zu Haus und in der Kirche in immer anderer Gestalt erschienen war, hatte mich nicht nur, schon im Vorschulalter, zum Frauendienst ermuntert, er hatte alle Frauen auch für mich verklärt. Ein Glanz von Idealität umgab sie, der sie schön, doch auch unnahbar machte, und der, das war die traurige Seite der Sache, Erwartungen an sie knüpfte, die einzulösen ihnen unmöglich war.

In jeder Geliebten Maria zu suchen – dieser Gedanke kam meinem Bestreben, alle Daseinsvielfalt, Nikolai Hartmann zum Trotz, aus einem Punkt zu erklären, so sehr entgegen, daß Zweifel an der richtigen Beziehung von Ursache und Wirkung mir gar nicht kamen, sich vielmehr die Indizien, die für diese These sprachen, häuften, wobei die Grenze zwischen Religiösem und Profanem verschwand. Die Gebete und Gesänge, die die Himmelsjungfrau priesen, meinten auch die Erdenfrau, die einmal kommen mußte, und wenn ich von der Gottesmutter süße sang, mir das Rosental, das Veilchenfeld, das alle Herzen wonnig schwellt, in Erinnerung rief oder still für mich: Du Perle, Gold und Edelstein, Du Milch, Du reines Elfenbein, Du Honigseim im Herzen und im Munde! deklamierte und bei diesen Versen Gottfrieds von Straßburg einen Schauder fühlte, der Himmlisches und Irdisches verband, wurde mir damit bestätigt, daß meine Leitstern-Theorie doch galt. Warum denn sonst fiel mir bei jeder U-Bahnfahrt meine erste Liebe, eine junge Mutter ein, die mir von Grenzallee bis Friedrichstraße gegenübersaß und mir ein Lächeln schenkte, als sie merkte, daß *sie* von mir bewundert wurde, nicht ihr Kind? Und warum konnten Mädchen jeden Alters, die einen Mittelscheitel trugen und ihr Haar lang und natürlich fallen ließen, meiner Verehrung sicher sein? Und warum war ich von jedem züchtig fallenden Gewand, das nur die seitlich vorgeschobene Hüfte und das Knie des Spielbeins ahnen ließ, so sehr entzückt, daß Glaube, Hoffnung, Liebe mich ganz selig machten – in entscheidenden Momenten aber stumm? Und warum ließen mich, als ich mich eifrig unter literarischen und philosophischen Realien umtat, doch die Personalien, schwarze, blonde oder braune, niemals los? Und warum sagte die einzige der Angebeteten, die wirklich wichtig für mich wurde, in jener Nacht im Luftschutzkeller: sie sei kein höheres Wesen, könne also meinem Anspruch nicht genügen und wende sich deshalb dem Anderen, dem Niederen vielleicht, dem also ihr Gemäßeren zu?

Daß die Erfahrungen mit Mädchen, die nicht nur angehimmelt sein wollten, den Meerstern nicht hatten verblassen lassen, hing mit der Schwärze der Nacht zusammen, die mich jahrelang umgeben hatte. Die Männerwelt aus Stumpfsinn, Gleichschritt, Zoten und Gestank ließ alles Schöne in so unerreichbar weite Ferne rücken, daß die Distanz zwischen den Frauen und der Krone aller Frauen fast verschwand. Dem Träger von Waffenröcken konnten Weiberröcke heilig werden, und eine Küchenfrau unterschied sich nicht viel von Unserer Lieben Frau.

So oder so ähnlich gingen meine Gedankenspiele, doch der, der sie ausgelöst hatte, erfuhr davon nichts oder nur wenig; er war auch viel zu ungeduldig dazu. Sein Zeitplan war längst überschritten. Draußen war das Pferdefuhrwerk zu hören, das die Musikanten vom Bahnhof geholt hatte. Auf knarrenden Treppen erklomm der Chor die Empore. Schon begannen die Glocken zu läuten. Der Priester hatte sich nach der Absolution eilig umzukleiden. Ich mußte noch zweimal den Spießrutenlauf durch die Menge machen, die dann hinter dem Festzug mit Lärm in die Kirche drängte. Als sie zur Ruhe kam, wir vor dem Kanzelaltar auf blumengeschmückten Hochzeitsstühlen saßen, die Braut verstohlen Staub von meinen schwarzen Hosenbeinen wischte und mir bewußt wurde, daß sie als einzige von allen Mädchen, die ich kannte, in mein mariologisches System nicht paßte, wußte ich, daß ich jetzt aufstehen und davongehen müßte, blieb aber sitzen und sagte laut, aber nicht zu laut, mein bindendes Ja.

SEID BEREIT

Soziale Probleme waren vor meiner Schulmeisterzeit kaum in meinen Gesichtskreis getreten. In der Familie waren Geld und Besitz als Werte nicht anerkannt worden, und in dem engen Erfahrungsbereich meiner Jugendjahre hatten Diktatur und Krieg Arm und Reich, zumindest äußerlich, nivelliert. Ein soziales Oben und Unten war mir nur im militärischen Umfeld begegnet, und zu diesem hatte fast alles, was ich bis Kriegsende gesehen hatte, gehört.

Das Dorf aber führte mir nun Besitzunterschiede deutlich vor Augen. Es war eine Welt für sich, übersichtlich, mit nur geringer Verbindung nach außen; denn die Eisenbahn war fern, Autos besaß niemand, Fahrräder waren nur wenige vor den Plünderungen gerettet worden, und eine Busverbindung hatte nie existiert. Um in Rathenow oder Brandenburg in der Industrie arbeiten zu können, hätte man eine Unterkunft dort benötigt, die in den zerstörten Städten aber nirgends zu haben war. Einzige Arbeitgeber waren also die größeren und kleineren Bauern, die ein Lohndiktat ausüben konnten; denn das reichliche Angebot an Arbeitskräften wurde durch heimkehrende Kriegsgefangene und weitere Vertriebene, vorwiegend aus Ostpreußen, ständig verstärkt. Trotzdem gab es soziale Spannungen nur vereinzelt. Die Bauern waren klug genug, ihre Arbeiter bei Kräften und bei guter Laune zu halten, indem sie ihnen durch Deputate und Gartenverpachtungen das Halten von Kleinvieh ermöglichten, und da alle Dorfbewohner die hungernden Städter vor Augen hatten, die mit Rucksäcken über die Dörfer zogen, wurden sie immer daran erinnert, wie gut es ihnen vergleichsweise ging. Auch war man gezwungen, gegen äußere Bedrohung zusammenzuhalten, gegen Felddiebe zum Beispiel, die zwischen den Gärten der Bauern und der Arbeiter keinen Unterschied machten, gegen Volkspolizisten, die manchmal Häuser und Scheunen nach gehorteten Vorräten durchsuchten, und gegen die Besatzungstruppen, die zwar keine Plünderungen mehr zuließen, aber, wie vormals die Rittergutsbesitzer, Hand- und Spanndienste verlangten, zu denen jeder in der Gemeinde, ob Besitzer, Landloser oder Lehrer, verpflichtet war. Für Demontagearbeiten wurden vom Kreiskommandanten über die Bürgermeister Gespanne und Menschen angefordert, die erst die zweiten Gleise der Eisenbahnstrecken abbauen und dann das Erdkabel ausgraben mußten, das in den dreißiger Jahren für die ersten Fernsehversuche vom Brocken nach Berlin verlegt worden war. Unter militärischer Aufsicht wurde lustlos geschaufelt, wobei man die Aufbauparolen der politischen Führung mit der Abbaupraxis verglich.

In der Ablehnung der Russen und der deutschen Kommunisten war man sich im Dorf einig. Bei den Wahlen im Herbst 1946, an denen ich als Minderjähriger nicht hatte teilnehmen dürfen, hatte es im Dorf auf etwa 100 CDU-Stimmen zwei für die Sozialistische Einheitspartei gegeben, nämlich die des Bürgermeisters, der dann trotz der Wahlniederlage seinen Posten behalten durfte, weil er gut mit der Besatzungsmacht umgehen konnte, und die eines geistig etwas beschränkten

Melkers, dessen Kinderschar, zum Schrecken der Lehrer, ihm ähnlich war. Noch war allgemein der durch nichts als durch Wünsche genährte Glaube rege, die westlichen Besatzungsmächte würden außer Berlin auch sein Umland, die Mark Brandenburg also, besetzen, und je deutlicher alle Tatsachen des kalten Krieges dagegensprachen, desto massiver setzte dieser Glaube sich fest.

Für eine Morgenstunde war auch ich ihm verfallen, als nämlich meine sonst so pünktlichen Schüler den Unterrichtsbeginn völlig vergaßen, weil amerikanische Soldaten in zwei Jeeps durch das Dorf rasten, vor der Kirche parkten und an die sie umlagernden Kinder Kaugummi und Schokolade verteilten, wie es dem Klischee dieser Jahre entsprach. Da bald auch Erwachsene sich einfanden, um sich durch Augenschein von dem Unglaublichen überzeugen zu lassen, entstand unter den Dorfbewohnern eine freudige Erregung, wie ich sie sonst nie erlebt habe, doch klärten die verspätet eintreffenden Russen das Mißverständnis bald auf. Die Amerikaner gehörten, wie man erfuhr, zu einem Kommando, das nach Gräbern von Bomberpiloten suchte, die in den letzten Kriegsjahren bei Angriffen auf Berlin abgeschossen worden waren. Flugzeugtrümmer hatte ich bei meinen einsamen Wegen durchs Luch mehrfach gefunden; und zu den Kriegsgeschichten der Dorfbewohner gehörten auch die von den Wettläufen zu den Abschußstellen, die Plünderern wertvolle Beute geboten hatten: Konserven, Schokolade und vor allem auch Fallschirmseide, von der zu meiner Zeit noch manche Bauersfrau eine Bluse trug. Die toten Piloten waren meist auf den Dorfkirchhöfen begraben worden. Sie wurden nun exhumiert, dann waren die Amerikaner wieder verschwunden. Aber noch lange wurde von den sauberen, gutgenährten Kaugummispendern und von dem eignen freudigen Erschrecken erzählt.

Da sich mein Doppelleben, zu dessen geistigem Teil die Beziehung zu H., also zu West-Berlin, gehörte, durch die

Verheiratung nicht wesentlich änderte, erlebte ich die dramatische Entwicklung Berlins, die schließlich zur Spaltung der Stadt und zur Blockade der Westsektoren führte, von beiden Seiten her mit. Große Teile der Ferien und viele Wochenenden verbrachte ich in Berliner Theatern, Kinos und Bibliotheken. Die Briefe, die wir Freunde uns zusätzlich in dieser Zeit schrieben, drehten sich zwar weiterhin um Lektüre, erwähnten im P. S. aber doch manchmal auch Kartoffeln und Mohrrüben, deren Erwerb für mich einfach, deren Transport aber schwierig war. Anderthalb Stunden schleppte ich den schweren Rucksack zur Bahnstation nach Nennhausen. In Wustermark mußte man umsteigen, in Staaken den Zug der Kontrolle wegen verlassen, und die Strecke von Spandau-West nach Spandau mußte zu Fuß gemacht werden, da die Eisenbahnbrücke über die Havel noch nicht repariert worden war. Überfüllt waren die Züge immer. Oft fand man nur Platz auf einem der Trittbretter. Die größte Gefahr aber waren die Polizeikontrollen, die zu umgehen oder zu täuschen mir fast immer gelang.

Das Ende der Berliner Blockade ist in meiner Erinnerung mit einem Rundgang über den Markt am Kranoldplatz verbunden, auf dem ich mich in meine Kindheit zurückversetzt fühlte, weil man an Köstlichkeiten nun wieder sehen und riechen konnte, was zehn Jahre lang nur in Träumen vorhanden gewesen war. Auch daß das Geld fehlte, um an der Fülle teilhaben zu können, erinnerte an die Vorkriegszeiten. Man brauchte nun Westgeld, von dem H. wenig, ich gar nichts hatte. Es wurde, dank H.s Mutter, mit dem ersten friedensmäßigen Frühstück gefeiert, das aber, bei allem Genuß, doch von der Ahnung beschattet wurde, daß jetzt eine Zweiteilung der uns umgebenden und bestimmenden Umstände begann. Die Zäsur war zu deutlich, um sie übersehen zu können. Sowohl die Kartoffeln, die ich mitgeschleppt hatte, als auch mein Geschick, die Polizeikontrollen zu unterlaufen, waren von einem Tag zum andern überflüssig geworden und brachten H. dazu, an diesem Wirtschaftswundermorgen, die Idee eines tragikomischen Romans zu entwerfen, dessen Held mit der Entwicklung der Zeit immer mithalten möchte, sie jedoch, seiner inneren Langsamkeit wegen, immer verfehlt. Hat er endlich die Tendenz der einen Etappe begriffen und angenommen, hat das moderne Tempo sie schon obsolet werden lassen, doch er hält in Treue an ihr noch fest.

Diese ironisch gemeinte Idee eines Romans, die bei knusprigen Schrippen und duftendem Kaffee entwickelt wurde, enthielt zwei gegen mich gerichtete Spitzen: die gegen mein von Gefühlen gehemmtes Denken und die gegen meinen Versuch, mir den Kriegsschock von der Seele zu schreiben, den H. als sentimentale Selbstmitleidsgeste empfand. Ich war verletzt, ließ es aber nicht merken, doch das Romanthema verfolgte mich bezeichnenderweise lange, wurde aber nie ausgeführt.

Vom Ostsektor Berlins kannte ich in meinen drei Landjahren nur die Theater und die Universität Unter den Linden, wo ich gelegentlich Gasthörer war. Die Freie Universität, die damals gegründet wurde, lernte ich nicht kennen; denn H. wechselte nicht, wie viele seiner Kommilitonen, nach Dahlem über, weil er sich seinem Promotionsthema Hegel, der Unter den Linden gelehrt hatte, verpflichtet fühlte und weil er, was er aber nicht sagte, seiner Lehrerin, Lieselotte Richter, die Treue hielt. Hier wurden, besonders in den Geisteswissenschaften, nur noch wenige unabhängige Professoren geduldet. An ihre Stelle traten neuberufene Marxisten, wie der noch sehr junge Wolfgang Harich, den ich als geistreich-frechen Feuilletonisten der westlich lizenzierten Presse bewundert hatte, besonders seiner mit Hipponax gezeichneten parodistischen Glossen wegen, die mir noch heute genau in Erinnerung sind. Jetzt enttäuschte er mich mit Vorlesungen gegen den Geist Nikolai Hartmanns, die nicht frech und witzig, sondern diffamierend und kalauernd waren und üppig mit Marx- und Stalinzitaten versehen. Seine maßlose Eitelkeit, die er nicht verhehlte, wirkte auf mich peinlich, auf H. lustig. Imponierend war, wie geschickt er auf Mißfallensäußerungen reagierte. Doch wurden die mit der Zeit seltener, weil die Nicht-Marxisten unter den Zuhörern weniger wurden und bei den andern die Angst, selbständige Meinungen zu verraten, von Tag zu Tag wuchs. Lieselotte Richter dagegen, die niemals direkt politisch wurde und doch mit Worten von Kierkegaard oder Sokrates Aktuelles ausdrücken konnte, lehrte in ihren Vorlesungen geistiges Widerstehen. Aus ihnen ging man mit dem festen Willen nach Hause, lieber den Schierlingsbecher als Unterwerfung zu wählen, doch wenn man täglich von Verhaftungen und Verschleppungen hörte, verging bald der Mut.

Verhaftungen störten nun auch meine Dorfidylle. Die durch Repressalien veranlaßte Massenflucht der Bauern nach Westen hatte noch nicht begonnen, aber sie kündigte sich durch Einzelfälle schon an. Der Vater meiner sanften Schülerin Inge wurde als Saboteur der Volksernährung verurteilt, weil er sein Pflichtabgabesoll nicht hatte erfüllen können. Im Nachbardorf wurde einer verhaftet, weil er in der Kneipe Stalin mit Hitler verglichen hatte, und ein anderer, der die Möbel eines Gutsbesitzers vor der Enteignung gerettet hatte, verschwand in einem der Internierungslager, von deren Existenz man zwar wußte, aber nicht sprach. Der staatliche Terror richtete sich vor allem gegen die Landbesitzer; doch wurde es gleichzeitig auch im ideologischen Bereich strenger und einseitiger, was neben Presse und Rundfunk auch die Schule betraf.

An die politischen Pflichtveranstaltungen der Lehrerweiterbildung kann ich mich nicht mehr erinnern, wohl aber an peinliche Aussprachen auf dem Schulamt in Rathenow. Mit Recht hielten die wechselnden Schulräte mich für einen politisch unsicheren Kantonisten, für bürgerlich, aber entwicklungsfähig, für einen Unentschiedenen, der durch Einschüchterung vielleicht zu gewinnen war. Man forderte mich nicht mehr auf, in die Einheitspartei einzutreten, doch galt die Mitgliedschaft in der Einheitsjugend, der FDJ, als unerläßlich, und als ich mich halsstarrig zeigte, drohte man mir. Angeblich oder tatsächlich war ich meines Unterrichts wegen denunziert worden. Zwei Beispiele, die ich nicht ableugnen konnte, wurden dabei als Beweis für meine unangemessene oder gar feindliche Haltung herangezogen. Ich hatte im Fach Heimatkunde auch havelländische Sagen verwendet, die vom wichtigsten Adelsgeschlecht dieser Gegend, den Bredows, handelten; und obgleich sie darin durchaus kritisch gesehen, sogar vom Teufel geholt werden, galt die Erinnerung an sie als schädlich und reaktionär. Die zweite Denunziation betraf Schiller und hing mit meiner erfahrungsgesättigten Ablehnung alles Zwangskollektiven zusammen. Das beanstandete Zitat, das ich im Deutschunterricht der oberen Klassen verwendet hatte, war eine der Xenien von 1796, die besagt, daß ein jeder, sei er für sich auch klug und verständig, wenn er in Corpore wäre, zum Dummkopf würde. Und der Genosse Schulrat und seine zwei Beisitzer erbrachten, als sie mich darüber verhörten, selbst einen neuerlichen Beweis dieser Behauptung, indem sie mir allen Ernstes erklärten, daß der Klassiker für seine Zeit vielleicht recht gehabt habe, in unserer aber der Grundsatz gelte, daß ein Kollektiv mit dem richtigen Bewußtsein klüger sei als die Klugheitssumme seiner Mitglieder; denn mit der Entstehung der Arbeiterklasse habe die Entwicklung einen Qualitätssprung getan.

Einen solchen, aber zum Schlechten hin, machte in meinem letzten pädagogischen Jahr auch die gemütliche Dorfschule und erleichterte mir dadurch den ohnehin schon geplanten Abschied von ihr. Neue Lehrpläne gab es, die die politische Ausrichtung verstärkten und die Freiheit der Stoffwahl beschnitten; häufiger kamen Kontrolleure und Hospitanten; und der Lehrkörper des Dorfes, der nach dem sittenpolizeilichen Eingreifen kurze Zeit nur aus meinem bestanden hatte, wurde wieder vervollständigt und ergänzt. Der dritte Kollege, ein ehemaliger Jagdflieger und gegenwärtiger Rommèspieler, störte nur dadurch, daß er für seine Fliegergeschichten Zuhörer und für seine Karten Mitspieler suchte, der neue Schulleiter aber vergällte mir das dörfliche Leben durch politische Aktivität.

Er gehörte zu jenen gepflegten, gebildeten und zusätzlich auch noch schönen Menschen, die ohne politischen Glauben nicht leben können und diesen in edelster Weise verkörpern, ehrlich, aufrichtig und intolerant. Er war jünger als ich, also ohne desillusionierende Militärerfahrung. Die Wandlung vom Hitler- zum Stalin-Glauben hatte sich bei ihm so schnell und harmonisch vollzogen, daß nichts in ihm beschädigt oder zerrissen war. Er war nicht, wie fälschlich im Dorf erzählt wurde, Napola-Schüler gewesen, sondern er hatte die Jugendjahre als Internatsschüler auf einer nationalsozialistischen Lehrerbildungsanstalt verbracht. Für den Posten des Dorfschullehrers war er also besser als alle Neulehrer gerüstet. Er konnte gut turnen, gut singen, Gitarre und Blockflöte spielen, hatte Übung im Organisieren und war schon von der nötigen Verachtung des Volksschullehrers für alle Intellektuellen, einschließlich der Gymnasiallehrer erfüllt. Er war ein ausgezeichneter Pädagoge, ruhig, freundlich, ganz unironisch und von sich überzeugt. Er war ernst und besonnen, doch da ihn das Blauhemd der FDJ zur Lebensfreude verpflichtete, konnte er, obwohl ihm Humor völlig fehlte, im Unterricht auch Gelächter einsetzen, didaktisch richtig dosiert.

Seine Amtseinsetzung als Schulleiter fiel etwa mit der Gründung der Kinderorganisation der Jungen Pioniere zusammen, und da die Lehrer für diese werben sollten, wurde die Gegensätzlichkeit unserer Positionen schnell klar. Unser Verhältnis zueinander war von der ersten Minute an reserviert gewesen; nach meiner entschiedenen Weigerung, an der erneuten Uniformierung der Kinder mitzuwirken, wurde es eisig und taute nie auf. Er hielt mich für einen Egoisten und Zyniker, weil ich auch andere Interessen als die schulischen hatte und den neuen Kinderverein mit den Pimpfen gleichsetzte, während ich ihn für einen beschränkten Ehrgeizling hielt. Da er nicht zu den skrupellosen oder den bekehrungswütigen, sondern eher zu den introvertierten Fanatikern zählte, intrigierte und denunzierte er nicht, belästigte mich auch nicht mit Überzeugungsversuchen, blieb aber eine stille Bedrohung für mich. Nie sprachen wir ein persönliches Wort miteinander. Seine Wohnung habe ich so wenig wie er die meine betreten. Es war eine Feindschaft, die Worte nicht fand oder nicht brauchte und sich nur indirekt, im Verhalten seiner Frau äußerte: sie verweigerte mir auf der Straße den Gruß.

Ich wurde von ihm also, wie ich wollte, in Ruhe gelassen, dafür aber langsam im Dorf isoliert. Denn mein neuer Chef, der auf Erfolge aus war, hatte auch welche, obwohl die politische Macht, die er freimütig vertrat, von den Leuten abgelehnt wurde. Vielleicht verkörperte er die Autorität, die sie nach dem Ende des Dritten Reiches vermißt hatten, vielleicht trieb sie nur Anbiederung an die neue Herrschaft oder auch Angst. Sie waren beeindruckt von der Festigkeit seines Auftretens und von der Selbstlosigkeit, mit der er seine Freizeit der Schule und der Gemeinde opferte. Ihm merkte man an, daß er hier bleiben wollte, und nicht wie ich nur eine Gastrolle gab. Mit ihm war für längere Zeiten zu rechnen, nicht nur als Schulleiter, sondern auch als FDJ-Organisator, Dorffestspielleiter und Standesbeamter. Mit ihm wollte es sich keiner verderben, weshalb man die Kinder dann auch Pionier werden ließ. Mit mir spottete man im Geheimen zwar über den strammen Kommunisten, ließ mich aber meine Zweitrangigkeit deutlich spüren, indem man sich in Schulfragen an den Leiter wandte, auch wenn sie Schüler meiner Klasse betrafen. Dieses Abseitsstehen entsprach durchaus meinen Wünschen, es trübte aber das Verhältnis zu meinen Schülern, die teilweise auch das rote Halstuch tragen wollten, dabei aber das Gefühl hatten, mich zu verraten, und diesen Zwiespalt abreagierten durch aufgesetzte Sympathiekundgebungen oder durch Provokation.

Wäre meine durch Heirat und Haushaltsgründung bekundete Seßhaftwerdung ernstgemeint und auf Dauer berechnet gewesen, hätte ich in eine schwierige Lage geraten können; durch meine schon vorher vorhandenen Änderungsabsichten aber blieb mir die Qual, zwischen Anpassung und Widerstand wählen zu müssen, erspart. Ich brauchte nur abzuwarten. Die drei Dienstjahre, zu denen ich mich hatte verpflichten müssen, gingen im Sommer 1949 zu Ende. Im Mai absolvierte ich meine erste Lehrerprüfung, in der der prüfende Schulrat an meiner Pflichtinterpretation eines schwachen Gedichts von Johannes R. Becher die Parteilichkeit vermißte, Heinrich und Thomas Mann verwechselte und den *Blauen Engel* für einen Romantitel hielt. Beim anschließenden Hühnerbraten, zu dem man den Schulrat einladen mußte, eröffnete ich ihm den Entschluß, mein Amt aufzugeben. Seinen bedauernden Worten war anzumerken, daß er darüber erleichtert war.

Am Morgen des ersten Sommerferientages wurde mein toter und lebender Hausrat auf ein holzgasbetriebenes Lastauto geladen, über Brandenburg, Potsdam und Königs Wusterhausen auf leeren Autobahnen nach Zernsdorf gefahren und meine Mutter, die sorgenvoll die geringe Aufnahmefähigkeit ihrer Holzhütte bedachte, mit dem Reichtum beglückt. In drei Jahren hatten sich neben dürftigen Möbeln und prall gefüllten Federbetten noch viele andere Besitztümer angesammelt: drei Dutzend Kompottschalen zum Beispiel, die der Dorfkonsum gerade im Angebot gehabt hatte, als die Hochzeitsgäste nach Geschenken gesucht hatten, eine Rolle mit Bindegarn, aus dem Pullover gestrickt werden sollten, eine Orga-Privat-Schreibmaschine, bei der die Großbuchstaben nicht funktionierten, Zeitschriften- und Bücherberge, ein trächtiges Kaninchen, drei Hühner, eine lebhafte Ziege, ein Hund mit Namen Bauschan – und eine ratlose, aber tatkräftige Frau.

In zwei Tagen konnte das alles in Holzhaus und Schuppen untergebracht werden. Dann machte ich mich auf nach Berlin, um ein Zimmer zu mieten, fand nach tagelangem Suchen auch ein im Renaissancestil möbliertes, das sogar Literarisches assoziierte. Denn die achtzigjährige Wirtin, die mir Waschwasser und Strom rationierte, las neben meiner Post auch meine Manuskripte und führte den Namen Kleist.

RÜCKBLICK AUF KÜNFTIGES

Gäbe es zwischen der Jugend und dem Erwachsensein eine deutliche Grenze, an der jede Entschuldigung wegen Minderjährigkeit und Unreife endet, würde ich sie bei mir auf den 1. Oktober 1949 legen, als in Berlin meine Bibliotheksausbildung begann. Die neue Lebensperiode fiel ziemlich genau mit einem neuen Kapitel der deutschen Geschichte zusammen – ein Zufall, wie ich ihn schon von früher her kannte: Hitler regierte ziemlich exakt meine zwölfjährige Schulzeit hindurch. Jetzt begann mein Berufs- und Mannesalter mit dem Beginn des östlichen deutschen Staates, der zu der Zeit, in der ich in den Vorruhestand hätte gehen können, sein Ende fand. Sein Abtreten fiel in die Entstehungszeit dieses Buches, verzögerte seinen Abschluß, veränderte es aber nicht.

An Details des Staatsgründungsakts kann ich mich nicht mehr erinnern, wohl aber an das, was ich damals las. Eine Woche zuvor hatte meine Berufsausbildung mit einem Praktikantenhalbjahr in der Volksbücherei Berlin-Mitte begonnen. Mühelos war ich zwischen Regalen und Katalogen heimisch geworden und hatte mich, aller Lektürebeschaffungssorgen enthoben, paradiesisch gefühlt. Auf Empfehlung einer älteren Bibliothekarin war ich an Thomas Wolfe geraten. *Von Zeit und Strom* war das bleibende Erlebnis dieser Wochen; der 7. Oktober aber verstärkte zwar das Gefühl von Bedrohung, das schon die Gründung des westdeutschen Staates begleitet hatte (weil nämlich Staaten Soldaten brauchen), ging sonst aber spurlos an mir vorbei. Wahrscheinlich war ich, wie dutzendemale später, zu einer Kundgebung beordert worden, war, um mich sehen zu lassen, zur befohlenen Zeit am Stellplatz erschienen und hatte mich dann durch Verlorengehen in der Menge von der Truppe entfernt.

Hätte ich nicht auch das Dorf mit der Stadt, das Pädagogische mit dem Literarischen vertauschen, sondern lediglich dem politischen Druck des Schuldienstes entkommen wollen, wäre das Gefühl dagewesen, vom Regen in die Traufe geraten zu sein. Denn die Bibliotheksschule des nun zur Hauptstadt gewordenen Stadtdrittels überbot die ländliche Schulbehörde an politischem Eifer bei weitem. Sie wurde von Leuten geleitet, die ihr einseitiges Wissen für die Quintessenz aller Wahrheiten hielten, an Stalin wie an den Erlöser glaubten, diesen Glauben Wissenschaft nannten, ihre Moral und Ästhetik für richtig und endgültig hielten, alle Menschen für gleich erklärten, sich selbst aber unausgesprochen als Elite empfanden und Erziehung und Lehre wie Agitation handhabten – die also, kurz gesagt, ein treues Abbild des Staates waren, der in diesen Tagen entstand. Wie dieser fühlten sich die leitenden Damen in erster Linie dazu berufen, treue Genossen, oder doch wenigstens ergebene Staatsbürger, aus uns zu machen. Sie waren so selbstsicher in dieser Hinsicht, daß sie mit ihren Schülern, mich ausgenommen, schon nach wenigen Wochen per du verkehrten und ihnen leitende Posten in Aussicht stellten. Gleichzeitig aber war ihr Mißtrauen so rege, daß sie die Privatlektüre zu überwachen und die Privatsphäre zu erforschen versuchten. Der kürzeste Weg, sich bei ihnen Liebkind zu machen, war der, ihnen zu beichten oder Rat bei ihnen zu holen, am besten bei weltanschaulichen Zweifeln oder Problemen mit der Moral. Jungen, die geistreich und witzig waren, und Mädchen, die Schminke benutzten, hatten kaum Chancen, in die Schule aufgenommen zu werden, und wenn sich Liebschaften zwischen den Schülern anbahnten, fragte man, ob die der großen Sache wohl dienlich wären, und schaltete sich in der Anfangsphase schon ein. Bei Liebeskummer, politischer Skepsis oder bei Ehekrisen wurde das Studium der *Grundlagen des Leninismus* empfohlen; denn dort stand angeblich die Antwort auf jede Frage schon drin.

Glücklicherweise hatten die Leiterinnen neben Sendungsbewußtsein und agitatorischem Eifer auch Erfahrungen des Berufs zu bieten, so daß man bei ihnen das bibliothekarische Handwerk auch mitbekam. Wichtiger für mich aber war, wie ich mir nachträglich sage, daß man bei ihnen ein hartes Training im Umgang mit der Macht der Einheitspartei absolvierte, das einem in den nächsten Jahrzehnten zugute kam. Man erhielt eine Einführung in die politische Glaubenslehre, der Stalins Schrift *Über historischen und dialektischen Materialismus* zugrunde gelegt wurde, lernte die Werthierarchie der Probleme kennen, so daß man die zur Diskussion freigegebenen von den geheiligten unterscheiden konnte; und man wurde in die geltende Sprachregelung eingeführt. Man begriff, daß man nie spontan reagieren, nie der ständigen Aufforderung zur Ehrlichkeit nachkommen durfte, daß man viel schweigen oder sich bedeckt halten mußte und Widerreden besser in Frageform kleidete, so daß sie wie Hilferufe eines nach Erkenntnissen Hungernden wirkten; denn die Fachschule war, wie der Staat, auch Missionsschule, deren Aufgabe in der Bekehrung der Heiden bestand.

Diese angeblich auf Überzeugung, in Wahrheit auf Macht und Angst gegründete Pädagogik erreichte zwar nie ihr Ziel: den neuen, sozialistischen Menschen, aber sie blieb doch nicht wirkungslos. Ob man eigne Meinungen nicht mitgebracht hatte oder keinen Wert auf sie legte, sich also die vorgeschriebenen leicht zu eigen machte; ob man heuchelte und das mit notwendigem Selbstschutz entschuldigte; ob man ein selbständig Denkender bleiben, aber doch die Ausbildung beenden wollte und deshalb die eignen Gedanken für sich behalten und die verordneten Meinungen nur als Lehrstoff betrachten und nachbeten mußte – in jedem Fall wurde man zur Disziplin und zur Beachtung von Grenzen erzogen und damit für das System brauchbar oder doch wenigstens ungefährlich gemacht.

Gehemmt wurde der Widerstandswille auch durch den die Macht adelnden Antifaschismus, den einzigen Bestandteil der verordneten Lehre, der der eignen Meinung entsprach. Da aber diese Meinung sich bei den meisten von uns erst durch den Krieg und nach Hitler gebildet hatte, fühlten wir uns mehr oder weniger mit Schuld beladen und glaubten den Emigranten und Widerstandskämpfern gegenüber zu Ehrfurcht verpflichtet zu sein: in diesem Punkt war man moralisch erpreßbar. Die Kritik an Verblendung und Intoleranz war getrübt von schlechtem Gewissen. Denn die eifernde Schulleiterin hatte unter Hitler im Gefängnis gesessen, der dogmatische und gebildetste der Dozenten war ein Emigrant gewesen – man selbst aber hatte Hitler gedient. Man war also auch in moralischer Hinsicht der Schwächere und wurde es noch mehr durch die ständige Vorsicht, die doch eine Form von Unehrlichkeit war. Dem durch Stärke und Unbeirrbarkeit imponierenden Glauben an die Machbarkeit des schlechthin Vollkommenen setzte man eine Skepsis entgegen, der es, da sie auf Vernunft und Tatsachensinn beruhte, an erhabenen Zukunftsvisionen fehlte und die, da sie sich nicht oder nur kleinlaut zu äußern wagte, etwas Kleinliches und Hinterhältiges bekam.

Auch wurde der Skeptiker bald zum Außenseiter. Die Versuchung war groß, der Vernunft abzuschwören, um ehrlichen Herzens in der Glaubensgemeinschaft aufgehen zu können. Es waren nicht die Schlechtesten, die diesen Weg wählten, der alles andere war als bequem. Denn verlangt wurde nicht nur Unterordnung, sondern auch eine Selbstverleugnung, die nicht nur eignes Denken, sondern auch eignes Wahrnehmen verbot. Man mußte Wahrheiten über Stalin für Lüge halten, die Justizverbrechen im eignen Land rechtfertigen, sich blind machen und taub stellen und bei jeder Kursänderung glauben, es gehe geradeaus.

Neben den wenigen wahrhaft Bekehrten und der Masse der Mitläufer gab es an der Schule natürlich auch karrieresüchtige Anpasser, in deren Züchtung der Staat später führend war. Diese falschen Gläubigen waren mir in ihren Beweggründen zwar begreiflicher als die echten, dafür aber so widerwärtig, daß ich später als Schriftsteller vor allem sie zum Ziel meiner Kritik machte – wie ich heute noch finde, mit einigem Recht. Denn sie waren die sichersten und skrupellosesten Stützen des Staates, die das sich ausbildende Kastenwesen voranbrachten und genossen und nie zur Systemkritik neigten, während bei vielen der ehrlichen Utopisten sich beim Vergleich des Gewollten mit dem Gewordenen das schlechte Gewissen regte, so daß sie ins Abseits gerieten, sich ihren Willen zerbrechen ließen oder zu Kritikern wurden, die bekämpft, verfolgt und verunglimpft wurden und dazu noch das Leid tragen mußten, der Bewegung, der sie sich aufgeopfert hatten, abtrünnig zu sein.

Ein Modell des entstehenden Staates war die winzige Fachschule auch hinsichtlich der ost-westlichen Fluchtbewegung, die im Berlin dieser Zeit noch leicht zu bewerkstelligen war. Dieser Auszug von Millionen, der schon vor der Gründung des Staates begann und bis in seine Endphase anhielt, wurde prägend für ihn. Er bedeutete mehr, als die Zahlen sagen, weil die Flüchtenden eine Auslese darstellten, deren Qualität vor allem in Vitalität bestand. Neben den tatsächlich Verfolgten, den an Leib und Leben Gefährdeten, die ein Potential von politischem Wollen und Standhaftigkeit darstellten, gingen die kritischen Geister, die ein Feld öffentlicher Artikulierung brauchten, die technischen Spezialisten, die Ehrgeizigen und die Abenteurer, die Leute mit Privatinitiative und die Wohlstandsgierigen – und sie alle nahmen Kreativität und Lebendigkeit aus dem Osten mit. Es war ein Ausleseprozeß, wie er um die Jahrhundertwende in den berlinnahen Dörfern stattgefunden hatte. Da wurde jeder, der Mut und Elan hatte, in Neukölln oder am Wedding zum Großstädter, und nur die Flaschen, wie Freund H. es freundlicherweise, auf mich gezielt, ausdrückte, blieben auf dem Lande zurück.

Ich war unter den Zurückbleibenden. Das Warum wird den nächsten Band meiner Lebensbilanz ausfüllen. Dort werde ich auch die Frage zu beantworten versuchen, weshalb ich mir die geistige und moralische Mühsal der kommunistischen Utopie hatte ersparen können. Vielleicht spielte dabei der Katholizismus eine Rolle, weil er das nötige Glaubenspotential schon abgedeckt hatte, vielleicht wirkte eine auf Autonomie zielende Kindheitsprägung; vielleicht wurde Freund H.s Beeinflussung wirksam; ganz sicher aber schützten mich meine Erfahrungen mit dem Dritten Reich.

Denn formal und methodisch waren die beiden Ideologie-Antipoden sich ähnlich. Fahnen und Marschkolonnen, jubelnde Massen und stereotype Parolen, die Perfidie, Zwang als Freiwilligkeit auszugeben, und die erneute Vergottung eines weisen, allmächtigen Führers erzeugten gleiche psychische Reaktionen, die bei mir als Widerwillen auftraten, vermischt mit Angst. Auch wenn ich mir gewünscht hätte, zur Avantgarde des Menschheitsparadieses zu gehören, wäre mir das nicht möglich gewesen, und zwar nicht nur aus politischer Überzeugung, die ich damals in Ansätzen wohl auch schon hatte, sondern aus psychisch-physischer Unfähigkeit.

Das Glück dieser Jahre konnte das alles nicht trüben. Ich genoß meine Stadt, und da sie geteilt war, doppelt, denn beide Seiten gehörten ja mir. Ich las viel, schrieb viel, besuchte Kinos, Theater und Universitäten, wurde dabei meiner selbst langsam sicherer und lebte mich in Berlin und Umgebung immer mehr ein. Politik interessierte mich nur in dritter Linie, in erster und zweiter Bücher und Menschen. Ich war jung und fand folglich sehr viele Bücher, Filme und Frauen schön. Staaten waren für mich ein nicht notwendiges Übel. Sie okkupierten mich und meine Gegend und maßten sich an, Grenzen zu ziehen, wo es für mich keine gab. Der Staat, dessen Gründung sich meinem Gedächtnis nicht eingeprägt hatte, ließ ein Jahr später durch die Sprengung des Schlosses eine starke Erinnerung an seine Anfänge zurück.

Die Zwergfachschule, die ich zu Bildungszwecken mehr schwänzte als besuchte, befand sich in der damals noch schmalen Breitestraße, im Ermeler-Haus, einem Bürgerhaus aus dem 18. Jahrhundert, das später umgesetzt wurde und heute, etwas entstellt, am Märkischen Ufer steht. Im Parterre und im zweiten Stock hatte die Ratsbibliothek ein Notquartier gefunden, im ersten Stock, zu dem man auf einer barockgeschwungenen Treppe gelangte, wurden wir unterrichtet, und auf der anderen Seite der Straße, im Marstallgebäude, befand sich die Stadtbibliothek. Es war der ideale Ort, um Stadtgeschichte zu treiben. Ringsum waren Entdeckungen zu machen, in der Sperlingsgasse mit Raabe-Diele, in der die Gold-Else residierte, oder im Nicolai-Haus mit dem duftenden Reseda-Wein. Zwei Minuten waren es nur bis zur Schloßruine. In den Pausen konnte man auf den Stufen des Kaiser-Wilhelm-Denkmals oder im Schatten der erhaltenen Portale sitzen und nach dem Unterricht einen Umweg über den wenig zerstörten Schlüterhof machen, denn die Absperrungen waren leicht zu umgehen.

Die Parterreräume an der Schloßfreiheit waren früh schon ausgebaut worden, der Weiße Saal hatte ein Notdach erhalten, Ausstellungen hatten hier Platz gefunden, als letzte die zur Hundertjahrfeier der achtundvierziger Revolution. Als

Interessierter kannte man sich schon aus in der Schloßruine, erwartete, daß Jahr für Jahr ein Teilstück wiederhergestellt werden würde, war also über Ulbrichts Abrißbefehl entsetzt. Die Dozenten, die für die Erhaltung des Schlosses gewesen waren, änderten über Nacht ihre Meinung, weil allen Relikten des Feudalismus doch der Garaus gemacht werden mußte und für die Werktätigen ein Aufmarschplatz nötig war. Durch weiträumige Absperrungen wurde mein Schulweg nun länger. Deutlich entsinne ich mich der Ohnmachtsgefühle, die durch die sie begleitende Feigheit etwas von Selbstbeleidigung haben, an die geflüsterten Wutausbrüche auf Bibliotheksfluren und an die mit Hohn untermischte Scham, als die Schulchefin die Detonationen der Sprengungen Freudenschüsse nannte, weil durch sie nicht zerstört, sondern aufgebaut wurde, ein besseres, neues Berlin.

Im September 1950 wurde mit den Sprengungen begonnen, zu Neujahr waren sie abgeschlossen, im April waren die Trümmer abgefahren, und in die Öde des riesigen, von Ruinen umstandenen Platzes wurde eine Tribüne für die Parteiführung gebaut.

GÜNTER DE BRUYN

»Das ist so begeisternd:
Ein Erzähler, der seines Stoffes
durch Kalkül vollkommen Herr wird.
Seine Expositionen sind Versprechen, die er hält.
Aber mit welcher Überraschungskraft.
Günter de Bruyn,
das ist ein Sammelname für ein paar einander sonst
ausschließende künstlerische Fähigkeiten.«
Martin Walser

GÜNTER DE BRUYN

»Indem Günter de Bruyn seine Menschen *vorschlägt*,
essayistisch-porträtierend umreißt, entsteht,
worum andere sich heftig und
hoffnungslos mühen: Leben.«
Joachim Kaiser, ›Süddeutsche Zeitung‹

Buridans Esel
Roman
Fischer Taschenbuch Band 1880

Das Leben des Jean Paul Friedrich Richter
Eine Biographie
Fischer Taschenbuch Band 10973

Märkische Forschungen
Erzählungen für Freunde der Literaturgeschichte
Fischer Taschenbuch Band 5059

Neue Herrlichkeit
Roman
Fischer Taschenbuch Band 5994

Preisverleihung
Roman
Fischer Taschenbuch Band 5401

Tristan und Isolde
Neu erzählt von Günter de Bruyn
Fischer Taschenbuch Band 8275

Günter de Bruyn. Materialien zu Leben und Werk
Herausgegeben von Uwe Wittstock
Fischer Taschenbuch Band 10960

Fischer Taschenbuch Verlag